本书为中国·文物出版社和日本·平凡社合作出版《中国石窟·敦煌莫高窟》第五卷的中文版，收录五代至元朝计 49 个洞窟的彩塑和壁画，以及有关的论文等。《中国石窟·敦煌莫高窟》第一～五卷于 1991 年获首届全国美术图书特别金奖，1994 年获首届国家图书奖。

# 中國石窟

# 敦煌莫高窟

## 五

敦煌研究院编

文物出版社

责任印制　王　芳
责任编辑　黄文昆
再版编辑　王　戈

图书在版编目（CIP）数据

敦煌莫高窟.5／敦煌研究院编.—2版.
—北京：文物出版社，2013.12（2023.9 重印）
ISBN 978-7-5010-3900-5

Ⅰ.①敦…　Ⅱ.①敦…　Ⅲ.①敦煌石窟-研究
Ⅳ.①K879.214

中国版本图书馆 CIP 数据核字（2013）第 267807 号

中国石窟

# 敦煌莫高窟　第五卷

敦煌研究院　编

＊

文物出版社出版发行
（北京市东城区东直门内北小街 2 号楼）
邮政编码：100007
http：//www.wenwu.com
文物出版社印刷厂有限公司印刷
新　华　书　店　经　销
开本：965mm×1270mm　1/16　印张：22.75
2011 年 7 月第 2 版　2023 年 9 月第 8 次印刷
ISBN 978-7-5010-3900-5　定价：350.00 元

# 敦煌莫高窟　第五卷

**著者**

段文杰（敦煌文物研究所研究员、所长）

刘玉权（敦煌文物研究所助理研究员）

金维诺（中央美术学院教授）

秋山光和（学习院大学教授）

李其琼（敦煌文物研究所副研究员）

霍熙亮（敦煌文物研究所助理研究员）

欧阳琳（敦煌文物研究所助理研究员）

李永宁（敦煌文物研究所助理研究员）

萧　默（中国艺术研究院美术研究所研究人员）

黄文昆（文物出版社编辑）

邓健吾（成城大学教授）

郦伟堂（敦煌文物研究所工作人员）

史苇湘（敦煌文物研究所研究员）

**摄影**

文物出版社：彭华士　陈志安　孙之常

敦煌文物研究所：祁　铎

**翻译**

杨铁婴

**英译**

Joseph Seubert

**装帧**

三村淳

仇德虎

**责任编辑**

黄文昆

山本恭一

# 目　　录

# 图版目录

2 第98窟 南壁 报恩经变（部分） 五代

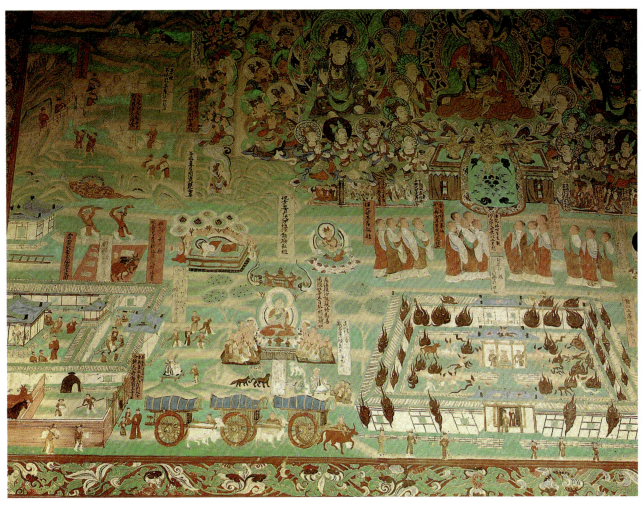

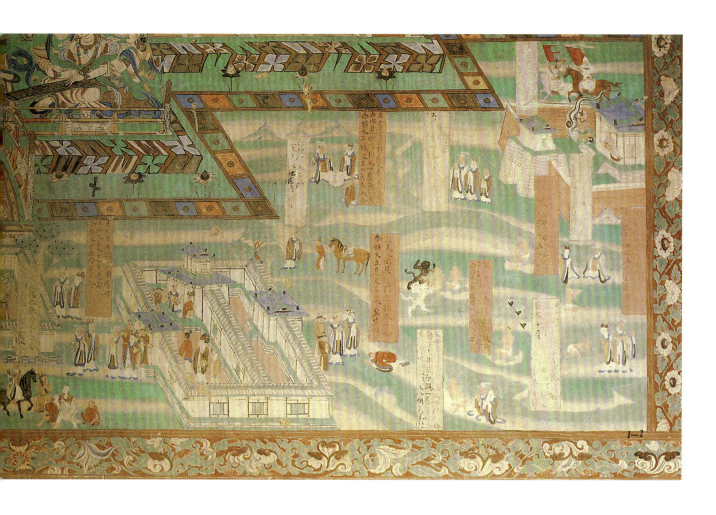

4　第98窟　南壁　法华经变（部分）　五代

6 第98窟 南壁法华经变中 信解品 五代

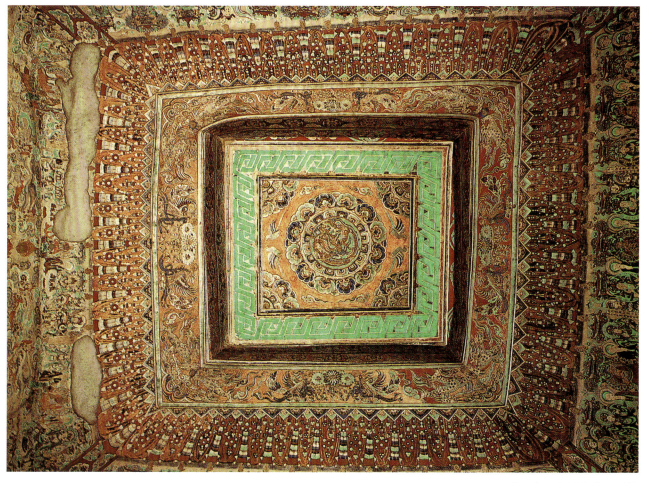

7 第98窟 窟顶藻井 五代

8　第98窟　北壁　思益梵天问经变　五代

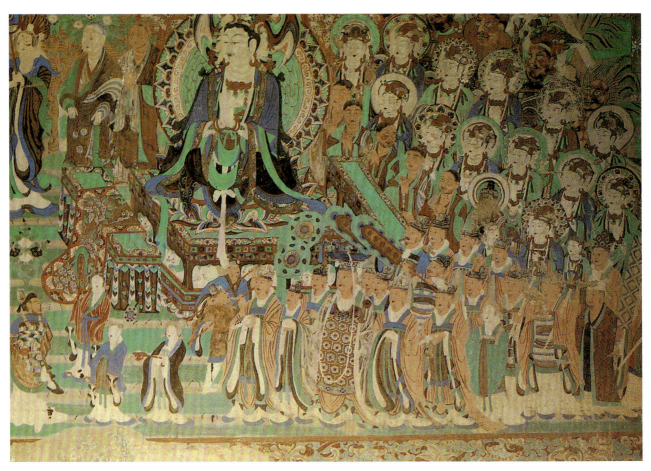

9　第98窟　东壁南侧　维摩诘经变（部分）　五代

10　第98窟　东壁北侧　维摩诘经变（部分）　五代

11　第98窟　东壁北侧维摩诘经变中　方便品（部分）　五代

大朝大寶于闐國大聖大明天子

13　第98窟　東壁南側　于闐国王供养像　五代

14　第98窟　南壁　贤愚经变恒伽达品　五代　　　　　　　15　第98窟　南壁　贤愚经变波斯匿王醜女因缘　五代

16 第98窟 北壁 贤愚经变无恼指鬘、檀腻鞴等品 五代　　　　　　17 第98窟 北壁 贤愚经变象护品 五代

18　第98窟　背屏后面　故事画（部分）　五代

19　第98窟　背屏后面　故事画（部分）　五代

**20** 第220窟 甬道北壁 五代

21 第36窟 西壁南侧 龙王礼佛图（部分） 五代

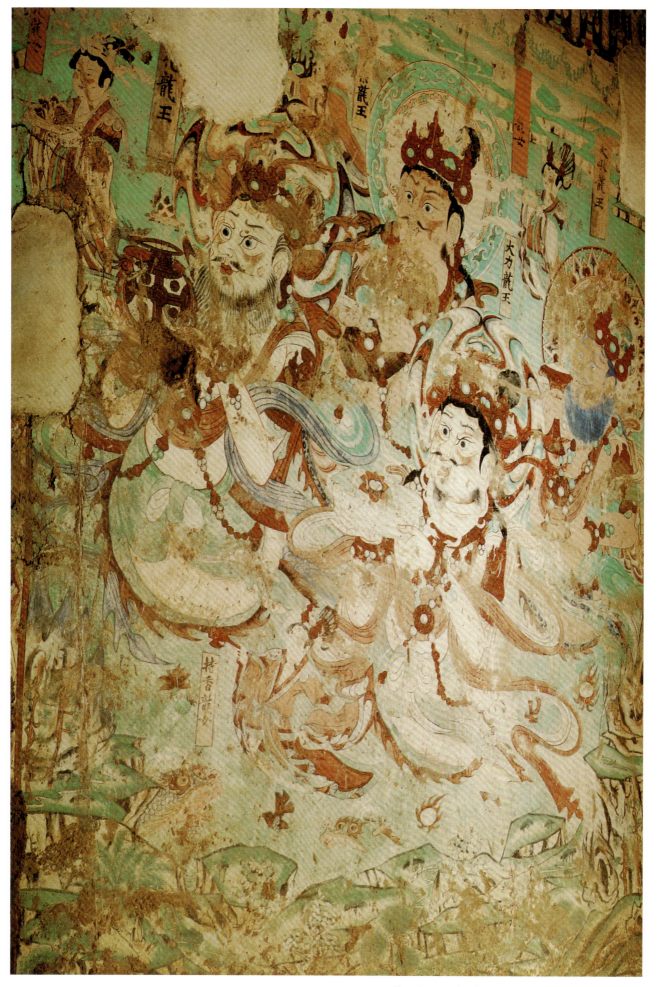

26 第100窟 窟顶东北角 东方天王 五代

27 第100窟 窟顶西北角 东方天王 五代

28 第100窟　窟顶东南角　南方天王　五代

29 第100窟　窟顶西南角　西方天王　五代

**30** 第100窟　南壁　曹议金出行图（部分）　五代

**31** 第100窟　南壁　曹议金出行图（部分）　五代

**32** 第100窟　北壁　回鹘公主出行图（部分）　五代

**33** 第100窟　北壁　回鹘公主出行图（部分）　五代

**35**　第99窟　西壁龛内南侧　弟子（部分）　五代

阿修羅王
迦楼羅王
揭路荼王
南无日光菩薩
南无月嚴菩薩
南无明惠菩薩

37　第6窟　西壁龛内南侧　菩萨、天龙八部　五代

**40** 第108窟　东壁南侧　女供养人（部分）　五代

**41** 第108窟　东壁南侧　维摩诘经变（部分）　五代

42　第146窟　西壁　劳度叉斗圣变（部分）　五代

43　第146窟　西壁劳度叉斗圣变中　须达访园　五代

44 第146窟 西壁 劳度叉斗圣变（部分） 五代

45 第146窟 西壁劳度叉斗圣变中 六师外道 五代

46　第146窟　西壁劳度叉斗圣变中　外道信女　五代

47　第146窟　西壁劳度叉斗圣变中　六师外道　五代

48　第146窟　西壁劳度叉斗圣变中　外道皈依　五代

50 第146窟 窟顶藻井 五代

51 第146窟 窟顶西北角 北方天王 五代

53 第61窟 窟顶藻井 五代

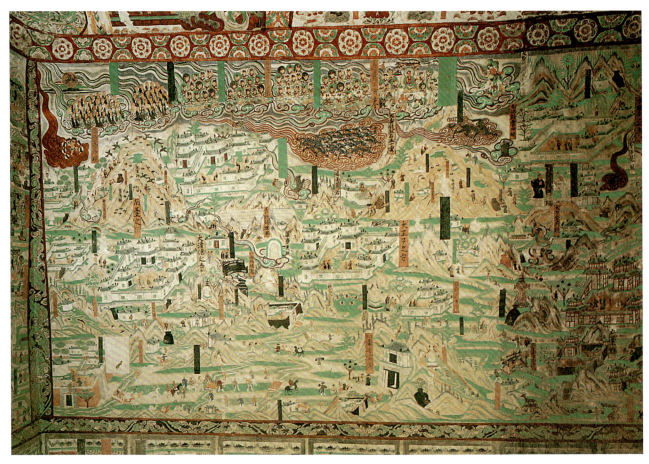

**55** 第61窟　西壁　五台山图（部分）　五代

**56** 第61窟　西壁五台山图中　大建安寺　五代

**57** 第61窟　西壁　五台山图（部分）　五代

**58** 第61窟　西壁　五台山图（部分）　五代

文殊真身殿

万菩萨楼

大清凉院

**60** 第61窟 西壁五台山图中 万菩萨楼 五代

61 第61窟 西壁 五台山图（部分） 五代

62 第61窟 西壁五台山图中 大佛光寺 五代

63　第61窟　西壁五台山图中　河东道山门西南　五代

64　第61窟　西壁五台山图中　河北道镇州　五代

66 第61窟 西壁佛传图中 常饰纳妃、出游四门 五代

67 第61窟 西壁佛传图中 太子观耕 五代

69 第61窟 南壁 弥勒经变（部分） 五代

70 第61窟 南壁 佛传图（部分） 五代

71 第61窟　南壁　楞伽经变（部分）　五代

72　第61窟　北壁　药师经变　五代

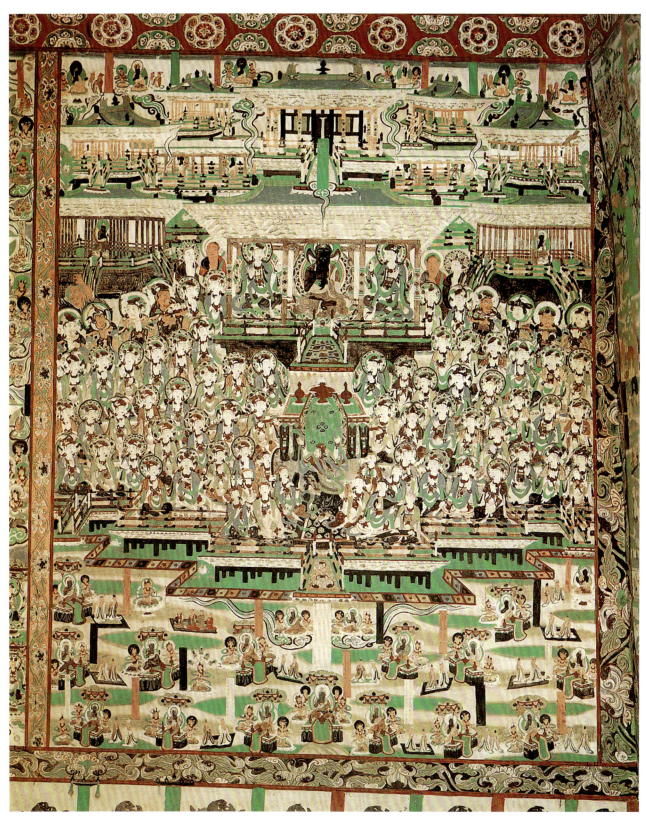

74 第61窟 东壁北侧 维摩诘经变（部分） 五代

75 第61窟 东壁北侧维摩诘经变中 方便品（部分） 五代

**76** 第61窟　东壁北侧维摩诘经变中　见阿閦佛品　五代

77　第61窟　东壁北侧　女供养人　五代、宋

78　第61窟　东壁南侧　维摩诘经变（部分）　五代

79　第61窟　东壁南侧　女供养人　五代

81　第261窟　西壁坛上　菩萨　五代

**83** 第72窟　南壁　刘萨诃因缘变　五代

**84** 第72窟　南壁　刘萨诃因缘变（部分）　五代

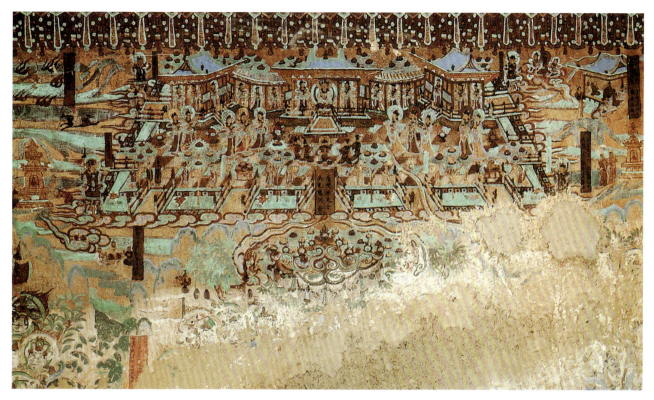

85 第72窟 北壁 弥勒经变（部分） 五代

86 第346窟 南壁 射手 五代

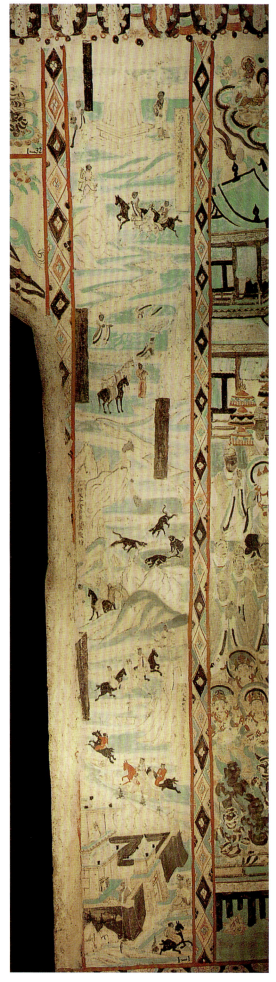

91　第55窟　东壁南侧　金光明经变舍身品　宋　　　　92　第55窟　东壁南侧　金光明经变长者子流水品　宋

93  第55窟  南壁弥勒经变中  弥勒世界诸事（部分）  宋

**94** 第15窟　窟顶西披　弥勒经变（部分）　宋

**95** 第15窟　南壁　观无量寿经变　宋

100　第431窟　窟檐外景　宋

101　第431窟　窟檐　拱眼壁　宋

103 第449窟 窟顶藻井 宋

104 第449窟 西壁 宋

105　第76窟　北壁　十一面观音变（部分）　宋

106　第76窟　东壁北侧　八塔变（第五塔）　宋

菩薩聲聞從佛會時

獼猴命終得生天上脱此後

七塔也新主天巡迴興隆弟三無尖足簡井命終之身心歡喜而作□塞於世尊佛所納舍城內稱獼奉

獼猴戴□密歡喜作踩踊芊

108 第76窟 東壁北側 八塔変（第七塔） 宋

太子夜半逾城

太子雪山落髪处

太子六年苦行处

熙连河澡浴处

**112** 第327窟 窟顶东披 飞天 西夏

**113** 第327窟 西壁龛下 伎乐 西夏

115 第87窟 窟顶藻井 西夏

116 第16窟 窟顶藻井 西夏

117 第16窟　甬道南壁　说法图　西夏

118 第16窟　甬道北壁　供养菩萨　西夏

119　第16窟　甬道南壁　供养菩萨　西夏

122 第130窟 窟顶藻井 西夏

123 第326窟 窟顶藻井 西夏

▶ 127 第400窟 西壁南側 供养菩萨 西夏

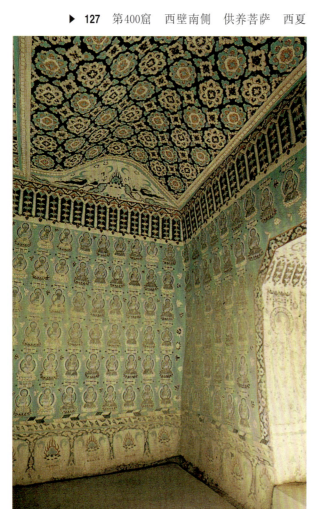

126 第432窟 窟室一隅 西夏

128 第400窟 北壁 药师经变（部分） 西夏

**130** 第237窟　前室西壁门上　水月观音　西夏

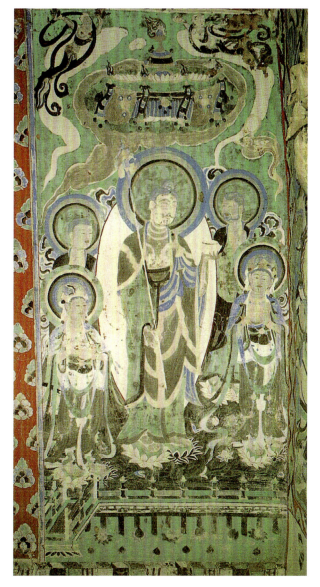

131　第306窟　南壁说法图中　菩萨　西夏

132　第418窟　南壁　药师佛　西夏

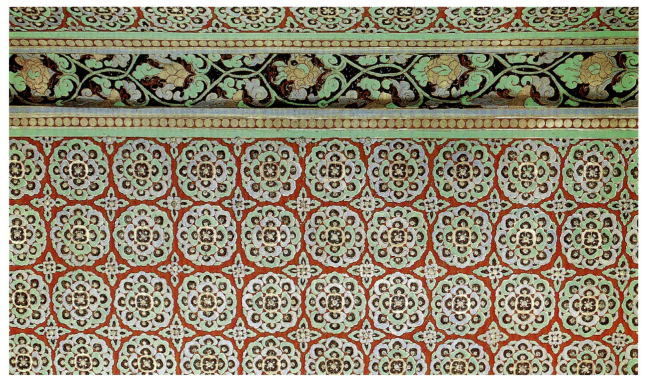

133　第409窟　人字披顶东披（部分）　西夏

136 第207窟 西壁龛楣 西夏

137 第207窟 北壁 说法图（部分） 西夏

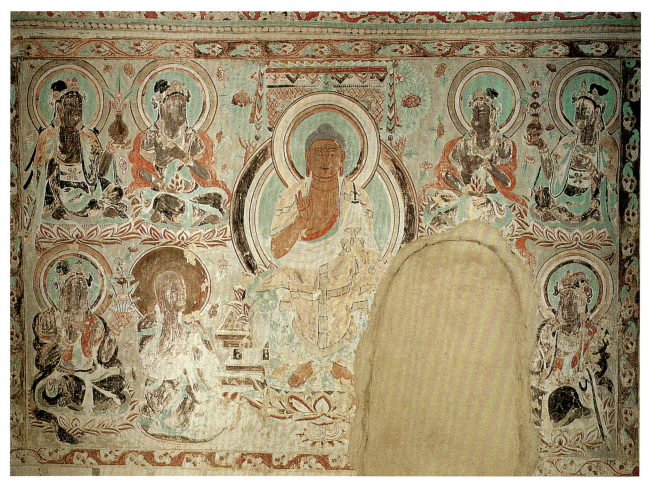

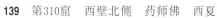

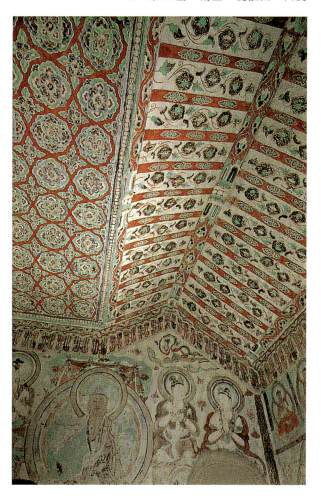

141 第245窟 北壁 说法图 西夏

142 第245窟 西壁南侧 供养人（部分） 西夏

143 第245窟 窟顶藻井 西夏

**145** 第97窟 北壁 罗汉 西夏

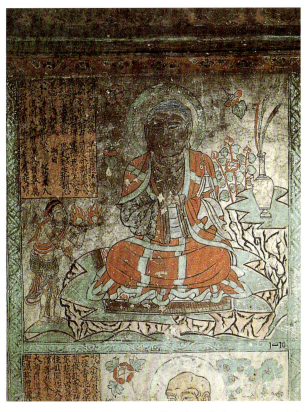

**147** 第97窟 北壁 罗汉 西夏

**146** 第97窟 南壁 罗汉 西夏

**148** 第97窟 北壁 罗汉侍女 西夏

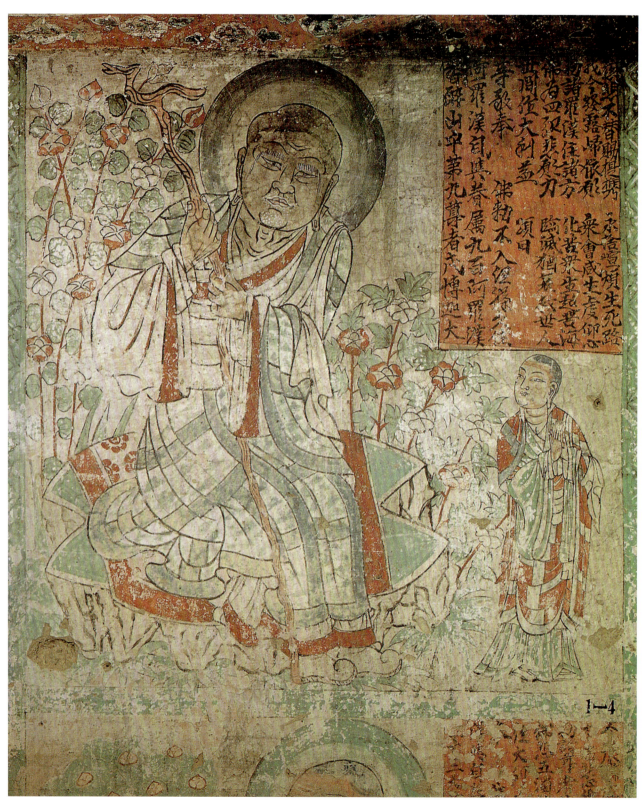

149　第97窟　南壁　罗汉　西夏

150　第97窟　南壁　供养比丘　西夏　　　　　151　第97窟　西壁南侧　观世音菩萨　西夏

153 第465窟 窟顶东披 元

154 第465窟 西壁 欢喜金刚（部分） 元

155　第465窟　南壁　欢喜金刚（部分）　元

156　第465窟　北壁　欢喜金刚（部分）　元

157 第465窟 窟顶南披 供养菩萨 元

**159** 第61窟　甬道南壁　炽盛光佛　元

160　第61窟　甬道南壁　比丘尼　元

161 第332窟　甬道北壁　女供养人　元

162 第332窟　甬道南壁　男供养人　元

163　第3窟　西壁南側　菩薩　元

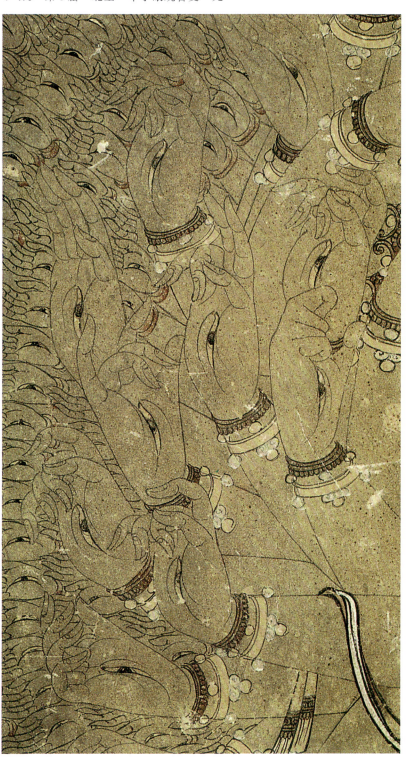

◀ **170** 第3窟　北壁　千手眼观音变　元

**171** 第3窟　北壁　千手眼观音（部分）　元

172 第 3 窟　北壁　吉祥天　元

173 第3窟 北壁 婆藪仙 元

174　第3窟　东壁北侧　观音菩萨　元

175 第3窟 东壁南侧 观音菩萨 元

**176** 第 3 窟　北壁　护法金刚　元

# 莫高窟晚期的艺术

## 段文杰

敦煌莫高窟艺术的晚期，包括五代、宋、西夏、元四个时代，共约四百余年，其间经历了三个不同民族的政权，社会思想及宗教信仰都发生了很大的变化，各时代的石窟艺术在内容和形式上自有不同的特点。因此，本文按大的历史时期划分为两个阶段，分别叙述莫高窟晚期的艺术，即曹氏画院时期和少数民族（党项族和蒙古族）政权时期。

## 一　曹氏画院时期

天祐四年（公元907年）李唐王朝瓦解之后，张承奉的西汉金山国不久也随之覆灭。沙州长史权知归义军留后曹议金接替了张氏政权。后唐同光二年（公元923年）曹议金正式做了归义军节度使。此后，曹氏五世统治河西，虽然所管辖的地域先后有很大变化，（从瓜、沙、伊、西、庭、楼兰、金满等地，到最后只剩瓜、沙二州及紫亭、悬泉、雍归、新城、石城、常乐等六镇，但毕竟控制河西中西交通咽喉之地达一百四十余年之久。曹氏政权一直与中原保持密切的关系，始终使用中原年号，保持着中原的制度和文化。同时，曹氏政权东与甘州回鹘结盟，从父子之国发展为兄弟之邦，西与于阗使者相继。曹议金娶甘州回鹘公主为妻，并将长女嫁与于阗国王李圣天为后。这种政治性的联姻，有助于和平与安定。此外，曹氏政权与北方的辽、金，与西州回鹘亦都交往频繁，和睦相处。在曹府以及官酒户的酒帐单上[①]，均可看到于阗使、西州使、甘州使、回鹘使……等等各路使者往来不绝的情况，反映了丝路畅通的局面。当时敦煌变文和曲子词中对曹议金极尽歌颂[②]，虽难免有夸张和阿谀奉承的成分，但毕竟反映了河西地区在曹氏家族统治下一度的稳定与繁荣。曹议金把佛教视为"圣力"，认为要安定社会，必须"虔诚佛理，仰仗慈门"[③]。所以他"请本尊于衙庭，结净坛于大厦"。邀请僧侣"开贝叶之金文，诵真言之宝偈"[④]。在他的倡导下，佛教愈益兴盛。曹议金死后，其子曹元德、元深、元忠继其父业，"广崇释教，固谒灵岩，舍珍财于万像之前，炳金灯于千龛之内"[⑤]。沙州境内寺观林立，见于当时供养人题记和文书的有：圣光寺、龙兴寺、普光寺、报恩寺、永安寺、显德寺、三戒寺、乾元寺、金光明寺、安国寺、灵修寺、净土寺、开元寺、相国寺、灵图寺、大云寺、大乘寺、莲台寺、奉唐寺、高妙宝龛寺、高妙归严寺，等等。这已超过了《重修北大像记》中所说的一十七寺[⑥]。据于阗文文书记载：于阗太守出使沙州，曾到一百二十一个寺院去上过布施[⑦]，果如此，纵然其中相当数量属小型"兰若"，寺院的数量也比唐代还要多。

曹氏家族开凿了为数众多规模巨大的洞窟，在长达一公里的露天崖面上绘制壁画，修建窟檐和通道，并重修许多前代洞窟。北宋乾德四年（公元966年）重修北大像，由西大王曹元忠与凉国夫人浔阳翟氏亲临监督。翟氏还亲自为三百多工人造饭。他们大力经营莫高窟，由后汉乾

① 敦煌石窟遗书 S.1366 沙州曹氏油面历、敦煌文物研究所藏0001、P.2629 归义军出支酒账、P.3569 官酒户马三娘牒。
② 敦煌石窟遗书 P.2187、S.3491《破魔变文》："自从仆射镇一方，继统旌幢作大梁，致孝仁慈超舜禹，久萌宣略迈殷汤，……玉塞南边消殄气，黄河西面静烟尘。封疆再振还依旧，墙壁重修转更新。君圣臣贤菩萨化，生灵尽作太平人。"敦煌石窟遗书 P.3128、S.5556 曲子词《望江南》："曹公德，为国托西关，六戎尽来作百姓，压弹河陇定羌浑，雄名远近闻"。
③ 敦煌石窟遗书 P.2692 曹议金礼佛疏。
④ 同③。
⑤ 敦煌石窟遗书 S.4245 造佛窟功德记。
⑥ 《重修北大像记》（北宋乾德四年），松本荣一《敦煌画 の 研究》付图224。
⑦ 钢和泰(Stael Holstein)藏敦煌石窟遗书于阗文文书。

祐二年（公元 949 年）六月二十三日节度押衙张盈润在第 108 窟前室壁画的题诗[8]，可见曹氏时期莫高窟的繁荣昌盛。

为了营造寺院和石窟，僧尼而外，还需要有一批从事开窟、造像、画壁画的专门人才。当时曹氏政权仿照中原设立了画院。莫高窟和榆林窟供养人画像题记中有："沙州工匠都勾当画院使"[9]、"节度押衙知画行都料"[10]、"节度押衙□左厢都画匠作"[11]、"节度押衙知画手"[12]、"衙前正兵马使兼绘画手"[13]、"……画匠"[14]、"塑匠"[15]、"节度押衙知左右厢……书手"[16]、"雕板押衙"[17]以及"社官知打窟"[18]、"押衙知打窟"等，可知当时画院里包括了石匠、塑匠、画师和管理画院的"都勾当画院使"。当时曹府酒帐单上有"支打窟人"、"支画匠"酒口兑的记载，在曹府"宴设司"的供应单上还有"大厅设画匠并塑匠用细供"，而其他人则有用"下中次料"或"下次料"的[19]，可见对于画院匠师在生活上有一定的优待。

敦煌石窟遗书中的《节度押衙董保德修功德记》[20]便是一份曹氏画院的画家传："……爰自乐傅遥礼、法良起崇，君臣缔构而兴隆，道俗镌装而信仰，……像迹有维摩之室；金容宝像，晃耀不啻于千龛；月面星仪，挺特有侔于万窟。……乃有往来瞻礼，见灯焰于黄昏；去返巡游，睹香云于白日；疑是观音菩萨易体径行、萨诃圣人改形化现。由是山□谷地，佛刹之精丽难名；窟宇途口，梵室之殊严莫喻。厥有节度押衙知画行都料董保德等，谦和作先，温雅为怀，守君子之清风，蕴淑人之励节，故得丹青之妙、粉墨希奇，手迹及于僧繇，笔势邻于曹氏；画□如活，佛铺妙越于前贤；貌影如生，圣绘雅超于后哲；而又经文粗晓，礼乐兼精。……时遇曹王，累代道俗兴平，营善事而无停，增瑞因而不绝，……（保德）亦厚沾于赏赐，家资丰足，人食有余，乃与上下商宜……君王之恩隆须报，信心之敬重要酬，共修功德……保德自己先依当府子城内北街西横巷东口蔽居，联臂形胜之地，创建兰若一所；刹心回廊，图塑诸妙佛铺；结脊四角，垂拽铁索鸣铃；完然具足，新拟弥勒之□，创似育王之塔，……"。记文将画家董保德与张僧繇、曹仲达相比，评价是极高的。

由于有一批技艺纯熟的匠师统一规划，集体制作，所以五代、北宋时期开凿石窟具有独特而又统一的风格。

现存曹氏画院时期洞窟五十五个，其中有十余窟保存着明确的造窟纪年题记，它们是：

后唐同光年间（公元 923～925 年）曹议金为其婿于阗国王李圣天修建的第 98 窟。

后晋天福年间（公元 936～940 年）回鹘公主陇西李氏所建第 100 窟。

后晋天福五年至开运二年（公元 940～945 年）曹元深所建第 256 窟。

后晋开运二年至北宋开宝七年（公元 945～974 年）曹元忠所建第 25 窟。

后晋天福十二年至后周显德四年（公元 947～957 年）曹元忠所建第 61 窟[21]。

后周广顺三年（公元 953 年）曹元忠所建第 469 窟和第 53 窟。

后周显德四年后（公元 957 年后）杜彦弘所建第 5 窟。

⑧ 题诗中有云："昨登长坡下大坂，走下深谷睹花池。旁通重开千龛窟，此谷昔闻万佛辉。瑞草芳芬而锦绣，祥鸟每常绕树飞。"
⑨ 安西榆林窟第 35 窟题记。
⑩ 敦煌石窟遗书 S.3929 建造兰若功德颂。
⑪ 榆林窟第 33 窟题记。
⑫ 榆林窟第 35 窟题记。
⑬ 莫高窟第 129 窟题记。
⑭ 榆林窟第 33 窟题记。
⑮ 《陇右金石录补》卷一《天禧塔记》。
⑯ 莫高窟第 129 窟题记。
⑰ 《沙州文录》五代天福十五年刻本《金刚经》后题记。
⑱ 莫高窟第 370 窟题记。
⑲ 敦煌石窟遗书 P.2641 宴设司呈报设宴账目。
⑳ 同⑩。
㉑ 贺世哲、孙修身《瓜沙曹氏与敦煌莫高窟》，《敦煌研究文集》，甘肃人民出版社 1982 年版，pp.250～252。

北宋建隆三年前后（公元962年前后）曹元忠所建第55窟。

北宋开宝七年至太平兴国五年（公元974～980年）曹延恭所建第454窟。

北宋太平兴国五年前后（公元984年前后）社人集资所建第449窟。

还有北宋太平兴国九年前后（公元984年前后）曹延禄所建的天王堂。

此外，还有三处修建窟檐的题记，第427窟为乾德八年（公元970年），第444窟为开宝九年（公元976年），第431窟为太平兴国五年（公元980年）。

由于晚期洞窟保存题记较多，遗书资料也颇丰富，因此各窟的断代分期问题比较容易解决。

这个时期典型的洞窟形制是起于晚唐的中心佛坛式，平面略呈纵长方形，中心偏后置马蹄形佛坛，前有登道，后有背屏；顶部呈覆斗形，饰藻井；窟顶四角均有凹入的浅龛，画四天王。第100窟属于一种比较特殊的形制，窟顶四角画四天王，而不设中心佛坛和背屏，仍在西壁开一大龛。

中心佛坛式窟规模都较大，例如第55、61、98、108、146、256等窟，它们是晚唐第16、94、196、138等窟的继续，其内容和布局大体类同。

曹家开窟多在下层，明代正德（公元1506～1521年）以后，吐鲁番占据敦煌，塑像遭到严重破坏，幸存者极少。具有代表性的唯有第261窟和第55窟。宋代第55窟一铺七躯，主尊结跏趺坐，位居坛上正中；观音、势至半跏坐，面相丰腴，身姿自然；天王则威猛有力，脚踏恶鬼，虽然表现技艺不如唐代精湛，但在造型、布局上仍然保留着唐代余风。

曹氏画院绘制的壁画，基本上承袭晚唐的规范，但内容大大地丰富了。壁画内容主要有六类。

一、经变画

与晚唐一样，经变画是石窟壁画最主要的题材。主要经变是：

| | |
|---|---|
| 药师经变 | 29铺 |
| 维摩诘经变 | 24铺 |
| 弥勒经变 | 19铺 |
| 华严经变 | 14铺 |
| 天请问经变 | 12铺 |
| 观无量寿经变 | 10铺 |
| 报恩经变 | 10铺 |
| 劳度叉斗圣变 | 10铺 |
| 法华经变 | 9铺 |
| 阿弥陀经变 | 9铺 |
| 思益梵天问经变 | 7铺 |
| 楞伽经变 | 4铺 |
| 金光明经变 | 3铺 |
| 密严经变 | 2铺 |
| 报父母恩重经变 | 2铺 |

| | |
|---|---|
| 佛顶尊胜陀罗尼经变 | 2铺 |
| 涅槃经变 | 1铺 |
| 降魔变 | 1铺 |
| 观音经变 | 1铺 |

上述19种经变，除了佛顶尊圣陀罗尼经变而外，均已在前代流行，但这些经变中所描绘的各品内容及具体情节都有所增加。画院绘壁，在"知画手"完成壁画之后，即由"知书手"书写题榜。第61窟的法华经变，居中的序品，为释迦及圣众八十余人的壮观说法场面，周围穿插各品情节，共约七十个场面，计有榜书六十八条，几乎包括了《妙法莲华经》二十八品中的各种内容。譬喻品的一则榜题用韵文写道："鹙子忻然语道初，火宅焚烧不可居；门外宝车须直进，化城犹是小乘余"。这已是说、唱结合的变文形式。此外，维摩诘经变有榜书五十九条。报恩经变和华严经变，榜书也都超过了四十条。内容增多是这一时期经变画的特点之一。另一特点是，描绘的具体内容多以变文为依据。

劳度叉斗圣变是曹氏画院经变规模最大的一种，情节丰富，结构严密。第146窟西壁的一铺，榜书多达七十六条，所表现的丰富情节，已超过了《贤愚经·须达起精舍品》的内容（图1）。

综上所述，有时画面上径直用变文作榜题。丰富多彩的佛经变相，似乎只有经过演绎和润色的变文，才能与它情致相当。但是，由于种种原因，特别是画院画师们的艺术修养和创造才能的关系，晚期经变画日益流于公式化。

二、故事画

早期流行的故事画，敛迹二百多年之后，在吐蕃占领时期以屏风画的形式重又在佛龛内出现，内容则仅有三数种。张议潮时期进一步出现了连屏式《贤愚经》故事画。曹氏画院继承这一题材，形成了规模空前的鸿篇巨制；一窟之内，独立的故事画多达三十余种，形式上与早期的故事画不同，并出现了许多新的内容。

例如，第98窟南壁的恒伽达出家故事，是以《贤愚经·恒伽达品》[22]为依据的。经云：有一辅相无子，入天祠祈祷："愿赐一子，当以金银校饰天身，及以名香涂治神室；如其无验，当坏汝庙，屎涂汝

图1　第146窟劳度叉斗圣变中祇陀往见舍利弗

[22] 《贤愚经》卷一(《大正藏》卷4，pp.355～356)。

身"。天神畏惧，由毗沙门天王启奏天帝。时有一天子，临命欲尽，帝释命其死后投生辅相家。辅相乃得子，名恒伽达。年渐长大，志在道法，启父母求索出家。父母不听，说："吾今富贵，产业弘广，唯汝一子，当嗣门户"。恒伽达深自惆怅，便欲舍身，投生他处。于是自堕高崖，投身水中，复饮毒药，竟毫无所伤。又想触犯王法而被杀。一天，国王夫人及彩女们在池中沐浴，脱净服饰挂于树上，被恒伽达密入林中偷取抱持而去。国王闻知大怒，便取弓箭欲亲自射杀恒伽达。谁知，再三射之皆不能中，箭头却回转向国王飞来。国王惊怖，投弓地下，应允恒伽达出家，并亲自领至佛所。第98窟的屏风画里共画了辅相诣天祠求子；辅相子渐渐长大；恒伽达投崖、跳水（图2）；夫人沐浴，恒伽达偷衣（图3）；国王愤怒，取弓射之；国王领恒伽达至佛所出家等场面。这一题材虽已见于晚唐第85窟，但此图表现更为丰富而生动。

檀腻䩭奇遇故事也是一种新题材。《贤愚经·檀腻䩭品》[23]云：过去有婆罗门名檀腻䩭，家里空贫，食不充口。因少有薄田，向他人借牛治理。农作完毕，驱牛还至牛主门口，却忘记当面交付。牛主虽然见牛，以为尚未用毕。二家均未收管，牛便遗失。牛主来索牛，檀腻䩭言早已归还，互相指责。牛主便扭檀腻䩭去请国王评断。刚出门，遇王家牧马人追逐逸马，急唤檀腻䩭为他遮马。檀下手得石掷马，竟折断马脚。牧人亦扭檀去见国王。行至河边，不知渡口何在。时值一木工以口衔斧抱衣涉水渡河。檀问木工何处可渡？木工开口答话，斧堕水中，求觅不得，木工亦共捉檀腻䩭见王。檀腻䩭途中饥渴，向酒家乞酒，上床酢饮，不料将被褥下熟睡小儿压死，酒家母痛斥檀腻䩭枉杀其子，捉之见王。行至一墙边，檀腻䩭自思众祸横集，若至王所唯有一死，便越墙逃跑，怎知墙下有一织公，被他跳下蹑死。织公儿捉得檀腻䩭与众人共诣王所。行至林间，有一雉住在树上，向檀腻䩭说，"我在余树，鸣声不快，若在此树，鸣声哀好，是何缘故？请为我问明国王"。诸债主将檀腻䩭押至王宫，国王依次问明情况，分别断曰：檀腻䩭还牛不口付，当截其舌；牛主见牛不自收管，当挑其眼。檀腻䩭打折马脚，当断其手；马吏唤他遮马，当截其舌。檀腻䩭向木工问话，当截其舌；木工担物不用手而用口衔，当打折前齿。牛主、马吏、木工不愿服刑，各共和解。国王又断：酒家母不该以卧儿覆以被褥，置于酒客坐处，以致被檀腻䩭枉杀，二人俱有罪过，当以檀为儿母作婿，令还有儿。儿母便说："我儿已死，听各和解，我不用此饿婆罗门作夫"。国王复断檀腻䩭与织工儿作父。织工儿亦不愿，宁可和解。檀腻䩭诸事已了，欣喜非常。这时又见二母共争一儿，求王明断。王命二母各挽一手，谁能得者即是其儿。非其母者于儿无慈爱之心，尽力顿牵，其生母于儿慈爱至深，不忍力挽，唯恐伤损。国王鉴明真假，于是儿还其母，各自还家。檀腻䩭见国王英明公正，便转告道边树上雉鸟所问。王告檀腻䩭："所以如此，是因彼树下有大釜金，余处无金，故鸣声不好。你家贫穷，可以掘取树下釜金。"檀腻䩭意外得金，贸易良田，一切皆有，便为富人。这个故事情节曲折，但第98窟所画此图，只表现了檀腻䩭问渡口木工失斧；檀腻䩭酒店饮酒压死婴儿；二母争一子等五个场面。

另一个新内容象护与金象故事，是根据《贤愚经·象护品》[24]画成的。故事说：摩竭国中有一长者，生一男儿，同时藏中自然出一金象，父母便请相师立名为象护。儿渐长大，象亦随着长大，出入进止常不相

图2 第98窟贤愚经变恒伽达品中恒伽达投崖、跳水

图3 第98窟贤愚经变恒伽达品中恒伽达偷衣

[23] 《贤愚经》卷十一（《大正藏》卷4，pp.427～429）。
[24] 《贤愚经》卷十二（《大正藏》卷4，pp.431～432）。

图4 第98窟贤愚经变象护品(部分)

图5 第61窟佛传故事画中太子马上练武

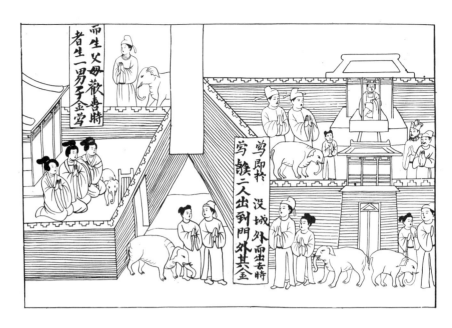

离。象大小便，落地成金。象护常与五百诸长者子共行游戏，各自夸耀家内奇事，象护亦讲家中金象之事。时王子阿阇世亦在其中，闻象护所说，心想：我若为王，当夺取之。后来阿阇世果然做了国王，便召象护，令他与金象共诣王宫。象护父说："阿阇世凶暴无道，贪求悭吝，自己父亲尚且虐害，何况余人。如今召唤你，是贪图你的象"。象护说："我这只象，是谁也无法劫夺的。"于是，父子乘象入宫见王。国王令就座，赐予饮食。须臾之顷，象护辞别，王要求留象在此。象护欣然同意，空步与父亲出宫。未久之间，象突然没于地而踊出于宫门外，象护乃得乘象归家。象护畏惧无道国王因此象而加害自己，便远离家乡入山修道。这个故事寓意颇深。第98窟中此图共画出七个场面，长者得子家出金象，金象与象护形影相随；象护与诸长者子夸富；阿阇世王设计赚金象；象护父子乘象入宫；象护辞王出宫，金象没于地下又于宫外踊出（图4）；象护惧王贪暴，出家学道；世尊说象护宿世因缘。

晚期的佛教故事画，除了新形式的本生、因缘故事而外，值得特别提出的还有第61窟的佛传故事画，在南、西、北三壁的下部，连屏三十三扇，共一百三十一个画面。其中主要有：云童子观花，燃灯佛授记，猎师误射王仙，护明菩萨降胎，摩耶夫人出游，波罗叉树下诞生，击鼓报喜诸王来贺，太子初生步步生莲，龙王喷水为太子沐浴，诸天护卫太子还宫，太子初生七日丧母，姨母养育渐渐长大，太子从师就学，太子马上练武（图5），太子游观农务，太子树下思惟，国王为太子起三时殿，宫廷歌舞娱乐太子，诸王子竞技比武，太子箭穿七鼓，贯穿七猪箭入黄泉（图6），太子掷象过城（图7），太子宫门选妃，太子与大臣女成婚，宫女侍卫五欲娱乐，太子出四门观老病死诸苦，太子夜半逾城，车匿持宝冠还宫，太子落发入山，太子与猎师换衣，太子山中六年苦行，村主女向太子献乳，金翅鸟王夺钵上天，菩萨横渡尼连禅河，降服魔王波旬，五百众鸟四方飞来  二商主献乳酪蜜面，释迦为五仙人说法，释迦灵鹫山说法．须达祇陀黄金布地为佛立伽蓝，释迦为龙王说法，释迦双树林入灭，须跋陀罗纵火焚身，徒众举哀百兽悲鸣，优波离报信佛母下天，金棺自启现身说法，金棺绕城香木荼毗，均分舍利起塔供养，……等等。这是晚期故事画中的鸿篇巨制，不但其中有许多过去

图 6　第 61 窟佛传故事画中太子箭射七猪

图 7　第 61 窟佛传故事画中太子掷象

佛传故事画中所不见的新内容，每一内容均有墨书榜题，而且进一步显示了中原画风的影响以及中国民族文化艺术的深厚传统。

三、供养人画像

曹氏统治时期，供养人画像的规模有了巨大的发展。首先供养人像已从门上、龛下进而占据甬道。五代、北宋宽大高敞的甬道两厢，是绘制窟主和宗族显贵画像的地方。最为典型的是在第 98 窟甬道南壁画曹氏父子，北壁画姻亲张氏家族，门内主室东壁画于阗国王、皇后及侍从；北侧画回鹘公主及曹氏眷属。南、西、北壁屏风画下小身画像各一排，为曹氏节度使衙门的大小官吏，画像范围之广，为前代所未有，画像的内容超出了佛徒发愿供养的意义。第 220 窟甬道北壁翟奉达"检家谱"画像，数量不多，规模不大，但很典型。此窟原为初唐贞观十六年建成的"翟家窟"，正龛下画"道公翟思远"和"大云寺僧道□"（俗姓翟氏）像。五代后唐同光三年（公元 925 年）翟氏九代曾孙翟奉达画新样文殊时画了一家长幼的像，计有：亡父翟讳信，宗叔翟神德，亡兄翟温子，弟翟温政，亡男翟善□，亡孙翟定子；寥寥数身，已包括祖宗三代。这些供养人画像使洞窟兼有了家庙和明堂的性质。

画像既多而又高大，但就大多数而言，有着公式化的倾向。男像一般皆戴展脚幞头，襕袍、革带、乌靴、摺笏。汉族女像高髻花钗，面饰花钿，大袖裙襦、画帔、云头履。由于曹氏家族与甘州回鹘、于阗回鹘有联姻关系，画像中颇多回鹘公主画像，如第 61 窟东壁南侧曹议金的夫人"北方大回鹘国圣天的子敕授秦国天公主陇西李氏"头顶高髻，后垂红结绶，翻领窄袖长袍、绣鞋。这是回鹘妇女的礼服。又因曹议金与甘州回鹘可汗兄弟相称，曹议金的女儿也有的称天公主、着回鹘装。一般来说，画像均按尊卑长幼排行列次和确定形象的大小。

第 98 窟于阗国王、皇后及侍从像，是一组具有较高历史价值和艺术价值的画像。于阗国王头戴旒冕，上饰北斗七星，头后垂红绡，高鼻、大眼、蝌蚪式的八字胡，身穿衮龙袍，腰束蔽膝，双脚有天女承托。天女托足，大约是摹仿毗沙门天王像的形式，故腊八燃灯节布告中称此像为"大像天王"。另有称作"小像天王"的，在第 454 窟东壁同一位置上，造型特点及衣饰均与此相同。画像榜题为"大朝大宝于阗国大圣大明天子……即是窟主"。所谓"即是窟主"，就是说并非真正窟主。真正窟主是曹议金。这是他为其女婿开凿的功德窟。于阗国王的服饰，为中原帝王"法服"。高居诲使于阗记中说"圣天衣冠如中国"[25]。这说明于阗与瓜、沙曹氏以及中原地区的密切关系。皇后头饰花钗冠，穿回汉混合装、画帔。榜题"大朝大于阗国大政大明天册全封至孝皇帝天皇

25 《新五代史》卷七十四《四夷附录》。

后曹氏一心供养"。这曹氏即曹议金之女。

在第100窟中出现了摹仿张议潮夫妇出行图形式的曹议金与回鹘公主出行图。南壁出行图的中部为曹议金,戴展脚幞头,赭袍、乌靴、扬鞭乘白马,前有舞乐,后随侍从奴婢和回鹘等各族骑士。北壁出行图回鹘公主扬鞭乘马居主位,戴毡笠,着翻领窄袖袍,前有舞乐,后有奴婢、车马和方亭式肩舆。通过这样气势磅礴的出行图可以窥知,曹氏接替张氏政权之后,已形成比较安定的局势。

五代、宋初供养人画像之盛,除去政治和宗教信仰方面的原因之外,也是因为曹氏画院拥有一批擅长写真的画家。在敦煌石窟遗书中有许多写真赞、貌真赞。曹良才画像赞中所谓"丹青绘影,留在日之真仪"[26],是对于画像提出肖似的要求。但通观现存曹氏诸窟画像,除少数颇有个性而外,大多千人一面,缺乏内在的艺术生命力。

四、佛教史迹故事画

曹氏画院将唐代前期的佛教感应故事画和唐后期的瑞像等揉合在一起进行构图。例如第454窟,以牛头山为中心,上部画石佛浮江、高悝得金像等海上场面,下部多为泥婆罗火池、纯陀故井、一手遮天、降服毒龙……等内容,形成了巨型变相,画于甬道顶部,西侧斜披画单身瑞像数十身。画院画师在牛头山这一主题上颇具匠心,画中由牛嘴架起高耸的阶梯,直通山顶大伽蓝,以瞻仰佛像。《大唐西域记》中记瞿室饯伽山(即牛头山)说:"山峰两起,岩陬四绝,于崖谷间建一伽蓝,其中佛像时烛光明"[27],与此图大体相符。

还有些瑞像、神僧像也逐步发展成为经变形式,如神僧刘萨诃,有单身像,有单幅故事画,亦有巨型变相。第98窟背屏后,在巨型立佛像下,画一骑士红巾抹额,在山中张弓追猎一鹿;又画一武士牵马,面前一鹿,旁立一僧。此图与刘萨诃起初不敬佛道为人凶顽,曾因猎鹿而被鬼神擒捉的故事[28]应有密切的关系。

第72窟的刘萨诃变相,现存榜题约三十余方,内容有:七里涧圣容像现,圣容像初下无头,天女持花迎本头,架梯安头头还落,刘萨诃发愿修像,圣容像乘云飞来,罗汉礼拜圣容碑,蕃人偷盗佛宝珠,火烧寺天降雷鸣,十方诸佛赴会……等生动情节。这些内容,据道宣《集神州三宝感通录》[29]记:"太武太延元年(公元435年),有离石沙门刘萨诃者,备在僧传,历游江表礼鄮县塔,至金陵开育王舍利,能事将讫,西行至凉州西一百七十里番禾郡界东北望御谷山遥礼,人莫测其然也。诃曰:此山崖当有像出,灵相具者则世乐时平,如其有缺则世乱人苦。经八十七载,至正光元年(公元520年)因大风雨雷震山崖,挺出石像高一丈八尺,形相端严唯无有首。登即选石命工安讫还落。魏道陵迟其言验矣。至周元年,凉州城东七里,涧石忽出光照烛幽显,观者异之,乃像首也,奉安像身宛然符合。神仪雕缺四十余年,身首异处二百余里,相好昔亏一时还备。时有灯光流照,钟声飞响,皆莫委其来也。周保定元年(公元561年),立为瑞像寺",与画面大体吻合。但无论此文或《高僧传》、《续高僧传》、《法苑珠林》以及手写卷本《刘萨诃和尚因缘记》等文献所载,都不及这铺画面的丰富。它很可能是根据刘萨诃变文而又大大加以发挥的产物。画面虽然内容丰富,各个情节表现也都生动,但在构图上没有主体,只是许多单个场景的臻集,整体看去缺乏统一和谐之美。

㉖ 《沙州文录·曹良才画像赞》。

㉗ 《大唐西域记》卷十二瞿萨旦那国(《大正藏》卷51,p.943)。

㉘ 敦煌石窟遗书P.3570《刘萨诃和尚因缘记》:"和尚俗姓刘氏,字萨诃,丹州定阳人也,性好游猎,多曾杀鹿,后忽卒亡,乃被鬼佛擒,领至阎罗王所。问萨诃,汝曾杀鹿也否?萨诃因即抵毁,须臾怨家竞来相证,即便招承,闻空中唱歌,萨诃为鹿,当即身变成鹿,遂被箭射肚下……"。另见 P.2680、P.3727。

㉙ 《集神州三宝感通录》卷中十四元魏凉州开山出像者(《大正藏》卷52,p.417)。

图8a　第61窟五台山图(部分)

图8b　第61窟五台山图中商旅

　　五台山传说为文殊菩萨居处，自北魏起已深受佛徒景仰，不断前往巡礼供养，留下无数胜迹。五台山图也应属于佛教史迹画范围。它的出现，始于唐代。唐高宗李治龙朔年间（公元661～663年）沙门会赜创制五台山图小帐[30]之后，便"广行三辅"。敦煌壁画中出现五台山图始于吐蕃占领时期。在第159、361窟的西壁文殊变下方都有屏风画五台山图，时间在开成年间（公元836～840年）。它与长庆四年（公元824年）吐蕃遣使求五台山图[31]当不无关系。第61窟西壁五台山图规模空前，共计四十五平方米。图上画山峦起伏、五台并峙；正中一峰最高，榜题"中台之顶"，两侧有"南台之顶"、"东台之顶"等四座高峰。五台之间遍布大大小小的寺院和佛塔约六、七十处之多，其中包括"大法华之寺"、"大佛光之寺"、"大福圣之寺"、"大建安之寺"、"大清凉之寺"、"大王子之寺"等一十六所大寺。中台则有雄伟的"万菩萨楼"和"大圣文殊真身殿"。如今尚存的佛光寺唐大中十一年所建大殿，是我国古代建筑的珍贵遗迹。画面下部还画了镇州（今河北正定）城、太原城和五台县城。其间描绘了千里江山的自然景色和风土人情，诸如朝山、送贡、行脚、商旅（图8）、刈草、饮畜、推磨、舂米，乃至桥梁、店房等等，形象真切，富有浓郁的生活气息。其中送贡的行列，前有骑士导引、护卫，后有从仆捧持贡品，榜题"送贡天使"，又有"湖南送贡使"。文献记载中屡有帝王遣使送贡到五台山的记载[32]。可见五台山图是以现实为依据，并非完全虚构。

　　第61窟的五台山图虽然也画了神异感应之类，但与宗教神秘气氛浓郁的经变画不同，它是一幅历史地图，又是山水人物名胜的艺术佳构。图中山高水远、林木扶疏、道路纵横、殿宇耸峙、云霭飘漾、瑞鸟飞鸣。风景优美的佛教胜地，吸引了远近无数巡礼朝圣的行脚僧。日本僧人圆仁于开成四年巡礼五台山时，还延请画博士为作《五台山现化图》携归日本。由于五台山图东渡日本、西入西域，便成了佛教艺术中的一个特别重要的题材。

　　五、佛像画

　　在曹氏时期有显著特点的佛像画或称尊像画，诸如：四大天王绘于窟室顶部的四隅，用以"镇窟"；天龙八部整齐地分布在龛内两侧，以示侍卫；巨型的经行佛、接引佛和说法像多在背屏后面；还有新题材八大龙王和毗沙门神赴那吒会。后者在第36窟保存完好，甬道门两侧分列八大龙王，榜题有"大力龙王"，"大吼龙王"，"持花龙女"、"持香龙女"……等。龙王作武士形象，龙女作宫女装束，皆人身龙尾，漫游海中。岸上还有高山林莽，飞瀑流泉。这是一种富有神奇意味的作

㉚　《古清凉传》卷下（《大正藏》卷51, p.1098）。

㉛　《旧唐书》卷十七《敬宗纪》。

㉜　《广清凉传》卷上《五台境界寺名圣迹》："隋开皇十一年，文帝敕忻州刺史崔震持供于五台设斋立碑"，又"唐长安二年……遣内侍黄门金守珍就刺山供养，显庆设斋，……是日忻代诸处巡礼僧数盈一万,皆云:万圣赴会。"

品。此窟壁面为清泰年间（公元934～936年）左马步都虞侯梁幸德父子发愿所绘[33]。功德记中说："其画乃龙王在海，每视津源，洒甘露而应时，行风雨而顺节"[34] 这些尊像画与现实愿望密切结合。此外，这个洞窟的南北壁绘制大型的文殊变和普贤变，虽然因为洞窟残破而仅存西侧的小半铺，但就仅存的部分眷属形象看，亦是五代壁画中具有代表性的精品。

### 六、装饰图案

装饰图案，主要表现在藻井、圆光、边饰和壁画中的地毯上。纹样主要有团龙、团凤、鹦鹉、孔雀、狻猊、莲花、团花、三角花、菱纹、回纹、联珠纹、波状缠枝石榴纹等。藻井已超越常制，往往以整个窟顶为一大盖，使石窟结构的整体感更强。更加规矩严整。

五代、北宋时期的曹氏画院，大约延续了百余年，一度兴盛，在曹元忠任节度使之后日趋衰落。

## 二 少数民族政权时期

西夏和元代，都是我国西北少数民族建立的政权。 十一世纪党项贵族以灵、夏等州为中心，"西掠吐蕃健马，北收回鹘锐兵"占领了瓜、沙等十余州，"东尽黄河，西界玉门，南接萧关，北控大漠"[35]，地跨今甘肃、陕西、宁夏等省，是为西夏，立国近二百年。北宋年间，党项攻陷甘州，天圣八年（公元1030年），瓜州王曹贤顺率千骑前往投降[36]。西夏广运二年（公元1035年，北宋景祐二年），景宗元昊率兵，取瓜、沙、肃三州，此后瓜沙便归于西夏。

西夏统治者能征善战，一方面以武力征服境内各族，另一方面大力提倡佛教，以佛图安疆。李元昊就是一个"晓浮图学，通蕃汉文字"[37]的人物。西夏统治者曾多次向宋朝请购大藏经，并广建寺院佛塔，贮存经藏，又延请各族僧人演译经文，广为刊行。西夏仁宗仁孝天盛十一年（公元1159年）从西藏迎来了噶举派迦玛支系初祖都松钦巴的大弟子格西藏琐布，尊为上师[38]。敦煌莫高窟和安西榆林窟大量西夏石窟就是这一时期兴建起来的。

公元1227年蒙古成吉思汗灭西夏，同年三月破沙州。公元1279年，元世祖忽必烈以和林（今乌兰巴托）为中心统一了全国，结束了一百多年的分裂状态，建立了一个地跨欧亚的大帝国。至元十七年（公元1280年）置沙州路总管府，河西走廊完全为蒙古贵族所统治。元朝统治者除了宣扬儒家思想而外，又重视道教，大搞所谓"三教平心"，"以佛活心，以道治身，以儒治世"[39]。此外，其至对伊斯兰教、基督教、犹太教也都兼收并蓄。在佛教里，又以藏传密教最受尊崇。西藏名僧八思巴被请来，封为国师，赐玉印，掌管全国的佛教，实际上做了元朝中央政府的顾问。因此，萨迦派密宗流行全国。也流行于河西。马可波罗游历西北时，见到甘州的佛像，"最大者高有十步，余像较小，有木雕者，有泥塑者，有石刻者。制作皆佳，外傅以金"[40]。他还说："敦煌偶像教徒（指佛教徒）自有其语言"[41]。从至正八年（公元1348年）的莫高窟六字真言碑上有汉文、西夏文、梵文、藏文、回鹘文、八思巴文，可以想见当时在敦煌，各族人民和佛教徒聚居共事的情况。碑的施主为西宁王速来蛮及其妃子、太子、公主、驸马。他们在莫高窟重修了

[33] 同[21]，pp.233～235。

[34] 敦煌石窟遗书 P.3564 莫高窟功德记。

[35] 《西夏书事》卷十二。

[36] 《宋史》卷四百八十五《夏国传》。

[37] 同[36]。

[38] 藏文史书巴俄祖拉陈瓦《贤者喜宴》(1564年)。

[39] 元·刘谧《三教平心论》(《大正藏》卷52，p.781)。

[40] 《马可波罗行纪》(冯承钧译)，中华书局1954年版，p.208。

[41] 同上，p.190。

皇庆寺，开凿了洞窟。由于密教萨迦派的特殊地位，敦煌的元代洞窟中出现了引人注目的西藏式密教艺术。

西夏和元代在河西的统治近三百年，在莫高窟修建洞窟约八十余窟。其中西夏七十余窟，绝大多数是改造或修缮前代洞窟，新建的极少。元代约有十窟，多是新建的。西夏改造或重修前代洞窟比较彻底，如第 263、246 窟原来都是北魏窟。第 263 窟北魏中心柱被改造成三面无龛只在东向面开一大型中心方龛的形式，第 246 窟中心柱虽保持四面龛，但壁画和塑像全部由西夏重画新塑，俨然一个完整的西夏窟。莫高窟的西夏洞窟，因为大都是利用前代旧式加以修改，在洞窟形制上当然很少西夏时代特点。同时，壁画和塑像内容也都承袭北宋格局。元代新开洞窟的形制有三：一是方形覆斗顶窟，二是主室长方形后部有中心柱的窟；三是主室方形有中心圆坛的窟。后者为敦煌藏密洞窟的典型形式。坛上塑像，四壁满绘密宗图像。

西夏彩塑残存者有佛、弟子、菩萨等，并有释迦、多宝并坐说法像，面貌丰润，衣纹流畅，犹有唐宋余风。六十年代考古发掘中发现的第 491 窟供养天女像，额头宽阔，相貌朴实，双鬟髻、大袖襦、云肩、长裙、蔽膝、两侧带旒，名曰"褂衣"，这是当时中原贵族妇女的礼服，造像风格亦如宋代。

西夏、元的壁画数量颇多，主要有三类：尊像画、经变画和装饰图案。

一、尊像画

尊像是西夏和元代两个时代将近三百年间的主要石窟壁画题材。这里又分为两类，一类是显教尊像，如药师佛，观音菩萨、十六罗汉、水月观音……等。

画水月观音像始于唐代。周昉在西京胜光寺塔东南院画水月观自在菩萨[42]，画史上有周昉"妙创水月之体"的称誉[43]。藏经洞出土绢画中有此题材，壁画中亦不少，画菩萨宝冠峨髻，璎珞严身，于石上结半跏坐，后有圆光，上有新月，下有碧波。白居易赞水月观音像云："净渌水上，虚白光中，一睹其相，万缘皆空"[44]。这十六个字，道出了水月观音画像的宗教神秘境界。

十六罗汉，作为一个洞窟壁画的主题，始见于西夏第 97 窟。南、北壁各绘八身，共十六幅方形构图。罗汉面相各不相同；其中那些浓眉大眼高鼻深目和各种形态怪异者，令人联想起画史评五代禅月大师贯休所画十六罗汉所谓的"庞眉大目者，朵颐隆鼻者，倚松石者，坐山水者，胡貌梵相，曲尽其态"[45]。这些西夏罗汉像，颇得贯休罗汉像"狂逸"的写意风格。

千手千钵文殊菩萨像，均结跏趺坐须弥山上，千手各持一钵，钵中各出一化佛，分布如圆轮[46]。须弥山耸峙于大海中，上有双龙缠绕、日月相对。

千手千眼观音，不同时代，不同画工，在表现上有所不同，布局结构颇不一致。元代至正年间（公元 1341～1368 年）第 3 窟的千手千眼观音像一铺，人物较少。观音十一面，叠头如塔；千臂千手，摆列如轮。"每手掌中有一慈眼"[47]。敦煌变文中说："千眼遥观，千手接应"。图上部有飞天，两侧有功德天、吉祥天、婆薮仙、火头金刚、毗那夜迦等，布局严谨，造型真实，多为中原人物形象，有的衣冠如道教

图 9　第 61 窟炽盛光佛图中十二宫

㊷ 《历代名画记》卷三《记两京外州寺观画壁》。

㊸ 《历代名画记》卷十《叙历代能画人名·唐朝下》。

㊹ 《画水月菩萨赞》，《白居易集》卷三十九，中华书局 1979 年版，p.888。

㊺ 黄休复《益州名画录》卷下。

㊻ 《大乘瑜伽金刚性海曼殊室利千臂千钵大教王经》（《大正藏》卷 20，p.748）。

㊼ 《千光眼观自在菩萨秘密法经》（《大正藏》卷 20，p.120）。

图10　第465窟欢喜金刚

图11　第409窟回鹘王供养像

图12　第409窟回鹘王妃供养像

神像。其线描纯熟、变化丰富，以圆润秀劲的铁线勾勒面部和肢体，用折芦描表现厚重的衣纹褶襞，用顿挫分明的丁头鼠尾描表现力士隆起的肌肉，又用轻利飘逸的游丝描画出蓬松的须发。为了刻划出不同的质感，作者使用了多种线描，既使形象更加真切感人，也显示了元代绘画艺术的高度发展。

第61窟甬道南壁的巨型炽盛光佛，大约是元代修造窟檐时所绘。图中佛像坐轮车上，右手以一指顶法轮，前有诸天引导，车后龙旌飘扬，金刚力士跟随，上空有众多天人及天宫诸星宿（图9）。经云："尔时释迦牟尼佛，住净居天宫告文殊师利菩萨摩诃萨，及诸四众八部游宫大天九执七曜十二宫神二十八星日月诸宿，我昔于过去娑罗树王佛所，受此大威德金轮佛顶炽盛光如来消除一切灾难陀罗尼法，于未来世中若有国界，日月五星罗睺计都彗孛妖怪恶星，照临所属本命宫宿及诸星位……一切灾难　自然消灭，不能为害"[48]。此画似与窟内以文殊为主像的内容密切相关。

另一类为西藏式密教图像。第465窟壁画为萨迦派密教艺术，内容有以大日如来为中心的五方佛及各种明王愤怒像以及双身合抱像，即所谓欢喜天、欢喜金刚（图10）。明王像面貌狞恶，裸体作舞蹈姿态，比例适度，线描细腻，晕染颇有立体感。这批壁画具有明显的来自尼泊尔和印度的影响，又有较多西藏原始宗教苯教成分，表现出萨迦派艺术的独特风格。

二、经变画

西夏以来，经变品种越来越少，仅有西方阿弥陀净土变，东方药师经变等二、三种。画面呆板，构图缺少变化，前代经变画中一些生动的因素，如楼阁栏楯，音乐舞蹈等均已少见，除非凭借佛的坐式、手印以及化生童子是否出现等微妙的标志，往往几乎无法识别是何经变。显然，大乘教的经变画随着密教的广泛传播而趋向衰落了。

三、供养人画像

北宋以后，供养人画像少了。西夏中期，出现过一些回鹘族供养像，其中第409窟的回鹘王及眷属供养像就是别具风格的肖像画。所画人物面相丰圆，王者戴龙纹白毡高帽，穿团龙袍，长勒毡靴，腰束革带，悬鞢韘七事（图11）；身后有仆从张伞扇，武士捧持兵器。女像头饰博鬓冠，穿翻领窄袖红袍（图12），与吐鲁番高昌回鹘时代的伯孜克里克石窟壁画中回鹘供养人（图13）造型风格几乎相同。西夏时代，回鹘部落遍布河西走廊，东面有甘州回鹘，西面有高昌回鹘、龟兹回鹘，沙州有沙州回鹘。天会五年（公元1127年）"沙州回鹘活刺散可汗曾遣使入贡"[49]，石窟里留下了当时的回鹘王供养像亦是重要的文物遗迹。

西夏晚期出现了少数党项族女供养像，面形条长，戴步摇冠或毡冠，穿窄袖衫裙，着弓履（图14）。这大体上是从中原汉装改变而来的，即所谓改大汉衣冠。

元代供养人画像仅一二例，面相宽肥，戴笠帽，穿窄袖袍、六合靴，这就是蒙古民族服装"质孙"（一色服）。女供养人头戴顾姑冠，穿文绣衣，长裙曳地，身后有二女奴提携，反映了蒙古贵族妇女的装扮。

西夏和元代的供养人画像虽为数极少，但在人物造型和衣冠服饰

[48]《佛说大威德金轮佛顶炽盛光如来消除一切灾难陀罗尼经》（《大正藏》卷19，p.338）。

[49]《金史》卷三《太宗纪》。

上，却鲜明地表现出民族特色。

四、装饰图案

莫高窟晚期的装饰图案，在曹氏院画基础上加以发展，具有新的时代特点。图案纹样有牡丹、石榴、莲荷、三叶、团花等植物纹，有古钱、连环、龟背、锁子、万字、回纹等几何纹，有团龙、翔凤、卷云等祥瑞纹。其中龙凤图案最为突出，在藻井、冠服、旌旗上随处可见组成飞云团龙、二龙戏珠、五龙飞腾、单凤展翅、双凤盘旋等各种图案，且以浮塑贴金手法来加强表现。第130窟顶部就是一顶典型的西夏金龙华盖式藻井。第61窟甬道炽盛光佛画像车后飘扬的龙旗，也是晚期装饰艺术的代表作。

图13a　新疆伯孜克里克石窟回鹘供养人像

# 结　语

唐代以后，敦煌莫高窟艺术发展进入了晚期，前后长达四百余年，经历了五代、北宋、西夏、元四个时代和三个不同民族的政权，统治者无不大力提倡佛教，开窟造像未曾间断。石窟艺术的创造者也不止一个民族，其中有汉族画家和塑匠董保德、张弘恩、李园心、王安德、李存遂等，有党项族画家高崇德，有龟兹画家白般绖，还有定居敦煌的中亚画家安存立、印度画家竺保，等等。这说明，敦煌石窟艺术名符其实地是我国各族人民共同创造并融汇了外来影响的艺术宝库。

晚期艺术的两个大的发展阶段都有其突出的成就和显著的特点。

图13b　新疆伯孜克里克石窟回鹘女供养人像

五代开始的曹氏画院，凿造了不少大型中心佛坛式洞窟，窟内塑像和壁画，内容丰富，布局严谨。一些新题材的出现，诸如刘萨诃变相、五台山图和新样文殊等，反映出佛教进一步中国化并和儒、道思想相结合的过程。因经变画情节增多和故事画再度兴起，壁面上呈现出的多种多样的社会生活场面，为研究当时当地的社会历史提供了丰富的形象资料。

画院初期，在线描造型上颇有魄力，虽然往往失之粗糙，仍然保持着兰叶描豪放、丰润、富于变化的特点。特别在天龙八部、十大弟子等形象的面部塑造上，笔力劲挺，神采飞扬，具有内在的力量。第36窟的龙王和文殊、普贤的眷属，以及第220窟的新样文殊，都是画院绘画的典范作品。只是到了曹元忠之后，无论墨线或土红线，变得柔弱无力，且时有战笔，有人称之为战笔水纹描，其实正是笔墨衰败、艺术修养不足的表现。

图13c　新疆伯孜克里克石窟回鹘供养人像

值得特别一提的是原来作为人物背景的山水画。从初唐第323窟佛教史迹画中的平远山水到第217窟和第130窟的化城喻品，画面出现了深远辽阔的空间感。到了五代第61窟的五台山全景图，则进一步确立了山水画的独立地位。五台山图是千年敦煌壁画中最大的山水画面，它把现实与想象结合起来，用鸟瞰式透视法将重峦叠嶂、绵延千里的山川景色和风土人情汇集于一壁，远观有磅礴的气势，近看有真实生动的人物情节。在笔墨上，"笔简形具，得之自然"[50]。在构图上，则善于经营和组织，聚散自如。传统中国山水画的写意情趣，在五台山图中已见端倪。

在经变、故事画方面，与早期和唐代壁画相比较，构图和人物形象的公式化日趋明显。榜题的增多使画面显得支离。榜题文字多而形成讲

[50]　《益州名画录·品目》

图 14 第 395 窟西夏女供养人

唱并用的变文形式，使壁画的图解性质日益增强。自此，艺术境界的创造已被冲淡，艺术感染力因而降低。

曹氏画院以后，莫高窟艺术的内容和形式仍有比较明显的变化。西夏壁画起初继承曹氏画院规范，内容更趋贫乏，形式上满足于装饰效果而不求深入。以后在人物造型上受到回鹘高昌壁画的影响，继而又在进一步汉化的基础上产生了兼有中原风格和党项民族特征的人物造型。

在线描上，除继承曹氏画院的兰叶描外，又接受了中原挺拔有力的折芦描。这种线描约始于梁楷、李公麟，在莫高窟西夏壁画中又有所发展。线条更硬，大约与西夏人用黄羊毛制笔有关。西夏壁画色彩单调、颜料质量差，许多洞窟只剩下涂地的石绿未曾变色，因而以石绿为主的清凉色调，便成了西夏石窟的时代特征之一。

元代壁画中密教题材十分突出，特别是接受了从西藏传来的萨迦派密教艺术，虽然开窟画壁为数不多，但由于出现了新的风格，取得了新的成就，从而打破了莫高窟最后时期的沉寂气氛。

在第 3 窟内，元代甘州画师史小玉以折芦描与铁线描、游丝描、丁头鼠尾描相结合，把线描造型推到极高的水平。壁面设色清淡典雅，纯然中原画风。与此形成对照的是称作"秘密寺"的第 465 窟，色彩浓重鲜明，美艳之中令人怖畏，艺术效果强烈，别是一番境界。莫高窟的萨迦派藏密艺术几乎仅此一例，但仅此孤例已够使人赞叹。

此后，莫高窟的营建即告中辍。清代虽又一度增补和重修，但内容混杂、技艺低劣，徒然破坏了旧有的艺术效果，实不足道。就石窟艺术的发展而言，为数很少却描绘精湛的元代洞窟正是敦煌莫高窟艺术的尾声。

# 瓜、沙西夏石窟概论

## 刘玉权

我们通常所说的敦煌石窟，主要包括莫高窟、西千佛洞、榆林窟三处石窟群，总共有五百五十多个洞窟，其中保存着北凉、北魏、西魏、北周、隋、唐、五代、宋、西夏、元计十个朝代，上下一千年的艺术，它们是汉、鲜卑、吐蕃、回鹘、党项、蒙古等六个兄弟民族的共同创造。当大家对那古朴豪放的北朝艺术，辉煌富丽的隋唐石窟发出赞叹的时候，很少有人留意敦煌为数众多的西夏洞窟，但它们却是我国西夏石窟艺术最丰富多彩的一批遗存。

诚然，从总的来讲，唐朝以后的佛教艺术，已经度过了自己的极盛期，到了西夏，颇似"日薄西山"。然而，夕阳不也是很美的吗？何况它毕竟是属于"一个时代"的艺术，有它自己的民族风格和特点，是中华民族文化的一个组成部分。因此，同样需要我们去认真地考察和研究。过去，对于西夏的研究，多集中在语言文字、历史地理、政治经济、宗教、文化、民俗等诸方面，很少触及到西夏的艺术领域。本人不揣冒昧，这里试对瓜、沙二州的西夏石窟（重点是对其艺术）作一概略的介绍并加以探讨。

## 一　西夏石窟概述

公元十一世纪初，中原还正当北宋王朝的前期，河西走廊已开始了以党项羌族为主体的西夏政权的统治。西夏王朝立国于我国西北地区，周围分别与北宋、吐蕃、回鹘、辽为邻。这些邻国无论在政治、经济还是文化的发展上都远早于西夏。西夏立国前，就已受到这些邻国（或地区）佛教文化的长期熏陶和影响。西夏历史上两个重要的首领李德明、李元昊父子，都是通蕃汉文字，晓浮图学的人。西夏立国之后，在李元昊及笃信佛教的历代帝王们的提倡、扶持下，在河西走廊流传、发展了六、七百年的佛教和佛教文化，得到了迅速而长足的发展。

建于公元 1094 年的《凉州重修护国寺感应塔碑铭》[①]说："至于释教，尤所崇奉。近自畿甸，远（还？）及荒要，山林溪谷，村落坊聚，佛宇遗址，只椽片瓦，但仿佛有存者，无不必葺。"这段文字重点反映了西夏立国之后，以皇室为核心的统治阶级对于原有佛教遗址、遗迹采取保护维修的政策和措施。该碑又说："浮图梵刹，遍满天下"。这两句话概括了在原有基础上经过继续发展之后，西夏佛教的兴盛景况。在这种情况下，很自然地对过去所开凿的石窟加以保护利用，并继续兴建、重修。根据解放以来各地公布的调查材料，在内蒙古的鄂托克旗百眼窑石窟，在甘肃河西走廊的武威天梯山石窟、张掖马蹄寺石窟、酒泉文殊山石窟、玉门昌马石窟、安西榆林窟、敦煌莫高窟和西千佛洞，以及肃北蒙古族自治县的五个庙，等等，都有一定数量西夏时期开凿或重修妆銮过的佛窟以及其它佛教艺术遗迹。其中，以敦煌莫高窟和安西榆林窟的西夏石窟数量最多、规模最大、保存最系统完整。西夏时期在莫

① 凉州重修护国寺感应塔碑铭，现存甘肃省武威博物馆，系国务院公布的第一批全国重点文物保护单位之一。其铭文先后著录于《金石续编》、《西陲石刻录》、《铁桥金石跋尾》、《陇右金石录》等及罗福颐《西夏护国寺感应塔碑介绍》，《文物》一九六一年第四、五期。

② 敦煌莫高窟与安西榆林窟，过去由于未进行科学系统的分期排年工作，只在两处石窟群中认定了几个西夏洞窟，相当一批西夏洞窟的时代被误认为北宋或元代。1964 年，敦煌文物研究所与中国科学院民族研究所合作，成立了西夏工作组，对两处石窟的北宋、西夏、元代洞窟作了调查，并在此基础上进行了分期排年工作。在莫高窟初步确定了 77 个，在榆林窟初步确定了 11 个西夏新建和重修装绘的洞窟（零星小面积重修重绘过的洞窟未计在内），分为早、中、晚三期。笔者据此写成《敦煌莫高窟、安西榆林窟西夏洞窟分期》（见《敦煌研究文集》甘肃人民出版社 1982 年 3 月版）。

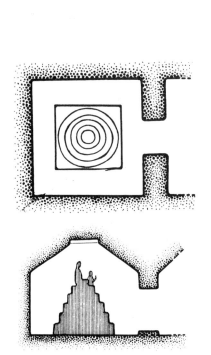

图1 西夏晚期洞窟平面、纵剖面示意图(榆林窟第29窟)

高窟新建与重修了七十七个洞窟[②]，塑造与改塑了约二、三十尊彩塑，营建或重建了窟前木构殿堂四座；在榆林窟创建与重修了十一个洞窟[③]。毫无疑问，敦煌称得上是我国最大的西夏艺术陈列馆。

## 二　西夏洞窟的分布与形制

在莫高窟，西夏洞窟主要分布于南起第96窟（俗称"大佛殿"或"九层楼"，即唐之"北大像"），北至第16窟（俗称"三层楼"，有名的藏经洞就在该窟甬道北壁）之间的这一段上下层的窟群中。在榆林窟，全部西夏洞窟分布于榆林河之东岸崖壁上的窟群中[①]。

瓜、沙二州的西夏洞窟，除很少数是新开凿营造的以外，绝大多数都是利用它以前北朝、隋、唐、五代、宋等历代洞窟重修、装绘，因此，这部分洞窟的形制是多样而复杂的，显然囊括了敦煌石窟从早到晚各种窟形。不过这是西夏早期和中期的情况。到了晚期，出现了西夏的新开洞窟，形制为：覆斗顶（或穹庐顶）、平面方形、中央设坛（图1）。另外，在莫高窟宕泉河东岸的第4号塔婆形制，是平面方形、穹庐顶、正壁设坛的一种仿"蒙古包"的形式（图2），时间大约相当于西夏中晚期。最突出的一个变化，是基本抛弃了窟内开龛的格局，而将各种偶像安置于中央佛坛上。不难看出：西夏早、中期的窟形与下面将要谈到的洞窟内容题材一样，都大体沿袭唐宋；而晚期出现的新式窟形，则全为密宗的样式，它是西夏晚期密宗盛行之后的必然结果。这种密宗样式，不但流行于西夏晚期，而且一直影响到元代。

## 三　西夏洞窟壁画的题材布局

据调查，瓜、沙西夏石窟，其壁画题材有二十多种，但主要流行的不过十余种。为简便起见，将其主要题材及布局列表于后。

从表中可以看到，大多数壁画题材及其布局，是沿袭唐、宋的。新出现的题材是十六罗汉、儒童本生、金刚手、释迦降魔塔、曼荼罗五方佛及水月观音等。另外，还有一种单绘药师佛的题材，虽然唐代就有，但并不很多，而在西夏早、中期洞窟中比较流行。畜牧地区，地旷人稀，缺医少药，这也是西北各少数民族地区过去普遍存在的现象。史书上每有反映西夏上层人物生病，向邻国乞医求药的记载[⑤]。发生疾病而不得治疗，人们只好把希望寄托在神的身上。

水月观音这种题材，用绘画来表现，据画史的记载，是唐代名画家周昉的创造[⑥]。敦煌藏经洞里发现的绘制于五代天福八年（后晋高祖石敬瑭时、公元943年）的绢本着色水月观音图（系千手千眼观音经变下段一幅小附图），是有明确纪年的现存最早的水月观音图像。藏经洞出土另有几幅纸、绢本着色水月观音图，按其画风，最早的约可推到晚唐末年或五代初年[⑦]。西夏的水月观音图，早期见于莫高窟第164窟等，但只有到西夏晚期，才真正流行起来，而且画的规模、内容、表现技巧都大有进步，意境深远。更值得注意的是，在榆林窟第2窟（西夏晚期）、第29窟（西夏晚期）所画的水月观音图与第3窟（西夏晚期）所绘的普贤变中，都绘有唐僧取经图。据知，它们是这种题材现存最早的图像，对于研究以玄奘取经故事为题材的取经图的形成及其演变，是难得的形象资料[⑧]。

③ 西夏时期在榆林窟新建的洞窟也很少，大多数亦系利用前人洞窟重修重绘。其中第21窟因西夏早期和中期两次重修重绘，所以在《敦煌莫高窟、安西榆林窟西夏洞窟分期》一文的分期表中两次出现，而计算窟数时，仅算一个窟。

① 榆林窟开凿的地理环境和位置与莫高窟有所不同。因榆林河自南至北流过，冲刷而成峡谷，洞窟开凿于峡谷两侧陡峭的崖壁上，因此有东崖窟群与西崖窟群之称。榆林窟西夏洞窟全都分布于东崖。

⑤ 《西夏纪》卷二十六："西夏崇天庆七年春正月，遣武节大夫连都敦信，宣德郎丁师周，如金贺正旦，附奏为母疾求医……。"同年秋八月，"金再来赐医药"。卷二十五："西夏崇天盛十九年……仁孝乞良医，为得敬治疾。"

⑥ 《历代名画记》卷十："周昉，字景玄……初效张萱画，后则小异，颇极风姿，全法衣冠，不近闾里，衣裳劲简，彩色柔丽，菩萨端严，妙创水月之体。"

⑦ 松本荣一《敦煌画の研究》（东方文化学院东京研究所1937年）附图97,98。

⑧ 王静如《敦煌莫高窟和安西榆林窟中的西夏壁画》，《文物》一九八〇年第九期。

| 题　　材 | 位　　置 |
|---|---|
| 千佛 | 主室四壁及覆斗顶四披 |
| 供养（赴会）菩萨 | 甬道两侧及主室四壁（或主室东、南、北三壁）下段 |
| 说法图 | 主室南、北壁 |
| 西方净土变 | 主室南、北壁 |
| 药师净土变 | 甬道两侧壁或前室四壁* |
| 弥勒净土变 | 主室四壁及甬道两侧壁* |
| 弥勒三尊 | 主室南北壁* |
| 文殊、普贤 | 主室正龛外两侧壁面；主室东壁或前室西壁 |
| 药师佛 | 主室正龛外侧壁面、前室甬道 |
| 观音经变 | 主室甬道两侧壁* |
| 如意轮与不空绢索观音 | 主室东壁** |
| 十六罗汉 | 主室东、南、北壁** |
| 儒童本生 | 主室东壁* |
| 金刚手 | 主室南、北壁西端* |
| 释迦降魔塔 | 主室东（正）壁中央* |
| 曼荼罗五方佛 | 主室南、北壁的两端及窟顶中央* |
| 水月观音 | 主室东（正）壁及西壁左右两端* |

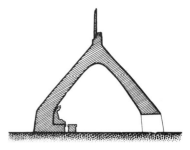

图 2　莫高窟第 4 号塔婆纵剖面示意图

说明：　1. 表中注有 * 者，是榆林窟的布局情况；注有 ** 者，是莫高窟的布局情况；其余未标注者，是两处石窟所共有的情况。

2. 莫高窟的洞窟方向是坐西向东，榆林窟东崖石窟的方向为坐东向西。

从表中，我们还可看出，西夏时期的主要壁画题材，虽然仍是承袭唐、宋流行的种种经变和说法图，甚至连布局构图、表现规模都仿照唐、宋。但是，它仅仅保留了唐、宋佛画的形式和外貌，或者说仅仅保留了唐、宋佛画艺术的躯壳，内容和形式都已经没有唐、宋佛画艺术的丰富多彩、宏伟富丽，而是单调、贫乏、空洞，就象一个病态的巨人，呈现出衰败景象。其后，来自西藏的喇嘛教代之而兴，致使西夏晚期洞窟壁画出现较多的密宗题材。

## 四　西夏洞窟的造像

就现状而言，西夏造像遗留下来的很少，且难于找到完整的一铺西夏造像原作，至于整窟造像原作，就更不容易了。榆林窟没有保留下任何一尊造像。

整个西夏时期，由于创建洞窟很少，因此造像相应就少。从敦煌石窟历代洞窟创建与重修的演变情况来看，一般不去有意破坏前人造像而重塑新像，多在前人造像已毁或残破不堪的情况下，才重新补塑或修补。壁画就不同了，常常是原画好好的而被抹壁重绘。西夏时期也是如此，它重修重绘过数十个前人洞窟，但却很少去有意损毁原塑而重塑新

图 3　莫高窟第 65 窟西壁龛内南侧菩萨像

像。在莫高窟留存下来的二、三十尊西夏彩塑，除个别的是西夏时期在自己创建的洞窟中塑造以外，其余都是在重修前人洞窟时，在原塑损毁情况下，重新补塑的。在这种条件下，西夏彩塑很少是自然的。

西夏晚期一批密宗洞窟的造像，可能被后人有意毁掉了。前面已经提到西夏晚期出现的中央设坛的密宗洞窟，设坛本身就是为了立像的，想必原来也是立了像的。关于这方面，现在没有直接可靠的材料来加以证明，我们只能从某些可供参考的间接材料来判断。洪皓在他所写的《松漠纪闻》中，曾经谈到过西夏统治甘、凉、瓜、沙时期的回鹘人信奉佛教的情况，他说：甘、凉、瓜、沙一带的回鹘人"奉释氏最盛，共为一堂，塑佛像其中，每斋必刲羊，或酒醴，以指染血涂佛口，或捧其足而鸣之，……"⑨。又，元初游历过河西的意大利人马可波罗，也曾谈到"沙州……居民多是偶像教徒，……境内有寺庙不少，其中满布种种偶像，居民虔诚大礼供奉……"⑩。洪皓说的虽是回鹘人在寺庙里供佛礼佛的状况，但包括党项在内的各族都同样是信奉佛教的，情形大体是相同的。马可波罗也曾记述眼见的元代初年情况，离它不远的西夏晚期，其情形大体也是相仿佛的。佛窟与寺庙一样，同样要列置偶像，因为佛教本身就是"像教"。而西夏晚期一直到元代，密教兴盛不衰，无论是寺庙中还是佛窟里，密宗造像是一定少不了的。

那么，这些偶像为什么连一尊也没有保存下来呢？当然可以考虑到自然损毁是原因之一，可能还存在有意识的人为破坏。

至今尚存这部分为数不多的西夏造像，一般地说，受唐、宋影响较深，唐代遗风甚浓，然而艺术造诣和艺术水平又远不及唐宋，特点是体态比较僵硬，神情比较呆滞，缺乏唐塑那种婀娜多姿的动态、圆润细腻的笔触、辉煌富丽的色调和丰满健美的气质。在形象上，多为修眉细眼，鼻梁高与额齐平。菩萨造像，往往唇微启而露其齿。这一点颇与辽代彩塑相像（图 3）。

1965 年，在莫高窟加固工程窟前发掘中，新发现的第 491 窟⑪，出土了几尊西夏彩塑，其中保存较完整的一尊供养天女像，具有明显的西夏特征⑫。

1979 年，敦煌文物研究所考古组在莫高窟第 130 窟窟前发掘中，揭露出规模宏伟的西夏殿堂遗址。在殿堂的西壁（即第 130 窟前室西壁）甬道口两侧，发现了四尊天王造像，惜已大部残毁，仅残存天王像局部，如天王的脚及脚下的"小鬼"，且也风化剥蚀严重。其形象粗壮浑圆，厚重结实，造像作风和手法与银川西夏陵区一号陵和八号陵的人像石座雕刻颇有类似之处⑬。根据天王脚的大小与崖面遗迹（如像背后揳入崖体的桩孔的高度），可以大体推测天王像全高至少在六米以上，无疑是西夏石窟造像中之巨作。

## 五　西夏洞窟的壁画艺术

一般地说，西夏壁画艺术与唐、宋两朝壁画艺术关系相当密切。其早期壁画艺术，在一定意义上讲，是北宋壁画艺术的直接继承和延续；无论在内容布局、画面构图或人物造型与衣冠服饰方面，以及线描、敷色等表现手法方面，都与北宋壁画艺术一脉相承。许多情况下，宋与西夏早期壁画往往难以区分，细审之，方能发现两者间的差异。

⑨　洪皓《松漠记闻》上卷（《丛书集成初编》补印本，商务印书馆 1959 年版）。

⑩　沙海昂注、冯承钧译《马可波罗行纪》，中华书局 1954 年版。

⑪　敦煌文物研究所《敦煌莫高窟窟前建筑遗址发掘简记》，《文物》一九七八年第十二期。

⑫　见《敦煌彩塑》图版 85 及图版说明（文物出版社 1978 年版）。

⑬　见吴峰云、李范文、李志清《介绍西夏陵区的几件文物》图五、六，《文物》一九七八年第八期。

西夏早期重修的洞窟，壁画内容多是整窟的千佛或大量的供养菩萨，虽然洞窟较大，画幅规模也不小，但毕竟内容单一，加上艺术水准较低，绘工简率粗糙，确实"少情味"[14]。也有相当多的早期洞窟，虽然布满各种经变图象，论其内容题材，不算贫乏，画幅规模有时也不算小，却仍是"气宇偏小"。许多净土变，虽然挤满了各种人物，画面也较大，但由于缺少或干脆没有宏伟的楼台亭阁、宝池瑞禽，加上绘工粗简，画面效果与一般说法图相差不大。再如相当一批洞窟经西夏早期重修后，多绘甚至全绘大身供养（赴会）菩萨，形象千篇一律，动态缺乏变化，神情呆板，缺乏艺术感染力(图4)。这些都说明，这个阶段的艺术，有大而空、数量多而质量差的倾向。反映出佛教艺术在创作和制作态度方面，已经远不如北朝、隋、唐那样虔诚认真了。

敦煌石窟，从一开始，一般少不了要画供养人像，代代相因，无一例外。而恰恰到了西夏早期，竟一反常态，除极个别洞窟外，均不画供养人，而且往往将前人洞窟画供养人像的地方抹壁重画成供养（赴会）菩萨。这是西夏早期壁画又一个值得注意的特点。

然而，西夏历代统治者都崇奉佛教，就是元昊本人也"自幼晓浮屠学，通蕃汉文字"[15]。瓜、沙地区佛教文化早已相当发达，西夏占领后，继续从事佛教艺术的能工巧匠，不可避免地给予西夏艺术以巨大影响，而西夏本来很缺乏这方面的人才，因此，西夏早期壁画，无论题材布局、人物形象、衣冠服饰、绘画技法等方面，在相当程度上是对北宋壁画艺术的学习模仿和直接承袭。这也是西夏统治阶级实行封建化政策的一个组成部分。·在这种状况下的壁画艺术，自然还不能充分显示出本民族的风格特点，需要经过一段学习、模仿、消化的过程，在不断实践中探索自己民族的新艺术。到了中期以后，逐渐孕育发展了具有西夏民族风格和民族特征的壁画艺术。这时一个较明显的特点是壁画中人物形象上的变化。人物面型浑圆而长，两腮较突出，鼻梁高，细眉修目(图5)。供养人像的衣冠服饰则为秃发毡冠，或云镂冠，后垂红结绶，圆领窄袖团花袍，腰束带。这显然已不是汉民族的样式，而是西夏人的形象和装束。

西夏晚期，是壁画艺术民族风格和民族特点进一步发展和成熟的时期。这时的人物形象，特别是世俗人物形象，可以榆林窟第29窟为典型代表：身体修长、秃发，长圆型的面孔，两腮外鼓，深目，高鼻，耳垂重环，脚穿钩鞋。文武职官和庶民百姓的衣冠服饰都与史书记载相吻合，是典型的党项人的形象和装束打扮（图6a、b）。

西夏晚期壁画艺术，大体有两种画风：一种是敷色厚重，色彩与线描并重，具有浓厚的神秘气氛；例如榆林窟第2、3等窟部分壁画，显然是深受西藏密宗艺术影响的一种画风。另一种是从以线描为主，色彩为辅的中原汉民族绘画传统发展下来的画风，例如榆林窟第29及2、3窟一部分壁画以及莫高窟第97窟等（图7）。

西夏晚期壁画，在线描艺术方面是很有成就的。其代表性的作品要算榆林窟第29窟和第2、3等窟的壁画，尤其是第3窟南、北壁中央西方净土变中大规模的建筑画。除了建筑结构本身形象的精确和透视关系的妥贴之外，建筑界画一丝不苟和精致流畅的线描功力，也是值得称道的。画家继承中国绘画的传统，充分发挥了线描艺术在建筑画上的表现力，取得了相当的成功（图8），给后来元代荟萃诸家之长，取得线描

图4　莫高窟第326窟甬道北壁供养菩萨

图5　莫高窟第310窟西壁龛外北侧药师佛

⑭ 谢稚柳《敦煌艺术叙录·概述》，古典文学出版社1957年版，p.30。
⑮ 《辽史拾遗》卷二十二国外纪第四十五，《丛书集成》刊。

图6a 榆林窟第29窟女供养人(摹本)　　　　图6b 榆林窟第29窟男供养人

艺术的空前发展，作了坚实的铺垫。

　　西夏壁画中的山水画，也是值得一提的。它的代表作品要算榆林窟第2窟水月观音图和第3窟文殊变、普贤变中的山水画。有的是青绿山水，有的却是水墨山水。其山峰峦叠障，云烟环绕，缥缥缈缈。山中林木葱郁，楼阁掩映，气势雄浑。北宋初期山水名家郭熙说："山有三远：自山下而仰山巅谓之高远，自山前而窥山后谓之深远，自近山而望远山谓之平远"⑯。上述西夏山水画，具备了这样的特点。画家继承了中国山水画的优秀传统，充分运用勾描、皴擦、点染等技法，使画面达

⑯ 郭熙《林泉高致集·山水训》（于安澜编《画论丛刊》上卷）。

图7　榆林窟第3窟文殊变

图8　榆林窟第3窟西方净土变(部分)

图9 榆林窟第3窟普贤变上部山水画

图10 莫高窟第97窟西夏壁画人物晕染

到了较高的意境（图9）。从中可以看到，中原高度发展起来的青绿山水和水墨山水画对西夏绘画的深刻影响。它是学习继承两宋及其以前山水画传统的结果，为西夏山水画佳作。

西夏壁画在敷彩方面，也有自己的特点。在早、中期，整窟的或大面积的千佛、供养（赴会）菩萨，多用贵重的石绿色作地。另有一些说法图、经变等，又多用一种红色（可能是土红色中加辰砂），或者用一种发淡紫的蓝色（可能即魏、隋洞窟常用的那种"青金石"，即天然群青）作地。这些都是其它时代的壁画极少见的做法。壁画的装饰部分，很喜欢施金；如藻井图案中的蟠龙、蟠凤，平棋团花图案或边饰诸如花蕊、铃，人物装饰的璎珞、耳环、手镯、臂钏之类，均流行浮塑贴金、描金、或沥粉堆金。浮塑贴金和沥粉堆金之法，虽然过去早已有之，但广泛使用大约由北宋初期开始，特别在西夏时相当盛行。

在晕染方面，西夏时期没有多大变化和创新，基本还是以前那种中原汉式传统染法[17]和西域凹凸法[18]的结合运用，于其中略有变化，大同小异而已。晕染所敷色彩，一般比较清淡，着意突出线描在造型上的主导作用。另外，有时所染颜色边界清晰而不晕开，因此看上去有一定的装饰效果。如莫高窟第97窟北壁"诺矩罗大阿罗汉"图中之女侍从像和"宾度罗跋啰堕阇大阿罗汉"图中之男侍从像，其肉体部分淡赭红的晕染，面部是中原式与西域式之混合，而身体部分则基本采用西域式晕染法（图10a、b）。

## 六　西夏洞窟的装饰图案

西夏洞窟的装饰图案，无论在装饰纹样方面，还是组织结构方面抑或色彩配置方面，都有较鲜明的特色。

首先，西夏装饰图案在整个洞窟中所占面积的比率，是历代洞窟之最。除了窟顶藻井图案之外，相当多数的洞窟覆斗形窟顶的四披、盝形

[17] 所谓中原汉式传统染法，意在表现物体的固有色彩，而不强调其受光线影响的效果。如染树叶，向阳面色深而背面色浅；又如染脸，两颊色深（以表现脸颊固有的红晕），其周围色浅。

[18] 所谓西域凹凸法，意在强调物体受光后的立体效果。如染面部，低处色深，高处色浅；染胳膊，中央色浅，两侧色深。即唐许嵩在《建康实录》中所说"远望眼晕如凹凸，就视乃平"的效果。

图11 莫高窟第368窟窟顶

图12 莫高窟第16窟窟顶藻井

龛的整个龛顶（包括中央的长方形平顶及四面斜披），以及甬道顶等，大凡窟中各个较高的建筑部位，都满布平棋图案或团花图案（图11）。各种说法图和经变画等的四周以及龛、甬道的边沿当然也都配置着花边图案。

在藻井图案方面，西夏时期始终流行龙纹，以作藻井井心的主要图案纹样；一龙、或二龙、或五龙，根据部位的不同，或蟠卷成圆形，或者作波浪式蜿蜒云游之状，配以彩莲、祥云之属；有的描绘，有的浮塑贴金或涂金。莫高窟第16窟藻井中心纹样由一凤、四龙组成。凤居正中央，两翅自然而有力地展开，作飞翔之状，尾特别长，连同身体一起，蟠卷成圆形。凤外周为旋转式卷瓣莲花。井心四角各有一龙，向着顺时针方向作相互追逐之势，造成旋转飞腾的生动气氛。图案施以朱、绿、金等色，色调鲜明热烈而又雅致稳重，使藻井显得非常豪华富丽（图12）。

莫高窟第366、367两窟藻井中心，均为凤纹，形象动态与第16窟一样，作圆形蟠卷飞翔状。运用浮塑贴金法，金色的凤，衬以朱色底，色调简单明快，鲜丽悦目。还有的以密宗坛城（曼荼罗）作窟顶图案，如榆林窟第3窟，窟顶中心为圆形坛城，往内则一层方坛，一层圆坛，其中绘若干佛、菩萨、金刚等像。大坛外周有数层边饰。这种窟顶图案，是西夏时期的初创（图13）。龙凤在封建社会，既是祥瑞的象征，又是皇权的化身，只有最高统治者才能用它作为装饰纹样。佛是彼岸世界的最高主宰，其地位与人间世界天子相当，因此，佛窟里用龙、凤作为华盖的装饰纹样。这在西夏以前佛窟中并不多见，而西夏佛窟中却开始大量使用，并往往作成半立体的浮雕式，再贴金或者涂金，格外讲究和富丽。这也很可能与西夏统治者们为显示他们与中原汉族天子同样的尊贵有关。西夏佛窟中两处出现着蟠龙纹袍的首领供养像，也都与此有关。莫高窟第330窟覆斗顶四斜披上，以土红色勾描填绘火焰、卷云为纹饰，组成桃形的单位纹样，作"品"字形四方连续，形成较大面积有如团花的图案。除地色外，不施任何颜色。这种装饰图案，是敦煌石窟中的孤例（图14）。

西夏新出现一种波状卷草式的云纹边饰。它的单位纹样看上去有时很像早期洞窟装饰图案中常见的忍冬，但它仍然是一种卷云纹，大体上是上述第330窟覆斗顶四斜披上那种纹样的变化，不过是作二方连续罢

图 13　榆林窟第 3 窟窟顶

图 14　莫高窟第 330 窟窟顶(摹本)

图 15a　西夏中、晚期波状云纹边饰
(莫高窟、榆林窟)

图 15b　西夏中、晚期波状云纹边饰
(甘肃武威西夏碑)

图 15c　西夏中、晚期波状云纹边饰
(新疆地区石窟)

了。其画法也与第 330 窟相同，是在地色上用另一种颜色勾勒填绘而成。因此，它是敦煌石窟历代边饰图案中最简单朴素的一种(图 15a)。我们暂把它叫做"波状卷云纹边饰"。这种边饰广泛流行于西夏中、晚期，并延续到元代，具有浓厚的民族特点和时代特征。这种纹饰，不但常见于西夏石窟，而且见于西夏其它文物中。例如，有明确西夏纪年（天祐民安五年，公元 1094 年）的《凉州重修护国寺感应塔碑铭》，就阴刻出这种边饰（图 15b）。今新疆吐鲁番地区，在属于回鹘高昌时期的石窟，例如吐峪沟石窟、伯孜克里克石窟、雅尔湖石窟等（图 15c），也常常见到这种边饰，不但纹样和组织方法相同，其敷色、勾勒、填绘的手法也一样。看来，这种纹饰产生并最先流行于回鹘地区（目前看来，主要是高昌回鹘地区），稍后即传入近邻的瓜、沙及河西走廊地区。另外，瓜、沙二州距甘州回鹘很近，也可能受到他们的影响。因此，它在敦煌地区的西夏中、晚期石窟中，相当流行。

　　回鹘佛教艺术对西夏佛教艺术之影响，还见于其它方面，例如在高昌石窟佛画像背光中的编织纹和火焰宝珠纹，在莫高窟西夏晚期洞窟佛画像背光中，也能看见。此外，还有丰满的两重八瓣莲花、古钱、波状三瓣花卷草等纹样（图 16a、b）。由此可以看到两地和两个民族间在文化上的密切联系。

## 七　结　语

　　1. 从整个敦煌佛教艺术发展的历史来看，北宋和西夏时期显然已处于衰落阶段。然而，作为西夏这个新兴的王朝，尽管佛教和佛教艺术还是接受不久的新事物，但由于它对征服各族人民的心灵十分有效，因此，在统治者的大力提倡扶持下，仍得到迅猛的发展。所以，对西夏王

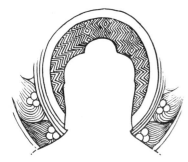

图16a 敦煌壁画佛项光中的编织纹

图16b 高昌壁画佛项光中的编织纹

朝来说，佛教及佛教艺术正是处于上升、发展阶段。当它占领瓜、沙地区之后，在这里重修了一大批佛窟；在一些高达十几米、二十几米的大型洞窟中，大面积地用贵重的石绿色涂地，到处浮塑贴金或沥粉堆金，重修第130窟窟前大规模的木构殿堂，许多西夏重修洞窟地面铺设花砖……这个新兴的、社会经济尚不很发达的国家，在佛窟里耗费特别巨大的财力、物力和人力，充分表明西夏王朝对佛教的特别崇信和高度重视。但是，即使如此，其营建规模、艺术水平和气派，仍无法与上升期和极盛期的佛教艺术相比。洞窟虽多，但题材贫乏，技法上简单粗糙，内容布局、壁画构图和人物造型千篇一律，缺乏艺术的感染力。到了中期以后，尤其到了晚期，由于西藏喇嘛教及其艺术的注入，又给西夏佛教艺术增添了新的内容和新的养料，刺激了石窟艺术的发展，出现了崭新的密宗曼荼罗艺术。随着画家实践经验的日益丰富，艺术修养、艺术水平的逐步提高，特别是宋代高度发展的人物画、山水画、建筑界画艺术强有力的影响，使中国汉民族传统艺术在西夏石窟艺术中得到继承和发展，形成了来自中原和西藏（吐蕃）的两种不同风格的绘画艺术的同时并存和相互交流。因此，西夏晚期艺术，具有西夏文化成熟时期的浓厚民族特点，比较丰富多彩，并取得较高的成就。特别是在线描技法、山水画和装饰图案艺术等方面的成就，为以后元朝石窟艺术的进一步发展，准备了良好的条件。

2．西夏是个后进的民族和国家，它在政治、经济、文化等方面，都还比它周围的民族和国家落后。但它善于学习，在本民族原始的游牧文化的基础上，模仿、吸收、消化各种先进的文化，滋补和充实自己；首先是学习历史悠久、高度发达的汉族文化，其次是与西夏国情民俗都很相近的回鹘、契丹文化，另外还有吐蕃文化等。西夏立国前后，始终羡慕并努力学习模仿汉民族的文物制度，曾多次派遣使者到北宋贡马，以此为代价购买《大藏经》及其它汉文史籍；组织人力大量翻译汉文典籍；多次派人到五台山礼佛供僧；一再请求北宋王朝给西夏派遣各种能工巧匠。与此同时，西夏也大力邀请回鹘、吐蕃高僧和喇嘛演译经文，登台讲经说法；尤其到西夏晚期，最高统治者遣人入西藏，邀请高级喇嘛来西夏译经，充任教师，大事传授密教经义和仪轨……。所有这些，对于西夏文化，特别是对佛教文化的发展，起着重要作用。北宋初年，朝廷设立了翰林画院，这在中国古代美术史上，产生了较大影响。五代、宋初河西地区统治者曹氏也在瓜、沙设置地方画院。西夏早期不少壁画，有可能就是河西地方画院的画家们的作品。无论从敦煌壁画或是宁夏、内蒙以及甘肃武威、张掖等地出土的西夏艺术品来看，基本上已经达到了同时代中原汉民族艺术的发展水准。各民族文化很自然地都各有自己民族的个性特征，但作为中华民族大家庭的文化，又有着它们的共性。自古以来，各民族文化总是相互交流、相互学习、相互吸收、相互融合，共同创造着源远流长、丰富多彩、绚丽灿烂的中国文化。

3．西夏晚期在安西榆林窟中较为流行密宗题材。具有浓厚西夏民族风格、艺术性较高的一批代表性作品，集中出现在榆林窟。西夏在瓜、沙地区最高军事长官的画像及西夏文题名也出现于榆林窟。这些情况说明：西夏晚期政治军事文化重心在瓜州，而不在沙州，与归义军节度曹氏统治时期的情况已有所不同了。

4．西夏王朝早已成为历史，党项羌族也已经融合于其它兄弟民族之中。由于过去历史上的种种原因，关于西夏文化艺术方面的记载和实物都比较缺乏，尤其是对于西夏艺术的认识，过去是十分模糊的。敦煌莫高窟、安西榆林窟西夏艺术，正好在这方面提供了非常珍贵的实物。这对于中国美术史的研究、特别对于我国西北地区民族美术发展情况的研究，提供了非常重要的资料。这批艺术品，还为我们保留了反映西夏社会的农业、手工业生产，西夏时期的音乐、舞蹈、建筑，以及党项民族人物的形貌，衣冠服饰等多方面的形象资料。此外，还有大量的西夏文题记。这对于考察研究西夏社会的政治、经济、宗教、文化以及民族习俗、语言文字等，都是难得的参考材料。

# 敦煌艺术在美术史研究上的地位

金维诺

图 1　第 275 窟交脚弥勒像

图 2　云冈石窟第 18 窟交脚弥勒像
（公元 460 ～ 483 年）

图 3　云冈石窟第 17 窟交脚弥勒像
（太和十三年，公元 489 年）

佛教在汉代传入中国后，经过近两千年的传播与发展，在我国的社会历史条件下生根、繁衍，成为封建社会上层建筑的组成部分，在历史上占有极其重要的地位。佛教的信仰和学说曾经对我国封建时代的社会生活、思想、学术的许多方面产生过深远的影响。佛教的传播也利用艺术作为感化群众与阐释教义的重要手段，因而，佛教艺术也得以盛行，成为这一时期文化领域的一个重要方面。

寺院作为宗教信仰与宗教宣传的场所，它的建筑、雕塑、壁画是供奉与礼拜的对象，也是宣扬宗教教义与曲折地反映当时社会思想的艺术品。因此，作为封建统治阶级利用来对人民进行思想感化的宗教寺院，以其具有丰富的艺术宝藏来说，也是当时各阶层人民能够接触的带有群众性的画廊，在客观上，也是封建时代艺术家对人民进行审美教育的艺术博物馆。

佛教寺院有木构建筑，也有砖石结构。尽管遗留下来有千年以上的古代寺院建筑，如五台山唐代的南禅寺与佛光寺，但是砖木结构经受风雨岁月等自然损耗，保存总是不易的，加上历史上不断的战乱破坏，这方面的遗存就很少了。而石窟寺院是依山凿造，虽然仍不免遭受自然的与人为的灾害与破坏，但是遗留下来的，却是大量的，遗存的艺术品极为丰富。我们从下面这些简单统计数字，就可以了解到石窟艺术遗存的丰富情况。根据实地调查以及文献记载的资料，大体可知新疆地区有石窟 16 处，河西走廊甘肃一带有 45 处，陕西也不下 31 处，内蒙、东北地区也有 22 处，而最多的两省，山西有石窟或摩岩造像共 114 处，四川则达到 182 处。每一处，少的数窟（或龛），多的则达到几十或几百窟。这些石窟实际上就是成百上千的历代艺术博物馆。

在全国遍布的石窟群中，敦煌石窟与其它几个大的石窟群，如新疆克孜尔石窟、甘肃炳灵寺石窟、麦积山石窟、山西云冈石窟、河南龙门石窟、四川大足石窟等，提供了佛教艺术发展的丰富资料。特别是敦煌莫高窟，保存了从五世纪到十四世纪一千多年时间里的雕塑与壁画作品，成为我们了解中国佛教艺术的一部形象的大百科全书。

一

敦煌石窟开凿、绘制所延续的时间长，又由于地区边远，几乎没有受到战争的破坏，遗存下来的窟龛数量多，保存得也比较完好。根据有准确年代、或者经过考查获得相对年代的作品，可以排比出一千多年艺术发展的系列。

从石窟本身的建筑以及壁画上所提供的建筑形象，可以了解到佛教寺院和其他建筑在历史上的具体演变；从石窟中的雕塑、壁画以及装饰纹样，可以了解到佛教艺术在题材内容、时代风格与艺术表现技巧上的发展。并且，与这些艺术遗产同时保存下来的，还有大量佛教以及政

图4 云冈石窟第35窟交脚弥勒像
(延昌四年,公元515年)

图5 云冈石窟第4窟交脚弥勒像
(正光年间,公元520～525年)

图6 第259窟北壁坐佛

治、经济等方面的相关的文献资料,为探索敦煌艺术提供了最为直接的研究材料。

敦煌莫高窟保存着二千四百一十五身彩装泥塑,从这些彩塑不仅可以大体了解佛教各类造像的发展与演变,而且对于了解凉州与西域、凉州与中原地区在佛教图象上的相互关系,了解佛教造像各时期的成就,提供了实例。交脚弥勒像是早期窟中流行的样式,以之与河西走廊一带有铭记的造像或相类似的图象比较,可知敦煌第268、275等窟的交脚弥勒(图1)是五世纪初制作的,把这种凉州样式与麦积山、云冈(图2～5)、龙门等地同一形象联系起来考察,又可以看出其间的相互关系与发展变化。交脚弥勒像在敦煌北朝晚期窟中就很少出现了,可是与此同时出现的半跏思维像,却影响着以后菩萨像的造型,成为一种极为优美的样式。

佛像是寺院的主要礼拜对象,也是艺术家精心刻画的形象,因此也是在艺术塑造上最早取得成功的典范。佛在崇拜者的心目中,既是崇高的圣者,又是仁慈的善者。艺术家既要表现佛的庄严崇高,又要表现佛的仁爱慈祥。庄严和慈爱几乎是两种绝然不同的情态,要同时显露在佛像上,这就要求艺术家既要善于理解,又要善于表现。第259窟北壁坐佛庄重而宁静,艺术家却通过嘴角的细微刻画,面似含笑而情不外露,巧妙地在脸上呈现了感人的母性的仁慈(图6),显示了这一时期艺术塑造的水平。从这里,也使我们理解到佛教造像虽然有着严格的制作轨范,却会由于艺术家不同的修养、不同的审美观点、不同的表现技巧,而呈现出不同的艺术形象。

图7 第206窟隋代菩萨、弟子像

弟子像与菩萨像的塑造,是比主尊佛像较为自由的,也更多地以现实人物作为模拟的原型(图7)。迦叶和阿难被塑造成不同年龄、不同涵养的僧徒,表现了现实生活中不同人物的性格、修养与情态。第419窟隋代迦叶像(图8)和善而开朗,第220窟初唐迦叶像严肃而纯朴,第45窟盛唐迦叶像(图9)则又是另一种宁静与通达。这是不同时代艺术家对于同一人物所表现的不同理解。这种对人物内在性格修养的探索,使艺术家在有限的题材上,不断地有所创造。从这里也可以看到,时代思想、审美观点的变迁也必然会影响到艺术形象的演变。菩萨像在不断的塑造过程中,愈来愈明显地具有女性特征,以致佛教徒也感叹:"自唐来笔工皆端严柔弱似妓女之貌,故今夸宫娃如菩萨也。"[①]而唐代段成式在《寺塔记》中记述道政坊宝应寺画壁时也说:"今寺中释

图8 第419窟迦叶像(部分)

图9　第45窟迦叶像(部分)

图10　第194窟菩萨像(部分)

梵天女，悉齐公妓小小等写真也"[2]。从敦煌第194窟彩塑菩萨（图10）也真切地感到确是现实人物的写真。这种现象一方面说明宗教艺术家的创作与现实生活有着千丝万缕的联系，另一方面也说明宗教艺术的世俗化是一种必然趋势，这相应地使宗教艺术具有更多的曲折反映现实景象的可能。

敦煌彩塑各个时期都有丰富的遗存，其中具有代表性的作品，可以成为衡量其它地区佛教雕塑艺术时代风格的重要准绳。

二

雕塑在敦煌虽然有着极大的数量和极高的成就，但是由于受到宗教仪轨的限制，从所塑造的形象与人物类型来看，题材范围仍然是比较狭窄的。而敦煌壁画的内容则极其广泛。在文献记载上所提到过的佛教题材，几乎都能在敦煌壁画上寻求到，而且壁画大都有详细的榜书，因之所画内容易于辨识。从某种意义上说，敦煌壁画是我们识别佛教美术题材的一把钥匙。北朝时期壁画以本生故事（图11）、因缘故事以及佛传故事为最多，这明显地受到西域的影响。敦煌本生故事不及新疆克孜尔石窟多，表现内容也由单幅构图演进到连续性的构图，但是可以看出两者在题材、形式上的密切关系。到隋唐以后就出现了各种经变。经变虽然是在中原发展兴盛起来的，但是由于中原遗存的实例少，敦煌就成为考察了解各种经变发展演变的重要依据。如果说新疆克孜尔石窟壁画是佛本生故事与佛传故事的总汇，那么敦煌石窟则是佛教经变独一无二的丰富宝藏。

从敦煌壁画可以看出，各类经变的出现与发展，是同内地密切相关的。这种佛教图象的演变，既标志着宗教思想的演变，更标志着各个时代的画家在艺术创作上的不同成就。

在隋代，法华经变开始出现时，基本上是因袭本生故事的形式，以连环画的方式图解经文；虽然也有一些动人的描绘，但在艺术处理上，都超不过本生图象的成就。从弥勒上生经变以说法图样式出现以后，逐渐过渡到西方净土变的形成，出现了一个大型经变蔚然勃兴的时期。

第220窟的西方净土变与东方药师变代表了初唐绘画所达到的高度水平。佛教徒所向往的西方净土，被描绘成"馆宇宫殿，悉以七宝，皆

图11　第275窟尸毗王本生

① 道诚《释氏要览》卷中（《大正藏》卷54，p.288）。

② 段成式《寺塔记》道政坊宝应寺，《酉阳杂俎》续集卷五（中华书局1981年版，pp.250～251）。

图12　第217窟西方净土变（部分）　　　　　　　　　　　图13　第172窟西方净土变（部分）

自然悬构，制非人匠。苑囿池沼，蔚有奇荣……"③的境界。这正是集
中了人间最华贵最美好的事物。以亭榭楼阁、轻歌曼舞，来表现幻想中
的极乐净土，使阿弥陀（无量寿）经变成为绘画中的欢乐主题。唐代白
居易记述西方变说："弥陀尊佛坐中央，观音、势至二大士侍左右。天
人瞻仰，眷属围绕。楼台妓乐，水树花鸟，七宝严饰，五彩彰施"④，正
是这种图画的具体写照。西方净土变采取大构图的界画形式，标志着当
时科技水平与艺术表现技巧达到了一个新的高度。宏伟的建筑群能够按
照透视学的原理在绘画上得以表现（图12），使建筑物在这个时期成为
图画的主体，并且逐步形成了中国特有的界画形式。在隋代山水画中山
川是主体，建筑只是山川中的点缀。而在这类界画中，建筑和活动于建
筑中的人物则成为主体，树木林泉又成为建筑的点缀与陪衬（图13）。

图14　第103窟法华经变化城喻品

　　经变这种大构图的全景画可以说是绘画中的交响乐，是人物画、山
水画、花鸟画的巧妙结合。因此它也从不同方面提供了认识当时绘画水
平的具体材料。唐以前的绘画传世的作品极少，有了敦煌经变作品，研
究者可以从中了解当时人物、山水、花鸟等不同画科的发展面貌。例如
唐代山水画虽然文献有不少记载，但是具体的状况并不了解。有了经变
上的山水实例与文献相印证，那么，不仅以李思训为代表的青绿山水可
以从第103窟（图14）、217窟的幻城喻品上见到，连"往往于佛寺画
壁，纵以怪石崩滩，若可扪酌"⑤的吴道子，"虽笔不周，而意周
也"⑥的山水，也可以从盛唐窟的山水片断中体会到。在早期山水画中，
作为表现对象的山和水，在画家眼中，山是比较不变的，而水则是灵活
多变的。对于多变的水的描绘，常常代表了当时最高技艺。画上不同的
波纹、涟漪，表现了画家的心灵，表现了自然的生意。段成式记述三阶
院西廊下范长寿所画"西方变及十六对事"，称赞说："宝池尤妙绝，
谛视之，觉水入深壁"⑦，就是对当时艺术成就极形象的评述。而这种
实例，我们今天还能从第172窟净土变上看到。

　　在盛唐时期及其以后，大多数经变都采用了西方净土变这种全景式

③　支道林《阿弥陀佛像赞并序》。
④　《白居易集》卷七十一《画西方
　　帧记》。
⑤　张彦远《历代名画记》卷一《论
　　画山水树石》。
⑥　《历代名画记》卷二《论顾陆张
　　吴用笔》。
⑦　《寺塔记》常乐坊赵景公寺，《西
　　阳杂组》，p.249。

构图，而利用画面的某些局部来表现不同品目的故事情节。其中一些精采的局部，成为艺术家曲折地反映现实景象的珍品，这类作品可以第217窟的法华经变与第445窟的弥勒下生经变为其代表。第45窟观音普门品的许多画面也是极为生动的。观音普门品经文是宣扬遇到灾难都可因念观世音而得解脱，可是画面上表现的却是各种遇难的现实景象。画家所刻划的灾难，实际上有些正是人民苦难生活的剪影；如旅途遇盗的画面，使我们就像见到了当时跋涉流沙的商旅遇险的实况（图15）。没有对当时社会的深入了解，没有对各类人物的亲切感受，是难以如此生动地描绘这些真实的画面的。由于宗教壁画是借助现实生活的景象来解释佛教教义，这就使艺术家有可能在作品中曲折地表现对现实生活的认识。因此，从各个时期的经变，不仅可以看到宗教思想的发展，我们也可以通过这些壁画了解当时的艺术成就和艺术所反映的社会生活及典章制度。

三

由于佛教艺术在当时社会生活中所占的地位，其本身的发展就代表了美术发展史上的一个重要方面。再加上佛教艺术与世俗艺术有着密切的联系，大量的宫廷画家与文人画家也从事宗教画的创作。在从事相同的艺术活动中，民间画家与文人画家之间，相互影响、相互吸收，形成了共同的时代风格与水平。文献记载上的许多著名画家的作品，可以通过敦煌壁画得到印证。因此，从宗教艺术也可以在一定程度上了解同时期美术发展的一般面貌。敦煌艺术具有丰富多样的题材样式，具有完整不间断的发展系列，对于研究佛教艺术是一部百科全书；而以其高度的艺术成就，对于探讨整个美术史的发展，也具有其不可代替的价值。

前文谈到佛画与山水、花鸟画的关系，以及佛画对现实生活景象的曲折反映，已涉及到敦煌艺术对艺术史研究的意义。下面我们还可以就佛画风格流派的发展与当时整个画坛的联系，来看敦煌艺术与美术史研究的密切关系。

关于佛教艺术著名的四家样，是历史形成并具有深远影响的楷模。对于这一形成过程，唐代理论家张彦远曾有概括的记述："帝乃使蔡愔

图15　第45窟观音经变（部分）

取天竺国优填王画释迦倚像，仍命工人图于南宫清凉台及显节陵上。以形制古朴，未足瞻敬。……后晋明帝、卫协皆善画像，未尽其妙。洎戴氏父子皆善丹青，又崇释氏，范金赋采，动有楷模。至如安道潜思于帐内，仲若悬知其臂肿，何天机神巧也。其后北齐曹仲达、梁朝张僧繇、唐朝吴道玄、周昉各有损益，圣贤肸蚃，有足动人。璎珞天衣，创意各异。至今刻画之家，列其模范，曰曹、曰张、曰吴、曰周，斯万古不易矣。" [8]

佛教图象经过汉末传摹阶段，到晋时已有一定进步。晋明帝司马绍是以善画佛像著名的，而卫协的楞严七佛图当时就受到顾恺之的赞扬，称七佛"伟而有情势" [9]。北魏孙畅之甚至认为卫协的七佛图精妙到"人物不敢点眼睛" [10]。顾恺之在瓦棺寺画维摩诘，更是传颂一时的画坛盛事 [11]。而戴逵父子的造像则被认为"范金赋采，动有楷模"。他们所以能在佛像制作上形成一代楷模，正是因为他们认为"古制朴拙"、"不足动心"，能够在制作过程中"密听众论，所听褒贬，辄加详研，积思三年，刻像乃成。" [12] 能够按照群众的意见来修改佛像，这就标志着佛教造像在艺术家的创作中，开始自觉地要求适应群众的审美观点，也就是自觉地在探索着佛教艺术民族化的道路。

张彦远在《历代名画记》中专章写《论顾、陆、张、吴用笔》，认为"顾恺之之迹，紧劲联绵，循环超忽。调格逸易，风趋电疾"。"陆探微精利润媚，新奇妙绝"。"张僧繇点曳斫拂，依卫夫人笔阵图，一点一画，别是一巧。钩戟利剑森森然。"吴道玄"神假天造，英灵不穷。众皆密于盼际，我则离披其点画；众皆谨于象似，我则脱落其凡俗。……虬须云鬓，数尺飞动。毛根出肉，力健有余。……顾、陆之神，不可见其盼际，所谓笔迹周密也；张、吴之妙，笔才一二，像已应焉。离披点画，时见缺落，此虽笔不周，而意周也。"其实张彦远所论不仅是一般绘画上的用笔差异，也概括论述了不同时期绘画风格的演变。唐代张怀瓘在《画断》中也谈到："顾、陆及张僧繇，评者各重其一，皆为当矣。陆公参灵酌妙，动与神会，笔迹劲利如锥刀焉。秀骨清像似觉生动，令人懔懔若对神明。虽妙极象中，而思不融乎墨外。夫象人风骨，张亚于顾、陆也。张得其肉，陆得其骨，顾得其神。神妙亡方，以顾为最" [13]。这些论述对于我们了解一般绘画与佛教造像在这一阶段的共同变革，是很有启发的。

正像佛学受玄学影响一样，佛画也受到南朝人物画的影响。在南朝所形成的陆探微的"秀骨清像"，正是魏晋以来所追求的风骨在人物画上的体现：这种秀骨清像在宋明帝刘彧时（公元465～472年）逐渐形成，而在北魏孝文帝拓跋宏时（公元471～499年）很快也风行北方，太和以后成为佛教造像的典范。

佛教图象外来样式的持续传入与中国匠师的不断革新，促使中国佛教艺术一再出现新貌。在戴逵、陆探微以后，"画佛有曹家样、张家样及吴家样" [14]。如果说以曹仲达为代表的曹家样，是以"曹衣出水"为特色的西域样式，那么，张家样与吴家样则代表了中原匠师的不同意匠。由陆探微的"秀骨清像"，到出现张僧繇等各家样式，实际上标志着美术上不同时代美学思想与欣赏趣味的转变。陆探微所表现的"似觉生动，令人懔懔然若对神明"的形象，是追求刻划一种理想中人物的情貌，强调的是人的"风骨"。这种典型开始虽然是从现实的具体感受中

⑧ 《历代名画记》卷五《叙历代能画人名》。

⑨ 《历代名画记》卷五《叙历代能画人名·卫协》。

⑩ 同⑨。

⑪ 《历代名画记》卷五《叙历代能画人名·顾恺之》。

⑫ 《历代名画记》卷五《叙历代能画人名·戴逵》。

⑬ 《历代名画记》卷六《叙历代能画人名·陆探微》。

⑭ 《历代名画记》卷二《叙师资传授南北时代》。

图16　第285窟沙弥守戒自杀缘品（部分）

图17　第401窟赴会菩萨

获得，并经过提炼所创造的。但是一旦普遍追逐这种同一样式、同一风格，而作者又对原来的创意并不理解，创作就由追求表现人物的内在气质转变成单纯外在形式的摹仿。一代楷模被变成千篇一律的抽象的典范，就失去了感人的因素。这就必然等待着新的创意的出现。张僧繇是一个写貌能手，所画肖像能够"对之如面"。他在创作上重视观察、构思，又能运用熟练的技巧表现出来。唐代李嗣真说他作画是"经诸目，运诸掌，得之心，应之手。"[15]因此，在佛画创作上，他又能够从现实的感受和当时的审美观点出发，创造独具风格的样式。南朝陈姚最评论说"（张僧繇）善图寺壁，超越群公。……朝衣野服，古今不失，奇形异貌、殊方夷夏，皆参其妙。"[16]张家样的出现是时代变革要求在美术上的体现，也是对旧程式的突破。这意味着宗教艺术从现实中汲取创作源泉的道路在进一步获得拓展。

北魏统一凉州以后，王室贵族分封边地，这进一步促进了中原与边远地区物质文化的交流。南朝绘画陆探微的画风以及张家样的变革，通过中原的媒介都先后在敦煌艺术中有所反映。陆探微的秀骨清像，可以从第432窟的西魏菩萨塑像，以及第285窟的沙弥守戒故事画（图16）上，寻求到"精丽润媚，新奇妙绝"的余绪。而"骨气奇伟，师模宏远"[17]的张家样，从敦煌北周丰颐形象的彩塑和技巧洗练的壁画上，也可以看到具体实例。

在具有影响的张家样、曹家样同时，其实也存在另外一些值得重视的艺术风格，它说明我国艺术发展丰富多彩的特色。北齐杨子华是和南梁张僧繇差不多同时的画家。如果说丰颐纯厚的张家样代表了变革的疏体（笔才一二，而像已应焉）[18]，那么杨子华则是较多地继承了陆探微画风的具有创造性的画家。唐代杰出的画家阎立本特别推崇杨子华，他认为"自像人已来，曲尽其妙，简易标美，多不可减，少不可逾，其唯子华乎。"[19]近年发现的北齐墓室壁画以及传世的北齐校书图摹本都显示了这一独特的画风，它既继承了前代追求风骨气韵的传统，又重视从现实人物中探求新的表现方法。杨子华是宫廷画家，"使居禁中"，"非有诏不得与外人画"[20]。这种特殊境遇，可能使杨子华在当时的影响反而不及张僧繇，但是到隋唐以后，却又成为变革张家样的因素。在中原墓室壁画或陶俑中，隋代就开始出现了亭亭玉立的士女典型；在敦煌，初唐的供养人与引路菩萨、赴会菩萨则同样趋向于秀美修长，不再只是"张得其肉"[21]的影响了。第401窟的赴会菩萨（图17），虽是踏在莲上，但是依靠微微飘动的天衣，表现出随着气流缓缓行进云游的趋势，正如阎立本所形容的"简易标美"、"曲尽其妙"。李嗣真形容隋代士女画的辞句"柔姿绰态，尽幽闲之雅容"，[22]也是非常适用于此的描述。这是张、杨不同画风共同孕育所产生的又一种新貌。

隋唐政治上的统一，更加促进了文化艺术上的交流。以张僧繇、杨子华、阎立本为代表的中原传统，以曹仲达、尉迟乙僧为代表的西域风格，相互交融，竞相创意，又酝酿着划时代的新样式的出现，这就是唐代赫赫有名的吴家样与周家样。

吴道子是在古代画家中最享盛名，而为民间艺匠奉为祖师的。据说他一生所绘制的壁画有三百余堵，其中有宗教题材也有山水画、人物画。他的作品数量大，种类变化多，几乎遍及佛教的本生、佛传、经变、释梵天众、行僧等各种题材。他创造了极为丰富的人物形象，有

⑮　《历代名画记》卷七《叙历代能画人名·张僧繇》。
⑯　同⑮。
⑰　同⑰。
⑱　同⑥。
⑲　《历代名画记》卷八《叙历代能画人名·杨子华》。
⑳　同⑲。
㉑　同⑮。
㉒　《历代名画记》卷八《叙历代能画人名·郑法士》。

"窃眺欲语"<sup>㉓</sup>的天女；有"转目视人"<sup>㉔</sup>的行僧；有"虬须云鬓，数尺飞动，毛根出肉，力健有余"，"巨状诡怪，骭脉连结"<sup>㉕</sup>的力士、神怪。唐段成式等人在诗中赞美吴画说："惨淡十堵内，吴生纵狂迹。风云将逼人，鬼神如脱壁。其中龙最怪，张甲方汗栗，黑夜窦窣时，安知不霹雳。此际忽仙子，猎猎衣焉奕，妙瞬乍疑生，参差夺人魄。往往乘猛虎，冲梁耸奇石。苍峭束高泉，角睐警欹侧。冥狱不可视，毛戴腋流液。苟能水成河，刹那沉火宅。"<sup>㉖</sup>诗句用生动的语言描述了吴道子各类绘画的成就。吴道子宏伟的创作精力、丰富的想象与构思、真实而生动的塑造能力，使他成为盛唐时期杰出的匠师，几乎成为以后一千多年宗教艺术样式的楷模。"吴带当风、曹衣出水"，所概括的两种样式(吴家样和曹家样)的影响都是极深远的，而吴家样则更是以其具有传统的特色，世代传摹不衰。

由于吴道子的传世作品几不可见，关于他的艺术风格与成就，只能结合文字记载从同时代的作品中加以探求，而敦煌则提供了最为有利的条件，使我们能了解到吴道子所描绘过的各类经变。第172窟的西方净土变，第103窟的维摩变 (图18) 都能帮助我们认识吴道子的基本风格。而敦煌出土的绢幡画中行海天王之类图象也是了解吴家样"天衣飞扬、满壁风动"<sup>㉗</sup>的具体资料。

周家样是以晚唐周昉为代表的，以"衣裳劲简，彩色柔丽。菩萨端严，妙创水月之体"<sup>㉘</sup>为其特色。水月观音图由于敦煌有所遗存，成为我们了解周昉遗制的仅有实例。"秾丽丰肥"的周家样也不只是在佛画方面具有影响，其实这是士女画在盛唐以来已逐渐形成的一种风格。与吴道子同时的张萱就是直接影响周昉的画家。敦煌第130窟都督夫人太原王氏的供养群像 (图19)，也是周家样的先驱。这种现象也说明：以某一杰出画家作为代表的样式，常常是一个时期共同审美观点的产物；它既给予同时及后世的画家以影响，而其自身又是接受前人或同时人影响的结果。时代培育着艺术家，而艺术家又为时代作出贡献。

美术史上所叙述的这一系列变革，由于有敦煌一千多年的原作遗存，可以得到具体实例来印证，这不仅对于了解佛画样式的演变，而且对于认识中国这个历史阶段整个艺术的发展，也具有普遍意义。因此，从这个方面来看，敦煌石窟艺术是我国封建时代美术发展的一部形象的教科书。

## 四

我国是一个多民族国家，美术的发展包括着历史上各个民族的贡献。过去在这方面由于缺乏具体资料，中国美术史常常局限在较窄狭的范围，对少数民族的美术介绍不多。敦煌自古是多民族聚居地，又是东西交通的枢纽，它的文化遗存呈现了异常丰富的多民族特色，是汉、鲜卑、吐蕃、回鹘、党项、蒙古等民族的共同创造。先后治理过敦煌的不同民族，常在政治与宗教相结合的条件下，发展了一些不同的艺术样式，这就为我们探索某些少数民族的古代遗产，提供了具体材料。

吐蕃是我国的一个有古代文化传统的民族，除了在西藏地区保存有大量的古代文化遗物，敦煌也保存了一些吐蕃的早期文物。这里曾经发现古藏文经典与文书，也有壁画与绢画。吐蕃时期的壁画除有当地前期

图18　第103窟维摩诘经变中维摩诘

图19　第103窟都督夫人太原王氏供养像

㉓ 同 ⑦。

㉔ 《历代名画记》卷三《记两京外州寺观画壁》。

㉕ 同 ⑥。

㉖ 段成式、张希复、郑符《吴画连句》，同⑦。

㉗ 《寺塔记》平康坊菩萨寺，《酉阳杂组》，p.252。

㉘ 《历代名画记》卷十《叙历代能画人名·周昉》。

图20 第159窟维摩诘经变中吐蕃赞普

图21 第308窟观音菩萨

的影响，也新出现了一些别具特色的密宗图象，赞普的形象也在壁画中出现（图20）。所以，应该说敦煌保存着最早的藏画遗物。

敦煌的西夏美术品也是极为丰富的（图21），由于西夏的统治者迷信佛教，尽管是在物质条件较为困难的情况下，也进行了大量修造。虽然，前期千篇一律的说法图（实际是经变的简化）与千佛，造型与色彩都极平淡，而到后期，仍在某些方面有新的发展，特别是安西榆林窟的西夏作品。所有这些艺术品对于了解西夏文化的成就及其特点是非常重要的。

敦煌不仅是具有多民族性质的艺术宝藏，由于地处交通枢纽，它的遗存对于了解中原与西域的交流，对于了解我国与邻国艺术的相互影响，都有极重要价值。特别由于敦煌有较多具有明确纪年的作品，各时期艺术有鲜明特征，成为衡量与考察其它地区作品的一个尺度。敦煌艺术虽然也具有一定的地方特色，但它更多地体现了中国佛教艺术发展的一致性。从它既可以了解中国美术发展的某些重要轨迹，同时对于了解亚洲各国艺术的交流，也具有重要价值。

敦煌石窟的重新发现，为美术史的研究开拓了全新的道路，而敦煌艺术也以其丰富的成就启发着今天的艺术家进行更新的探索。这一次，在中国文物出版社与日本平凡社的协力下，五卷本《敦煌莫高窟》得以迅速出版，使敦煌各个时期的代表性作品能集中地呈现在读者面前。同时，又发表了相关的论文。这些论文对石窟的分期、各时期的艺术成就和特色，以及题材内容等方面都提供了一些新的研究成果。敦煌文物研究所还编撰了石窟内容总录、年表、供养人题记等记录性研究资料。这就为世界各国的研究者与美术家准备了较好的研究条件，这也必将大大促进敦煌石窟艺术的研究与发扬。

# 唐代敦煌壁画中的山水表现

## 秋山光和

本稿最初的课题是敦煌绘画与日本，特别是与平安时代的所谓"大和绘"[①]风景画的关系。但是从历史上看，中国西陲的绿洲敦煌同东海岛国日本之间在当时不可能有直接的接触与来往，所以，二者的关系，恐怕最后要归结到彼此在各个时期同中国中原文化间的联系上来。但是七世纪以后，唐朝的美术在整个东亚都被确立为样式的典范。于是敦煌和日本都被纳入所谓大唐美术文化圈之内；如果切实将二者看作是东、西两个局部地区，从而去理解它们的样式特征，则二者的共同点就变得很明显了，因而增强了进行互相比较的可能性。这确是事实。不过，由于二者的政治、地理条件截然不同，所以即使在这种情况下，对于它们各自的地方传统同来自中原的新因素间的关系问题进行简单化的类推也依然是危险的。而且，长安、洛阳同奈良在文化上的距离和高低比起这些中央城市同敦煌的关系，差别究竟是否很大，还有必要重新加以考虑。

但是，这些位于唐朝中心地区的残存建筑和遗物，随着时间的流逝已经泯没殆尽，根据近来的考古发掘，也不过逐渐开始窥见其片鳞只爪。这给问题的解答造成了困难。这种状况，如今却反而使得当年相隔如此遥远的敦煌和日本结成了特殊的关系。这就是说，因为二者彼此都承担了奇迹般保存唐代文化遗产、绘画和雕刻的使命，并且从东西两极映照出空白的中央部分。以莫高窟为代表的敦煌石窟寺院壁画、彩塑，以及在第 17 窟（藏经洞）中发现的绢画、纸画之类，其丰富程度和重要性是不言而喻的。另一方面，大和古寺和正仓院收藏的七、八世纪的各种遗物，可以说是高度地反映了唐朝美术的质量和丰富程度。所以，考虑到上述条件，以二者的材料互相补充，这对研究中国美术和日本美术，都将是有益的，而且是必要的。

因此，今天在有限篇幅内所能涉及的问题只限于如下内容：围绕七、八世纪的莫高窟壁画，考察作为平安时代风景画母胎的唐代山水画[②]的技法和样式，在敦煌这一地区是怎样加以运用、发展和变化的。当然，必须充分考虑到这一点：既然是石窟寺院的壁画，所以即使表现山水，也只不过把它当作佛教画题的背景，属于次要的成分。另外，我们的研究既然是建立在可能参照的照片资料和短期实地参观所见的基础上，所以观察和记述的不充分在所难免，但愿我能就本书的论文和解说中尚未较多触及的唐代敦煌壁画中的山水表现问题，提出某些看法。

## 一　初唐（七世纪）壁画中的山水表现

公元 618 年唐王朝建立后，在七世纪前半叶，逐步确立了对敦煌地区的统治，给莫高窟壁画从样式和技法上带来了巨大的变化和发展，其最显著的例子无疑是有"贞观十六年"（公元 642 年）纪年的第 220 窟。1943 年，建立不久的敦煌艺术研究所在第 220 窟五代（十世

① 平安时代的"大和绘"（"倭绘"、"和画"），是用来称呼描绘日本的风景和风俗的绘画，特别是屏风画和拉门画的用语，以区别于描绘中国式主题的"唐绘"。镰仓时代以后，这个本来只是表明画题上的区别的用语，像今天通常使用的那样，增加了样式上的广泛意义。关于这一语义的变迁情况，请参阅秋山光和《平安時代世俗画の研究》（吉川弘文館，1964 年）。

② 关于唐代山水画，过去有米沢嘉圃氏的《中国绘画史研究·山水画论》（東京大学東洋文化研究所，1961 年）；鈴木敬氏在近著《中国绘画史（上）》（吉川弘文館，1981 年）中也进行了恰当的论述。另外，Anil de Silva：Chinese Landscape Painting（London, 1964）中早就以原色介绍过敦煌绘画中的资料。最近，Michael Sullivan 氏在 Chinese Landscape Painting in the Sui and Tang Dynasties（Berkelay, 1980）中，试图建立一种新的体系。

③ 鄧健吾〈敦煌莫高窟第 220 窟試論〉.（《仏教芸術》113, 1980 年 11 月）。

④ 这种绿色颜料，一般认为是石绿（碱性碳酸铜）。但是，关于各个时期敦煌绘画（莫高窟壁画、藏经洞发现的绢画和纸画）所用的颜料，因为已发表的科学分析结果太少，所以在凭肉眼所见的印象进行判断时，要持慎重的保留态度。例如，最近在法国国立美术馆科学研究所，已经开始了关于伯希和携去的敦煌绘画的科学调查，从相当数量的绢画的绿色颜料中，化验出了与石绿不同的 Atacamite（碱性盐酸铜——绿盐铜矿）。关于青色部分，也已确认：除石青外，还有 Lapis Lazuli（天青石）等。研究这些颜料的种类及其使用的年代，将成为敦煌绘画编年研究的有效线索。最近，敦煌文物研究所在兰州涂料研究所的协助下，已经开始了有组织的分析调查研究工作；我们期待着研究结果的发表。而这与同时代的日本绘画资料研究成果进行比较探讨，将是今后必要的研究课题。

纪）重修壁画的下面发现了绚丽多彩的原作的大幅构图，该窟遂作为初唐时期的代表洞窟而立刻为人们所瞩目。关于这一洞窟南壁的阿弥陀和北壁的药师这两幅净土图、东壁左右两侧的维摩变等壁画构成以及尊像的表现，在本书第三卷的解说和邓健吾氏的专论③中已有详细说明。但是，关于这东壁壁画中山岳和丘陵的表现及其意义，迄今为止几乎还不曾有人论及过。尽管由于对壁面上层进行剥离作业而造成色调变浅和缺损，但在北侧维摩变文殊菩萨像（第三卷图版33）的背景中，仍可看出莫高窟壁画前所未见的、色彩浓重而又自然的山岳景观（图1）。

首先，在高悬画面上端的宝盖左方，陡峻的山峰前后重叠，各坡面均呈悬崖状，山岩的褶襞刻画细致。表现山体轮廓和岩石结构（岩肌）的墨线流畅、柔和，沿着山棱用浓重的绿色彩绘的树木也有了叶丛形状的变化，摆脱了公式化的倾向。山腹的斜面，从左端的山峰中部起，向右下方一直延伸到文殊菩萨项光外周附近的悬崖为止。它与隔涧相望的对面悬崖，似乎由菩萨头部正后方的一个较低矮的山峰相连。画面右侧，在三个僧人模样的侍者背后，从几根高大的竹干之间可以看到起伏平缓的重叠的山丘。它们一直延续到文殊像前，同它们相连的山丘，一侧陡峻，一侧为长着青草的斜坡。这种具有特色的山峦形状，作为唐代风景画的一种典型因素，也传到了日本，进入平安时代以后，仍然被作为古老的传统而沿袭着。它以比较成熟的形式在公元642年的这幅壁画之中出现，这是颇饶兴味的事。

这种山岳和丘陵的用色较单纯：山顶部和棱线部分着明快的绿色④，而将下面晕淡；山崖和山麓则保留原底，不着色。通过着色，最初勾画轮廓和岩襞的墨线充分发挥了作用；而在悬崖部分加以细腻的墨晕染，也增强了岩襞的凹凸效果。

在这里所看到的风景表现方法，无论山的形状，还是细部的技法，同截至隋代为止的绘画属于同一个纪元。例如，公认为隋末唐初的第276窟（第三卷图版122、124）和第62窟（第三卷图版126）的壁画，用红褐色的线描和晕染刻画相当复杂的岩襞，仍不免流于老的样式；与此相比较，第220窟的壁画，其山、丘的自然形状和前后层次，以及悬崖的立体感等等，却在公元642年的时候⑤，显示出了它经过突变而达到的成熟。至于这些以及窟内净土图的构成和菩萨的表现等画法上的特

⑤ 在北壁药师净土图中央的灯座上和东壁窟门上方的发愿文中，都有贞观十六年（公元642年）纪年的供养题记（参照注③邓氏论文）。另据最近在甬道南壁下层发现的同光三年（公元925年）墨书题记，可知最初建窟完成时间为龙朔二年（公元662年），因此，造成如此庄严的窟室，可能花费了颇长的岁月（参照《文物》一九七八年第十二期及注⑫贺世哲氏论文）。这大约可以用来说明北壁和南壁两幅净土图为什么在样式上有所不同。问题在文殊问疾图，从供养题记的位置看，以断为公元642年为宜。

图1　第220窟东壁北侧维摩诘经变（部分）

196

色，之所以迅速地出现在莫高窟壁画之中，则不能不考虑到开凿洞窟时的特殊情况，诸如同中原画坛的新的接触以及招聘优秀画匠等等⑥。后面还要谈到，它与此后的诸例相比较，明显地占有领先的地位。

　　相对于第 220 窟来说，引起人们另一种注意的，是第 209 窟（第三卷图版 38、39）。这是一个有覆斗形藻井的方形窟，西侧设通宽的低坛，西壁中央彩绘着本尊立像（残缺）的背光。立像两侧的整个壁面直到南北两壁的西端部分，彷佛环绕佛坛似地组成一幅大的山水构图，山峰间配以故事画的各种场面（图 2）⑦。西壁两侧的主题显然相当于《观无量寿经》的序品部分：韦提希夫人探访被幽囚的频婆娑罗王，大目犍连和富楼那的飞来，经过三十七天仍不衰颜的王，愤怒欲加害母亲的阿阇世王，这四个场面安排在左侧；在右侧，则于山后的宫殿内外画有遥向佛陀诉说的韦提希夫人，由虚空飞来王宫现身的佛陀和大目犍连、阿难，正在进行礼拜的夫人等。在南壁和北壁上，则反复描绘向在山中跪坐礼拜的贵妇人说法的佛陀（图 3）。这可以解释为佛陀正在向韦提希夫人讲解三福、十善等，但尚不明确。总之，将几个故事场面从容地配置在疏朗而广阔的重山叠岭之间，通过四个画面而创造出一幅宏大的风景画构图，这在截至七世纪初的各窟中是前所未见的。但各画面上部，将左右两侧山的顶部画成蘑菇形⑧，在山脚下则画有梳齿状的树行，具有这些构图要素的画法，是沿袭了北朝以来的古老形式，山峰和山谷的组合显得不自然。这使人感到，画家的构图技巧还不熟练。同样，在描绘上采用单纯技法：在西壁左右两侧，用绿色平涂山顶部，山崖部分则仅用墨和褐色加以纵向的大面积晕染。树木也仅仅画出红褐色的树干和绿色的叶丛。而且，西壁左右两侧的画面，在色彩下淡淡地透露出大约是起稿的轮廓线，而不大用墨线再作勾勒。但是，人们会注意到：在南壁西端和北壁西端的画面上，沿着山脊和崖端加画了相当浓重的轮廓线。除北壁的一部分之外，不能认为那是后来补画的；或许可以理解为：两部分是由不同的画家所分担，因而造成了技法上的差别。另外，在南壁西端画面下还透露出线条粗率的另一种最初的大型构图草稿，配置有几尊佛的坐像，因此也可以认为，是特意用那轮廓线来强调新的图样。此窟两侧壁、东壁以及窟顶的三个披上所画佛说法图中佛、菩萨的姿态和窟顶西披"乘象入胎"、"骑马逾城"的天空场面等，与隋末各窟壁画在样式上的联系是明显的；从藻井的葡萄卷草纹来看，可以推定此窟是七世纪前半叶在第 220 窟前后开凿的。尽管采用了气派庄严的新画法，即在大规模的山水结构中安排了各种故事场面，但是群山

⑥ 此窟西壁佛龛下残存有当初书写的"翟家窟"三个大字。"□玄迈"（东壁发愿文）和"律师道弘"（北壁发愿文）均可推断为翟姓人。前注中提到的同光三年（公元 925 年）九代孙翟奉达的墨书题记中，最初的供养人为翟通乡。可知这是当地豪族大姓之一的翟氏所开造并护持的洞窟。但据池田温氏的研究《八世紀初 における 敦煌 の 氏族》（《東洋史研究》24-3, 1965），认为在敦煌名门大姓中，翟氏所处地位并不那样居上。那么，在贞观十六年的当时，营造这具有划时代庄严气势的第 220 窟的背景可能是什么呢？这是今后应该首先研究的问题。

⑦ 西壁总体图样在 Mission Pelliot: Les Grottes de Touen-Houang. Tome Ⅲ, pl. 115 和前引 Anil de Silva 的书 p.152 下段（上段有北壁西端的图），为单色图。

⑧ 将山的顶部画成蘑菇形的表现手法，是一种古老的山岳纹形式，在龙门宾阳中洞前壁浮雕（六世纪初）的山岳表现和美国堪萨斯城纳尔逊美术馆藏孝子传石棺（公元 526 年前后）上均可看到。在日本，从"玉虫厨子"的装饰画到法隆寺金堂中间及西间天盖后面的山石图等七世纪后半叶的作品，都长期沿袭着这种手法。但是在敦煌壁画中，北朝至隋代（五至六世纪）的山岳表现中却几乎看不到这种形态，从唐初第 209 窟前后才开始有了明显的表现。这是应该注意的。

图 3 第 209 窟南壁西侧山岳表现

图 4 第 335 窟北壁维摩诘经变(部分)

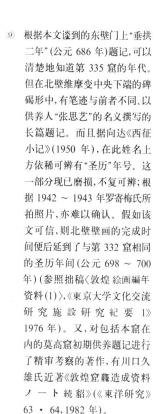

⑨ 根据本文谈到的东壁门上"垂拱二年"(公元 686 年)题记,可以清楚地知道第 335 窟的年代。但在北壁维摩变中央下端的碑碣形中,有笔迹与前者不同、以供养人"张思艺"的名义撰写的长篇题记。而且据向达《西征小记》(1950 年),在此姓名上方依稀可辨有"圣历"年号。这一部分现已磨损,不复可辨;根据 1942～1943 年罗寄梅氏所拍照片,亦难以确认。假如该文可信,则北壁壁画的完成时间便后延到了与第 332 窟相同的圣历年间(公元 698～700 年)(参照拙稿〈敦煌 绘画编年资料(1)〉,《東京大学文化交流研究施設研究紀要 1》1976 年)。又,对包括本窟在内的莫高窟初期供养题记进行了精审考察的著作,有川口久雄氏近著《敦煌窟龕造成资料ノート続貌》(《東洋研究》63・64, 1982 年)。

⑩ 这种利用绿色与褐色多层色纹来表现山岳的方法,来源于五至六世纪的敦煌壁画和高句丽舞踊冢壁画的古老形式,七世纪以后,同其它先进技法相结合,依然残存。众所周知,它在正仓院的琵琶皮板画狩猎宴乐图中有明显的表现。

的组合以及线描和色彩的技法,并未融会贯通,甚至有不少地方可以说是错误的尝试。这些,同已经直接采用了当时高度成熟的样式、技法的第 220 窟相比,形成了鲜明对照。

如上所述,从七世纪后半叶至八世纪初各窟壁画中的山水表现看来,似乎第 209 窟这一系列洞窟的壁画较之非常进步的第 220 窟的壁画更能显示出地区性的传统,并表现出多种多样的变化与发展。

但是,有明确纪年的七世纪后半叶建造的洞窟仅有两个,即东壁门上有垂拱二年(公元 686 年)五月供养人题记的第 335 窟和有圣历元年(公元 698 年)李怀让《大周李君修佛龛碑》的第 332 窟(此外,还有传为延载二年建造北大像的第 96 窟,只是当初的壁画未能保存下来)。

第 335 窟北壁所绘巨幅维摩变(第三卷图版 61)中,引人注目的依然是耸立在文殊菩萨背后的层峰叠嶂(图 4)⑨。其画法乃沿袭五、六世纪以来的古老传统,即在山顶部涂成绿色的色带,前后重复地描绘公式化的树行,用多层的色纹表示山岳的高耸⑩。近处的山崖则仅以粗犷的笔触加以简略的暗褐色晕染,看不出用细线描绘的岩壁。其年代虽较第 220 窟晚约半个世纪,但就这一点而言,毋宁说是一种倒退现象。它使人感到,敦煌绘画中的样式变化相当复杂,并非简单地依直线发展。

第 332 窟壁画的山景,也可以作同样的考虑。例如东壁北侧作为释迦说法图背景的灵鹫山景观(图 5),在中间主尊的头上、双树和宝盖的后面,主峰高耸,在整个构图中与左右两侧的山峰,构成三山的基本形式;通过其间的低凹处,可以看到层次丰富的重叠远山(中央较近处的,涂绿色;左右远处的,着青色)。这大约是为了照顾构图装饰上的

图 5　第 332 窟东壁北侧释迦说法图(部分)　　　　　　　　图 6　第 332 窟东壁南侧阿弥陀净土图(部分)

均衡，但这却是相当公式化的表现。对于绿色和淡褐色的斜坡以及红褐色的山崖等，也只是粗略地运用色带，或作色彩晕染和大片的平涂，轮廓的墨线并不显眼。

　　然而，在同一东壁南侧的阿弥陀净土图中，莲池对面从左右延伸过来的绿色土坡和断崖，形状却画得相当自由（图6），断崖岩石的凹凸是以柔和的墨色晕染表现出来的，这里已经看不到存在于前者的那种公式化。处在七世纪末的这一时期，在尊像表现方面，从排列在后壁佛坛下端庄艳丽的菩萨立像（第三卷图版87）和东壁释迦净土图中的菩萨像之间，可以看出新旧两种因素共存的现象，这在山水表现中也是值得注意的。

　　作为七世纪后半期的山水表现，更为重要的是第 323 窟和第 321 窟，尤其是前者。第 323 窟的建造年代，最近敦煌文物研究所将其定为载初前后（公元 690 年前后）[⑪]。我认为，尽管尚无确凿依据，但其建造年代似可定在公元 680～690 年。此窟南北两侧壁的中段，以长卷式画面连续描绘关于瑞像出现、佛陀高僧奇迹等罕见的佛教故事，并因此而著称。南壁右（西）端画的是晋建兴三年（公元 313 年）释迦、维卫二石佛浮现于吴县松江（吴淞江）水上的故事；中央画的是咸和年间(公元 326～335 年) 阿育王金像出现的故事；东端画的是隋文帝时昙延法师入朝时的奇瑞。北壁右（东）端画的是康僧会感应故事，佛图澄事迹等自南海或西域来中国弘扬佛法的诸高僧的奇迹故事；中央部分画的是有关释迦浣衣石与晒衣石的灵异故事；左端描绘的是汉武帝得祭天金人而祀于甘泉宫和张骞使西域的故事。两壁画面均由近及远地以三列或四列连绵的山峰将不同的主题进行大致的分隔，以配置于其间的水面、台地、殿舍等为舞台，描绘故事的细节。各个场面均有榜题，介绍故事梗概（图7）。作为如此众多故事场面背景的山峰和丘陵，同延伸

⑪　见段文杰《唐代前期的莫高窟艺术》（本书第三卷）。今年(1982 年)三月，与敦煌文物研究所所长段文杰会谈时，在座的贺世哲氏指出，这一推断的根据，同南壁西端二佛像出现故事题记中通玄寺的年代有关。但是，这个故事公认的原始根据之一《集神州三宝感通录》卷中记载该寺之事的同时补充说明："今京邑咸阳长公主闻斯瑞迹，故遣人往通玄寺图之。"道宣撰此书在麟德元年（公元 664 年），考虑到消息传播的时间，则建窟时代可能稍早于载初。

又，在校改本稿过程中，收到敦煌文物研究所惠赠该所所刊《敦煌研究》第一期（1982 年 6 月），所载马世长氏的专论《莫高窟第 323 窟佛教感应故事画》，对南北两侧壁及东壁的所有榜题文字释文与出典与主题作了考证。但对通玄寺问题和建窟时代则未特别触及。

图 7　第 323 窟北壁佛教故事画

图8　第323窟南壁西侧石佛浮江感应故事图(部分)

到遥远天际的远山有机地组合在一起，形成了布满横长画面的一幅巨大山水画构图，画中的人物、建筑、船只等等，也均按照近大远小的原则显示出透视效果，其构图之统一，引人注目。特别是在南壁右端（第三卷图版64，图8），画面同故事内容配合一致，流水蜿蜒于山峦之间，弯弯曲曲的河岸一直同远景的矮山相连，呈现出一派苍茫的景象。显然这是唐代山水表现的基本形式之一。

　　将故事画的各种场面配置于山岳景观之中的构图法，在敦煌壁画中，从北朝到隋代，随着时间的流逝，由长卷式画面向上下逐步扩展，以至在上述第209窟中采取了更大画面的山景构图。但是，从故事画因素同山水景观的统一以及空间感的表现来说，第323窟两侧壁的壁画已经达到了更先进的阶段。可想而知，这种新图样的原型，当也是随同罕见的故事内容一起刚刚从中原传来的（如果南壁两个故事系根据《集神州三宝感通录》所画，则应画在该书编辑成书的公元664年以后）。至于山岳的表现技法，则以色彩晕染为主，山顶部涂绿色，山腹涂褐色，山崖部分则以褐色和淡墨色的柔和的晕染表现岩褶的重叠，轮廓和岩褶均不加墨线。

　　另一方面，从佛、菩萨的表现法来看，第321窟较上述三窟更古老，可以上溯到七世纪中叶后期。其南壁的宝雨经变（编者按：原文作"法华经变"。本书日文版于1982年出版之后，1983年在兰州市召开的全国敦煌学术讨论会上，史苇湘首次报告指出这幅壁画的内容应是宝雨经变，详见本书第三卷图版说明53），是以释迦在伽耶山（编者按：原文作"灵鹫山"）说法为中心，将各品经意图解于周围山景之中的一幅庞大构图（第三卷图版53）。释迦与眷属集会场面周围的伽耶山（编者按：原文作"灵鹫山"）诸峰，由耸峙的山顶与重叠的断崖构成，富有装饰性，这是为了求得构图上的均衡（图9）。各山峰均在棱线内侧涂以明快的绿色，山顶部则以稍重的绿色装饰性地点染树行的叶丛。引人注目的是断崖的表现：在左下部分，利用淡褐色晕染来表现其凹凸状态；从上方至右下的各山峰，细致地画有纵向的岩褶线，且多呈白色，但这是因为线描的颜料已剥落而露出了白地；颜料已变黑的线，尚有部

图9　第321窟南壁宝雨经变中的山岳表现

图10　第217窟南壁西侧法华经变(部分)

分残存。唯其性质和当初的色相已不详。另外，周围画面画有许多重重叠叠的平缓的绿色山峰，而将《宝雨经》（编者按：原文作《法华经》）诸品的故事场面零星地配置其间。但为了强调中央部分的说法图，周围部分的房屋和人物均画得很小，而不考虑构图上的远近透视。构成各场面背景的山岳也同样，采取了小场面的集合形式，但整体布局则左右对称、浑然一体。从这一点来看，可以说采用的是传统的大画面构图法。

## 二　盛唐期（八世纪）壁画中的山水表现

到了八世纪，莫高窟壁画的山水表现有了进一步的大发展，无论画面的总体构成，还是细部的表现，其有机的统一与写实程度均有所增强。不言而喻，这反映了初唐末期（中宗时期）至盛唐（开元、天宝时期）中原画坛风景表现的一大革新，即所谓"山水之变"，它同传至日本的现存同时期绘画资料互相补充，对阐释称作东洋山水画的古典样式，将会起很大的作用。

在这种意义上，现存各窟中特别重要的是第217、103、45、172和148窟。其中，能够根据史料确定建窟时间的有二，第217窟推定为八世纪初期，第148窟则有大历十一年（公元776年）的造窟记；其余三窟可看作是联接于它们之间的洞窟。

⑫　在注⑪提到的段文杰所长论文中，认为第217窟建造于神龙年间（公元705年～707年）。前面谈到的那次在东京会晤，我曾经询问过上述论点的根据。当时在座的敦煌文物研究所贺世哲氏谈到了他的大作《敦煌莫高窟供养人题记校勘》（《中国史研究》）一九八〇年第三期，北京）。贺氏在该文的"第217窟"一段中，注意到西壁北坛南侧第三身供养人题名"嗣琼"和第四身供养人题名"嗣玉"（均为阴氏），并同敦煌石窟遗书P.2625（系缺首尾的残卷，失原题，在研究者中间均称之谓《敦煌名族志》）中所记阴氏家谱作了比较。根据所记阴稠之孙辈的名字多冠以"嗣"字以及该家谱之写作年代，推断第217窟的建造时代不晚于神龙年间。

因此，我立即查对巴黎国立图书馆所藏上述卷子。贺氏所设想的包括"嗣琼"这个名字在内的脱漏部分虽然无从考虑，但是另一方面，确实记载："嗣玉"（第二个字，在家谱中可以辨认为"玉"）正是阴稠次子仁果的四子。此外，我又在吉美东方美术馆参看了伯希和1907年记录第217窟供养人题名的笔记（参照秋山在《仏教芸術》19号上的论文。目前仅刊行了伯希和编号的第1～30窟，相当于第217窟的伯希和第70窟部分尚未刊行），贺氏所说的第三身男供养人"嗣琼（璮）"，伯希和将"嗣"字下的第二个字摹写作"璮"，这同贺氏的辨识基本一致。如果在阴氏家谱中勉强寻找与此笔画稍近的字，则有阴稠长子仁干的三子"嗣璟"和稠之四子仁希的次子"嗣瑗"。其中"嗣瑗"，正如贺氏和池田温氏都曾指出的，见于北京图书馆藏敦煌石窟遗书《金刚般若波罗蜜经》的景龙二年（公元708年）跋文。至于"嗣璟"，则稍长于他的哥哥嗣鉴之名已见于天授二年（公元691年）的记载。以上对资料进行补充核查的结果，更加强了贺氏的论点，我认为将第217窟的建造时代定在八世纪初是可信的。另外，关于遗书P.2625号，池田温氏有两篇论文，即〈唐朝氏族志

图11　正仓院四弦琵琶皮板画骑象胡乐图(部分)

の,考察——いわゆる敦煌名族志残卷をめぐつて〉(《北海道大学文学部紀要》13-2, 1965年)和〈八世纪初における敦煌の氏族〉(《東洋史研究》24-3, 1965年)。

⑬ 关于正仓院绘画中这幅最杰出作品的构图与技法的详细情况,请参照正倉院事務所編《正倉院の絵画》(1968)所收该图解说(秋山光和、柳沢孝执笔。又,米沢嘉圃氏的专论〈「山水の変」と騎象鼓楽図の画風〉(刊注②所引书)中曾试论其在中国绘画史中的地位。

自从伯希和的图录出版以来,第217窟以有南壁的法华经变、北壁的观经变以及东壁的法华经变普门品等(第三卷图版100～110)丰富的风景表现而为人们所熟知。关于其建造年代,尽管人们对于八世纪前半叶这一点并无异议,然而缺乏确切而肯定的根据。最近,敦煌文物研究所根据西壁北坛南侧面上的供养人题名,对建造年代试行推断,并且明确指出,此窟是敦煌名族阴氏的供养窟,甚至肯定其建造年代为神龙年间(公元705～707年)。这一点尽管还有问题,但毕竟可以认为是在八世纪早期、开元以前;从样式来看,也可以充分肯定这一点⑫。让我们就构图较统一的南壁右端的法华经变(化城喻品、提婆达多品)来看一看此窟的山水表现(图10)。由于必须把故事诸场面分散配置于宏大构图之中,故不得不在画面中反复描绘山峰的重叠和远近透视。这在结构上虽然是个难题,但画家显然在努力追求总体构图上的有机统一。在左上方,陡峻的山峰向纵深方向层层重叠,一条河流成锐角转折蜿蜒其间,形成了远景透视;右下方,耸立着岩襞重重的巨大山崖,构成了近景。白地上,以淡墨色勾勒群山轮廓,山峰部分平涂鲜艳的绿色,峰与峰相隔的山腹部则以红褐色晕染来表示群山的层次。上方的山峰,在棱线上栉比排列着的小树行如梳篦状。这种有层次地重复色带与树行以表示群山的方法,如前所述,虽然是继承了六世纪或更古老的传统方法,但山的造型及其前后的空间关系,却进一步接近于自然了。山崖部分,每一个重叠的岩襞均施以淡淡的褐色晕染,再涂以淡墨色以表现凹凸感。尤其是右下方高耸的悬崖部分,以大笔触的枯笔加以颇有气势的墨晕染,甚至显示出了应当称之为"皴法"的萌芽。这些同七世纪诸例(第323窟等)相比较,技法上有了明显的进步,可以说,它同正仓院所藏四弦琵琶皮板画骑象胡乐图(图11)⑬和传入东大寺的法华堂根本曼陀罗(波士顿美术馆藏)(图12a、b)⑭等作品所显示的盛唐样式的山崖表现有着直接关系。

同窟北壁观经变西缘序品上端灵鹫山说法图的山峦以及东缘十六想观各场面所描绘的远山表现,都继承了前代那种用浓重的红褐色晕染来表现山崖厚度与深度的技法。在东缘最上部的日想观场面,可以注意到

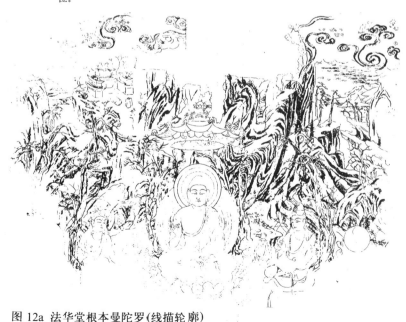

图12a　法华堂根本曼陀罗(线描轮廓)

图12b　波士顿美术馆藏法华堂根本曼陀罗(部分,红外线摄影)

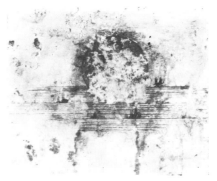

图 13　第 217 窟北壁东侧日想观　　图 14　高松冢古坟壁画西壁月轮图　　图 15　永泰公主墓壁画日轮图(町
(部分)　　　　　　　　　　　　　　　　　　　　　　　　　　　　　　　　　　　　　田甲一氏摄)

它的表现形式：在即将沉没的太阳下，用朱色（变黑）与褐色的线画出
四段横云，其间露出绿色与黑色（青的变色?）的小小三角形山顶（图
13）。这种公式化的云与山的组合，是南北朝以来的古老传统形式。这
在日本，除可见于飞鸟时代诸遗物（法隆寺金铜灌顶幡、玉虫厨子等）
之外，进入七世纪后期，它同初唐更先进的表现样式同行并用。在法隆
寺押出佛[15]厨子（佛龛）内面的彩绘和高松冢石室东西壁的日轮、月轮
下方，均明显地采用了这种形式（图 14）。同样，在中国，例如在永泰
公主墓（公元 706 年）后室天井上，亦可见到日、月同云、山组合在一
起的这种形式（图 15）。总之，本来是表现远山和云霞的这种古老表现
形式，用来同日、月等天象相结合，大约是作为天空的一种象征性形式
而得到流传。第 217 窟的例子似乎明确显示了此窟壁画处于新旧两种因
素同时并存的历史阶段

　　大约建造于开元年间即公元 720～730 年的第 103 窟，令人充分感
觉到盛唐时期的熟练技法。东壁维摩变（第三卷图版 154～155）人物
画所显示的抑扬自在的笔力，在构成其背景的山水表现中也发挥得淋漓
尽致。大家所熟悉的南壁西侧法华经变（第三卷图版 153）亦如此，每
一细部都以墨线准确地画出，而绿、青和褐色等色彩则更起到了使其突
出的效果。故事画的构成上，根据各个不同场面而反复采用远近表现，
致使整个壁面的构成复杂化，这是在这种情况下无可奈何的事。尽管如
此，左右两侧倾向中央而耸立的陡峻山崖和其间穿流而下的宽阔水域，
使构图具有稳定深远之感，并同上方连绵的远山互相呼应（图 16）。特
别是画面右侧的山峦，绿色山腹线陡直耸峙，只在前方露出山崖的岩
肌；左方则画成名副其实的悬崖。顶部着绿色。袒露着的岩肌黄褐色，
加绘纵横的墨线以表示岩石的龟裂，并在必要的地方补以墨晕染。从山
顶部向空间凸出的大岩石，则以富有弹性的线条细致地描画出其复杂的
凹凸形态。此外还画了诸如悬崖上垂挂着攀藤植物和由高处泻入水面的
飞瀑等在中原地区已成定型的山水表现，令人感到它作为故事画的边框
和背景是适合的。它的形成阶段，大约相当于传到日本的 "骑象胡乐
图" 的样式。

　　但是，即使在如此充分地反映了盛唐时期先进山水表现的南壁，其
中央部分所描绘的巨幅释迦说法图（第三卷图版 152）背景中，反而有
浓厚的古老传统色彩。就是说，大约是为了加强灵鹫山法会庄重神秘的
气氛，而画出日月交悬，其间是须弥山状的山石从中尊的天盖上自上而
下地扩展开来，而且两侧有圆锥状的连绵群峰（图 17），并且一群群地

⑭　这是八世纪以来东大寺所藏精
巧的麻布彩绘释迦灵鹫山说法
图，久安四年(公元 1147 年)的
背书里，题为 "法华堂根本曼陀
罗"；明治维新后的 1886 年，被
美国人 Sturgis Bigelous 买
去，现藏于波士顿美术馆。关
于其创作地点及创作年代，有
各种说法。我的看法是：这是
东大寺方面的专业画师，在相
隔不太久的时候，根据八世纪
中叶前由海路传入的中国原画
绘制的。请参照秋山〈釈迦霊
鷲山说法図(法華堂根本曼荼
羅)〉(《日本 の 仏画》Ⅱ－ 3：
学 習 研 究 社，1978 年 ) 和
Landscape representations
of the Nara Period and
their relationship with T'
ang painting — with special
attention to the Hokkedo-
kompon— mandara, Tokyo
National Research Institute
of Cultural Properties,5th In-
ternational Symposium, 1981.
⑮　"押出"是一种金属工艺品的加
工方法：在制成的原型上，蒙上
一张薄铜片，用槌子轻轻敲打，
使原型的凹凸形状浮雕般地呈
现出来，按前半和后半分别敲
制，然后合成。七、八世纪时这
种 "押出佛" 在日本非常流
行——译者注。

图18　第285窟东壁门上山岳表现

图19　柏林东方美术馆藏伯子克里克壁画龙池图中山岳表现

图16　第103窟南壁西侧法华经变（部分）

图17　第103窟南壁中央释迦说法图背景山岳表现

图20　第45窟南壁西侧法华经变普门品（部分）

⑯　伯子克里克石窟第19窟（德国队编号）中央方柱右面腰壁。

⑰　贺世哲氏在上述论文（注⑫）中，根据在南壁唐代壁画下层的孔穴中发现的幡的纪年（开元十三年，即公元725年），认为第130窟（南大像）的建成在开元后期；又根据甬道南北壁所绘乐庭瓌夫妇供养像的官职等，将建窟时间定为天宝初年（公元746年）以前。第45窟的建造年代，根据画中的风俗等情况看，可以考虑断在接近此下限的时期。

分别施以青色、红色和绿色，边缘为白色，向内色彩逐渐加重。这种尖尖的连绵山峰，同第285窟（第一卷图版139）东壁门上（图18）和第249窟窟顶下沿等所见六世纪初山岳形式是一脉相承的，而且更加公式化了。这又使我们联想起了九世纪回鹘时期伯子克里克壁画（柏林东方美术馆收藏龙池图残片，见图19）⑯和莫高窟第61窟壁画（十世纪后半叶）。我认为在敦煌及其周围，对于这样的古老传统形式，相隔一段时间而出现"隔代遗传"这样的现象是值得注意的。在第103窟中，前面谈到的同横云组合在一起的圆锥状的山，变成了更自然的三山形式的远山，仍象征性地用于东壁维摩变（第三卷图版154、156）的中央上部。

较第103窟稍迟，第45窟大约建造于开元末至天宝初年⑰。此窟的壁画，尤其是北壁的观经变（第三卷图版136～139）和南壁的法华经变普门品，依然是最值得注意的盛唐壁画之一。但据现场实地观察的印象，却觉得两壁画面之间在表现上存在着微妙的差异。首先从南壁看，壁面中央描绘出与画面等高的仪表堂堂的观音菩萨立像（画面下端已剥落），左右两侧细致地描绘着显示观音法力广大的三十三应化身与救济八难的场面，这些场面也都被组织在一连串的山水画构成之中。在这铺壁画中，画家显然期望通过各个场面中的丘陵、树木、流水等等来求得画面的统一，但是作为画面整体的有机构成，则毕竟不如上述诸窟。如果抽出一个个具体场面来看，人物的姿态、表情均很自然，树木、山石等形状亦富变化，充分显示出画家的纯熟技法。为了消除起稿的线描痕迹，起伏平缓的丘陵和蜿蜒的河流往往加施了柔和的青绿色，并在其间用褐色晕染；在高出水面的河床上沿则又在这褐色上增施墨晕染。崖端和岩肌露出部分也以墨勾画出岩襞和棱线（图20），其线描柔和而富有浓淡变化，同墨晕染和色彩晕染十分和谐。就是说，这第45窟南壁，与以线描为主的第103窟不同，它一方面有效地运用七世纪以来的传统技法，以色彩晕染表现山的重叠；一方面用柔和的墨线与墨晕染相互协调地表现立体感，力求山和树木的姿态更加自然。这也可以看作是八世纪中叶在技法上所达到的一个新高度。而北壁的观经变（第三卷图版136～139），虽然不言而喻是同一系列同一时期的作品，但其笔法，可以看出与南壁有所不同。中央部分诸菩萨的表现（第三卷图版136～137）是在肌肤的铅白（部分已变成黑褐色）上以朱色的线描勾出清晰的轮廓；而南壁中央的观音像（第三卷图版135），仿佛为了有效地利用底稿上的淡墨线描，而在白色肌肤上加施淡红色晕染，以表现

图 21　第 45 窟北壁东侧观无量寿经变序品（部分）

图 22　第 172 窟北壁阿弥陀净土图

图 23　第 172 窟北壁观无量寿经变序品（部分）

柔软的肉体，这是二者明显的不同，在左右两端的序品和十三观想还可以看得更清楚。序品最上部，在灵鹫山释迦说法场面（图 21）中，不仅人物，而且尖尖的山峰和山崖的轮廓，甚至河岸的线，都用浓墨清晰地勾出。这同南壁那种在山崖部分以粗犷的枯笔进行墨色晕染的情况完全不同。举河岸的表现为例，配合浓黑勾勒的刚健的轮廓线，在河岸侧面断续地加了强有力的笔触。这种用刚健的轮廓墨线使鲜艳的彩色画面更加醒目的手法，在西端的十三观图中同样收到了使人对各故事场面加深印象的效果。不过，虽然是同样的线描，但同第 103 窟的准确、有力、稳健的墨线相比，则显得夸张和稍觉零乱。使人看到了从古典式的严谨走向表现过分的盛唐时期的一个侧面。

　　经过这样的复杂过程而在洞窟整体的风景表现上呈现出更加统一的构成的，是第 172 窟（第四卷图版 9～16）。这是建造于八世纪后半叶早期的一个洞窟，南北两侧壁上描绘着巨幅观经变，东壁入口左右配有随从眷属的文殊和普贤。各画面不仅蕴涵着丰富的风景要素，而且都组织在巨幅山水结构之中，使洞窟整体保持着有机的统一。尤其是北壁观经变的阿弥陀净土（图 22），同以前的阿弥陀净土图采取在楼阁、露台之间装饰性叠石环绕宝池的结构相比，它是在广阔的水面上，按照严谨的透视法配置复杂的佛殿、楼阁、露台和回廊等等，从而增强了关于华丽缥缈的净土世界的幻想感。而且，在左右上端的远景中，各有一条延伸到遥远天际的流水，弯曲的两岸在远处连成一线，使画面有更加自然

⑱ 与第 172 窟相近的山水表现，有第 320 窟北壁的观经变（第四卷图版 4、5）其东(右)边序品上端的灵鹫山和西(左)边上端日想观的山崖与水面，均配置得统一、协调。在这里，树木、悬崖、远山等也几乎不用轮廓线，而巧妙地运用色彩晕染来表现凹凸感。其制作年代，我认为也是在第 172 窟前后。此外，只有在灵鹫山图的山顶部分是用有力的墨线勾勒出那些重叠的尖翘山峰的轮廓，这是值得注意的一点。

⑲ 见（注 ②）所举 Michael Sullivan 的论著，Part Ⅱ，Ⅶ.

⑳ 今年（1982 年）四月，同敦煌文物研究所所长段文杰、所员史苇湘、贺世哲会谈时，他们重新确认了这一点。

㉑ 最近收到的《敦煌研究》第一期（见注⑪）载有刘永增氏译的拙稿〈敦煌壁画研究 の 新资料〉（《仏教芸術》100 号，1975 年 2 月）。该资料介绍了福格美术馆和埃尔米它什美术馆所藏敦煌壁画残片。其中，关于第 320 窟观经变的山水表现，我曾记述说："几乎不使用轮廓线，通过用色(没骨法)来表现崖面的凹凸和树木。"对此刘氏加了译注，论道："……我与本所资料室主任史苇湘先生去三二〇窟看过，日想观部分使用技法并非没骨法，也不是几乎没有使用轮廓线。其画的制作方法大体是：先画底线，然后再在底线上用色。左部日想观山水崖面底线还可看见，而右部（未生怨上部）山水中的山石墨色线条还十分清楚，连松树的松枝都可辨认。南壁阿弥陀净土变也是一样，线在底层，在

图 24　第 172 窟东壁北侧文殊菩萨背景山岳表现

的深度。另方面，安排在净土图右边的十六观和左侧序品的最上部，其山水构图较之以前所举各例组织得更为严整。尤其是右上方的日想观（图 23），其构图的着重点显然是在于远处风景的表现，近处的韦提希夫人的形象和天空中的夕阳均画得很小。一侧是耸立着高高的悬崖，另一侧则以绵延到远方的流水和起伏的河岸表现深远。这种构成虽然是七世纪以来的传统手法，但其表现更为自然，而且保持了空间的统一。另外，令人注意的是，悬崖岩巇的凹凸和转折，尽管有底稿，却根本不勾勒轮廓线，而是使红褐色晕染与墨晕染巧妙地结合起来以表现自然的立体感。

南壁的观经变同北壁的观经变恰正相对，左（东）边为十六观，右（西）边为序品的诸场面，两壁上端的山水结构互相呼应，又同净土图的广阔水面和谐统一。韦提希夫人礼拜流水对岸即将沉没于青色远山后的红色太阳，她的姿态，同北壁左右方向恰好相反，就是说，两壁所绘如镜与像一样相互对应，但屹立于外（东）侧的山崖的构成则较复杂。

东壁文殊、普贤像背后的山水（图 24），更进一步地向左右扩展，来自遥远天际的流水汇合成一个宽阔的水面，两侧水流，曲曲折折的水岸和重重叠叠的崖脚，层次丰富，景致宏大壮观。

这种山水表现，不仅构图上统一，在技法上也很一致，几乎不用勾勒轮廓线，而是大面积地配置绿色、青色以及红褐色的色块，借以巧妙地取得远近与凹凸的效果⑱。这种以晕染为主而没有轮廓线的赋彩应该怎样称呼呢？迈克尔·沙利文氏⑲使用了没骨法（The Boneless Style）一词，但是中国当地的专家们则明确地说，在唐代的敦煌绘画中没有没骨画法⑳。但我想，这可能是相对后世绢画与纸画的那种不起线稿而直接用颜色绘成花和叶的没骨画法而言，并强调它们间的不同点。当然，就唐代壁画中的主要图样来说，是有某种底线的。但是在第 172 等窟，加工完成的画面并无最后的轮廓线，因此可以认为它们是仅由色块和色彩构成的㉑。

第 148 窟前室有《大唐陇西李府君修功德碑记》，其内容同窟内的庄严气氛也十分吻合，所以可以认为碑文中的纪年——大历十一年（公元 776 年）就是建窟的时间㉒。此时恰值吐蕃进犯河西走廊，同年攻陷东邻的瓜州（安西）。对于这时的沙州（敦煌）来说，形势岌岌可危，但是，却在这样的情况下建造了规模空前宏大、内容复杂、外观庄严的第 148 窟，这是具有特殊意义的。碑文上的供养人当中，有曾经死守过敦煌的河西节度使周鼎的名字，这也是很重要的一件事。此窟的壁画，场面宏大，结构也复杂，其表现同第 172 窟相比，样式化有急剧的发

图 25　第 148 窟北壁龛上天请问经变中释迦净土图（部分）

展，预示了吐蕃占领时期以后出现的新的图象和样式。至于山水表现，主室东壁阿弥陀净土图（第四卷图版 39）南边的日想观图的山水等，是沿袭了第 172 窟的样式，而其表现法却失去了初期的自然风格，未免给人以粗糙之感。但是，在横长的主室南北的佛龛龛口上方绘有释迦灵鹫山净土图（图 25）和弥勒净土图（第四卷图版 28），这引起了我们的注意。尤其是前者，在说法的释迦左右和全体会众的两侧，配置着枝繁叶茂的老松树，仿佛将在背后展开的风景和佛菩萨群体有机地结合起来了。可以说，它与前述法华堂根本曼陀罗的构图法（图 12a）也有共同之处。

### 三　吐蕃占领时期与绢画的问题

不久，敦煌最终陷于吐蕃之手（其年代，历来认为是建中二年即公元 781 年，但是贞元二年即公元 786 年或贞元三年的说法更为有力[23]），直到以后于大中二年（公元 848 年）在张议潮领导下解放为止，一直被吐蕃所占领。这一时期建造的石窟最标准的是：有开成四年（公元 839 年）明确纪年的第 231 窟以及根据壁画中有吐蕃赞普的形象而可以认为是这一时期所建造的第 158、159 两窟。这些洞窟壁画中的山水表现，正像佛菩萨的画法一样，也同盛唐时期有着明显的区别。从第 159 窟的山水表现来看，群峰重叠，顶部像针一样削尖的远山和仿佛岩块堆积起来的山容，都用公式化的晕染和苍劲的轮廓墨线加以表现（第四卷图版 80、81、90、图 26）。值得注意，在第 172 窟和第 320 窟中所看到的那种色彩晕染柔和、具有立体感和自然而深远的表现，已经迅速地消失了。这是值得注意的。

另一方面，对于莫高窟藏经洞发现的绢画，最近利用红外线摄影辨识了其中的铭记（藏文和汉文），从而确认为作于开成元年（公元 836 年）的药师净土图（大英博物馆藏斯坦因收集品第 32 号），就上述意义来说，也是一幅珍贵的作品（图 27a）[24] 这是一幅宏大的构图（高 152.3、宽 177.8 厘米，画面下部残缺）。在药师集会场面的下方绘有文殊、普贤和千手千眼、如意轮、不空绢索等诸菩萨，其左上角是饶有兴味的山岳景观（图 27b）。紧紧围绕着药师的法席的山岳呈高耸的悬崖状（右上角缺失），崖巅台地上绘有小小的净土宝殿。从近处向着断崖

线上用色，通过半透明的色彩，至今还可以看到流畅的底线，所以，此窟所用技法并非是没骨法。关于它是否是八世纪中叶出现的新山水表现法可先作别论，至少它不是后来水墨画的源流之一。”

所以，仍然像我在本文中所推断的那样，问题关系到“没骨”一词的定义，而对于在彩色和色晕染上不加最后的轮廓线这一画法的事实（特别是对第 172 窟），我以为双方在认识上并无距离。

㉒　贺世哲氏在注⑫提到的论文中，根据《新唐书·吐蕃传》的记载——碑文中的周公即沙州刺史周鼎在吐蕃占领沙州前十一年为部下所杀，认为第 148 窟的建成最迟也必然在公元 769 年以前。这是根据建中二年（公元 781 年）沙州陷落说往回推算的。最近，随着西藏方面的记录及其它资料的增加，沙州陷落系贞元三年（公元 787 年）或二年说已成为有力的说法（参照讲座敦煌 2《敦煌の歴史》菊池英夫氏执笔的第 3 章及山口瑞鳳氏执笔的第 4 章）。所以，从这一点看来，要将该窟建成的年代从碑文所云大历十一年（公元 776 年）更往上朔，便失去了根据。

㉓　参照注㉒提到的《敦煌の歴史》。

㉔　出自藏经洞的绢画中，吉美东方美术馆收藏的高僧像（MG17658）题有：“妻张一心供养开元十七年（下缺）”，为公元 729 年的明确年记；从样式来说，可以上溯到盛唐时期的作品还有几幅。从山水表现上看，Stein 97（大英博物馆藏）的幡画佛传图（图 28）等作品，可以理解为接近第 103 窟和第 45 窟的八世纪中叶的作品，是研究唐代山水画的好资料。

图26　第159窟东壁南侧维摩诘经变中山岳表现

㉕　参照西域美術 I《大英博物館スタインコレクション 敦煌画 I 》(講談社, 1982 年) 图16。又,关于题记的译解,请参照该书的 Roderick Whitfield 氏的解说及 Heather Karmay. Early Sino-Tibetan Art (Warminster, 1974)。

方向,是层峦叠嶂,均呈尖尖的三角锥体形,山崖岩襞也呈锐角状。现在,最引人注目的是表示山的重叠和岩襞浓重的墨晕染,它专以晕染的浓淡来表现山石的凹凸,而不露笔触 (图27b) ㉕。但在这绢画的整个画面上,青绿颜料剥落殊甚,很可能当初在山崖部分用的是红褐色,顶部则用绿色,但已难于确认。假如山岳部分最初就仅用墨晕染来表现,则作为九世纪初绢画的实例,是应该引起注意的。

吐蕃占领时期敦煌绘画所出现的新的特色,在汉人收复敦煌之后的归义军时期 (九世纪后半叶至十世纪),即使与中原恢复了交通,依然强有力地继续存在着。就是说,从这以后,敦煌的绘画作为一种特殊的地方样式,有着同中原颇为不同的发展。特别是在山水画方面,从唐末经五代至宋初,在华北和江南,由于水墨技巧的发达,新的画法已经形成,并且成为以后中国绘画史的,但是在现存九、十世纪的敦煌绘画中,却似乎没有显著的反映。

在与日本绘画有关的方面,众所周知,同中国文化的接触方式,以九世纪后半叶为分界,也出现了巨大的变化。承和五年 (公元838年),最后一次 (实质上是停止了) 派出遣唐使,因此,输入中国文化的机会同过去相比显著减少;而且,对于吸收中国画新的表现技法,也已经失去了前代的那种积极性。

就这样,无论在敦煌还是在日本,对唐朝中原文化的接触,大体从同一时期开始,都大大地稀疏起来,并开始显著地表现出各自的地区特性,这是引人注目的情况。所以,如果想在日本绘画和敦煌绘画之间去寻找样式上的关联 (哪怕是间接的),则只能限于八世纪后半叶以前 (就敦煌来说,是吐蕃占领以前);那时,对于二者来说具有支配地位的,是作为它们共同母体的盛唐绘画样式。

图27a　大英博物馆藏斯坦因携去敦 煌画药师净土图

图27b　药师净土图背景山水表现

## 四　结　语

以上，大体按年代顺序，就一些具有代表性的例子，对七世纪至九世纪前半叶莫高窟壁画中的山水表现进行了概述，并且谈及绢画的一两个例子。但是，其发展状况相当复杂，要探索其本身的规律也相当困难。正如最初曾经谈到的那样，从中原传来的新样式和技法同造成地方传统的旧因素之间的关系、画工的素质，以及建窟情况和供养人的地位等方面，都在相互微妙地起着作用。

例如，在公元642年的第220窟中，早就受到人们重视的那种利用柔和的线描刻画山棱和岩襞的精细表现，尽管在七世纪后半叶至八世纪初的各例中看不到直接的联系，但是在相隔将近一个世纪之后的第103窟中，却以更为发达的形式重新出现，这是值得注意的事。联结这二者的，不是敦煌这个局部地区传统的继承，而是唐朝中原正统山水表现的进一步发展。两窟的情况可以解释为：它们分别反映着的当时各自最新样式和技法，乃是通过特别途径传入的[26]。

此外，在不用轮廓线，而利用色彩晕染来刻画山崖的表现方面，第323窟所代表的七世纪的技法，以及八世纪后半叶在第172窟和第320窟之间怎样具有着关联，连同唐代绘画的总体动向，都是今后的研究课题。

图28　大英博物馆藏斯坦因携去敦煌画佛传图幡（部分）

[26]　此次无暇详论。但是，不言而喻，西安附近的唐代墓室壁画，特别是李重润（懿德太子）墓（公元705年）和李贤（章怀太子）墓（公元706～711年）壁画中的山石表现将成为阐明这个问题的线索之一。

209

# 图版说明

李其琼　霍熙亮　欧阳琳　李永宁　刘玉权　萧　默　黄文昆

## 五　代
### （公元 907～960 年）

**1　第98窟　窟顶东南角　东方天王**

　　五代以后，莫高窟艺术进入了晚期，虽然不如早期的生机勃勃和盛期的绚丽多彩，但在内容、题材、形式和技法上，仍有所发展和前进。

　　此窟大约建于后唐同光年（公元923～925年）前后，覆斗形顶，窟室中央设佛坛，坛后部有背屏连接窟顶，是为莫高窟五代洞窟的典型样式。窟室规模宏大、内容丰富，绘制精湛，甬道南北两壁画有窟主曹议金及张议潮、索勋等大型供养像十余身。主室东壁画维摩诘经变及于阗国王、回鹘公主等男女供养像。南壁画弥勒、阿弥陀、法华、报恩经变；北壁画天请问、药师、华严、思益梵天问经变；西壁画大幅劳度叉斗圣变。南、西、北壁下部画贤愚经变联屏四十二扇，并画曹氏家族女供养人及众多供养比丘、归义军节度押衙供养像。中心佛坛上原有塑像仅存主尊趺坐佛一身。窟顶中心为团龙鹦鹉藻井，顶四角绘四大天王。图为绘于东南角的东方天王提头赖吒，又称持国天王，与南、西、北三天王分守须弥四陲，各司守护方域，镇鬼保民。画中天王浓眉圆眼、须髭浓黑、戴宝冠、著金甲、作游戏坐，气概威严勇武。画面榜题是："谨请东方提头赖吒天王主领／一切乾闼婆神毗舍阇鬼／并诸眷属来降此窟"。天王像，此前多绘（或塑）二天王，位置多在龛口或窟门的两侧。五代起则常在窟顶四角做成浅窝，将四天王连同眷属，分别图绘，用以镇窟，成为洞窟形制上的一种新特点。据说天宝年间（公元742～755年），西蕃侵安西，守军累败，玄宗敕不空三藏法师请北方毗沙门天王而解安西之危。自此以后，四天王益受崇信。

**2　第98窟　南壁　报恩经变（部分）**

　　此窟南壁东起第一铺为报恩经变，画面结构，与第85窟南壁的报恩经变一致，居中为序品，左上为亲近品，右上为论议品，左下为恶友品，右下为孝养品。本图右上起，为报恩经变孝养品，画大臣罗睺起兵反叛，守殿神来向小王密报，小王领夫人偕太子须阇提出逃，途中迷路缺粮，须阇提太子自割身肉与父母分食，小王得以抵达邻国借兵复国；帝释化作狮虎袭来以试其诚，须阇提毫不畏惧，表明牺牲的决心；最后，邻国国王出门迎接。画面左侧画恶友品，即善友太子入海求宝故事：波罗奈国国王第一夫人所生善友太子，仁慈，喜布施，因将国库所藏施舍三分用二，乃请父王准其入海，觅采宝珠。大王允诺，即

遣人随太子入海，又请双目矇盲一老海师同行引路。其时国王第二夫人所生恶友太子也请随兄入海，善友等辞父入海，至珍宝山。众人贪宝，不再前行。善友与导师涉水继续前进。行七日，水深到膝，又七日水深到颈，再七日浮而得渡。至一海滩，白银为沙，东南方有一银山出现。自银山又行七日至金山。导师疲乏闷绝语太子：更行七日，其地纯是青莲花，复行七日纯红赤莲花，当至七宝城，是大海龙王住处。龙王左耳中有一摩尼如意宝珠，汝往求乞，若得此珠，一切众生所需之物随意能雨，当满汝愿。导师言毕命终。太子抱导师悲哭，以金沙覆尸埋著地中，随师所教，离金山而去，见青莲布地，有青蛇盘莲茎，怒视太子。善友即入慈心三昧，以三昧力，踏莲而过，入龙宫见龙王，为其说法。龙王语太子，受我七日供养，当以奉给。过七日太子果得摩尼宝珠，龙王使诸龙神飞空送回海岸；见弟恶友，方知众人贪宝取之过度，舟沉人亡，恶友侥幸得免。恶友生性险恶，心怀嫉妒，趁善友憩睡之际，寻取树刺两枚，钉入其兄双目，夺珠而去。善友后得牛王、牧人救助，被召为梨师拔王守园，与国王女爱恋成亲，双目复明，并经飞雁传书，由梨师拔王送善友回国。善友归来，宽恕恶友，将宝珠高悬，命雨七宝，国库还满，贫穷人民，恣意受用。图中自左而上，为善友出海求得宝珠等情节。图中部，画善友夫妇乘象轿回国，为恶友品故事的最后情节之一。榜书东侧百姓围观摩尼宝珠雨七宝场面。右侧相邻画面为序品婆罗门子孝养故事。关于《报恩经变》诸品的详细内容及其在壁画中的表现，可参见本书第四卷载李永宁《报恩经与莫高窟壁画报恩经变》。

**3　第98窟　南壁　法华经变（部分）**

　　第98窟法华经变所绘品目较多，图为画面下部正中的譬喻品及左侧的信解品。譬喻品以朽宅喻人世三界，以毒火、猛兽、蛇虫、鬼怪喻三界中诸患难，以牛、鹿、羊三车喻佛法之大、中、小三乘，以玩耍于朽宅中诸小儿喻三界众生，并以诸小儿父（长者）喻佛。图中表现朽宅起火，诸兽怪、蛇虫聚宅相侵，而小儿无知，仍贪玩不舍。长者爱儿，呼儿速出，但小儿愚而不听。最后，长者以牛、鹿、羊三车相诱，小儿喜车乘，争相奔出火宅而得救。其喻意是，世人愚顽，陷三界欲火中不能自拔，佛以大、中、小三乘引导其出三界，灭五欲而得正觉。

**4　第98窟　南壁　法华经变（部分）**

　　《法华经》为了强调它的高深和尊贵，使佛徒们爱护它、宣传它，在《安乐行品》中讲了一个故事，就是著名的"髻珠喻"。大意是说，强力转轮圣王起兵征服诸国，对战争有功者，随功赏赐，有赐与田宅、城邑，有赐与珍

宝、衣服及奴婢等等。只有转轮王发髻中的一颗明珠没有赐与人。因为髻珠仅此一颗，若赐与别人，王的眷属们"必大惊怪"。但在最后，转轮王见诸兵众有大功者，心甚欢喜，才将明珠赐予功臣。这个故事比喻如来不轻易宣示《法华经》给众生。而在壁画中，则在经变的右下角画出了一幅古代作战图，胜者纵马追击，败军边逃边回身张弓抵御；城墙下，俘虏被押过城壕，城中殿堂之前，统兵的将帅们正在报功受赏。

### 5 第98窟 南壁 法华经变（部分）

《法华经·化城喻品》里讲，佛为引导众生信仰大乘，如同一位坚定聪明的导师率领人们经过一条人迹罕至的道路去寻求珍宝一样。途中总有些人畏惧艰苦，不愿前进，于是导师就变化一座大城，使行人得到休息。此图通过高山峡谷、悬崖栈道，疲困渴望休息的人群和一座被溪流环绕的大城，极力渲染旅途的艰难。城外一导师向卧地不前的人指示入城可得休息。城中画出旅人入城休息、进餐的情景。据经文所述后来导师又化去此城，引导人们继续沿着大乘的道路前进。这后一部分情节在画面上略去，画师所选择的是更适合绘画艺术表现的前半部分内容。

### 6 第98窟 南壁法华经变中 信解品

图中下部绘一露天马厩，靠内墙建一圆顶草房，院中童子双手持粪箕，一人握扫寻清扫圈肥。槽内圈养着马三匹和白象一头。院外一童子手持粪箕绕墙行走，一人背负草捆随行于后。所绘是法华经变信解品中的穷子喻。故事说：一长者曾有独子，幼年舍父外逃他国，劳苦五十余年，辗转穷困来至父所。长者见子便识。穷子遥见其父坐狮子座，身饰珠宝，吏民僮仆侍立左右，心怀恐怖疾走而去。长者欲诱其子，密遣仆人着破衣，往穷子处，出高价雇他除粪。图中二人即穷子随仆人前往马厩除粪。马厩内表现穷子与仆人除粪经二十年。其父亦改着布衣，手持除粪之器，得近其子，语穷子言：我年衰老，而汝少壮，自今以后，我如汝父，唤汝为儿。于是穷子欣喜。故事又说：长者有疾，自知将死，语穷子：我今财物，汝悉知之，尽汝所有，勿令漏失。父知子意渐通，即请国王大臣，刹利居士到家赴宴。长者指穷子当众宣言：此实我子，舍我出逃，苦役五十年，昔在本城遇会得之，我今一切，皆属子有。穷子闻父此言，当场认父。上述情景，画在与马厩一墙之隔的庄园前院和后院。后院，国王坐于厅堂之上，大臣、居士与穷子分坐两旁，长者立于中间拱手宣言。故事以父为释迦，穷子为僧众，家财为无上正觉。僧众安于小乘，经释迦教导而勤修大乘得无上正觉。图中描写马厩劳动的片断，富有生活的真实感。

### 7 第98窟 窟顶藻井

本窟覆斗顶，略呈长方形，井心是团龙盘屈于卷瓣莲花图案之中，东西两边各有一对鹦鹉，四角为莲花图案，四边有绿色的回纹，外围饰以华丽的龙凤边饰及铺向四披的垂角帷幔。四披画十方赴会诸佛及千佛。图中藻井及边

饰图案新颖精致，为瓜、沙曹氏画院的杰作。

### 8 第98窟 北壁 思益梵天问经变

北壁东起第一铺经变，画的是鸠摩罗什译《思益梵天所问经》，这是释迦牟尼借思益梵天及其他诸大菩萨等问法、解难而阐释大乘义以破小乘偏狭的一部经典。画面内容包括该经的"序品"、"解诸相品"等。画面的布局，上部为主体，画法会，殿宇楼阁巍峨宏大，佛居正中大殿，两侧是众多听法菩萨。佛的香案前的平台上，雕栏画柱围绕，花毯铺地，一天女翩翩起舞，两侧乐队伴奏。下部是佛阐释大乘实义的各组场面，几乎都是莲台上坐一佛二菩萨，其前跪王者与王子作供养听法状。

### 9 第98窟 东壁南侧 维摩诘经变（部分）

本窟东壁为维摩诘经变。文殊菩萨画在南侧。维摩诘居士画在北侧。门上画方便品，其中反映了当时学堂教育的情况。图为东壁南侧，文殊师利菩萨宝座之前画有赶来赴会的帝王，正肃立聆听居士和菩萨的激烈辩论。群臣恭谨地跟随在帝王身后，古代画师画出了不同年龄不同官职的人物形象，并努力刻划人物的精神状态，显示出描绘群像的艺术技能。

### 10 第98窟 东壁北侧 维摩诘经变（部分）

图中维摩诘，画成老年居士形象，手执羽扇、凭几坐于帐中，帐后有听法菩萨、天王、声闻、帝释、梵天等众，帐侧画听法的各国王子。四周画方便品、香积品、佛国品等诸品内容。在各国王子听法的场面中，前行两组为当时南方诸国的国王或王子。其后有西域各国国王或王子，亦有戴幞头、穿圆领袍、拱手而立的河西汉族方镇官员的画像。

### 11 第98窟 东壁北侧维摩诘经变中 方便品（部分）

位于东壁北侧维摩诘经变的南下角。这是根据《维摩诘所说经·方便品》中"入诸酒肆，能立其志"两句经文绘制而成。画面上，花树丛生，绿叶成荫。酒肆中，维摩诘和六位年老的酒客，列坐酒案两旁。酒肆外，一位银髯老年舞师，甩袖踢腿，翩翩起舞，吸引了酒客们的目光。另有一酒僮正托盘前来奉酒。维摩诘手执羽扇，表现在酒色之前的清高姿态，与诸酒客形成对比。这是一幅古代民间生活风俗画。

### 12 第98窟 东壁北侧 回鹘公主供养像

这是东壁门北侧第一身女供养人画像，题记为："敕受汧国公主是北方大回鹘国圣天可……"，若参照第100窟及第61窟有关题记的结衔大约可补全为："敕授汧国（或秦国）天公主北方大回鹘国圣天可汗的子陇西李氏"，是为曹议金夫人、甘州回鹘可汗的女儿，与曹议金同为此窟窟主。秦国或称汧国，系今陕西省千阳县一带。回鹘曾在安史之乱时发兵济难，为唐朝安定两京，为此，曾被唐王赐姓李。而李唐又自称为陇西李暠之后，故曹议

金的回鹘夫人题记亦自称"陇西李氏"。

## 13 第98窟 东壁南侧 于阗国王供养像

东壁门南侧画为阗国王供养像，像高2.82米。像旁有墨书"大朝大宝于阗国大圣大明天子即是窟主"。于阗国王气宇轩昂，仪表堂堂，头戴冕旒，上有北斗七星；身穿衮服，上有日、月、龙、华虫、黼（斧形）、黻（两弓字相背作"弜"），与汉家帝王的冠服制度大体相同。于阗，古称和田，早在汉宣帝神爵二年（公元前59年）已属汉朝西域都护所辖；唐贞观年间，于阗尉迟氏曾被太宗册封为王，同授安西四镇之一的毗沙门都督府都督之职。安史之乱时，于阗曾出兵勤王。李圣天是由五代后晋高祖石敬瑭在天福三年（公元938年）册封为于阗国王的。当时的册封使高居诲称："圣天衣冠如中原，其殿皆东向，曰金册殿……"（《新五代史·四夷附录》）。居诲所记，在第98窟得到证实。于阗信奉毗沙门天王，国王自称为毗沙门天王之后。供养像脚下踩着天女形象，亦意味着于阗国王具有等同天王的身份。过去曾误认李圣天为第98窟窟主，但实际上李圣天像并非98窟开窟时原作。在现在壁画供养像上，仍隐约可见底层沥粉堆画描绘的王者画像，而李圣天像实为天福五年以后所画。曹氏守瓜、沙，处于东西回鹘之间，四面强邻威逼，不得不借联姻、和亲，与四邻修好。因而先尊廿州回鹘可汗为父，娶可汗女为妻，又嫁女给于阗国王李圣天（此女即于阗国王供养像身后着于阗王后装的女供养人，题记"大朝大于阗国大政大明天册全封至孝皇帝天皇后曹氏"），同时采取各种妥当的政治、军事措施，因此能在复杂的政治环境中维持政权近二百年。

## 14 第98窟 南壁 贤愚经变恒伽达品

晚唐开始以屏风形式在洞窟壁画下部画贤愚经变故事，至五代又有较大的发展，故事内容趋于丰富，表现的经品数量有所增加。此窟贤愚经变联屏达42扇，保存情况较好，在莫高窟具有代表性。本图位于南壁下部屏风画西起第五扇，为《贤愚经》故事之一，描绘王舍城有一辅相无子，往天祠求祷天神（图中为毗沙门天王）赐子，若能如愿，金银重饰天身；如其无验，即坏神庙粪涂天身。天神自念无此神力，上告帝释。帝释乃命一天子命终后往辅相家投胎。降生之后，立名恒伽达。子年渐长大，志在道法，求父母准许出家。父母不从，恒伽达决心舍身，密登高山，坠崖无伤；转投水中，漂浮不沉；再吞毒药，毒气不发；于是转念当犯官法必死无疑。值王妃彩女园池沐浴，脱衣挂树间，恒伽达密入林中，窃衣出园。门监往告阿阇世王。王嗔怒，自取弓箭射之，三箭均不能中，而箭还返王身，王惊恐弃弓问之，乃遂其愿，亲领恒伽达同往佛所出家。佛乃说恒伽达宿世因缘：过去波罗奈王令杀一人，经大臣求情赦免，后出家修道成辟支佛，还至城里为大臣虚空变幻，身出水火，放大光明，此人即恒伽达也。情节自左上而下，最后辟支佛变现情景画在画面的中部。

## 15 第98窟 南壁 贤愚经变波斯匿王丑女因缘

图为南壁屏风画西起第二扇，为《贤愚经》故事之一，内容是：波斯匿王夫人生一丑女，久闭深宫，与世隔绝。女大当嫁，国王遣使臣找到一个贫穷的豪姓之子，招为驸马。国王赐给驸马以大象和财宝，授大臣职，并为之起建七重阁门的宫殿，嘱其紧锁门户，勿让外人得见丑女。此后驸马经常与宰相大臣们同席宴饮，男女杂会共相娱乐。日久，众人发现驸马从未携公主前来赴会，疑公主丑恶，乃用酒灌醉驸马，解取门钥，派五人前往开门锁探视。此时，公主恨自身丑陋，即于舍内遥拜世尊。佛知其志，即由地踊出。丑女见佛现身，大为欢喜，颜面体态即变端正，美丽犹如天仙。佛为说法，公主顿悟。五人入户，见女美貌，举世无双，感叹引退，持其门钥，还归驸马。驸马醒酒还家，进门见妇，容貌俊秀，乃问其故。公主即将拜佛变幻之事回告。驸马转告国王，王与夫人欢喜异常，接女还宫。王与夫人、公主、驸马共至佛所，求佛说法，讲述因缘。画面情节的发展自右上端起曲折而下。

## 16 第98窟 北壁 贤愚经变无恼指鬘、檀腻羁等品

图为北壁屏风画西起第九扇，上部接第八扇画贤愚经变无恼指鬘品的结尾，以下画檀腻羁品，下部有贫女难陀品内容的榜题而并无相关的画面。无恼指鬘品中斑足王故事说：斑足王以杀食小儿为生，臣民怨恨，将其捕捉将杀，斑足王变为夜叉，飞遁林间，成罗刹王。后斑足王设人肉宴，捕捉千王。王子须陀素弥，因早晨出宫见一道士求乞，许回宫当即施与，现被捉到此，愿不能施，故哀假七日施彼道士当归就死。遂放令回。回国布施事毕，众臣挽留，王子告臣民，人生于世，诚奉为本，宁就信死，不妄语生。王子按期回返，既遂信言，又闻妙法，虽当就死，面色欣悦。斑足王乃请说法，听后慈心复萌，誓遵法教，害意尽消，即放诸王各还本国。须陀素弥与斑足同还本国，收兵众，连同王位还交斑足王。图中所绘为二王还国，宫门拜迎场面及宫内须陀素弥让还王位等情节。此图主要画檀腻羁缘品，经文说：过去一国王名阿波罗提伽，治国有道。国中一婆罗门名檀腻羁，家中空贫，因从他人借牛耕作，用罢驱牛还至牛主家门，未当面交付，牛主虽见，以为不曾用毕，未赶进圈，其牛竟失。牛主到檀家索牛不得，扭檀送王府。刚出门外，遇官马奔逸，马吏唤檀为其挡马，檀顺手取石掷马，马足即折。马吏不依，共捉檀继续前行。到深水边，遇一木工衔斧涉水。檀问询渡处，木工应声回答，口张斧落水中，求觅不得，复来捉之，共往告王。时檀为众债主催逼，腹饥口渴，于道旁酒店乞酒，上床饮之，不知被下有小儿卧，竟被坐死。儿母悲愤，共推送檀往王宫。檀自思送王必死，逾墙逃走，不意墙外有一织布老公，檀身坠其上老公即死。老公之子捉得檀，便与众人复送王宫。后国王公断，檀固有罪过，然牛主见牛在家门不收入圈、马吏唤檀为其挡马、木工以口衔斧、酒家母将小儿置酒客坐榻褥下等等，亦皆有过失，应各受刑罚。各债主于是撤回原告，与檀和解。檀则因为一雉鸟求问国王而得树下釜金，从此富足。画面情节自上

而下为檀腻鞎夫妇家居贫困，借牛耕作，用毕还牛；檀问渡口，木工失斧；檀越墙伤织布老公，被众债主扭送王宫以及檀旁观二母争子等。制作壁画时，由于"画"、"书"分工，致使榜书常 "张冠李戴"与画面形象很不一致，图中还有个别情节尚难明了。

## 17 第98窟 北壁 贤愚经变象护品

北壁屏风画西起第十二扇下部画贤愚经变象护品故事：过去，摩竭国有一长者生一男儿，因藏中一金象与儿共生，乃为儿取名象护。儿初学行步，金象随行不离；年渐长大，常骑金象东西游观，快慢行止颇如人意。象大小象，全是纯金。象护与群儿游戏，尝各夸自家富贵。时王子阿阇世也在其中，闻象护所说金象，便自思念，若我为王，当夺取之。阿阇世既得作王，便召象护与金象同到王宫。时象护之父对子言：阿阇世王凶暴无道，贪求王位，自父尚害，何况外人。今者唤我，将贪金象。象护答，我此金象无人劫得。父子即共乘金象见王。王留赐饮食，食毕辞王欲去。王告象护，留象在此莫骑去。父子辞王空步出宫。未久，象竟自没于地，而踊出于王宫门外，父子即乘之归家。象护知国王无道，难免见害，求父母准其出家。于是骑象至祇园礼拜释迦，落发为僧，谛听说法，时常与诸比丘林中思维修道，金象片刻不离。舍卫国人闻有金象，竞相来看，妨废修行。象护奉释迦所教，遣金象离去，是时金象乃入地而没。画面由下端西起向东再折向上方，主要描绘象护出生、阿阇世王召象护进宫及象护出家等情节。

## 18 第98窟 背屏后面 故事画（部分）
## 19 第98窟 背屏后面 故事画（部分）

背屏后面通常绘制巨大的经行佛立像，多以山水为背景，此处经行佛左右两侧山峦之中各画人物故事情节。图版18为背屏后面南侧下部，画猎手纵马急驰，追射奔鹿。猎手箭在弦上，专注于瞄准、神态生动、真切。惊惶万状的鹿，竭力奔逃。这无疑是一幅优秀的射猎图，传神妙笔，令人赞叹。背屏后面的另一侧（图版19），应是与此相连续的下一情节。山中追猎遇一僧人，现身说法，劝诫猎手且勿杀生。猎手下马躬身静听。获救的野鹿躲到僧人的身后。画面富有戏剧性，线描粗放流畅，略以淡彩涂染，山石多用偏锋皴擦，风格豪放。这两幅故事画由于画在光线晦暗的背屏后面，向来不为人所注意，故事内容亦难以定论。五代时期在河西流传甚广的神僧刘萨诃圣迹故事中讲，刘萨诃早年性情粗莽，专嗜猎狩，杀生过多，致被神鬼擒拿将其变为一鹿，任人追杀，自此，始悉心皈依，出家为僧。故事画借猎鹿情节劝诫杀生，似与上述刘萨诃故事密切相关。

## 20 第220窟 甬道北壁

此窟原建于初唐贞观十六年（公元642年），后经中、晚唐和五代、西夏重修。甬道北壁，原表层为西夏时代用土坯砌抹后所绘的壁画。1975年10月，敦煌文物研究所保护室对表层西夏壁画作了剥离和搬迁，发现五代后唐同光三年（公元925年）的完好壁画，线描清晰、色彩如新，壁面居中画新样文殊师利菩萨图一铺。文殊右手持如意，端坐于青狮宝座。牵狮人头戴红锦风帽，身穿四襟衫，朱红袍，足登毡靴，手握缰绳。其左上方墨书榜题"普劝受持供养大圣感得于阗国王……时"。于阗国王为文殊菩萨驭狮，表明当时在于阗地区热烈崇拜文殊菩萨的情况。文殊图两侧各画菩萨像一身；西侧榜题"南无救苦观世音菩萨"，东侧榜题"大圣文殊师利菩萨真容"。下部墨书发愿文："清士弟子节度押衙守随军参谋银／青光禄大夫检校国子祭酒兼御史中丞／上柱国浔阳翟奉达抽减□贫之财／敬画新样大圣文殊师利菩萨一躯并／侍从兼供养菩萨一躯及救苦观世音／菩萨一躯标斯福者先奉 为造窟／亡灵神生净土不坠三涂之灾次为我／过往慈父长兄勿溺幽间苦难长遇善／因兼为见在老母合家子孙无诸灾／障报愿平安福同萌芽罪弃涓流／绝笔之间聊为颂曰／大圣文殊瑞相巍巍光照世界感现千威／于时大唐同光三年岁次乙酉三月丁／巳朔廿五日辛巳题记之耳"。文殊图下方画男供养人一排七身，题名西起依次为："亡父衙前正兵马使银青光禄大夫检校太子宾客翟讳信供养"、"亡兄敦煌处士翟温子一心供养"、"施主节度押衙随军参谋兼御史中丞翟奉达供养"、"弟步兵队头翟温政供养"、"乐住持行者宗叔翟神德敬画观音菩萨一躯"、"亡孙定子一心供养"、 "亡男善□一心供养"。 其中第三身翟奉达画像上方补题："后敕授归义军节度随军参谋行州……／银青光禄大夫检校左散骑常／侍兼御史大夫怀……／上柱国之官也"。壁画的施主翟奉达是五代时期沙洲曹氏政权中的著名文人，敦煌遗书中有他的写本。当时在莫高窟绘制于阗新样文殊图，也表明于阗与沙洲两地的文化交流和密切关系。

## 21 第36窟 西壁南侧 龙王礼佛图（部分）
## 22 第36窟 西壁北侧 龙王礼佛图（部分）

此窟原为第35窟前室残存的后部，南北两壁分别存文殊变和普贤变的一部分，西壁中央为通向第35窟主室的甬道入口，两侧画八大龙王及其眷属赴会礼佛。龙王形象作人身龙尾，手捧供品在海水中行进，随行眷属中有龙女 夜叉等，色彩鲜丽明快，线描准确流畅。画面题榜，南侧字迹漫漶；北侧的四大龙王题名尚可见"大力龙王"、"大吼龙王"，龙女题名亦可见"持香龙女"等。龙女头梳单鬟髻，披云肩，着大袖裙襦，手执香炉，面目清秀，神情恬静，风姿潇洒，仿佛当时地位高贵的汉族少女形象。画面下部表现海岸风光，描绘了耸峙的山峰、危崖，以及苍松、杨柳等树木，行笔劲健有力，皴擦泼辣而稍嫌草率，海水波纹线描流畅，是五代时期山水画艺术的重要资料。

## 23 第36窟 北壁 普贤变（部分）

图为北壁普贤变的西侧部分。普贤专司理德，乘白象，与文殊同为释迦胁侍。相传其显灵说法道场在四川峨眉山。图中表现普贤菩萨以自在神通力从东方，与诸菩

213

萨、天、龙、夜叉、乾闼婆、阿修罗、迦楼罗、紧那罗、摩睺罗迦、人非人等俱来赴会礼佛的情景。众菩萨束高髻、戴宝冠，披披肩与长巾，双手捧莲蕾，头多微举仰视。天女梳双鬟髻，披云肩，著大袖裙襦，这是当时流行的汉族贵妇礼服盛装。

**24 第36窟 南壁 文殊变（部分）**

南北两壁前部已残，图中南壁壁画文殊变仅存西侧文殊眷属形象，文殊在佛教中被称为"佛道中父母"，过去诸佛亦皆为文殊弟子。他是佛国世界专司智慧的菩萨，乘狮，表其智慧之威猛。相传山西五台山是文殊菩萨道场。这是金刚界之文殊形象。图中有诸菩萨、天龙八部和天女以及驯狮的昆仑奴。此窟壁画场面大，人物形象刻画严谨，是五代壁画中的代表作。

**25 第36窟 南壁 文殊变（部分）**

图中二菩萨束高髻、戴宝冠，修眉细目，持鲜花供养。本图反映了五代时期人物造型方面发生的明显变化：面部比较宽短；敷色上也变得淡薄、润泽、明快；突出线描的造型作用，线条较粗壮而运笔多用侧锋。

**26 第100窟 窟顶东北角 东方天王**
**27 第100窟 窟顶西北角 北方天王**
**28 第100窟 窟顶东南角 南方天王**
**29 第100窟 窟顶西南角 西方天王**

此窟前室画四天王。甬道南、北壁分别画五代时期敦煌地区统治者曹议金父子等男供养像和回鹘公主等女供养像各十一身。甬道顶画瑞像图。主室覆斗形顶，藻井饰团龙卷瓣莲花井心，四披画千佛，千佛中央各画说法图。窟顶四角画四大天王。西壁开一盝顶帐形龛，龛内马蹄形佛床上存清塑一佛二弟子二菩萨二力士，佛背光两侧画十大弟子、八大菩萨及天龙八部众。龛顶画棋格千佛，四披画趺坐佛。龛外两侧壁面上部画药师佛赴会，下部分别画文殊变与普贤变。南壁东起画弥勒经变、阿弥陀经变、报恩经变各一铺，北壁为天请问经变、药师经变、思益梵天问经变。东壁两侧画维摩诘经变。南壁和东壁南侧下部画曹议金出行图。北壁和东壁北侧下部画回鹘公主出行图。五代、宋初，流行在窟顶四角绘天王图的形式，称为"镇窟四天王"。传说须弥山之半，有一犍陀罗山，山有四峰，四天王各居之，分护天下四方。图版26为东方持国天王（提头赖吒），领眷属及乾闼婆、毗舍阇神将等，天王右手执杵，怒目威严。图版27为北方多闻天王（毗沙门），双手托塔，胡跪作供养状，身旁为眷属及夜叉、罗刹将等。图版28为南方增长天王（毗琉璃），身著甲胄，张弓搭箭，旁有眷属及鸠槃荼、薛荔神等。图版29为西方广目天王（毗留博叉），宝冠铠甲，右手执剑，横眉怒视前方，旁有眷属及诸龙、富单那等。四天王装饰富丽，金碧辉煌，在满饰千佛的窟顶上显得格外色彩鲜艳和富有生气。

**30 第100窟 南壁 曹议金出行图（部分）**
**31 第100窟 南壁 曹议金出行图（部分）**

曹议金出行图绘于窟内西、南、东三壁，模仿晚唐第156窟张议潮出行图形式，也有仪仗导引、护卫簇拥，全图长约十三米。壁画艺术上虽无创新，但出现了许多少数民族人物形象，反映了正当中原干戈扰攘的五代时期，地处边陲的敦煌却保持着民族和睦、社会秩序相对安定的局面。图版30是曹议金出行图的前导仪仗。旌旗招展的仪仗行列中绘有"营伎"。前为舞伎两行，一行男舞伎戴幞头，穿大口裤；一行女舞伎头梳双髻，额束缯帛，长巾后垂；俱舞长袖，类似吐蕃舞蹈。中立二人，前者负大鼓，后者击鼓。随后乐工八人，分别用拍板、琵琶、筚篥、横笛、竖笛、笙、鼗鼓、长鼓合奏，再现了当时流行于敦煌地方的民间歌舞场面。图版31为曹议金出行图的主体部分，绘归义军节度使曹议金头戴展角幞头、身穿红袍骑白马过桥，侍卫亲兵抱箭囊、擎帅旗率队随行。后面是曹议金出行图的后卫队伍，其中有头戴"搭耳"、"暖耳帽"，穿圆领衫，高鼻深目髯须的回鹘等少数民族骑士。在当时，曹议金统率的确是一支多民族的军队。

**32 第100窟 北壁 回鹘公主出行图（部分）**

曹议金夫人回鹘公主出行图位于洞窟西、北、东壁，形式上模仿晚唐的宋国夫人出行图。这是出行队伍的前部，具有特点的是巧妙地设计了一组马上乐队的形象。伎乐人都穿着饰团花纹样的华丽服饰，手执方响、筚篥等诸般乐器，骑在各色高大的骏马上，他们作为队伍的前导，使出行场面更显隆盛。

**33 第100窟 北壁 回鹘公主出行图（部分）**

位于北壁东端，在回鹘公主出行图的后部，是曹议金眷属们乘坐的彩棚马车，随行在画面中央骑高头大马的回鹘公主后边。肥壮雄健的辕马，各由两名马夫驾驭。他们力求车马的平稳，以减轻女主人途中的颠荡。他们手扶车辕紧张用力的动态和小心谨慎、尽责尽力的神情，画得十分生动。车前车后还各有侍女随行，捧物打扇，还有些贵夫人骑马扬鞭指挥车辆的行进。画面充满了一种逍遥闲适的出游情趣。

**34 第99窟 南壁 千手钵文殊变**

本窟紧靠第98窟南侧，是一个中型洞窟。覆斗形顶，藻井饰狮子莲花井心，四披各画说法图。西壁开一盝顶帐形龛。龛内塑一佛二弟子二菩萨二天王，龛南、西、北三壁画十弟子、八菩萨及天龙八部。龛外帐门两侧画文殊变、普贤变。南壁画千手钵文殊、北壁画千手眼观音各一铺。东壁两侧画不空绢索观音、如意轮观音。本图位于南壁中央。画面根据《大乘瑜伽金刚性海曼殊室利千臂千钵大教王经》描写，释迦牟尼在舍卫国中祇园精舍大道场说法完毕，授意文殊师利菩萨施展神通，当众变现丈六金色之身，坐于法界金刚性海百宝莲花座上，身着百宝璎珞天衣，头上有七宝佛冠。菩萨身上出千臂千手，手中各持吠琉璃钵。钵中各有一化佛，千释迦同时出现。图中上有华盖、飞天，下部画出大千世界，大海中须弥山承托百宝莲座，山腰有二龙王缠绕，两边日、月高悬，阿修罗王立海水中。两侧菩萨圣众围绕，向文殊请问大乘法义。此时文殊师利菩萨，发大慈悲，化度众生。文殊千手组成圆轮，有如大放光明。画面用色以红、绿为主，人物朱红描线生动流畅。

### 35 第99窟　西壁龛内南侧　弟子（部分）

位于佛龛内西壁主尊佛像南侧的这身年青佛弟子，题榜墨书字迹已尽消泯，就其所绘位置及形象上看，应是多闻第一的阿难。这幅画像，面部和颈项晕染情况清晰可见；纯熟而流畅的线描，把阿难的慈厚忠诚、智慧渊博等内在气质充分刻画出来了。

### 36 第99窟　西壁龛内北侧　菩萨、天龙八部（部分）

龛内北壁画菩萨、天龙八部。图中右下为龙王，头上有龙形冠饰，作神将装束。右上为天龙八部中另一神将。二将均怒目圆睁，张口怒吼，表现纠纠武夫的威猛雄壮。左侧二身均为菩萨像，梳高髻或双叉髻，戴花鬘冠，微微俯视，面部神情使人略感到一丝忧郁，另有一种悲天悯人情怀。不像唐代菩萨的和善、开朗。

### 37 第6窟　西壁龛内南侧　菩萨、天龙八部

此窟洞窟形制与第99窟相仿，主室覆斗形顶饰团龙鹦鹉藻井，四披各画三身佛说法图一铺。西壁开一盝顶帐形龛。龛内西壁中央画主尊观音菩萨，两侧画十大佛弟子。龛内南、北壁画八菩萨、天龙八部。龛外帐门两侧画文殊变、普贤变。南壁画阿弥陀、法华经变，北壁画药师、华严经变各一铺。东壁画维摩诘经变一铺。壁画均保存甚完整，色彩鲜艳。图为龛内南壁，西起画"南无日光菩萨"、"南无明惠菩萨"、"南无月藏菩萨"等四菩萨，"迦楼罗王"、"阿修罗王"、"揭路荼王"等天龙八部护法神将六身。人物造型严谨。菩萨安详庄重，神将孔武有力，脚下都有彩云飘动，部分榜题字迹清晰。

### 38 第6窟　西壁龛内北侧　菩萨、天龙八部

龛内北壁与南壁作大体相对称的构图，西起画"南无妙吉祥菩萨"、"南无宝智菩萨"等四菩萨，及"紧那罗王"等天龙八部护法神将五身。神将中榜题莫辨的，由头饰和形象看，似有狮王、鹿王、夜叉等。诸天神将面部晕染用色浓重，凹凸感分明，表现出粗犷勇武的气质，与菩萨的面相白净、神情安详形成鲜明的对比。

### 39 第108窟　甬道北壁　供养人

此窟主室覆斗形顶，藻井已毁，四披各画赴会佛三铺及千佛，千佛中央画说法图一铺。窟顶四角画四天王，大多残损。窟室不开龛，设中心佛坛，坛上存一佛二弟子四天王。南壁画弥勒、阿弥陀、法华、报恩等四铺经变，北壁画药师、华严、天请问等四铺经变，两壁下部画贤愚经

变联屏共十扇。西壁画劳度叉斗圣变，东壁画维摩诘经变。甬道盝形顶画佛教史迹画，南、北壁画供养人。甬道北壁供养人像残存七身。如图西（左）起第一身为窟主归义军应管内衙前都押衙衙张淮庆，他头戴硬角幞头，穿圆领大袖赭色汉装，手里拿着笏板。他是曹议金的妹夫，修建此窟当在曹元德执政时期，即后晋天福元年至五年（公元936～940年）。当时称此窟为"张都衙窟"。

### 40 第108窟　东壁南侧　女供养人（部分）

此窟甬道南壁画曹议金、曹元德等供养像，窟室内东、南、北三壁下部均绘有曹氏家族女眷供养像。图为东壁南侧第一身，为回鹘公主形象，头戴凤冠，脸上赭色晕染并贴花钿，项饰珠串，身着大领窄袖衣，衣领袖口绣凤鸟花纹。五代时期，瓜、沙统治者曹议金与东边甘州回鹘天可汗建立了姻亲关系。这在壁画中得到了充分的反映。

### 41 第108窟　东壁南侧　维摩诘经变（部分）

维摩诘经变的典型画面，都是以问疾为主体，画文殊菩萨率众菩萨、弟子来至毗耶离城中维摩诘居士住所问疾，随之展开一场充满智慧、哲理的问辩，并显示神通的力量。维摩、文殊的妙法高论，吸引了广大的听众，帝王群臣、各国王子等纷纷前来毗耶离城。国王戴旒冕，群臣围绕，仪卫武士和持扇及香炉的宫女为前导。行列中还有类似昆仑奴形象扛举巨型供器的力士。图中是仪卫武士，体魄雄伟，衣饰华丽。在其他洞窟维摩诘经变中较少见到这样的形象。

### 42 第146窟　西壁　劳度叉斗圣变（部分）
### 44 第146窟　西壁　劳度叉斗圣变（部分）

此窟为覆斗顶中心佛坛式窟，坛上现存宋塑趺坐佛一身及清塑九身。背屏正面存宋画菩提宝盖等，后面画接引佛一身。窟顶团龙鹦鹉藻井。四壁经变画，南壁为弥勒、阿弥陀、法华、报恩等四铺，北壁为天请问、药师、华严、思益梵天问等四铺，东壁维摩变一铺，西壁劳度叉圣变一铺，南、西、北三壁下部屏风画贤愚经变计二十四扇。舍利弗与劳度叉斗法故事，在唐代以来特别是晚唐、五代以后的壁画中很盛行。从敦煌遗书中的《降魔变文》，可以看出，这个故事在讲唱文中也很流行。故事讲的是：释迦住王舍城时，舍卫国大臣须达，为儿子选妻，到王舍城，闻知释迦事迹，感念信敬，前诣佛所，请佛往舍卫国教化众生。于是求佛弟子舍利弗同行，先回国为释迦建造精舍。国内唯太子祇陀有园，其地平正，树木郁茂，远近相宜，正得处所。须达以黄金布地，高价向太子买园；买得祇陀园后，即于其中兴建精舍。时园中婆罗门外道六师向国王提出，欲以徒众与沙门弟子斗法决此事的行止。于是，舍利弗与六师以及观阵的波斯匿王俱登高座。斗法开始，六师弟子劳度叉先化一树，被舍利弗以神力作旋岚风吹拔树根。劳度叉复化一池，被舍利弗作六牙白象吸尽池水。劳度叉再化一山，被舍利弗化作金刚力士以金刚杵破坏之。劳度叉又化一龙，被舍利弗化作金翅鸟王擘裂啖

之。劳度叉化一大牛，被舍利弗化作狮子王分裂食之。最后劳度叉变其身为夜叉鬼，形体长大、头上火燃、目赤如血、四牙长利、口自出火，腾跃奔赴；舍利弗则自化其身而作毗沙门天王。夜叉怖畏，欲退无路，即时屈伏，五体投地，求哀脱命。于是六师徒众纷纷皈依，由舍利弗度为沙门。长者须达和舍利弗一同经营，起立精舍，请波斯匿王派遣使者，至王舍城迎接释迦及众僧，来到舍卫国。须达因居家巨富，好喜布施，赈济贫困孤老，人们为其立号，名"给孤独长者"。由是，后来释迦牟尼即号此园名"太子祇树给孤独园"。此窟西壁沿袭唐代以来的构图形式，以斗法场面为主体，并以最富有形象表现力的旋岚风为主要线索，使安然不动的舍利弗方面与遭到狂风袭击而狼狈不堪的六师外道方面形成强烈的对比，其中画出很多生动而具有戏剧性的场面。经变的中部为背屏所遮挡，无法拍摄画面的全景。图版42是西壁劳度叉斗圣变的南侧部分，画舍利弗方面。舍利弗穿印花僧衣外披山水衲，趺坐于宝莲台上，手持羽扇，神态庄重，上有菩提花树、璎珞宝盖。身后情节见于变文：舍利弗将赴会斗法，念自身道力微小，遂在尼拘树下入定，运神至佛所求护持，佛赐僧伽梨并遣四大天王、阿修罗等天龙八部，及风神、雨师、雪山象王、金毛狮子、金刚力士等前后拥护，与舍利弗、须达大臣共赴会场。画面南（左）上角画舍利弗求见释迦，其下画四天王、阿修罗等护送舍利弗、须达赴会。舍利弗座前画外道皈依、剃度出家场面。对比北侧，画面气氛显得和平宁静，用色亦甚清雅。图版44是西壁北侧，描绘外道六师在舍利弗放出的神风吹袭之下，劳度叉所坐宝帐摇摇欲坠。情势危急，外道徒众惊恐万状，奋力撑持，有的缘梯而上抢修帐顶，有的攀上帐柱，有的拽绳，有的打桩，忙乱和极度紧张的用力中反衬舍利弗的神通广大。画师成功地描绘这些在日常劳动生活中具有深刻体验的画面，得心应手，使人感到异常生动和亲切。此图是唐代以后同一题材中最精彩的画面。

### 43 第146窟 西壁劳度叉斗圣变中 须达访园

图为西壁劳度叉斗圣变的南侧下部，所绘为须达大臣与舍利弗寻访园址时乘坐的车辆马匹。车夫、仆从在休息等候，主人已进园观看。画面表现颇见野外郊游的生活情趣。

### 45 第146窟 西壁劳度叉斗圣变中 六师外道

旋风来时，帏帐吹翻倒地，原本坐在帏帐内观看斗法的这些外道婆罗门，被帐幕卷裹，陷入一片惊慌恐惧之中。

### 46 第146窟 西壁劳度叉斗圣变中 外道信女

舍利弗遣神风吹来时，前来观看斗法的外道信女，瑟缩颤栗，偎依一处。作者显然是以同情的笔调描绘了这些楚楚可怜的妇女形象，十分真实感人。外道信女头梳高髻、着花衫、束彩裙，应是当时平民女子的日常衣着。

### 47 第146窟 西壁劳度叉斗圣变中 六师外道

这是在舍利弗放出强劲的神风后，劳度叉的宝帐岌岌可危，外道徒众奋力拽绳、打桩的情景。画中表现了紧张用力的神态和慌乱的气氛，富有现实生活气息。

### 48 第146窟 西壁劳度叉斗圣变中 外道皈依

这是外道劳度叉归降后，在舍利弗台前剃度出家的情节。劳度叉右袒，身穿绿裤羽裙，与另一红脸外道皆在束腰莲座上作游戏坐，各由一比丘为其落发和剃须，榜题："外道得出家剃发竟再已剃须时"。

### 49 第146窟 北壁 药师经变

图为北壁西起第二铺，为药师经变，画面以庞大的建筑组群为主体，着重表现东方药师净土的奇伟、壮丽。建筑作纵向双层院落布局。前面的三门由一座双层和两座单层的门屋组成，均建在水上，由拱桥与外界交通，中间的桥头起平台，于其上立七层灯轮，有供养人捧持灯油、火种向上燃点。进三门为前院，院中水池宽阔，池上起平台五座。前部两座平台及中央平台凸前部分坐乐队四组，为居中独舞伴奏。中央平台后部，药师佛供桌两旁列坐八大菩萨。两侧平台上十二药叉大将趺坐合十。前院正面为双层佛殿。殿内药师琉璃光佛结跏趺坐，托钵说法，两侧二弟子及日光、月光二菩萨左右胁侍。殿内两侧众菩萨端坐听法。大殿两边各有一座双层配殿。大殿背后立一对高耸的龙首幡竿。穿过回廊可至后院，后院正面起单层佛殿。最后两端建角楼。院内池中莲花盛开，院外绿树掩映，上空有化佛乘云而起，全图设色平稳，构图疏密有致，是一幅优秀的建筑界画。

### 50 第146窟 窟顶藻井

窟顶中央饰团龙鹦鹉藻井，纹样设计颇具匠心：一只金龙蟠旋在卷瓣莲花花心的绿水池中，外层以云纹五瓣花围绕，组成一朵层次丰富的大团花。四边各绘一对飞舞的鹦鹉，空间绘浮云，方井四角各画四分之一团花图案。方井四周多层边饰，分别为联珠纹、团花、菱纹、回纹、莲花化佛、卷云纹和石榴卷草纹等以及垂角、幔帷、璎珞、金铃（泥印模制）。用色浓、淡、轻、重交替，总体感协调。垂幔以下一周，以西披居中榜书"西方无量寿佛"一铺为中心，画十方赴会诸佛，每披各画三铺，以下画千佛。窟顶四角画四天王。

### 51 第146窟 窟顶西北角 北方天王

这是北方毗沙门天王，头戴金甲宝冠，身穿金甲战袍，足登战靴，双手捧持镇魔宝塔，右腿胡跪在须弥座上，侧身面南礼佛。前后随侍着所领夜叉、罗刹神将并诸眷属。壁画构图、造型均甚严整，线描生动流畅。用色富丽，红、绿、蓝三色之外，宝冠、铠甲、供案上香炉及女眷头饰皆涂金色，显得华丽、威严。

### 52 第61窟 窟室内景

这是莫高窟最大的洞窟之一，为五代第四任归义军节度使曹元忠夫妇所建。此窟甬道经后代重绘。主室覆斗形顶，顶中央饰团龙鹦鹉井心，四披画千佛，窟顶四角画四天王。窟室设中心佛坛，坛后部起背屏直通窟顶，坛上塑像尽失，仅原主尊文殊师利菩萨骑狮像尚有狮尾残留在背屏上。背屏正面画菩提宝盖和菩萨、护法天王等。此窟原名"文殊堂"，主要体现对文殊菩萨的信仰，主尊以外，壁画亦与这一主题多有呼应，横贯西壁的巨幅五台山图便详细描绘了作为文殊菩萨道场圣地的景况。南、北两壁共画十铺经变，自西向东，南壁依次为楞伽、弥勒、阿弥陀、法华、报恩经变；北壁依次为密严、天请问、药师、华严、思益梵天问经变。东壁画维摩诘经变。东壁和南、北壁东侧下部画曹氏家族女供养人四十九身，供养比丘尼三身。南壁第三身女供养人像为窟主曹元忠妻浔阳郡夫人翟氏。南、北壁西侧和西壁下部屏风画共三十三扇，画佛传故事。此窟不仅规模大，形制典型、内容丰富、壁画保存好、艺术水平高，而且其中如巨型五台山全景图、联屏佛传故事画、内容完备字迹清晰的经变题榜和数量众多真人大小的曹家眷属供养像等，都是十分珍贵的研究资料，它是瓜、沙曹氏画院最重要的代表洞窟之一。

### 53  第61窟  窟顶藻井

龙，是我国古代具有悠久历史的传统题材，五代以来，又日益广泛出现在敦煌佛教石窟寺艺术中。此窟团龙莲花藻井，井心图案与第98窟基本相同。团龙形象，头上有角，口衔宝珠，前爪伸出，突出了这种动物的凶猛，令人见而生畏。方井四边各层边饰，分别为联珠、团花、回纹等纹样，最外层双凤衔花纹饰和垂角、帷幔、彩铃、流苏铺于四披。石绿色的回纹边饰与井心底色相呼应，与其它纹饰形成色彩上的对比。双凤衔花边饰结构精细华丽丰富。垂角帷幔等，均纹样工整，层层叠晕，颇见功力。帷幔以下一周画十方诸佛赴会。以下四披画千佛。南、东、北披千佛中央各有佛说法图一铺。

### 54  第61窟  背屏南侧面  飞天

中心佛坛背屏南侧面，如意轮观音宝盖上方，画飞天，手持天花，神态矫健活泼。其双颊略施淡彩晕染，富有生气，为同时代飞天中之佼佼者。

### 55  第61窟  西壁  五台山图（部分）
### 57  第61窟  西壁  五台山图（部分）

五台山据传为文殊菩萨居住的胜境，北魏以来就深受佛徒景仰。唐龙朔年间（公元661～663年），有沙门会赜创制了五台山图小帐，随即"广行三辅"。长庆四年（公元824年），吐蕃遣使向唐王朝求五台山图，于是五台山图始传入河西，在敦煌一带也出现了五台山图。莫高窟现存最早的五台山图是开成年间（公元836～840年）的第159、361窟的屏风画，到了五代，已由简单的屏风画发展成内容丰富的通壁巨构。在这号为文殊堂的洞窟里横贯西壁的巨幅五台山图，高3.42、宽13.45米，既是

一幅佛教史迹画，又是一幅山水人物画，还是一幅全景式构图的历史地图。图中山峦起伏、五台并峙、川流蜿蜒、道路纵横，穿插各种感应故事、圣迹、瑞像，描绘了众多的高僧说法、信徒巡礼乃至商贾、行旅等人物活动。图中还描绘了大小寺院建筑多达六十七所，对于中国建筑史的研究是一批不可多得的资料。下方则画出由太原经五台县到镇州（今河北正定）沿途的鸟瞰图。既是一幅艺术精品，又是珍贵的史地研究资料。人称之谓形象化的《清凉传》当不为过。画面中部被背屏遮挡，无法拍摄全图。图版55为背屏以南所见部分。为南台、西台，下部为太原城至五台县道路，上空画毗沙门天、阿罗汉赴会，云中化现金佛头、龙王、毒龙、雷公。图版57为西壁背屏以北所见部分，为北台、东台，下部为五台至镇州道路，上空画观音、众菩萨、阿罗汉赴会，云中化现龙王、毒龙。

### 56  第61窟  西壁五台山图中  大建安寺

中台大建安之寺，作方形回廊院，四角设角楼，前面正中设山门，院内建二层重檐佛殿，佛殿前方设登道。院内信士向比丘拱手行礼，比丘身后有侍者手捧经卷。中台位于画面中部，恰在背屏之后，常年处在暗处，因此壁画色泽保持鲜艳，与两侧有所不同。

### 58  第61窟  西壁  五台山图（部分）

由万菩萨楼下山，丘陵之间有草庐数座，名"赵四师庵"、"法华之庵"等。僧人结草庐，在山中刻苦修行。图中草庐样式来自西域。上方又有般若兰若和四天王塔。山中穿插一些商旅、行人和樵夫入山打柴的场面。樵夫背负柴薪，路过草庐，向禅修僧人互相施礼问候。想来，他们常向僧人供应柴草之类，而僧人则为他们诵经祈福。画面处处洋溢着生活气息。

### 59  第61窟  西壁  五台山图（部分）

五台山图中的南台画在最南侧。位于南台的大寺，名大清凉寺。寺院平面呈方形，绕以回廊，前有山门，中有佛殿，四角有角楼，这三种建筑均为二层重檐歇山顶高阁。佛殿左侧又有一座二层高阁，右侧起一座三层高阁，或认为是塔；果如此，则与日本法隆寺东塔西殿的配置有相似处。所有的建筑物都坐落在砖砌的基台上。所画屋顶皆铺青瓦，屋脊、屋檐涂绿色，类似后世所谓"剪边琉璃"的作法。南台右方为西台，建有大王子之寺。方形院落，四周围以廊庑，四角置角楼。前面正中设山门，院内建佛殿，佛殿前方和两侧设登道。院内，比丘、信士围绕花树供养。后面回廊之外，另有佛殿一座，有可能是《戒坛图经》中所谓"后佛说法大殿"。佛殿、角楼、山门均作重檐歇山顶二层纵深各三间的高阁，从当时经变画中建筑形象等其它资料看，恐怕实际情况并不是这样单纯一律，由此可认为有时是绘画上示意性的程式化作法，但同时亦表明这种建筑形式无疑在当时十分普遍。

### 60  第61窟  西壁五台山图中  万菩萨楼

整铺画面正中，中台大圣文殊真身殿下方，为万菩萨楼。平面布局与其它寺院相同，只是院中佛殿为四层重楼，十二身菩萨围坐楼旁供养。此楼与南侧所绘无量寿塔形象相仿，当可认为是塔。此处系万菩萨常住之所，也是文殊师利菩萨说法的地方。寺院前面，有牵骡马沿山路而上的旅人，也有朝山归来的信徒，走过楼前仍不免合十礼拜一番。

**61　第61窟　西壁　五台山图（部分）**

画面最北画东台，高处为东台之顶，山上分布着许多小型寺庵，如宝殿之寺、夫妻舍身殿、徘徊兰若、镂子骨和尚庵等，都是单体建筑；又有草庐多座，想来多是僧人习静修行之所。小型寺院如玉花之寺、弘化之寺，都是四廊院建单层山门、佛殿的简单院落布局。玉花寺前方，为一大型寺院，规模与大法华寺相仿，唯后廊正中建一单层佛殿，形制不同于前举各寺。正殿亦位居寺院西侧。院内东侧有僧人诵经，并有信士、山民来此礼拜。山中屡见佛塔，图中如阿育王瑞现塔、四教之塔，皆为石塔，前者形制较大，下有须弥座，塔身覆钵式，开双龛，上有两层塔檐，塔顶饰相轮、宝珠，系链垂至塔檐。阿育王曾于公元前三世纪统一印度，扶持佛教，传说在位时曾建八万四千寺塔。图中还画出诸般瑞现，空中有菩萨千二百五十现、地上有白鹤现、功德天女现、金色世界现等，为画面增加了浓厚的宗教色彩。东台之下大法华之寺为又一大型寺院，平面布局、建筑形制与大王子寺略同，后廊外建有佛殿一座。主要不同处，院内佛殿位置偏西，东侧有山丘，山下溪流蜿蜒于佛殿山门之间。山门一侧立龙首幡竿。围绕着山丘画出僧人信士的礼拜活动。

**62　第61窟　西壁五台山图中　大佛光寺**

壁画中，中台以北为北台。北台大佛光之寺，为方形回廊院，有二层重檐高阁式的山门、四座角楼和院中佛殿。1937年著名建筑学家梁思成依据此图，在五台山作了实地考察，发现了晚唐宣宗大中十一年（公元857年）重修佛光寺单层庑殿顶大殿一座，面宽七间、进深四间，规模宏大，气势壮观，殿内保存着唐代塑像和壁画，是现存唐代木构建筑中的代表作。日本奈良唐招提寺金堂的建筑结构和风格与此殿近似。寺内尚存北魏祖师塔、唐代石幢等遗物。佛光寺的重新发现，更充分证实了这幅五台山图的史料价值。

**63　第61窟　西壁五台山图中　河东道山门西南**

画面位于全图的南侧。河东道山门门楼呈单檐歇山顶，面阔进深各三间。出了山门，便是直通太原城的宽阔大道。南来北往的行人、商旅，络绎不绝，呈现出丰富多彩的生活图景；有骑马、前后卫士跟随的出行官员，有肩挑贩卖的小商贩，有骆驼队载送货物的富户商队，有单人独骑的朝山人，也有备足干粮酒水携带全家上山进香的普通佛教信徒。还有耀武扬威的士兵队列，护卫着官家的行旅。虔诚的人们来到山门，先要双手合十，向圣地行礼。

他们的恭敬惶恐与驴夫吆喝赶驴的动态形成戏剧性的对比。山门南侧山中有资福和尚庵等。离山门不远的道边，画有忻州定襄县，这是离五台最近的一个县城。西边道旁画出另一座县城，靠近魏文帝箭孔山、莲花池和莲花池塔，无题榜。

**64　第61窟　西壁五台山图中　河北道镇州**

图为西壁五台山图的北下角。河北道镇州，即今河北省正定县，是当时由河北前往五台的必经要邑。镇州城垣为版筑，上有雉堞。图上画出三面城门，均建有单檐歇山顶门楼，面阔三间，进深三间，门洞平顶。门外护城壕蜿蜒围绕，城内有单层歇山顶殿堂，应是衙署一类的建筑。一侧另有单檐建筑一座，面阔至少五间以上。城西画大悲阁塔，共四层，下三层为建在砖砌台基上的中国式木构建筑，第四层为印度覆钵式石塔形制。城外通向五台山的大道上，有湖南送供使行列。送供使骑白马，前后有骆驼及驴骡驮运行装供物。据《清凉传》记载：后晋天福三年（公元938年），五台山超化大师游方湖南"谒为国主王公"，天福十二年（公元947年，丁未岁）湖南"遣使赍送入山，遍给诸寺"。可知图中内容多有史实为本。道路旁有龙泉店，店侧有舂米场面。另一条道路旁有新荣之店，店外有人拱手迎接走来的行旅，随从一手捧食具，一手提酒瓶，旁立侍候。诸如此类的画面从多方面反映了当时的社会风貌。

**65　第61窟　西壁佛传图中　习学技艺**

第61窟佛传故事画，在南、西、北三壁下部，联屏三十三扇，在莫高窟的同类题材中属于内容丰富、情节细致、画幅最宏大者。每一扇屏风内，所绘情节一个至数个不等，有时多到六个。内容表现大多是根据隋·阇那崛多译《佛本行集经》。图为西壁下部屏风画南起第五扇，画悉达多太子从师学习技艺时的练武场面。图中最上部为太子和同伴演习骑术，画三骑士分乘二马一象，奔跑如飞，并作举重或俯身拾物等特技表演。此外，图中还表现了立马骑射、左右开弓等情节。画师继承了汉唐以来画马的优良传统，或动或静，皆能传神。

**66　第61窟　西壁佛传图中　常饰纳妃、出游四门**

悉达多太子长大成人，净饭王为其建造冬、春、夏三宫，纳众多嫔妃彩女内，以声色使其留恋尘世享乐、不知痛苦。图左侧为西壁下部屏风画南起第十四扇下半部。最下画一大院，正门为一座二层门楼。入门为前院，又有三座单檐门屋分别通向后院和左右两院，后院有伎乐演出舞乐，太子及其妻耶输陀罗坐殿上观赏。左右两院亦各有彩女奏乐侍奉供养。这三院即表示佛传故事中的三宫。榜题："尔时净饭王为太子立□宫第一宫内□□□□／当于初夜侍卫太子第二宫内□□□□第三宫内／□□□□□养太子于第一宫耶输陀罗□为上以二万彩女时"。画面三宫图上方，画城池一座，城内殿上坐一王者，殿下大臣排列两旁。城门口有二马相继入城，一人在马前弱身禀报。这是表现摩揭陀国国王频婆娑罗，遣人查访邻国，若有强国，定当伐除以绝后患。悉达多太子诞生以后，使者访得太子将善化众生，降福德于民，回国报告，频婆娑罗王决定不予加害。榜题："尔时南方摩伽陀国有一大王名羁连尼名频婆娑罗□□□□ / 遣二仆人进看境界若过胜者即加除伐时彼二人至释迦□□□□□ / 报王说□胜事王闻是已不起恶心而来加害于太子"。城池右方榜题及上方画面表现"空声劝厌"内容，讲作瓶天子见悉达多太子耽於五欲，为使其醒悟而乘瑞云降临城内喻劝太子。

图右侧为西壁下部屏风画最北端一扇的下半部。画面上部，围绕一座红色墙垣的城池，画出游四门故事。四面城门外各画太子骑马出城，并有太子下马向老翁（东门）、卧榻上病人（南门）、僧人（北门）等拱手行礼场面。城内画大臣向净饭王报告及太子与妻子对坐殿上等场面。画面下部画一座黑色墙垣的城池，城上及城外士兵紧张地巡罗，严密布防。城内一所大型宫院，四面围以回廊，院内演女乐，亦有士兵站岗。据佛传所述，悉达多太子出游，分别遇见老人、病人、死人和僧侣，乃知人世有老、病、死三苦，又知道了出家修行而求解脱的出路，于是向净饭王要求出家，遭到拒绝。净饭王下令在王城四周严加防卫，禁止太子出城。同时在宫中增饰女乐，以声色相诱，使其耽于享乐而忘修行。上部出游四门均有榜题，图中所见如左下一方："尔时太子被作瓶□□□□□出游大王以作观具辨太子欲出城 / □□□□□□瓶天于街巷前化一老人伛偻低头□ / □□□□相□□□黑皱喘息速促乃至行步或倒 / 或扶太子见已即问驭者答此是老人太子即还回□游□还驾入宫时"。右侧一方："太子入宫经六日后作瓶又觉念欲游观即召驭者而□之言 / □□□驾乘……驭者□进好贤车□太子□上□□北门□□□ / 神通力□□除……偏袒右肩 / ……持左手持钵在路而行太子曰……丘 / ……礼之匝围绕"。下部严加防卫场面上方亦有一方题榜。

### 67 第61窟 西壁佛传图中 太子观耕

这是西壁下部南起第八扇屏风画的上部，描绘悉达多太子在贵族子弟们的陪伴下到郊外野游，看到农夫耕作的辛苦劳动的场面，拉犁的耕牛劳苦之外更受鞭笞，而地下的虫豸也要被鸟雀啄食，因而起慈悲心。图中以连绵的远山为背景，近处有农夫驱牛在田地耕作，田边有溪水流过，田里徘徊着水鸟、华鸭等。左侧有五人策马驰向田边观耕。榜题："复于一时大王与太子及诸释种出外野游观看田种□□ / 时彼地内所有住人赤体辛苦观犁牛疲困饥渴加以鞭棒土发 / 之下皆有虫出人犁过后诸鸟来食太子见已起大忧悲回还时"。如果我们抛开宗教内容就会感到它是一幅颇为写实的人物风俗画。

### 68 第61窟 南壁 法华经变

南壁西起第三铺为法华经变。莫高窟四十余铺法华经变中，这是内容最完备的一铺，所绘大约二十品。构图虽并无新奇之处，但榜题数量多，字迹较清晰，是研究法华经变的重要图象资料。画面以序品法华会为中心，沿法会场面两侧画从地踊出品和提婆达多品，上方画见宝塔品，下方画方便品，譬喻品。两下角画信解品、安乐行品。画面东侧画化城喻品、药草喻品以及随喜功德品、妙音菩萨品、劝持品、陀罗尼品、常不轻菩萨品等。画面西侧画药王菩萨本事品、妙庄严王本事品、如来寿量品、以及观音普门品、提婆达多品、陀罗尼品等。

### 69 第61窟 南壁 弥勒经变（部分）

南壁西起第二铺画弥勒经变。这是图中法会场面的右下，画二牛抬扛耕地、持镰收割和扬场等农作形象，墨书榜题："勤苦极劳力 耕种不以工 / 当遇慈悲尊 美味皆充足"。所表现的是《弥勒下生成佛经》中，弥勒净土世界一种七收的内容。画面以畦垄分作三块，分别描绘了分属不同时令的劳动场面，反映了当时的农业生产情况。

### 70 第61窟 南壁 佛传图（部分）

图为南壁屏风画东起第八、九两扇，所画为俯降王宫和树下诞生两段故事。第八扇所绘情节由下而上。下部画菩萨投胎，俯降王宫故事。左下画面为，摩耶夫人梦白象入胎，相师占卜为吉兆，净饭王因而得举行无遮大会广施财物。图中盛会场面，两边伎列坐演奏，榜题："时净饭王闻此□师占观梦□□□□瑞相之后即□□四 / 门之外并衢道头有人行处□□无遮义 会之所□来 / 皆施与所谓饮食衣服□花林□舍宅车乘□ / 悉与之惣为资益于菩萨故设是□养"。右下画摩耶夫人怀孕之后，能为众人除病避邪，榜题："□□在□□□若男若女被鬼所持若见菩萨母 / 者一切鬼魅悉皆远离还得□□若体旧有诸余杂病所侵悔 / 者来摩耶夫人□□□□□□皆得安乐诸病患除若有 / □□□□来者夫人□□草树□叶□呼摩将□□ / □□心得已 / □□□即得断除□□□□□而受大安乐时"。俯降王宫故事上方，画树下诞生故事。图中部画摩耶夫人怀胎将足月，其父遣使奏请净饭王允准夫人归返娘家生产，榜题："……菩萨将满十月垂欲…… / ……摩耶夫人怀藏圣胎威德□□若…… / ……女摩耶□□□安置住…… / ……我家于此生产平安时"。画面为一大城。城垣五彩。城中净饭王与夫人立殿前，彩女围绕，几名戴幞头官员拱手向国王奏请事。城外，武装骑士列队道旁，为国王护送摩耶夫人乘象归国。夫人出行行列转到上方，绕过图中山峦，往右方蓝毗尼园而去。榜题："尔时净饭大王闻喜觉使言已即□□伽毗□□□ / 提婆……摩耶夫人端坐大白象上诸天化□□ / 妙宝帐摩耶□□□□□诸□人作唱□天合时"。南壁东起第九扇，榜书字迹已泯没不可见。画面接第八扇画摩耶夫人出行行列迤逦而来，归至本国，入蓝毗尼园游玩，于园中波罗叉树下释迦降生。

### 71 第61窟 南壁 楞伽经变（部分）

南壁西起第一铺画楞伽经变。《楞伽经》，全名《楞伽阿跋多罗宝经》，为佛入楞伽山所说经，经文宣说世界万有由心所造，通篇作抽象的论理，少有情节完整的故事。壁画作者则抽取其中形象化的譬喻绘制变相。图中左侧有一匠师，裸上身，穿犊鼻短裤，坐于地上，右手拿着制陶器的工具，左手扶着陶罐，正在制作，面前堆放着陶泥。其上画一座四合院，院外一人舞蹈，二人观赏助兴。所画即经文《集一切佛法品》中："譬如陶师造诸器"；"……譬如陶师，依于泥，聚微尘轮绳，人工手木方便力，故作种种器，并诸伎乐"。以下画《遮食肉品》，经文说："诸恶道皆由食肉，更相杀害……诸肉悉不应食"，"譬如旃陀罗猎师、屠儿、捕鱼鸟人……此来者是大恶人"。图中两组猎人，一人持鹰，牵狗，手拿着弓、斧。右下有屠夫宰肉，一人从旁劝诫。图中部屋内，画病人卧眠，有人捧汤药服侍。榜题："诸佛及菩萨声闻所嫌 / 恶为业缘所报床卧眠汤药"。其下大慧菩萨坐于深山说法，有狮子、群兽来听法。

### 72　第61窟　北壁　药师经变

北壁西起第三铺画药师经变，画面布局与中唐第361窟北壁同一经变相似，全部建筑都架立在水上，前有三门和廊庑，以虹桥内外交通。院内前庭大面积的平台是全图的中心，平台上药师琉璃光居中，日光遍照、月光遍照二菩萨为左右胁侍，其余菩萨天人围绕。平台后部起一座高大的二层六角塔楼，造型奇特，多用弧形柱子，顶部向内收缩，疑是通常药师经变中的灯楼。灯楼两侧立一对龙首幡竿。中心平台后为正殿，两侧有配殿，均为双层。殿后尚有廊庑、角楼等建筑。此铺经变构图严整而又精巧。图中多处安排乐舞场面，中心平台、前部小平台、正殿两侧平台和后廊顶上平台中，共置两组舞蹈和八组乐队，这在敦煌经变画中是不多见的。

### 73　第61窟　北壁　思益梵天问经变

此图构图形式与第98窟的十分接近（参见图版8），只是没有画出前来听法的优婆塞、优婆夷人众，内容稍略而形式上更规整、更富装饰意味。

### 74　第61窟　东壁北侧　维摩诘经变（部分）

图上以问疾品为中心，中央维摩诘在帐内坐胡床，头戴软帽，长长的帽带垂下，右手执着羽扇，身宽袖长衫，微微含笑。帐侧有天女和舍利弗侍立。根据《维摩诘所说经·文殊师利问疾品》："……于是众中诸菩萨大弟子，释梵四天王，咸作是念，今二大士，文殊师利与维摩诘共谈，必说妙法。即时八千菩萨，五百声闻，百千天人，皆欲随从"，绘制了帐下、帐后无数会众围绕的场面，十分壮观。画面四边穿插各品，例如：帐前化菩萨乘云而下，跪献香饭，为香积品；帐顶上方飞来无数狮子座，是不思议品；左上角登铁围山三道宝阶上妙喜世界，为见阿閦佛品；其下方阿难乞乳遇维摩诘场面，是弟子品；右下画维摩诘以长者身份到酒肆、学堂施教等，为方便品。画面内容丰富，保存良好。

### 75　第61窟　东壁北侧维摩诘经变中　方便品（部分）

东壁北侧维摩诘经变南下角。其右下角绘一屋舍，屋舍前部敞开。室内七人对饮，其中二人打拍板、吹笛而歌，外侧一人戴软帽、持扇，为维摩诘。屋外阶下有一戴幞头、穿绸衫者正扬袖起舞，为饮者助兴。屋舍前方有绿色题榜书："或入诸店肆共座诣…… / 教谈章广为方…… / □□患能立□志……"。左侧又画维摩诘面对僧人而立。维摩诘经变方便品表现维摩诘出入学堂、淫舍、酒肆诸处，以大乘义理教化众生等事。这是其中的部分画面。赭色题榜书："维摩诘为游诸方再入讲 / 论处尊以大乘以宣入佛之 / 理问答佛境何由"。图中再现了唐、五代时期民间酒肆的生动场景。

### 76　第61窟　东壁北侧维摩诘经变中　见阿閦佛品

东壁北侧维摩诘经变北（左）上角，画见阿閦佛品，维摩诘伸出左手，使神通力，妙喜世界即刻出现。三道宝阶画成一个半圆拱形的天梯，铁围山下有山川河谷，阿修罗王手托日月、脚踏大海，铁围山上有忉利天妙喜世界。诸天可自宝阶来下，阎浮提众生亦可登此阶梯，上升忉利天，至妙喜世界。图中右下，画一人合十照镜，是观众生品。经文："如镜中见其面，"用作佛教思想的譬喻；宣传"一切皆空"，正如镜中人、水中影。

### 77　第61窟　东壁北侧　女供养人

东壁北侧南（右）数三身供养比丘尼和四身女供养人系北宋重绘，只有北端的四身女供养人为五代原作。图中左起四身，分别题名："故姑谯县夫人（出适阎氏）"、"故谯县夫人（出适慕容氏）"、"故母钜鹿郡君夫人索氏"、"故伯母武威郡夫人阴氏"，皆为五代所绘曹氏家族女眷供养像。第五身在这一行列中身份最显尊贵，头戴高耸的凤冠，饰步摇，面贴花钿，题名："大朝大于阗国天册皇帝第三女天公主李氏为新受太傅曹延禄姬供养"。推想宋代的改绘是对于曹延禄新受官职和迎娶于阗公主两件大事表示庆贺，并为之做功德祈福。同时重绘的供养像依次还有："外甥甘州圣天可汗的子天公主"（第六、七、八三身均题此名）和"故姨安国寺法律尼临坛大德沙门性真"等。

### 78　第61窟　东壁南侧　维摩诘经变（部分）

维摩诘经变中的文殊菩萨一方，由经常画在东壁北侧的位置转换到了南侧，有可能与五代以来西北地区日益盛行的文殊崇拜有关。图中文殊菩萨于狮子座上结跏趺坐，聚精会神地与对面的维摩诘居士论道。身后排列着跟随来赴会的众菩萨、弟子、天王。有化菩萨降下至座前倾香饭。座侧画前来听法的帝王行列。帝王头戴冕旒，身穿锦绣饰着团花龙袍，两手摊开，由侍臣张举伞扇、搀扶服侍，步行前来，仆从开路，力士、宫女奉持香炉供器在前。后面跟随百官、大臣，并有城池一座，意为众人入毗耶离城至维摩诘居士住所。后汉以来，我国历代帝王多崇信佛教，将帝王形象绘入佛画，给封建政权披上了神圣的外衣，又借以提高佛教的社会地位。

## 79　第61窟　东壁南侧　女供养人

此窟众多曹氏家族女供养人画像，除东壁北侧为宋代改绘外，均为开窟时原作。图为东壁南侧八身女供养人。北（左）起第一身着回鹘装，是曹议金夫人、曹元忠母亲，榜题："故母北方大回鹘国圣天的子敕授秦国天公主陇西李氏……"。回鹘起自漠北，曾受赐圣天可汗称号，并因在安史之乱时发兵济难有功，受唐朝"赐姓李氏"。第二身亦着回鹘装，是曹议金女儿、曹元忠姊，榜题："姊甘州圣天可汗天公主一心供养"。天公主就是可汗妻的称号。第三身头戴凤冠，也是曹议金女儿、曹元忠姊，榜题："姊大朝大于阗国大政大明天册全封至孝皇帝天皇后一心供养"。她是于阗国王李圣天的皇后，在第98窟中，她的供养像即在国王的身后。第四至第八身供养像分别题名："故慈母敕授广平郡君太夫人宋氏"、"故姊谯县夫人"（出适翟氏）、"故姊谯县夫人"（出适阴氏）、"姊谯县夫人"（出适邓氏）、"故姊谯郡夫人"（出适翟氏）。题名均以窟主曹元忠夫妇的口吻而称"母"、称"姊"（姊）题名所揭示家族之间的姻亲关系是重要的历史资料。女供养人像脸部，均贴以花钿作为装饰，时称"梅花妆"，先起自宫廷，士大夫阶层效法之后而入世俗。

## 80　第217窟　东壁北侧　供养比丘

唐代前期的第217窟主室东壁门旁北侧，五代时期抹壁改绘一身比丘供养像。画像身量高大几同真人，披田相纹袈裟，手执香炉，立方毯上，左肩上方题榜，红地、墨书："应管内释门都僧政京城外内临坛／供奉大德毗尼藏主阐扬三教大法师／赐紫沙门洪认一心供养。"

## 81　第261窟　西壁坛上　菩萨

此窟曾遭烟熏变黑，而使壁画受到损失。窟顶为覆斗形，四角画天王，四披画经变，现存西披、南披弥勒经变。东壁南侧画文殊变、北侧画普贤变，南壁画华严经变、北壁画法华经变。横贯西壁设佛坛，坛上塑一跃坐佛、二胁侍菩萨、二半跏坐菩萨、二天王。图为西壁佛坛南侧的半跏坐菩萨塑像，高髻，佩璎珞项圈，上身裸露斜披彩巾，穿彩褶裙，赤露双足，坐仰覆莲六楞须弥宝座，浮塑莲瓣项光及背光。游戏坐姿势，显得安详、闲适。五代塑像基本上继承唐代传统，但造型比例以及内在心理刻划、内在的力量均不如唐代。

## 82　第261窟　西壁坛上　天王（部分）

西壁佛坛上北侧天王，脚踏地鬼，穿戴甲胄，神情威严。由于没有过多夸张身躯体魄的魁梧健壮，形象上显得更接近于现实生活中的武士。尽管现在已熏成了黑色，肢体残缺，却不失为五代彩塑杰作之一。

## 83　第72窟　南壁　刘萨诃因缘变
## 84　第72窟　南壁　刘萨诃因缘变（部分）

此窟覆斗形顶，西壁开一盝顶帐形龛，龛顶南西北三披画瑞像图，龛内屏风画尸毗王本生、萨埵太子本生和鹿母夫人故事，塑像一佛二菩萨。龛外两侧上部分别画"圣者泗州和尚"和"圣者刘萨诃像"，以下画毗沙门天王请佛赴会和普贤变、文殊变。北壁画弥勒变、南壁画刘萨诃因缘、东壁画劳度叉斗圣变。佛教史迹故事画由中唐盛行以来，到了五代发展为通壁巨构，此窟南壁的大幅刘萨诃因缘变相即是一幅代表作。可惜由于洞窟内长年积沙，致使画面大部受到破坏。位于壁面的西上角，内容为"凉州山开出像记"，保存较好。《法苑珠林》记载："太武元年，有离石沙门刘萨诃师，……西至凉州西一百七十里番禾郡界东，北望御谷遥礼，人莫测其然也。诃曰：此崖当有像出。灵相具者，则世乐时平，如其有缺，则世乱人苦。经八十七载至正光元年，因大风雨，雷震山岩，挺出像石，高一丈八尺，形象端严，唯无有首。登即选石命工，安讫还落。魏道凌迟其言验矣。至周元年，凉州城东七里涧，忽石出光，照烛幽显，观者异之，乃像首也。奉安像身，宛然相合。神仪雕缺四十余年，身首异处二百许里，相好昔亏一时还备。时有灯光流照、钟声飞响，皆莫委其来也。周保定元年，立为瑞像寺。建德将废，首又自落，武帝令齐王往验，乃安首像项，以兵守之，及明，还落如故，遂有废法国灭之征接焉……"。上述引文，情节多与画面相合。图版84中所见，按壁画榜题为四个情节，分别为："罗汉见圣容碑记时""圣容像初下无头时"、"大众持华迎本头时"、"却得圣容像本头安置仍旧时"。画师在处理上还增画了一些细节，左侧无头像脚下置三佛头，可知是正光元年（公元520年）发现无头石像后，"登即选石命工、安讫还落"的情节。右下有八人抬轿，轿内放佛头，表现至周元年（公元561年）在凉州城东七里涧出现像首，人们持华迎来佛头。右侧佛像的下方，有艺人献截竿百戏。艺人两旁各有数人奏乐。这是表现佛头还身后，人们欢庆献技。值得注意的是匠师数人缘梯而上，在木架上安装佛头的场面，似为我们再现了古代艺术家制作大型雕塑的情景。

## 85　第72窟　北壁　弥勒经变（部分）

北壁弥勒经变以西部保存较多，有弥勒第三会说法场面及周围有关的经变情节。图为中部的方形院落建筑，后有殿堂回廊，前有宝池桥梁，院中花树茂盛，天宫四角有四大天王守护，弥勒在此向诸天神讲授佛法。榜题"南无慈氏菩萨兜率天宫"。画风严谨、精细，在五代壁画中居上乘，惜色彩因烟熏发黑、仅石绿、石青保持原色。

## 86　第346窟　南壁　射手

此窟即第345窟露天的前室南壁。残存壁画中，天王与夜叉脚下的这身射手形象保持完整。射手头扎红布头巾，身穿紧袖交领长衫，腰束菱纹花革带，带上斜插羽箭两枚，足登长统战靴，胡跪在地，仰面引弓搭箭，瞄准待发。壁画画在麻筋石灰抹面的壁上。可能是在五代末年前室顶及南壁又经历了一次大崩塌，仅存留了这块残迹，又在宋初重修时被封闭。本世纪四十年代才将此画清理出来，因此线描保持清晰，色彩鲜艳如新。

# 宋

(公元 960 ～ 1036 年)

### 87 第 55 窟 窟室内景

五代、宋初的瓜、沙二州，始终在曹氏家族统治之下，这期间的敦煌石窟都是曹氏画院的作品。因此，北宋洞窟与五代相比虽然有所发展，但毕竟没有很大的变化。此窟是宋代的一个大窟，在艺术上很有代表性。洞窟形制与五代的典型样式基本一致，稍有变化。此窟前室西壁门上有一龛，壁画已模糊。甬道壁画已被西夏覆盖重绘，现剥出底层宋初画供养人像。北壁画女供养人。南壁画男供养人，为曹议金祖孙三代供养像，其中西起第四身题名："窟主敕推诚奉国保塞功臣，归义军……"，由结衔可知即曹元忠画像。曹元忠制封"推诚奉国保塞功臣"在宋建隆三年（公元962年），建窟当在此际。此窟主室覆斗形顶，藻井饰双龙卷瓣莲花井心，井心四周各层边饰分别为半团花、千佛、云纹、回纹、联珠、石榴卷草等纹样以及垂角、帷幔、流苏、璎珞等纹饰，并有伎乐飞天围绕一周。藻井纹饰中的双龙、宝珠、石榴，皆采用浮塑贴金的手法，这是五代、宋初绘塑结合装饰藻井的新形式，石榴卷草纹边饰仍保留唐代卷草的余韵。四披画经变，西披弥勒、南披法华、北披华严、东披楞伽。东北、东南、西南、西北四角分别画东、南、西、北四大天王。窟室中央设中心佛坛，坛上塑善跏坐佛三铺，现除三佛以外，尚残存胁侍菩萨三身、弟子一身、天王一身，另南侧佛座旁存金刚力士一身。背屏正面画菩提宝盖、飞天和持幢菩萨，背面画经行佛一身。南、北侧面各画供养菩萨一身。窟室西壁画劳度叉斗圣变，南壁西起画观音、报恩、观无量寿、弥勒等四铺经变，北壁画佛顶尊胜陀罗尼、思益梵天问、药师、天请问等四铺经变，东壁门上画七佛、门南侧画金光明经变、北侧画密严经变。南、西、北三壁下部画贤愚经变屏风画共三十七扇。图为正面所见窟室内景。

### 88 第 55 窟 窟室后部

图中视点坐北面南，显示窟室后部情景；中心佛坛后部起背屏通连窟顶西披，背屏与窟室西壁之间形成通道，使佛徒可以绕佛坛右旋礼拜。同时，背屏亦可对窟顶起一定的支撑作用。图中可看到，佛坛上主尊北侧弟子塑像的背影，仍可感觉到这是一饱学睿智的高僧形象。背屏北侧面宝盖下画一身菩萨立像，宝冠上有化佛，手持香炉，足踏莲花。背屏后面为大型经行佛画像，在暗淡的光线之下若隐若现，殊多神秘感。西壁巨幅劳度叉斗圣变，南侧为舍利弗、北侧为劳度叉，斗法双方遥相对峙。由此后部通道望去，可看到南壁西起第一铺经变——观音经变。大幅经变下为贤愚经屏风画。经变上方，顶西南角画西方天王。

### 89 第 55 窟 佛坛上南侧 天王

天王立于金刚山上，头戴兜鍪，两护耳翻卷向上，面相鲁莽，怒目注视前方，身披铠甲，双脚着靴，腿上系行滕，手掌已残，仍然给人手按兵器、凶猛有力的感觉。

### 90 第 55 窟 南壁 观音经变（部分）

《法华经·观世音菩萨普门品》："若有百千万亿众生，为求金银琉璃车渠玛瑙珊瑚琥珀真珠等宝，入于大海，假使黑风吹其船舫，飘坠罗刹鬼国，其中若有乃至一人称观世音菩萨名者，是诸人等皆得解脱"。图中根据经文画出绿色的大海，海上一艘大船在扬帆航行。岸上多处有罗刹鬼出现，水中有巨大的恶鱼、毒龙威胁着航船的安全。船中有一所草庐形式的蓬舱，乘船的商人旅客，或坐或立，均作合十礼拜状，船头船尾的水手们都在用力地划浆、摇橹和掌舵。此时大船的周围出现了象征佛法的宝珠和莲花。这是一幅生动的海上行舟图，设色具有浓郁的装饰意味。大海的画面与上方水上平台南海观音法会场面结合在一起，使构图统一而完整。这块三角形的绿色水面，形成画面下部观音救济诸难内容的主体。观音普门品自从在隋代壁画中出现以后，成为莫高窟各个时期不可缺少的内容，并逐渐形成独立的观音经变画，著名的画幅虽有第45窟的南壁，但毕竟到此时才创作出这样和谐统一的画面

### 91 第 55 窟 东壁南侧 金光明经变舍身品

东壁南侧画金光明最胜王经变，北侧条幅画舍身品。故事说，大车王偕太子纵马观赏山林，中途三位太子离父王去竹林休息，见一母虎新生七仔为饥渴所逼。第三太子摩诃萨埵起怜悯心，毅然投身饲虎。王及夫人率众遍山寻找萨埵太子，见到太子遗骸痛不欲生，乃为太子起塔供养。在窄长的条幅内，作者将情节的重点和高潮放在画面的中段，其余前后情节不按先后顺序依故事发生的场景分别插入画面的上段或下段。例如，山下的王城画在最下端；寻觅太子的众骑亦画在下段，由下而上进山；最初国王偕太子观山画在上段，表现登高望远，以增游兴；稍下，太子饲虎上方，画王及夫人发现骸骨；最上画国王、夫人在山顶起塔供养。人物、场景都相当生动，全图上下是一幅构图完整的山水人物画。

### 92 第 55 窟 东壁南侧 金光明经变长者子流水品

金光明经变的法会场面南侧，条幅画长者子流水品故事。故事说，以行医为业的流水长者偕二子途经一大枯泽，见水源断绝，虎狼群起入泽啖食鱼群，流水长者因此向国王借来大象二十头，负水注入枯泽，又投放鱼食使鱼群得救。画面情节由下而上，条理分明，榜书清晰，通俗易懂，在宋代连环故事画中属上乘之作。

### 93 第 55 窟 南壁弥勒经变中 弥勒世界诸事（部分）

南壁西起第四铺画弥勒经变。中间法会场面，两侧以条幅形式，画弥勒净土世界诸事。图中为西侧的局部，上

部画一农舍，草屋、篱笆，门扉开启，一农妇与一比丘拱手对谈。中部画牛羊满圈，空地上一棵大树，众人由树上拿取衣服。下部画农夫犁地，二牛抬杠。左上榜题："树高三枸舍花果充实彼时国中"。右下榜题："自然出稻美味皆充足诸树生衣服"。画面所表现的正是经文所述弥勒净土"路不拾遗"，"夜不闭户"，"自然生粳米，亦无皮裹，极为香美，食无患苦"，"自然树上生衣，极细柔软，人取著之"。"雨泽随时，谷稼滋茂，不生草秽，一种七获，用功甚少，所收甚多"，等等。匠师精心描绘这样一些景色，反映了人民对于丰衣足食美好生活的向往。

## 94 第15窟 窟顶西披 弥勒经变（部分）

此窟建于晚唐，经宋代重修。窟顶覆斗形，藻井已残毁，四披除东披已毁外，余三披均画弥勒经变。西壁开一盦顶敞口龛，龛顶画二团花，四披画立佛、供养菩萨，龛内三壁几乎尽遭清代涂抹。窟室南壁画二铺经变，西侧一铺为观无量寿经变，另一铺残损莫辨。北壁残存西侧药师经变一铺。窟顶西披弥勒经变，中间画倚坐佛说法像，两旁画菩萨、声闻、天王等听法会众，背景为须弥山，此即弥勒自兜率天下生，于龙华树下成佛后向天人说法的场面。梯形斜披南北两角还画有穰佉王及太子等从众和穰佉王妃及从众听法。现存南、北披构图与西披大体相仿，唯两角分别画罗刹鬼扫城、女五百岁始嫁、一种七收等。此窟虽小，但内容布局别致；将弥勒上生、下生两经内容分别布置在窟顶的四披，这种布局尚不多见。

## 95 第15窟 南壁 观无量寿经变

南壁西部观无量寿经变以最常见的形式出现，中间为大幅西方阿弥陀净土法会图，两侧竖条幅，西侧画未生怨故事，东侧画十六观。下部画面残损较甚。在莫高窟，观无量寿经变的绘制开始盛行于唐代前期，到五代已大大减少，宋代更为罕见。故此窟壁画尤足珍贵。

## 96 第454窟 甬道顶 佛教史迹画（部分）

此窟主室覆斗形顶，饰浮塑团龙藻井，四披画经变，西披、南披画法华经变，北披华严经变，东披弥勒经变。窟顶四角画四天王。窟室西壁画劳度叉斗圣变、北壁西起画佛顶尊胜陀罗尼、思益梵天问、药师、金光明等四铺经变，南壁画天请问、报恩、观无量寿、楞伽等四铺经变，南、北、西三壁下部画屏风画。东壁画维摩诘经变一铺，下部画女供养人。甬道两侧画男供养人，有曹元忠、曹延禄等供养像。经考证，此窟修建于曹元忠执政时期，最后完成于曹延禄执政初期，时间大约在北宋开宝七年至太平兴国五年（公元974～980年）。甬道顶画佛教史迹故事画一铺。图中以牛头山瑞像故事为主体。牛头山，梵名瞿室䆩伽，又译牛角山，在于阗王城西南。山峰两起，岩陵四绝，形如牛角，崖间建有伽蓝。传说其中佛像时放光明，过去释迦曾至此处为诸天人说法。所绘山峰画成牛头形，有阶梯上达，峰顶宝塔内有趺坐说法佛，宝塔两侧伽蓝廊庑建筑中排列诸立佛，宝塔顶上现瑞像。牛头山上下

铺展各种佛教史迹及瑞像故事，形成内容繁多的复杂构图。甬道顶两披亦皆画瑞像图，这是唐代后期以来常见的甬道顶壁画内容布局形式。

## 97 第427窟 窟檐外景

窟檐就是附建在石窟前室外面的房屋，除了遮隔内外，防蔽风雨，也大大丰富了石窟群的外观。从各窟岩面和前室现存的梁眼来看，估计从敦煌石窟早期开始，多数洞窟都曾建有木结构的窟檐。但现存的只有五座唐宋窟檐，除晚唐第196窟的残佚较甚外，宋初的四座仍较完整。第427窟是隋代开凿的大型中心柱式洞窟，宋初，在前室全部重新彩画，塑像也经重新装銮，并重建了窟檐。在窟檐当心间的承椽枋底有题字："维大宋乾德八年岁次庚午正月癸卯朔二十六日戊辰敕推诚奉国保塞功臣归义军节度使持进检校太师兼中书令西平王曹元忠之世初建此窟檐记"。但乾德仅有六年，"八年岁次庚午"说明此窟檐建于北宋开宝三年（公元970年）。这是现存宋代窟檐中最大的一座，面阔6.76米，除板门和飞子（即檐端的方形椽子）是以后修配者外，其它构件基本上都是原物。窟檐斗拱为六铺作，向外挑出三层华拱。斗拱尺度雄大，伸出也较远，显示出了唐代风格的强烈影响。屋檐平直，屋角不起翘，不同于内地唐宋及以后的所有木构建筑的实例，而与敦煌壁画中通常的画法一致。它表明壁画形象有其可靠的现实依据，这对于建筑史研究具有重要意义。

## 98 第437窟 窟檐外景

第437窟主室，前部人字披顶，后部平棋顶，有中心塔柱，是典型的北魏窟。宋初，窟内壁画全部重绘。窟檐本身没有留下关于修建时代的题记，但窟内供养人题名中有"……归义军……节度……西平王曹元忠供养"字样，与第427窟的情况相同，所以，修造的时间应与第427窟相当。此窟檐面阔为4.86米，斗拱原状为五铺作，向外伸出两层华拱，比第427窟少出一层；其内部劄牵（梁以上的连系构件）伸出柱头方后即斜割结束，很类似于西安大雁塔门楣初唐线刻佛殿图所示的做法。但在以后重修时把斗拱做成了六铺作，内部劄牵伸出后再前伸成为第三层华拱。图版所示是重修后的形象。

## 99 第444窟 窟檐外景

第444窟是盛唐时开凿的覆斗形洞窟，据窟檐承椽枋上的题记，此窟檐建于"大宋开宝九年岁次丙子"，即公元976年。这座窟檐面阔只有4.26米，是窟檐中最小的一座。斗拱五铺作，伸出两层华拱。其建筑风格与其它几座宋初窟檐相同，做法上的特殊之点是角柱上的斗拱与当心间二柱柱头上的斗拱一样，故屋顶无转角，是一面坡顶。

## 100 第431窟 窟檐外景

此窟亦是典型的北魏中心塔柱式窟，壁画曾经初唐重绘，宋初又重绘了前室壁画并修建窟檐。窟檐面阔

4.90米，四柱三间，其斗拱和屋檐的做法几与第427窟窟檐完全相同。从汉代明器、画像石、画像砖以及晋、唐绘画资料来看，平直无角翘的屋檐做法是早期中国建筑的一个特征。在内地，屋角起翘唐代起已渐流行，唐宋之交得到普及，而地处边远的敦煌宋代窟檐和壁画却仍保持着这一早期的特征。这座窟檐的屋顶上有泥塑的正脊及鸱吻，鸱吻上端出一鸟头形，与山东泰宁宋代甘露庵相近。敦煌窟檐虽然在总体形象上有显著的唐代风格，但它的某些细部包括斗拱各分件的比例等仍与同期的辽、宋建筑有许多近似之处。

## 101 第431窟 窟檐 拱眼壁

北侧梢间拱眼壁上，画一伎乐天，盘腿坐于椭园形地毯上，弹奏古琴，舒卷的飘带，形成左右对称的曲线，富有装饰意味和音乐般的韵律感，线描、敷彩仍保持着五代的风格。

## 102 第431窟 窟檐内景

窟檐内部，即洞窟前室，西壁门上愿文题榜两侧各画水月观音一铺，门南、北各画十方赴会诸佛和毗沙门天王赴哪吒会，南壁画法华经变，北壁画华严经变，三壁下部均画供养人。除此之外，东壁和顶部尚保存着丰富的宋代彩画，其风格和第427窟、第444窟的大体一致，但布局又有不同，说明宋代彩画处理比较自由，不像明清官式建筑彩画有比较严格的程式化规定。和后者相比，窟檐彩画还有以下一些特点，即木构件上多绘植物纹和几何纹，没有龙凤和其它动物形象，只有在木构件以外的白灰墙面上画有佛、菩萨、飞天、迦陵频伽和流云等题材；除了阑额以上部分画有彩画外，在柱子、门窗额、门窗立颊部分朱红地上也画有束莲图案；在横向构件如阑额上满绘连续几何形或花卉图案，而没有箍头、枋心的处理；彩画不用金，不涂油，全是水色等。图中可见，窟檐斗拱向室内只伸出华拱一层。当心间承椽枋底有墨书"曹延禄之世建此窟檐记"，文首纪年为："大宋太平兴国伍年岁次庚辰二月甲辰朔廿二日乙丑"。可知修建窟檐和绘制前室壁画即在此时（公元980年）。

## 103 第449窟 窟顶藻井

本窟为覆斗藻井窟顶，平面方形，西壁开一盝顶帐形龛，龛内塑像尽失，仅存佛座残迹。南壁西起画法华、观无量寿、天请问三铺经变，北壁画华严、药师、弥勒三铺经变。东壁南侧画报恩经变，北侧画报父母恩重经变。这是一个由众人结社集资合修的小窟，修建时代据供养人题记推断，大约在曹延禄执政的初期，与第431窟窟檐大体同时。图为覆斗形顶，四披均画千佛，东披已残，余三披千佛中各画一塔，塔内一佛二菩萨。藻井画团龙卷瓣莲花井心，边饰联珠、团花、回纹、卷草、垂幔等铺于四披。垂幔以下，飞天环绕飞行一周。图案装饰色调雅致，其内容和形式在宋代均属常见。

## 104 第449窟 西壁

龛内西壁共画十弟子、十菩萨，南、北壁画各画四天龙八部。龛顶中央画棋格千佛，四披画瑞像图共二十五幅、菩萨四身。南帐扉顶画金刚杵观音，西壁画如意轮观音，南壁画地藏菩萨；北帐扉顶画执柳枝观音，西壁画不空绢索观音，北壁画执香炉菩萨。龛外南侧画卢舍那佛，北侧画药师佛。龛上画坐佛、山花蕉叶帐顶图案。龛下画供器、供养菩萨及供养人。龛形的帐扉结构在敦煌仅寥寥数例。

## 105 第76窟 北壁 十一面观音变（部分）

此窟为宋代的大窟之一，甬道壁画底层有唐画痕迹，可知初创于唐代，然现存壁画全部为宋代所绘，甬道部分又曾经元代改绘。主室覆斗形顶，藻井浮塑团龙卷瓣莲井心，四披画千佛。中心佛坛上仅存结跏坐说法佛塑像一身，业经清代重修。西壁绘通壁大幅变相，惜已模糊难辨。南壁西起画观无量寿经变，观音经变、法华经变各一铺；北壁布局与此大体对称，为药师经变、十一面观音变，华严经变各一铺。东壁门上画七宝，门南北两侧画八塔变。北壁中部画十一面观音变相一铺。十一面观音系六观音之一。图中观音为十一面八臂，手中各有一眼，持日、月、宝杖、宝杵及施无畏印。围绕着观音像，表现众生诵持观世音菩萨所受大悲心陀罗尼神咒得免十五种恶死，为：一者不令其人饥饿困苦死，二者不为枷禁杖楚死，三者不为怨家仇对死，四者不为军阵相杀死，五者不为豺狼恶兽残害死，六者不为毒蛇蚖蝎所中死，七者不为水火焚漂死，八者不为毒药所中死，九者不为蛊毒所害死，十者不为狂乱失念死，十一者不为山树崖岸坠落死，十二者不为恶人厌魅死，十三者不为邪神恶鬼得便死，十四者不为恶病缠身死，十五者不为非分自害死。此图下部残毁，画面不全，现存所见有第一、四、八、十四、十五等数种。位于十一面观音上方右侧的二身飞天，面面相对，共同捧持摩尼宝珠；左侧另一身，手持拍板，装束亦为高髻宝冠，右袒，披长巾，着长裙；色调清淡雅致，造型秀丽生动，体态轻盈，颇有临风飞翔之感，是北宋飞天代表作。

## 106 第76窟 东壁北侧 八塔变（第五塔）

佛教为释迦牟尼一生中发生八个重大事件的地方所建宝塔称之谓"八大宝塔"，诸如蓝毗尼园佛降生处宝塔、尼连禅河畔佛成道处宝塔、鹿野苑中初转法轮处宝塔、给孤独园与诸外道论议处宝塔、曲女城边升忉利天为母说法复从三道宝阶降下处宝塔、耆阇崛山说法处宝塔、毗耶离城思念寿量处宝塔、跋提河边娑罗林中入涅槃处宝塔等。此窟四壁壁画下部俱已残毁，故东壁八塔变只有上部四塔保存完整，自南至北为第一、三、五、七塔，共四铺。每铺以一座宝塔为中心，表现佛传中某一阶段的事迹。图为东壁北侧上部两铺中右侧一铺，画第五塔，为祇树给孤独园中释迦牟尼与诸外道论议处宝塔。劳度叉斗圣变中描绘给孤独长者与舍卫国波斯匿王太子祇陀合力于此园为佛建立精舍。释迦牟尼曾在此园长期居住说法，其间降服外道是重大业绩之一。图中塔内坐三身趺坐佛，塔前题榜墨书："遂向舍卫城内／祇陀园中给孤／虔诚铺金买地／建立精舍足五／……与僧／……之……地／……也"。塔左侧画二信徒持香炉、合掌向佛，右侧画一佛弟子引导信徒向塔前供养。右下画外道六师五人皈依，左下画波斯匿王献花供养。

## 107 第76窟 东壁南侧 八塔变（第三塔）

东壁南侧上部两铺中左侧一铺画第三塔，此图表现释迦成道后，在波罗奈国鹿野苑说法，初转法轮。中央宝塔中绘三身佛，佛座前置法轮。塔前题榜墨书："于是慈云普覆悲／智□明应因地之／愿心受梵王之启／请赴波罗奈国鹿／野苑中化昆季之／五人始宣扬于四／谛此处初转法轮／第三塔也"。题榜两侧各卧一鹿，表示鹿野苑。塔左侧画文殊来赴法会，右侧画普贤来赴法会。右下画受释迦牟尼教化的昆季五人，左下画五比丘闻四谛法轮时。相传太子出家时，其父净饭王指派五人相随为侍者，后来在鹿野苑听说法，被教化出家，成为最早的五比丘。

## 108 第76窟 东壁北侧 八塔变（第七塔）

东壁上部最北（左）侧一铺，为毗耶离城弥猴持如来钵上树取蜜奉佛处宝塔。佛传中说，有弥猴，见一树无蜂而有熟蜜，便去阿难处借钵采蜜而奉世尊，世尊命和水而分施众弟子。弥猴因此欢喜踊跃手舞足蹈，结果失足陷井而死，转生天上，为形貌端正男子。此图以佛塔为中心，内有释迦及阿难、菩萨，弥猴上前献蜜。塔前题榜墨书："吠舍城内狝猴奉／蜜于世尊佛即纳／之身心欢喜而作／舞失足陷井命终／生天此地兴隆第／七塔也"。塔右侧画弥猴采蜜、献蜜后踊跃舞蹈和坠井。左侧画菩萨声闻及众比丘从佛会等诸情节。

## 109 第76窟 东壁南侧 八塔变（第一塔）

图为东壁最南（右）侧第一塔，塔中画释迦牟尼树下诞生，并画出步步生莲和龙王为其灌顶的场面。题榜墨书："粤我本师释迦牟尼佛泯形／兜率降迹迦毗乘白象而示／应示生蹑青莲而指天指地／净饭王捧持太子阿私仙占／相吉凶称云定是法王敕变／一切果然厌四生苦奉观六道／群迷逾城弃生死之紫□雪／山证菩提之满果此处降／生第一塔也"。宝塔右侧画净饭王捧太子请相师阿私陀占相、右下画太子夜半逾城，左下画车匿奉宝冠和马辞别太子、以及太子雪山落发，上方宝塔左侧画六年苦行和尼连禅河澡浴。画面上人、物、景都相当简明扼要。以这样的形式，表现佛传故事，比较特殊新颖。图中人物无论贵贱，大多裸体穿犊鼻裤，这在敦煌壁画中亦较少见。

# 西　夏

（公元 1036～1227 年）

## 110 第408窟 窟顶（部分）

公元1036年以后，西夏统治了瓜、沙地区。西夏统治者崇信佛教，莫高窟的营造依然兴盛，并又开始出现一些新的特点。西夏早期几乎没有新开洞窟，大量的壁画都是在原有洞窟内覆壁重绘。此窟原建于隋，西夏时整窟壁面用薄如蛋壳的粉皮敷盖重绘。人字披形窟顶遍布棋格团花图案。西壁开龛为隋代流行的双层龛口形制，龛内存隋塑佛像业经清代重新妆修。南、北壁均画赴会菩萨，中部各有一小圆券龛，上塑卷帘。东壁门上画药师佛、门南画普贤菩萨、门北画文殊菩萨各一铺。图为窟顶东披南侧的一部分，半团花纹枋条组成棋格方井，井心分别绘方瓣、圆瓣两种不同的八瓣莲花，绿地花心绘四瓣花，岔角各绘一云纹，由于两种不同的团花图案和不同色相的地色，上下左右交替，四方连续，庄重而富丽，并如同道道眩目的霞光。色彩虽已有部分变色，但仍然光彩夺目、十分鲜艳。

## 111 第65窟 西壁龛内南侧 弟子（部分）

此窟覆斗形顶饰团龙藻井，四披画棋格团花。东壁、北部大部残毁，南壁上部残存经变画二铺。西壁开一斜顶敞口龛，龛内塑像一佛二弟子系唐代原作西夏重修，另西夏塑二菩萨经清代重修。龛壁画佛弟子四身。图为龛内南壁的一身佛弟子像，位于彩塑菩萨像与阿难像之间。脸型长而浑圆，高鼻大眼阔嘴，有胡髭，内着圆领窄袖衫，外披袈裟 形象上颇有吐蕃族或者党项族人的某些特点。作者在原粉墙地色（已被熏成黑灰色）上，以石绿晕染内衣衣褶的凸起部分，不同于一般的晕染方法。

## 112 第327窟 窟顶东披 飞天

此窟已尽为西夏改绘、重塑。主室覆斗形窟顶藻井井心浮塑团龙莲花，四披画棋格团花、飞天。南、东、北三壁皆画千佛。西壁开盝顶帐形龛，龛内马蹄形佛床上塑七佛、龛壁画飞天、花卉，龛顶画棋格团花、垂幔。窟顶西披下沿，画飞天绕窟一周。飞天或奏乐或持花供养。由于和沙州曹氏归义军政权时代相隔不远，西夏早期飞天的形象、衣饰、画风、技法均与前者有较多相似之处。图为窟顶东披北侧的两身飞天，其一手捧花篮供养，另一弹奏凤首筝篌。密集的彩云在下方飘浮，似负载着天人，在天宫栏墙上快速飞翔。飞天上方画垂幔。

## 113 第327窟 西壁龛下 伎乐

图为西壁龛下北侧壸门，供养伎乐。此伎乐胡跪于圆形地毯上，手持拍板作击拍状。在窟室四壁下部及佛龛、佛坛下，绘出或浮塑出壸门，其内画宝珠、火焰、供养伎乐。这是西夏早期洞窟内容布局与建筑装饰上的一个特点。

## 114 第265窟 中心柱东向龛内南侧 菩萨、弟子

此窟初建于北朝，经五代或北宋重修，再经西夏重修。主室平顶，中央偏后有中心龛柱，柱东向面开一龛，

龛内塑一佛二弟子二菩萨，南、西、北壁均画千佛。东壁画说法图、净土变，皆已熏黑。这两身龛内彩塑都是西夏重修时改塑的作品，塑造手法摹仿唐塑，只是艺术水平不及唐塑。菩萨像姿态僵硬，缺乏唐塑菩萨的健美。弟子像虽动态尚属自然，比例匀称，但神态显得过分严肃而板滞。

### 115 第87窟 窟顶藻井

此窟东壁毁，南、北壁大部残。西壁开一盝顶帐形龛，龛内存盛唐塑一佛二弟子二菩萨、一天王。龛内南西北三壁存五代画十大弟子、四菩萨与天龙八部。龛顶盛唐画棋格团花，南、西、北三披五代画跌坐佛及化生。帐门两侧西夏画听法菩萨。图为覆斗形窟顶，表层西夏画藻井，中心方井浮塑描金交杵纹与周围宝珠卷云式的花朵组成大团花。方井四周各层边饰分别为半团花、联珠纹、回纹、卷草纹等。表层画剥落处露出底层盛唐藻井残迹。金刚杵为古印度一种兵器。后被佛教借用为降伏恶魔的法器。金刚杵垂直相交成十字形的图案，在北宋和西夏早期佛窟中采用较多。

### 116 第16窟 窟顶藻井

此窟始建于晚唐，是一个大型中心佛坛式窟，后经西夏重绘。前室建有窟檐，与上层的第365、366窟窟檐形成一所整体的木构重檐建筑，人们习称为"三层楼"。甬道南壁现嵌有清代光绪三十二年木碑《重修三层楼碑记》。甬道北壁晚唐修造的隐堂，曾被封闭，1900年被发现，现编号第17窟，即闻名中外的藏经洞。此窟主室中央设中心佛坛，坛上塑像一铺九身，均经清代重修；马蹄形佛床侧面存晚唐原画神将、力士、狮子。窟室四壁皆画千佛。图为覆斗形窟顶藻井浮塑彩绘团凤四龙井心；中央为卷瓣莲花，花心为浮塑描金的凤鸟，四角各一浮塑描金的游龙。花、鸟、龙都顺同一方向旋绕、追逐，使整个井心图案具有运动感。莲瓣以多种色彩叠晕，其余则施以绿、朱、金等对比鲜明的色彩，使色调既热烈明快、鲜丽悦目，又雅致稳重。龙、凤是中国传统的装饰图案，向来作为帝王尊贵的象征，西夏以前已普遍用于石窟装饰，西夏以后更以描金、堆金等法，处理得十分华贵。

### 117 第16窟 甬道南壁 说法图

甬道盝形顶画团花图案，两披画璎珞垂幔。甬道两壁壁画，下部为供养菩萨行列，南壁残存三身，北壁八身残存七身。上部为说法图，南壁现存二组，北壁六组。图为甬道南壁上部横列说法图右端第一组。每组说法图均为一佛、二菩萨、二弟子，上有华盖，各坐莲花座，座下有浓厚的彩云，表示佛与菩萨、弟子乘彩云升起在空中。

### 118 第16窟 甬道北壁 供养菩萨

晚唐以降，多在甬道两壁绘制大型供养人行列。西夏重绘时均改为供养菩萨，这成为西夏早期和中期洞窟的特点之一。供养菩萨均向着主室内主尊方向行进，作礼拜供

养之状。然而往往在形象塑造上千篇一律，缺乏个性和艺术感染力。此窟甬道供养菩萨行列是西夏早期较好的作品。图为北壁西侧的四身供养菩萨，手执香炉、拈花或捧花盘，足踏莲花，沿七宝池水徐徐而行。

### 119 第16窟 甬道南壁 供养菩萨

甬道两壁说法图下方画供养人行列，大约每壁八身，身量大过真人。甬道南壁东侧已大部残毁，仅西端二身保存完整。图为西起第一身，高达1.9米，手执香炉或花盘供养佛事；头戴宝冠，项饰璎珞，云肩、披巾，束羊肠裙，衣饰华美，且用沥粉堆金手法，表现细腻，色彩丰富，虽然肤色变黑，仍给人以富丽华贵之感。空间以花枝补白，花枝顶端出化生，增加了生动的意趣且具有浓厚的装饰风味。

### 120 第263窟 中心柱东向龛内南侧 菩萨、弟子

此窟原为北魏所建中心塔柱式窟，后经西夏全面改建、改绘。窟顶画团花，南、西、北壁画千佛。东壁两侧各画净土变。中心塔柱已被改成仅东向面开一盝顶帐形龛，余三面画供养菩萨。东向龛内马蹄形佛床上，西夏塑一佛二弟子四菩萨。图为南侧的菩萨像和佛弟子像，是敦煌现存不多的西夏彩塑作品之一部。菩萨作云头高髻，袒胸露臂而斜挂络腋，披披肩，腰束长带，下着裙，项、臂、手腕佩璎珞环钏，体态稍有曲线；面形饱满浑圆，细目修鼻，表情持重庄严。弟子内着交领花袍，外披袈裟，赤足，身体直立。西夏早期作品，其人物造型、衣饰以及表现手法，受唐、五代、宋的影响较多，尤有唐塑遗风，唯不如唐塑优美动人。

### 121 第234窟 窟顶藻井

这个西夏重修的中唐窟，覆斗形顶，有中心佛坛。四壁画经变，西壁为药师经变、南北两壁为阿弥陀经变、东壁南、北侧画如意轮观音和不空绢索观音各一铺，门上画说法图。图为窟顶五龙藻井。方井中央石绿地色上，一条浮塑描金的戏珠蟠龙，周围桔黄色的卷云纹和云头形状的宝珠花瓣组成一朵大莲花，莲花之外以一种调和的红色（已变色为粉紫色）涂地，四角各有一条浮塑描金的游龙，空间填绘云气纹。方井四周只有一道联珠纹边饰，以外即是遍布四披的棋格团花，并无多层次的边饰和璎珞垂幔，不同于一般华盖式藻井。

### 122 第130窟 窟顶藻井

此窟西壁唐塑倚坐弥勒大像即有名的"南大像"，窟内壁画经西夏改绘。四壁画菩萨。覆斗形顶四披画团花，在近三十米高的窟顶中央，是西夏藻井艺术的佳作之一。中心方井的纹样和风格与第234窟基本相同。方井之外，逐层配以联珠纹、半团花、回纹、卷草纹等边饰花边，布局饱满，绘制工细，形象生动，色彩富丽。

### 123 第326窟 窟顶藻井

此窟覆斗形顶，西壁开一盝形龛，龛顶画棋格团花，四披画垂幔，龛壁画供养菩萨、飞天、化生。南、东、北三壁垂幔下各画说法图一铺。东壁门南、门北各画一菩萨。窟顶四披画棋格团花，藻井井心为交杵纹，用两柄双头三股叉的金刚杵垂直相交，绘于卷瓣莲花的石绿色花心间，角花为云头纹。方井外的边饰，由回纹、半团花和三层联珠纹相间组成。色彩配置以石绿与赭红为主，冷暖相宜，显得十分丰富。

### 124　第328窟　窟室一隅

此窟始建于盛唐，西夏占领敦煌之后不久重修，除西壁龛内仍保留盛唐原作之外，其余全部抹壁重绘；覆斗形窟顶，藻井为交杵卷瓣莲井心，四披绘棋格团花，南、东、北三壁上部帷幔下绘大幅说法图或净土变相，下绘壸门，壸门内绘火焰宝珠，东壁中部及甬道两侧壁绘供养菩萨赴会。地面铺设花砖。这是莫高窟西夏早期一般的洞窟布局情况。图为主室东北角，可见东壁北侧上部说法图的北半铺、中部的四身供养菩萨和下部的壸门供宝；亦可见北壁净土变的东侧，画出整齐排列的听法菩萨。

### 125　第328窟　东壁北侧　供养菩萨

此窟壁画是西夏早期的作品。其菩萨之造型、衣冠服饰、绘画作风等方面均与北宋敦煌石窟壁画一脉相承，据判断，并非出自西夏党项族画工之手，而很可能是当时仍在从事绘壁活动的沙州归义军曹氏画院画师的笔迹。图中供养菩萨像先以墨线起稿；敷彩完毕后，在肌肤颜面部位再以赭红线定稿，用色以青、绿、白等冷色与赭红色作对比。该画色彩保存如新，调子热烈明快，绘工较细致，是西夏壁画的代表作品之一。

### 126　第432窟　窟室一隅

此为西魏所建中心塔柱式窟，塔柱之外都经西夏改绘。全顶画团花图案，四壁垂幔下画千佛，千佛下画壸门。图为主室东北角，显示东壁北侧和北壁前部。池沿栏墙以上，无数千佛均坐莲花上，莲花茎蔓相连，大面积的石绿涂地色表示辽阔的水面，将四壁莲上千佛的画面统一在一个共同的环境之中。以石绿为主的冷色调是西夏早期洞窟的特点之一。壁画下部壸门内画莲花火焰摩尼宝珠，南、北壁前部人字披下三角形空间画双飞天供宝。

### 127　第400窟　西壁南侧　供养菩萨

此窟开凿于隋代，西夏重修重绘。主室覆斗顶，西壁为双层龛，南壁画阿弥陀经变，北壁画药师经变，东壁门上与门两侧各画说法图一铺。图为西壁壁画，石绿作地，用色单纯，供养菩萨形象雷同，排列规则，具有较强的装饰性，这是西夏壁画的一般特点。

### 128　第400窟　北壁　药师经变（部分）

图为北壁西夏前期的经变画，构图复杂、内容丰富，有关情节描绘详尽。法会场面布置在莲池平台和高大的楼阁建筑之间。居中为持杖的药师佛，左右胁侍日光、月光二大菩萨，周围众菩萨、弟子围绕听法。前部平台上摆设舞乐，两侧平台上十二药叉神将合十而坐。最前方画药师灯轮，灯轮一侧有人前来献羊，另一侧有僧人坐地诵经礼拜，所表现的即经文所述燃四十九灯、诵经四十九遍，以及献羊放生、供养僧众等事。后部建筑物，正殿与左右配殿都是二层重檐楼阁，后殿单檐，两边有回廊，与配殿相连，回廊上建六角形角楼，置钟或藏经。此图用色单纯，仍以石绿为主，色调偏冷，画面东侧下部被后代所挖穿洞破坏。人物形象线描已漫漶不清。西夏以后的经变画多简化如说法图，前无平台宝池，后无殿堂楼阁，只有千篇一律的菩萨列坐听法，而此图不同一般，以宏大而精微的建筑界画为背景，仍保持着唐、五代以来的风格。

### 129　第400窟　窟顶藻井

窟顶四披画团花，藻井井心纹样为一对龙、凤结合的变形动物，作凤首龙身，首尾相对地蟠卷在由云头状牡丹花瓣组成的大莲花内，地色因变色而呈深黑。井心四周各层边饰为：联珠、茶花、回纹、半团花、石榴卷草纹等，凡七道。整个藻井图案均以土红线勾勒，在绿色调中不失为一种必要的调剂。

### 130　第237窟　前室西壁门上　水月观音

此窟为中唐所建，西夏重修，主室覆斗形顶，西壁开一盝顶帐形龛，帐门两侧画文殊、普贤变。南、北两壁分别画法华、观无量寿、弥勒和华严、药师、天请问等经变，东壁画维摩诘经变。四壁下部屏风画皆为上部经变中的诸品故事。重绘此窟时，西夏的敦煌艺术已度过了最初阶段，甬道两壁出现了西夏供养人画像。前室顶部残存西夏画棋格团花及卷莲团龙图案。西壁甬道门两侧西夏壁画被剥去，露出底层中唐画天王。门楣现存西夏画二菩萨。门上西夏画帝释天及二天女，两侧各画水月观音一身。图为南侧水月观音像。观音菩萨头上披帽，背靠山崖，双手抱膝坐于岩石上，身置圆光之中，意态闲适，一旁置有净瓶。水月观音画像据说是唐代著名画家周昉所创。唐代大诗人白居易曾写《画水月菩萨赞》："净渌水上，虚白光中，一睹其相，万缘皆空"，道出了画面的意境。这一形象屡见于宋、西夏、元的莫高、榆林两处石窟壁画中。

### 131　第306窟　南壁说法图中　菩萨

第306、307、308等三个窟在洞窟构造上是一个整体，以第307窟居中，其前室的南壁、北壁分别为第306、308窟的外壁，犹如两个耳洞。此窟坐南朝北，人字披顶画团花。南壁为正壁，画说法图。东西两壁各画净土变。北壁门上画七佛，门东画幢幡，门西画一供养菩萨。这是南壁说法图中西侧的胁侍菩萨，坐在香案后面的莲座上，左腿自然下垂，双手抱右膝搭在左腿上；双眼微闭，一副宁静而悠闲的神态。古代画工把素来端庄严肃的菩萨，附以世俗感情，让宗教偶像更加人格化，从而使艺术表现更趋丰富。

**132 第 418 窟　南壁　药师佛**

此窟系利用隋代洞窟改绘。主室人字披顶画莲花椽条图案，平顶画团花。东壁门上画五趺坐佛，门南北两侧各画菩萨二身，下部画供养人。南壁画净土变一铺，西端画药师佛一铺，下部画供养人。北壁布局与此相仿。西壁开一龛，龛内塑一佛二弟子二菩萨，龛壁存隋画背光、弟子、菩萨、外道仙人及飞天。龛下画供宝，两侧各画一供养比丘、一供养人。图为南壁西侧的药师佛立像，以竖构图表现药师行道的内容，类似的画面是西夏壁画中富有时代特点的题材。此图在构思布局上比较特别，不取一般药师变那种法会说法的形式，而表现药师行道的内容。图中下部绘出宝池和平台的一角。平台上，药师佛左手托钵，右手执杖，足踏莲花，上有华盖、双飞天，二弟子二菩萨胁侍。此图描绘细腻，人物造型都较生动，药师佛庄严持重，年长和年少的两身弟子各有特点，菩萨文静秀美，人物面形较长。

**133 第 409 窟　人字披顶东披（部分）**

此窟大约原建于隋代，西夏重修。前部人字披和后部平顶遍布团花。西壁双层口龛内塑一佛二弟子二菩萨二天王。南、北壁画千佛。东壁门上有西夏愿文题榜一方，门南画西夏王者供养像，门北画西夏王妃供养像。图为人字披东披的团花图案，这种图案在西夏早、中期非常流行，大量用作窟顶装饰。团花每个单位纹样分三层，中心为四瓣茶花，第二层为四瓣牡丹花，外层为八瓣牡丹花，两瓣间又露出下层花瓣。团花间形成的空地，填绘四瓣四叶茶花。地色施红而沉着的铁硃，团花施以青、绿与红（红色已变黑），色调对比热烈而又调和。纹样均用朱色线勾描，组织结构饱满，工细严整。

**134 第 409 窟　东壁北侧　西夏王妃供养像**

东壁北侧二身女供养人，头戴桃形大凤冠，冠后垂红结绶，宽发双鬟抱面，耳垂大环，身着大翻领窄袖长袍。这种衣着打扮，显然是仿回鹘装。按其与之相对的东壁南侧男供养人像的身份，二女供养人实际应是回鹘王妃像。第一身王妃像前，立一儿童，秃发、裸上身，或是其幼子。此图在表现手法上，以铁硃色勾勒其凤冠和衣褶，线描为较粗的兰叶描，衣褶在密集处运用回笔，但笔力稍弱。衣服用不同深浅的黄丹色晕染，至今不曾变色。面部已变为黑灰色，估计原来是一种调和的肉色。五官被后人描划，已非原貌。

**135 第 409 窟　东壁南侧　西夏王供养像**

门南侧的王者形象供养人，是重修此窟的施主，头戴高冠，冠后垂带，身着圆领窄袖团龙袍，腰束带，上垂解结锥、短刀、火镰、荷包等物件，脚穿白色毡靴。面形浑圆、秃发、柳叶形眼。其形式类似新疆吐鲁番高昌回鹘石窟供养人。身前立一少年，其穿着打扮与窟主相似，应是其子。施主身后侍从八人，分别为其张伞盖、执扇、捧弓、箭、举宝剑、执金瓜、背盾牌。由于题榜字迹已完全消褪，施主是谁，不得确知，但从人物形象、衣冠服饰及仪卫制度看，可能为国王及王子像。右上的侍卫随从人员。均秃发戴毡冠，着圆领窄袖袍，上饰三瓣或四瓣小花，腰束带，面形浑圆，柳叶形眼，八字髭须。服色均为青、绿色，与西夏史"民庶青绿，以别贵贱"的记载相符。

**136 第 207 窟　西壁龛楣**

此窟系利用初唐窟改绘。西壁敞口龛内现存初唐塑像一佛二弟子二菩萨。南、北两壁各画说法图一铺。东壁门上画七佛，门南存药师佛一铺。窟顶覆斗形，中心方井绘团龙戏珠图案。图为西壁龛楣。北朝、隋代至初唐，龛楣纹饰一般都是忍冬、莲花、化生及火焰等。以后，随着敞口龛、帐形龛的流行，旧有的龛楣形式不再出现。西夏在此窟重修时，利用原有的浮塑龛楣改绘成托举花篮，散花供养的双飞天。整个龛楣以蓝色涂地，表示天空，以铁硃、石绿、白色、黑色描绘花篮。左右对称的飞天和彩云，用笔稍嫌简率，但尚明快、生动。

**137 第 207 窟　北壁　说法图（部分）**

北壁与南壁对称，画说法图一铺，图为其左上角。上部一对飞天，一身手捧花篮，作散花状，一身吹箫，身体稍嫌肥胖，略显笨重。这是西夏中期至元代飞天的一个特征。菩萨面形肥硕浑圆，体态显得有些臃肿，不像隋唐菩萨那样轻盈多姿。人物造型、衣冠服饰以及绘画风格，都颇与回鹘高昌壁画相近。

**138 第 310 窟　南壁　说法图**

此窟利用隋窟改绘，覆斗顶画团龙井心，四披画团花。东壁门上愿文题榜两侧画二菩萨，门南门北画二天王；南壁画说法图一铺，北壁画禅定佛一铺，南北两壁下部画供养人。西壁隋代双层口龛内塑一佛二菩萨二弟子，龛外两侧各画药师佛立像一身。图为南壁的说法图，是莫高窟西夏壁画中较晚的说法图形式，画一佛、二弟子、六菩萨，佛头顶有网缦式华盖。佛倚坐，足踏莲花。弟子菩萨作上下两排，上排为佛左右各二菩萨，下排各一弟子一菩萨，其中左侧弟子为清代穿洞所毁。人物面相均长圆形、柳眉、细目、修鼻、丰颐，是西夏的造型特点。在绘画风格上，除受唐宋影响之外，还受到回鹘高昌佛教艺术的影响。

**139 第 310 窟　西壁北侧　药师佛**

以药师佛立像画在龛外帐门两侧，或安排于甬道左右两侧壁，或绘于东壁甬道门两侧，这种题材及其布局形式在西夏时期相当流行。此图中之药师像身材高而匀称，脸长而丰满，鼻梁挺直，左手于腹前捧药钵，右手执禅杖斜靠在肩上，脚踏大莲花，面向龛内，人物造型具有明显的西夏特征。

**140 第 309 窟　窟室一隅**

该窟大约建于隋代，后经西夏重绘。东壁门上画七佛、门两侧各画七臂菩萨一身。南壁画说法图一铺，北壁画禅定佛一铺。西壁开一龛，龛上浮塑龛楣，龛外两侧各画菩萨一身，龛内塑像一铺五身，多为清塑。前部窟顶为人字披，后部为平顶。这是敦煌较早的佛窟窟顶建筑形式。在西夏改绘的平顶画团花，人字披脊枋、檐枋和椽上，均施以朱色；枋条的中部及两端，以绿、朱、白诸色彩绘联珠、束莲图案，其余绘卷蔓莲花；在椽间素白望板上，彩绘波状卷草西番莲；椽条上绘小花。整个人字披图案，色调明快清爽，图案纹样和色彩的配置，与北宋时期木构窟檐相类似。

### 141 第245窟 北壁 说法图

此窟似为西夏时期开凿，窟顶覆斗形，西壁开一圆券形龛，龛内塑一佛二菩萨，龛外两侧各画药师佛一身。南北两壁画说法图各一铺。东壁门上画五佛，门南、北画文殊、普贤各一铺。窟顶四披画团花。北壁说法图中一佛、二弟子、六菩萨、二飞天。佛结跏趺坐，上有菩提宝盖。佛项光及身光中的编织纹饰和宝珠火焰纹饰，是以前不曾出现过的一种新纹饰，它的组织结构与配色法同新疆回鹘高昌时期壁画十分相似。此图绘制工细，用纤细有力的铁线勾勒人物面容、肌肤，用劲挺的兰叶描、折芦描画衣冠服饰，虽然部分敷彩变色，仍不失为西夏中晚期壁画中艺术水平较高的作品。

### 142 第245窟 西壁南侧 供养人(部分)

莫高窟西夏时期的供养人像不多，现存者亦多漫漶不清，榜题文字更无一则保持清晰。西壁南侧下部的这两身男供养人像也较模糊，尽管如此，但因所画的是当时现实人物形象，所以仍具有不可忽视的价值。由图中大体可见其圆面丰颐，头戴毡冠，身著圆领窄袖团花长袍，腰束带，手持香炉作供养之状。其形象、衣冠服饰等都具有西夏民族特征。从服色上看，应是一般庶民百姓的身份。

### 143 第245窟 窟顶藻井

藻井中心绘团龙，四角云纹，边饰蔓草纹，外层半团花，四披绘团花纹，线描保持清晰，设色单纯，清雅。特别是藻井井心团龙形象凶猛可畏，生动异常，显示了画师丰富的想象力和西夏中、晚期装饰艺术的成就。

### 144 第97窟 西壁龛内北侧 童子飞天

本窟开凿于唐代，西夏重绘壁画。覆斗形顶画团龙藻井，四披画团花。东壁和南、北壁画十六罗汉，南北两壁的西端各画供养比丘一身。西壁开一盝顶帐形龛，龛内塑一佛二弟子二天王，龛壁菩提宝盖两侧各画一童子飞天，图为北侧一身。这是很有特点的西夏散花童子飞天，秃发而于两侧梳小辫；圆脸、细目，赤膊光腿而着背带团花襟衫，腰束红带，脚穿红靴，长巾飞扬。人物形象、发式、衣饰等，都反映了西夏党项民族的特点及其社会习俗。

### 145 第97窟 北壁 罗汉

关于十六罗汉的佛经，早在唐代玄奘法师就已译出。此窟的南、北、东三壁，分上下两排绘罗汉像共十六铺，基本上是依据玄奘译《大阿罗汉难提密多罗所说法住记》而绘制的。每身罗汉均有榜题颂词，所书名称及住处，都与经文相符。图为北壁上排三铺的中间一铺，榜题："东胜身洲第三尊者跋厘堕阇大阿罗汉"，即经文所称迦诺迦跋厘隋阇尊者；长眉、大鼻、阔嘴，披袈裟、盘腿侧身坐于山石上，左手抚膝，右手举锤；山石脚下一侧有河，岸边有鹿，坡上置一大盘，从中放射出五色彩光。其状貌怪异，从而表现罗汉的超凡入圣。这样的手法，与五代绘制十六罗汉的大师贯休如出一辙。

### 146 第97窟 南壁 罗汉

此图位于南壁上部中央，已多剥落，画面、榜题均已残缺，细辨之，可知为十六罗汉中的第十一尊者罗候罗，又译作"啰怙罗"、"罗云"，是释迦牟尼在俗世为悉达多太子时所生的儿子，后随父出家为沙弥，系十大弟子之一，同其他十五罗汉一样，奉释迦牟尼之命，常住人世，济度众生。

### 147 第97窟 北壁 罗汉

北壁上排西起第一铺，是十六罗汉中的第一尊者——西瞿陀尼洲宾度罗跋啰惰阇及其侍从之像。罗汉结跏趺坐于山石之上，方脸、宽额、广颐、倒挂眉、大颧骨，筋骨棱角清楚，双手合十，作虔心默诵佛经的样子；内着交领衣，外披袈裟。旁边一位长圆形脸、头束红巾、裸上身、披络腋、赤足的男侍从，手捧宝珠向罗汉作供奉之状，为西夏人形象。

### 148 第97窟 北壁 罗汉侍女

北壁上排东侧一铺中，十六罗汉中第五尊者——南赡部洲诺距罗的侍从，面形长而浑圆、柳眉、卷发垂肩，袒上身而斜披络腋，腰束长带，赤足，双手捧花篮，作供养之状。肉体以淡赭色作西域凹凸法与中原传统法相混合的晕染。

### 149 第97窟 南壁 罗汉

南壁上下共六幅，图为上排西起第一铺，榜题："香醉山中第九尊者戍博迦大 / 阿罗汉自与眷属九百阿罗汉 / 等敬奉佛敕不入涅槃久住 / 世间作大利益……"。罗汉像秃头、长眉，身披袈裟，脚穿云头鞋，双手柱杖，坐于石上，作慈悲垂愍之态。石后绘花丛。罗汉身前立一小僧，双手合十礼拜供养，代表罗汉诸眷属。壁画风格颇粗犷，但亦能传神。

### 150 第97窟 南壁 供养比丘

南北两壁西端狭长空间画供养比丘。图为南壁。比丘像头长颐丰，身材修长而比例匀称。上身内着圆领窄袖衬衣，其上覆以交领阔袖绿色长袍，再披田相袈裟，足登布履；双手持长茎白莲花，上悬幡，面向佛龛作供养状，身前榜题："持花比丘供养时"。表现技法上，其面部用淡赭红作凹凸式晕染，流畅匀称的铁线勾勒轮廓。敷色简单明快，造型准确，能较好地把握年青比丘的精神状态和性格特征。

### 151　第97窟　西壁南侧　观世音菩萨

此图榜题："南无大慈大悲救苦观世音菩萨"。形象上除宝冠上有化佛外，别无一般观世音形象那种手执柳枝、净瓶的标记。头顶以花蔓、璎珞组成华盖。面型条长，细目修鼻。上身长大而四肢短小，人体比例不够匀称。但菩萨的庄重睿智及慈悲为怀的精神仍有比较充分的表现。

### 152　第206窟　南壁　说法图

此窟凿建在隋末唐初，西夏时改绘。覆斗形窟顶藻井西夏画莲花法杵井心，四披原画千佛被西夏重新涂色。东壁原画千佛之外，尚有五代画立佛、供养菩萨与供器，均经西夏涂色，下部西夏画供养人。南北两壁西夏涂绘千佛中央西夏画说法图各一铺，下部画供养菩萨。西壁开一斜顶敞口龛，龛内原塑一佛二弟子二菩萨，龛外力士台上塑二力士。龛外两侧画维摩变及四菩萨。龛下西夏画供器，两侧各画一文殊菩萨及供养菩萨。图为南壁千佛中央西夏重绘的说法图，由一佛、二弟子、二菩萨、二飞天组成。佛作高螺髻，脸型略显清瘦，袈裟右袒，结跏趺坐于平面凸字形束腰方座上，上有菩提树、宝盖。肉体用赭色作凹凸法晕染，其形象受西藏密宗造像影响颇深。菩萨、弟子长圆脸型，颇有西夏人物特征。此时，这一地区的西夏政权以及文化艺术的中心已逐步转移到了瓜州(安西)，在榆林窟修建石窟达到了又一个高潮，而在莫高窟则已失去了大规模改建重绘的势头。此窟西夏壁画大量的只是利用原有(隋末唐初)壁画重新填色。重绘时，亦往往直接在原有画面上随意图绘，甚至不再加涂地色或粉皮以覆盖原画，显露出草率从事的迹象。

# 元
(公元 1227 ~ 1368 年)

### 153　第465窟　窟顶东披

元代洞窟现存九个，壁画多出自高手，不少画面属于莫高窟的壁画精品。元朝蒙古族统治者曾迎请西藏萨迦派法师到西凉传法，又奉八思巴为国师，西藏密教得以流布内地，敦煌莫高窟壁画中遂出现了"藏密"(有别于"唐密")的题材和形式，其表现在莫高窟北端的第465窟较为典型。此窟前室画菩萨、佛塔。主室中心设圆坛，四壁画密宗曼荼罗共十一铺。窟顶作覆斗形，四披绘大日如来以外的四方佛。图为窟顶东披，为阿閦佛一铺。图中居主位的是一大佛，蓝身，两侧二身较小的佛，合在一起应是居住在东方的阿閦佛的身、口、意三身。周围环绕诸菩萨、眷属。蓝靛地色上敷青、绿、赭、白等色。璎珞环佩

以金饰。现存棕黑色的身躯是变色的结果，原来大都是红润的肤色。丰富而鲜艳的色彩，构成了与其它洞窟全然不同的艺术效果。

### 154　第465窟　西壁　欢喜金刚（部分）

此图为西壁中间一铺欢喜金刚下方正中的两方框格。这两身舞蹈者似应是修行家一类人物。画师抓住最能传神的瞬间动作，表现了舞蹈的鲜明节奏和优美造型。作为双人舞，步法协调整齐，上身面面相对，手势有张有合，富于变化，耐人寻味。

### 155　第465窟　南壁　欢喜金刚（部分）

南壁中央画欢喜金刚一铺，双身像四周框格上部东起第二方画一人，三目，丰乳细腰，在火焰中腾空跳跃，左臂绕过高高踢起的左腿托钵，右手握金刚杵。画面蓝、白、红三色，色调明快。作者运用铁线描，准确、有力而又简捷，成功地表现出人体舞蹈的动态。

### 156　第465窟　北壁　欢喜金刚（部分）

北壁画密宗金刚像三铺，此为居中一铺。欢喜金刚画在中央，周围框格二十方，上部十二方系眷属形象，下部八方为有关的祖师像。这身欢喜金刚是释迦牟尼佛为调伏欲界众生而示现的双身像之一。主尊蓝色，头发上竖，五髑髅为冠，八面各具三目，五十人首为项饰，十六臂皆持钵形颅器，颅器内置马、牛、骆驼及诸天神等，腰束裙。佛母大约原为红色，一面二臂、三目，裸形，右手执勾刀，与主尊相抱。画面线描遒劲、纯熟，纤细如高古游丝；色彩对比强烈，具有很浓的装饰意味，应是出于来自西藏的壁画高手。

### 157　第465窟　窟顶南披　供养菩萨

窟顶南披画宝生佛一铺。图中佛座右侧的供养菩萨高髻宝冠、卷发垂肩，其一肤色洁白，另一身已变色成棕黑，皆裸体，着短裤，项饰重环、珠串，斜披璎珞，手持莲枝。人物造型与中原地区迥异，眉棱高广、下颚突出，手心、足掌涂朱。画风细密，色彩艳丽，显然受到印度、尼泊尔等地密宗艺术的影响。

### 158　第95窟　南壁　罗汉

此窟前室及东壁已倾塌，主室有中心龛柱，东向面开龛。龛内塑六臂观音为主像，两侧各一弟子一菩萨、一天王，龛顶画六字真言团花。龛柱南、北向面及南壁、西壁、北壁均画罗汉像，今残存十一身，推想原来窟室所绘应有十六罗汉之数。图为南壁西侧，画长眉罗汉一铺。长眉罗汉为十六罗汉中为首的宾头卢尊者。据《杂阿含经》卷二十三说，宾头卢见阿育王时已经是皓首白发，曾以双手举眉面对阿育王讲述他当年见佛的情况，因此形成"长眉长寿"的外貌特征。画史记载中，五代时已屡见宾头卢和十六罗汉变相。在敦煌石窟则见于西夏和元代。图中宾头卢长眉过膝，由一比丘双手捧持，人物形象和壁画风格

都显示出更多中原地区的影响。

## 159　第61窟　甬道南壁　炽盛光佛

第61窟开凿于五代。元代在此窟窟前修建木构佛堂，命名"皇庆寺"。该窟甬道两壁可能是当时改绘的。图为南壁"炽盛光佛"，画中炽盛光佛手执金轮，乘双轮车前行，车尾插龙纹旌旗，九曜星神三面簇拥，二十八宿列队云端；上方还有"黄道十二宫"诸星图虚悬碧空。其中"双星座"星图中画有两身着蒙古装幼童，或可作为元代绘画的佐证。但画面的艺术表现则应属于西夏末至元代初年的风格；形象蕴藉、庄重，布局得当，画工精致，当出自高手。这一题材，据画史记载，唐、五代、宋时皆有绘制。敦煌藏经洞所出有唐乾宁四年（公元897年）绢画此图。近来在山西应县木塔中亦曾出辽代雕板印刷的麻纸本图。此壁在现存实物中较晚，却是最好的一幅作品。"炽盛光佛"，按《佛说无比大威德金轮佛顶炽盛光消灾吉祥陀罗尼经》，即是金轮佛顶尊，从佛身毛孔能放射出炽盛光明，主消禳灾难。元帝佞佛，且信"天人感应"，故对此经信仰颇盛，流传亦广。元皇庆年间，全国灾异频仍，当时统治沙州的西宁王速来蛮在此窟前建"皇庆寺"时，绘"炽盛光佛"以图消灾弭患，当是合乎情理的。

## 160　第61窟　甬道南壁　比丘尼

甬道南壁炽盛光佛图西（右）下角，利用画面空间又加绘一身扫洒尼姑像。图中一老年比丘尼，着灰色长衫，双手捧花合十竚立，身躯略显伛偻，面容虽已变色模糊，但仍使人感到内心的虔诚。勾勒衣衫的丁头鼠尾描，笔力劲挺，具有丰富的表现力。画像西侧有题榜一块，同时用汉文和西夏文墨书"扫洒尼姑播盂氏愿月明像"。"播盂"，为西夏姓氏的音译；"愿月明"，系人名的意译；"扫洒尼姑"，西夏原文为"燃灯行愿者"，译意相当。

## 161　第332窟　甬道北壁　女供养人

此窟建于初唐，早年原有武周圣历元年李克让重修莫高窟佛龛碑，为重要的唐窟之一，前室、甬道经五代重绘，在甬道两壁五代供养人画像西端，有元代重绘小幅供养人画像。图为甬道北壁下部西端的元代蒙古装女供养人。两身女供养人头戴高耸的"顾姑冠"，身穿晕花大袖长袍，着靴。长袍宽大曳地，须由女奴牵提衣襟。这是蒙古贵族妇女的一种礼服。图中后随一女侍，前有一小儿执花枝，似随母亲一同供养。

## 162　第332窟　甬道南壁　男供养人

此为甬道南壁元代供养人画像，方形构图，画男供养人三身，俱着蒙古装；头戴卷沿笠帽，帽后垂巾，窄袖衫外套半臂，肩上饰比肩，脚着毡靴，这就是当时所谓"搭护"的蒙古族骑士装束。后随侍从二身。此图以石绿和黑色涂边框两道，人物服饰亦以石绿色为主，绘制较简率，画面露出底层五代供养人像痕迹。

## 163　第3窟　西壁南侧　菩萨

莫高窟的元代洞窟很少，除第465窟之外，元代晚期的第3窟是最重要的代表窟；洞窟虽小，但具有很高的艺术水平。窟顶为覆斗形，浮塑四龙藻井，井心已残毁，四披画团花联泉纹图案现毛模糊。东壁门上画五坐佛，门南、北两侧各画菩萨像一身。南壁、北壁各画千手千眼观音一铺。西壁开盝顶帐形龛，龛顶画团花图案，四披画云头、回纹、卷草、联珠纹边饰。龛内西壁画双勾墨竹，南、北壁各画二菩萨。龛内塑像经清代重塑，形象丑陋。龛外帐门两侧各画菩萨二身。图为西壁龛外帐门南侧的菩萨，头束高髻，戴花冠披巾帼，外罩紫边绡衣笼冠下垂，披巾宽阔，下着长裙大带。抑扬顿挫的线描如有音乐般的韵味。

## 164　第3窟　西壁北侧　菩萨

装束与西壁龛外南侧对称位置上的菩萨一致。披素白袈裟，踏白莲花，类似白衣观音形象。观音菩萨常穿白衣，起初被如来点化到普陀洛迦山时，即衣着素白，故有此名，亦称"白衣大士"；又因住白莲中，故称"白处观音"。白色表示明心洁净。此图人物形象已模糊，但姿态仍觉生动。画面左侧隐约可辨墨书"甘州史小玉笔"字迹，此名另见于第444窟两条题记，纪年为"至正十七年"。以此推测，此窟可能即在元至正十七年（公元1357年）前后，由来自甘州的画师史小玉绘壁。

## 165　第3窟　西壁龛内南侧　菩萨（部分）

龛内南壁，菩萨二身，披黄、绿二色袈裟，跣足立莲花之上。东侧一身在美国华尔纳盗劫此图时受到破坏。图为西侧一身，头戴花冠，饰巾帼，额窄颊宽，下颚丰肥，造型上尚稍有些西夏遗风。顿挫有力的线描富于变化，已见人物画艺术的成熟。

## 166　第3窟　西壁龛内北侧　菩萨

与上图位置相对，亦画二菩萨，均梳高髻、戴花冠，分别披白色和黄色袈裟。图中可以看出，元代的绘画艺术在技巧上达到了高度的成熟，同时在对人物精神面貌的刻画上，进一步接近现实，带有更浓的世俗性，反映了当时人们的审美观念和宗教观念。

## 167　第3窟　南壁　千手眼观音变

此窟南北两壁各画千手千眼观音一铺。观世音以修证圆通、道行无上，而能现诸多妙容；昔曾因听千光王静住如来说广大圆满无碍大悲心陀罗尼神咒，发誓要安乐利益一切众生，于是身生千手千眼。千手眼观音系六观音之一，有八大菩萨为眷属，并领二十八部众。菩萨眷属画在西壁龛内、外。南、北壁千手眼观音两侧皆为二十八部众之属。观音菩萨在中国古代佛教信徒中具有广泛的基础，自密宗传入，观音形象越发神奇，成为人们日常生活中有求必应，须臾不可离的神，观音变相在壁画中也越来越成为居有重要地位的题材。此窟即以观音为主题。图中千手眼观音像有十一面，四十大手，其中二大手高举化佛，二手合掌，二手托钵，四周环绕二飞天及部众。人物衣冠均作中原形式。

**168　第3窟　南壁　飞天**

图为南壁千手千眼观音西上角的一身飞天，头上簪花，双鬟髻垂于两耳旁，脸庞和身躯丰肥，宽阔的飘带绕体舒卷，手捧莲花作跪姿虔诚供养，神情中略带童稚的天真。长裙用墨色晕染，浓密的彩云涂黄色，与紫色的飘带形成对比，色彩浑厚协调。

**169　第3窟　北壁　飞天**

北壁西上角飞天头梳双髻，一手托莲花，一手执莲枝负在肩上，乘黄色卷云从空而降。络腋白色，长裙用紫黑色晕染，飘带正面紫红色，背面绿色，白莲以绿叶相衬，色彩新鲜，富于时代特色。

**170　第3窟　北壁　千手眼观音变**

**171　第3窟　北壁　千手眼观音（部分）**

北壁画与南壁格局对称的千手千眼观音一铺，保存较南壁为好。此窟是敦煌现存唯一以观音为主题的洞窟。全窟作成沙泥壁面，上敷薄粉，绘制湿壁画。壁面制作大体符合宋代《营造法式》一书中所记载的方法。壁画以焦墨勾勒，色彩淡雅，造型蕴藉、庄重。特别令人称赏的是丰富多彩的线描。图中千手千眼观音像，描绘衣裙巾带，时而笔势圆转、酣畅，如行云流水，虽绢帛集束亦不失顺风而动的轻柔；时而笔力劲拔顿挫，如兰叶，如折芦，表现出锦、绢、绵、麻等不同的质感。人物面容、肢体则一律用遒劲的铁线勾勒而成，自然、匀称、丰满，造型十分准确，细腻的肌肤如有生气。千手千眼的描绘一丝不苟，千姿百态耐人寻味（图版171）。中国人物画的线描，如铁线描、兰叶描、折芦描、行云流水描等，几乎已荟萃一壁，和谐统一，标志着元代绘画艺术的高度发展。

**172　第3窟　北壁　吉祥天**

千手千眼观音左右上下画二十八部众，此为北壁西侧吉祥天女。吉祥天，又称功德天，司国家安泰及个人福德，作天女之形，传为毗沙门天王之妹或王妃；在古印度原为命运、财富和美的女神。图中天女头戴花钗冠，饰巾帼，穿云肩羽袖大带裙襦，一手拿花，一手扬起似作施与状；形容秀丽，举止端庄，服饰及人物气质如规实中的上层社会女子。

**173　第3窟　北壁　婆薮仙**

婆薮仙，原为外道仙人，因天祀杀生而堕地狱，后蒙菩萨解脱而诣佛所皈依。其变相在早期石窟中常见于龛内佛座两侧的龛壁，在此窟则画于北壁东侧千手千眼观音部众之一的位置上，与吉祥天相对称。图中婆薮仙束高髻戴火焰形莲花冠，绿色交领大袖袍，长眉下垂、须髯飘拂，画出一生动写实的老人形象。

**174　第3窟　东壁北侧　观音菩萨**

东壁门北侧画散财观音像。图中菩萨头戴化佛冠，披黄色袈裟，双莲托足乘紫、黄二色祥云降临，垂右臂，手中珊瑚、玛瑙、象牙、玉佩、钱币等七宝源源不断落下。下方画一小人，双手捧钵接取七宝。这一画面表现观音菩萨以七宝施予贫穷者的情景。

**175　第3窟　东壁南侧　观音菩萨**

东壁南侧净瓶观音像，穿绿色络腋、紫色云肩，凌空而降，左手下垂倒握净瓶，其下画面已漫漶，隐约可见一人张口乞饮。图中所表现的正是观音菩萨以甘露施饿鬼的情景。东壁两侧的这两身观音像，姿态生动活泼，与此窟其它壁面一样，均为高手所作。

**176　第3窟　北壁　护法金刚**

北壁千手千眼观音像左、右下方各画护法金刚，俱为观音的二十八部众之一。图为西侧一身，有三头，每面有三目；八臂，双手交胸前，各伸二指，余六臂握杵、轮、剑、铃、绢索等诸法器；全身肌肉紧张，青筋暴露；须眉蓬松，长发矗立，倒竖头顶；巾带绕臂飞扬，后有火焰助其威势，形象分外生动。就绘画风格而言，应是唐代吴道子画派的继承和发展。

至此，莫高窟艺术创造即告结束，自北凉至此窟已历千年，以后虽有清代的重修，数量不少，终因技艺低劣，不但谈不上艺术水平，而且粗糙的和不严肃的修缮反而对原作造成了破坏。

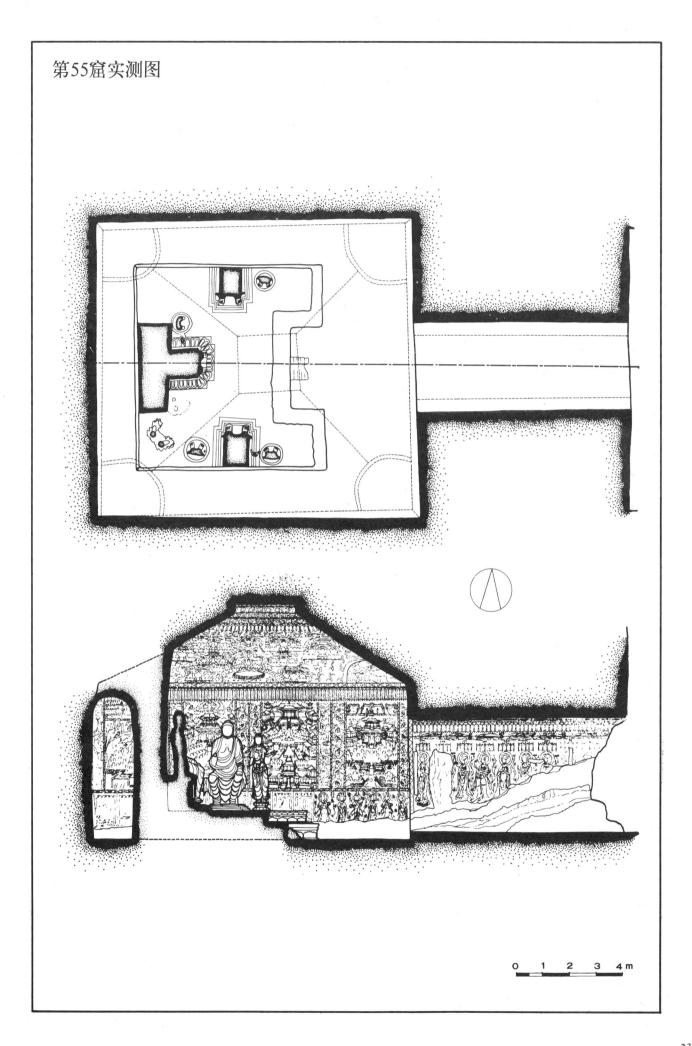

第55窟实测图

0 1 2 3 4 m

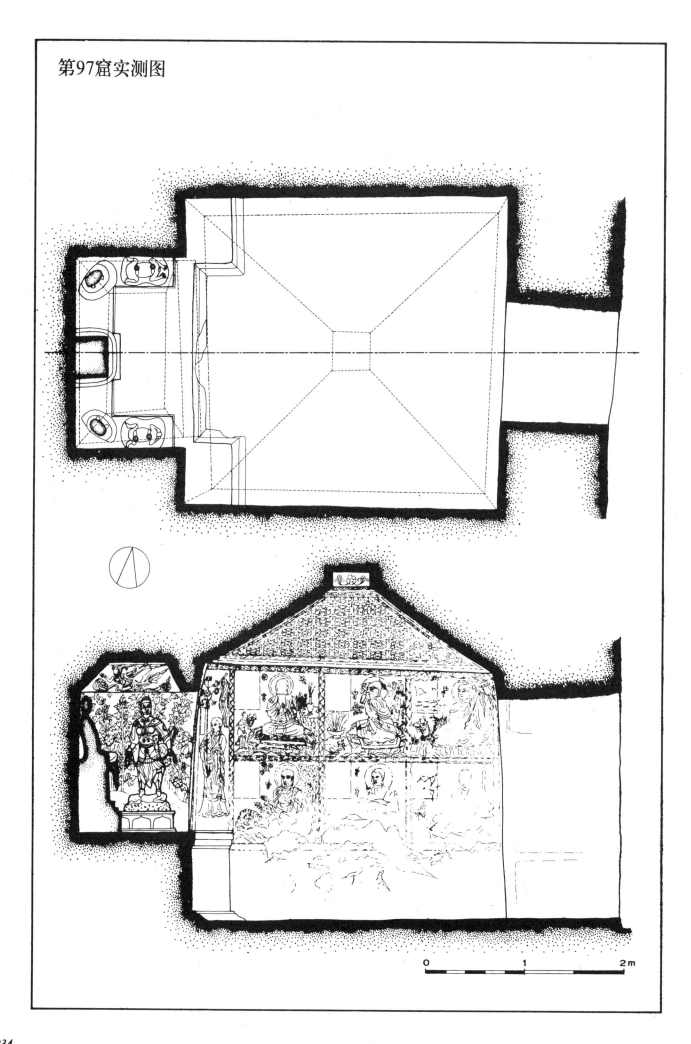

第97窟实测图

第3窟实测图

0　　　1　　　2 m

# 敦煌莫高窟大事年表(五)

史苇湘编

| 公元907年 | 后梁 | 开平元年 | 丁卯 | 四月，后梁太祖朱温即位。续建莫高窟今第468窟前室①。 (《旧五代史》卷三《梁书·太祖本纪》) |
| 公元911年 | 后梁 | 乾化元年 | 辛未 | 甘州回鹘兵逼沙州，张承奉遣罗通达求援于吐蕃，不应；遂派金山国宰相及大德耆寿等赴甘州议和，结父子之盟。 (王重民《金山国坠事零拾》) |
| 公元919年 | 后梁 | 贞明五年 | 己卯 | 重修莫高窟今第84窟②。 |
| 公元920年 | 后梁 | 贞明六年 | 庚辰 | 此顷，张承奉卒。 (《金山国坠事零拾》) |
| 公元922年 | 后梁 | 龙德二年 | 壬午 | 重修莫高窟今第401窟③。 |
| 公元924年 | 后唐 | 同光二年 | 甲申 | 四月，沙州曹议金进玉三团及硇砂、羚羊角、波斯锦、茸褐、白氎毛、生黄、金星矾等。五月，唐以权知归义军留后曹议金为归义军节度使沙州刺史检校司空。此顷，莫高窟今第98窟建成④。鄜州开元寺沙门智严、定州开元寺沙门归文先后往西域求法，途经沙州。 (《册府元龟》卷九百七十二、《旧五代史》卷三十二《唐书·庄宗记》、敦煌石窟遗书S.5981、S.0529) |
| 公元925年 | 后唐 | 同光三年 | 乙酉 | 三月，翟奉达重修莫高窟翟家窟 (今第220窟) 甬道北壁，绘新样文殊师利菩萨一铺⑤。 |
| 公元926年 | 后唐 | 同光四年 | 丙戌 | 正月，沙州曹议金遣使者赴京。瓜州榆林窟今第19窟建成⑥。 (《新五代史》卷五《庄宗纪》) |
| 公元930年 | 后唐 | 长兴元年 | 庚寅 | 九月，曹议金向后唐进马四百匹、玉一团。 (《册府元龟》卷九百七十二) |
| 公元931年 | 后唐 | 长兴二年 | 辛卯 | 正月，以沙州节度使曹议金兼中书令。 (《旧五代史》卷四十二《唐书·明宗纪》) |
| 公元932年 | 后唐 | 长兴三年 | 壬辰 | 正月，沙州进马七十五匹、玉三十六团。 (《册府元龟》卷九百七十二) |
| 公元934年 | 后唐 | 清泰元年 | 甲午 | 正月，瓜州遣使者牙将唐进、沙州遣梁行通等入贡，各赐锦袍、银带。七月，瓜州刺史慕容归盈转检校尚书左仆射。是年，河西都僧统海晏卒，享年七十二岁。莫高窟今第387窟重修⑦。 (《册府元龟》卷九百六十五、卷九百七十六、敦煌石窟遗书P.3720) |
| 公元935年 | 后唐 | 清泰二年 | 乙未 | 七月，沙州刺史曹议金向后唐献马三匹。瓜州刺史慕容归盈献马五十匹。 (《册府元龟》卷九百七十二) |
| 公元936年 | 后唐 | 清泰三年 | 丙申 | 曹议金卒。子元德嗣。 (敦煌石窟遗书P.3556) |
| 公元937年 | 后晋 | 天福二年 | 丁酉 | 冬十月，辽太后永宁节，晋及回鹘、敦煌皆遣使来贺，时辽天显十二年。 (《辽史》卷三《太宗纪》) |
| 公元938年 | 后晋 | 天福三年 | 戊戌 | 于阗国王李圣天、回鹘可汗仁美遣使向后晋入贡。后晋命供奉官张匡邺、判官高居诲出使于阗，册封李圣天为大宝于阗国王。 (《册府元龟》卷九百七十二、《新五代史》卷七十四《四夷附录》) |
| 公元939年 | 后晋 | 天福四年 | 己亥 | 后晋册于阗使张匡邺、高居诲等经肃州至瓜、沙，刺史 |

| | | | | 曹元深等郊迎。冬十一月，铁骊、敦煌并遣使入贡于辽。（《新五代史》卷七十四《四夷附录》、《辽史》卷四《太宗纪》） |
|---|---|---|---|---|
| 公元 940 年 | 后晋 | 天福五年 | 庚子 | 张匡邺、高居诲至于阗，时值于阗同庆二十九年。辽以端午宴群臣及诸国使，命回鹘、敦煌二使作本俗舞。（《新五代史》卷七十四《四夷附录》、《辽史》卷四《太宗纪》） |
| 公元 942 年 | 后晋 | 天福七年 | 壬寅 | 此顷曹元德卒，弟元深、元忠共掌归义军。沙州曹元忠、瓜州曹元深所遣使者及于阗使者刘再昇皆入后晋朝。（敦煌石窟遗书 P.4046 天福七年曹元深疏、《旧五代史》卷一百三十八《吐蕃传》、《新五代史》卷七十四《四夷附录》） |
| 公元 943 年 | 后晋 | 天福八年 | 癸卯 | 莫高窟今第 412 窟重修[8]。 |
| 公元 945 年 | 后晋 | 开运二年 | 乙巳 | 曹元忠任归义军节度使。（敦煌石窟遗书 P.2992） |
| 公元 947 年 | 后汉 | 天福十二年 | 丁未 | 曹元忠命沙州匠人雷延美雕刻版画大圣毗沙门天王、观世音菩萨。（松本荣一《敦煌画の研究》附图一二〇、二二〇[9]） |
| 公元 948 年 | 后汉 | 乾祐元年 | 戊申 | 回鹘、于阗遣使贡于后汉。（《册府元龟》卷九百七十二） |
| 公元 949 年 | 后汉 | 乾祐二年 | 己酉 | 五月，新授归义军节度观察留后曹元忠遣步军教练梁再通献硇砂十斤。六月，节度押衙张盈润在莫高窟今第 108 窟前室南壁题诗并序[10]。（敦煌石窟遗书 S.4398 天福十四年曹元忠献硇砂状） |
| 公元 950 年 | 后汉 | 乾祐三年 | 庚戌 | 归义军节度使曹元忠施雕《金刚般若波罗蜜经》。（敦煌石窟遗书 P.5415[11]） |
| 公元 952 年 | 后周 | 广顺二年 | 壬子 | 沙州遣僧兴奉表入朝。（《册府元龟》卷九百八十） |
| 公元 953 年 | 后周 | 广顺三年 | 癸丑 | 此前，莫高窟今第 469 窟建成[12]。此际，莫高窟今第 123、124、125 三窟前室重修[13]。 |
| 公元 955 年 | 后周 | 显德二年 | 乙卯 | 曹元忠遣使入贡，后周授元忠为归义军节度使检校太尉同中书门下平章事，曹延恭为瓜州团练使，各铸印赐之。此前莫高窟文殊堂（今第 61 窟）建成[14]。（《宋史》卷四百九十《沙州传》、《新五代史》卷七十四《四夷附录》） |
| 公元 958 年 | 后周 | 显德五年 | 戊午 | 西川兴善大寺僧法宗往西天取经，道经沙州。（北京图书馆藏敦煌石窟遗书冬 62《维摩诘所说经》背题） |
| 公元 961 年 | 宋 | 建隆二年 | 辛酉 | 十一月，沙州节度使曹元忠、瓜州团练使曹延恭等使献玉鞍勒马。十二月，回鹘可汗景琼遣使向宋朝贡方物。（《宋史》卷一《太祖纪》） |
| 公元 962 年 | 宋 | 建隆三年 | 壬戌 | 正月制：推诚奉义保塞功臣归义军节度瓜沙等州观察处置管勾营田押藩落等使特进检校太傅同中书门下平章事沙州刺史上柱国谯郡公食邑一千五百户曹元忠可依前检校太傅兼中书令使持节沙州诸军事行沙州刺史充归义军节度使瓜沙等州观察处置管勾营田押藩落等使加食邑五百户实封二百户散官勋如故。又以瓜、沙州团练使曹延继（敬）为本州防御使检校司徒封食邑三百户，改名延恭。此顷，莫高窟今第 55 窟扩建完成[15]。（《宋会要辑稿》第一百九十八册） |
| 公元 964 年 | 宋 | 乾德二年 | 甲子 | 僧继业等沙门三百人求舍利及贝多叶书，自阶州出塞西行，由灵武、西凉、甘、肃、瓜、沙等州，入伊吾、高昌、焉耆、于阗、疏勒……往天竺。（范成大《吴船录》卷上《峨眉山牛心寺记》[16]） |

| 公元965年 | 宋 | 乾德三年 | 乙丑 | 十二月，甘州回鹘可汗、于阗国王及瓜、沙州皆遣使来朝，贡马千匹、橐驼五百头、玉五百团、琥珀五百斤。（《宋史》卷二《太祖纪》、《宋会要辑稿》第一百九十九册） |
|---|---|---|---|---|
| 公元966年 | 宋 | 乾德四年 | 丙寅 | 五月，归义军节度使曹元忠夫妇重修莫高窟北大像下三层，参加工程计十二寺僧人二百四十人、木匠五十六人、泥匠十人。（《敦煌画の研究》附图二二四） |
| 公元968年 | 宋 | 开宝元年 | 戊辰 | 十一月，甘州回鹘及于阗、沙州使人各贡驼马方物。（《宋会要辑稿》第一百九十七册） |
| 公元970年 | 宋 | 开宝三年 | 庚午 | 正月二十五日，比丘福惠等十六人立约于莫高窟营造佛窟。二十六日，莫高窟今第427窟窟檐建成。[17]（敦煌石窟遗书S.3540庚午年比丘福惠等造佛窟约） |
| 公元974年 | 宋 | 开宝七年 | 甲戌 | 六月六日曹元忠卒。（敦煌石窟遗书P.3827、S.5972、S.5973） |
| 公元975年 | 宋 | 开宝八年 | 乙亥 | 曹延恭嗣掌归义军，充归义军节度兵马留后。曹延禄充归义军节度副使。（敦煌石窟遗书S.5973曹延恭疏、P.3827曹延禄上表） |
| 公元976年 | 宋 | 太平兴国元年 | 丙子 | 正月，莫高窟今第444窟窟檐建成。[18]此际，莫高窟今第454窟建成，窟主为曹延恭[19]。七月，曹延恭卒。冬，宋遣殿值张察赍诏谕甘、沙州回鹘可汗外甥赐以器币招至名马美玉，以备车骑琮横之用。（敦煌石窟遗书S.3978丙子年七月一日司空迁化纳赠历、《宋会要辑稿》第一百九十七册） |
| 公元978年 | 宋 | 太平兴国三年 | 戊寅 | 三月，曹延禄向宋贡玉盆宝毡。（《宋会要辑稿》第一百九十九册引《玉海》） |
| 公元979年 | 宋 | 太平兴国四年 | 己卯 | 四月，曹延禄上表自称权归义军节度兵马留后，遣使修贡。（敦煌石窟遗书P.3360、《续资治通鉴长编》卷二十一） |
| 公元980年 | 宋 | 太平兴国五年 | 庚辰 | 二月，紫亭县令阎员清重修莫高窟今第431窟并建窟檐[20]。闰三月，甘、沙州回鹘遣使来贡方物。夏四月，诏赠曹元忠为敦煌郡王，授曹延禄归义军节度使，其弟延晟为瓜州刺史、延瑞为衙内都虞侯，母封秦国太夫人，妻封陇西郡夫人。（《续资治通鉴长编》卷二十一） |
| 公元983年 | 宋 | 太平兴国八年 | 癸未 | 沙州归义军遣都领令狐愿德贡于宋。（《宋会要辑稿》第一百九十八册） |
| 公元986年 | 宋 | 雍熙三年 | 丙戌 | 曹延瑞在大云寺设会礼佛。（敦煌石窟遗书P.4622） |
| 公元988年 | 宋 | 端拱元年 | 戊子 | 三月，榆林窟今第13窟建成，画师为沙州押衙令狐住延[21]。六月，辽夷离堇阿鲁勃送沙州节度使曹恭顺还。（《辽史》卷一《圣宗纪》） |
| 公元991年 | 宋 | 淳化二年 | 辛卯 | 沙州僧惠崇等四人以良玉舍利献于宋。宋朝并赐紫方袍，馆于太平兴国寺。为法律尼戒行迁逝所制《父母恩重经变相》帧绘成[22]。（《宋会要辑稿》第一百九十八册） |
| 公元995年 | 宋 | 至道元年 | 乙未 | 三月，曹延禄遣使朝贡于宋。制加延禄特进检校太尉。五月，延禄遣使贡方物，乞赐生药、腊茶、供帐什物、弓箭、铙钹、佛经及赐僧圆通紫衣，并从之。十月，曹延禄遣使上表请以宋朝新译诸经降赐本道，从之。十一月，僧道猷等奉宣往西天取经，道经沙州，寄住灵图寺。（《宋会要辑稿》第 |

| | | | | |
|---|---|---|---|---|
| | | | | 一百九十八册、敦煌石窟遗书收字 4 号僧道猷等奉宣往西天取经牒、《沙州文录补》僧道猷状) |
| 公元 999 年 | 宋 | 咸平二年 | 己亥 | 二月，沙州节度使曹延禄遣使贡美玉、良马。（《宋会要辑稿》第一百九十九册) |
| 公元 1001 年 | 宋 | 咸平四年 | 辛丑 | 制进封曹延禄为谯郡王。（《宋会要辑稿》第一百九十八册) |
| 公元 1002 年 | 宋 | 咸平五年 | 壬寅 | 归义军节度使谯郡王曹延禄及其弟瓜州防御使延瑞并为族侄曹宗寿所杀。八月，权归义军兵马留后曹宗寿遣牙校阴会迁入贡，求降旌节。宋朝乃授曹宗寿金紫光禄大夫检校太保使持节沙州刺史兼御史大夫归义军节度瓜沙等州观察处置押蕃落等使谯郡开国侯食邑一千户赐竭诚奉化功臣，弟宗文（允）为检校尚书左仆射御史大夫知瓜州军州事，子贤顺为检校兵部尚书衙内都指挥使，妻氾氏封济北郡夫人。（《续资治通鉴长编》卷五十二、《宋会要辑稿》第一百九十八册、《文献通考》卷二十四《四裔考·沙州》) |
| 公元 1004 年 | 宋 | 景德元年 | 甲辰 | 四月，瓜、沙曹宗寿遣使贡良玉名马。五月廿四日归义军节度使曹宗寿遣使入贡为沙州僧惠藏乞师号，又为龙兴、灵图二寺修像乞金十万箔，又乞铸钟匠及汉人之善藏珠者往传授其术。宋诏赐惠藏师号，量给金箔，余不许。（《续资治通鉴长编》卷五十六、《宋会要辑稿》第一百九十八、一百九十九册) |
| 公元 1006 年 | 宋 | 景德三年 | 丙午 | 八月，沙州敦煌王曹宗寿遣使向辽进大食国马及美玉。辽以对衣银器等物赐之。（《辽史》卷十四《圣宗纪》) |
| 公元 1007 年 | 宋 | 景德四年 | 丁未 | 五月，曹宗寿遣瓜、沙州节度上司孔目官阴会迁等三十五人诣宋阙贡玉团、玉印、乳香、硇砂、橐驼、名马。诏赐锦袍、金带、器币酬其值，敕谕所乞药物、金箔量赐之。闰五月，沙州僧正会请诣宋以延禄表乞赐金字经一藏。诏益州写金银字经一藏赐之。（《续资治通鉴长编》卷六十五、《宋史》卷七《真宗纪》、《宋会要辑稿》第一百九十八册) |
| 公元 1010 年 | 宋 | 大中祥符三年 | 庚戌 | 五月，辽西北路招讨使肖图玉伐甘州回鹘破其属部肃州，尽俘其民。（《辽史》卷十五《圣宗纪》) |
| 公元 1014 年 | 宋 | 大中祥符七年 | 甲寅 | 沙州曹宗寿死，子贤顺自为归义军兵马留后，奉贡请命于宋朝。四月，以贤顺为本军节度使，弟贤惠为检校刑部尚书知瓜州。归义军掌书记宋庆融为检校工部员外郎。贤顺又上表求金字藏经、泊茶药、金箔。诏赐之。同月，沙州回鹘曹贤顺遣使贡于辽，回赐衣币。（《宋史》卷八《真宗纪》、《续资治通鉴》卷三十一、《宋会要辑稿》第一百九十八册、《辽史》卷十五《圣宗纪》、卷七十《属国表》) |
| 公元 1019 年 | 宋 | 天禧三年 | 己未 | 春正月，辽封沙州节度使曹贤顺为敦煌郡王。三月，敦煌永安寺、龙兴寺、金光明寺、报恩寺、灵图寺、三界寺、莲台寺、大乘寺、圣光寺等二十六僧结社于莫高窟对岸三危山下造塔一所。造塔塑匠王安德、李存遂。（《辽史》卷十六《圣宗纪》、《陇右金石录补》卷一《天禧塔记》) |
| 公元 1020 年 | 宋 | 天禧四年 | 庚申 | 七月，辽遣使赐沙州回鹘敦煌郡王曹贤顺衣物。九月，沙州回鹘敦煌郡王曹贤顺遣使贡于辽。（《辽史》卷十六《圣 |

| | | | | 宗纪》） |
|---|---|---|---|---|
| 公元 1023 年 | 宋 | 天圣元年 | 癸亥 | 闰九月，归义军节度使曹贤顺遣使翟来著等向宋贡乳香、硇砂、玉团。 （《宋史》卷九《仁宗纪》、《宋会要辑稿》第一百九十八、一百九十九册） |
| 公元 1026 年 | 宋 | 天圣四年 | 丙寅 | 八月，辽遣肖惠攻甘州不克。 （《辽史》卷十七《圣宗纪》） |
| 公元 1028 年 | 宋 | 天圣六年 | 戊申 | 赵德明遣子元昊攻甘州，拔之。 （《宋史》卷四百八十五《夏国传》） |
| 公元 1030 年 | 宋 | 天圣八年 | 庚午 | 十一月，沙州遣使向宋贡玉、玉版、黑玉、玉秋辔、真珠、乳香、硇砂、梧桐揪、黄矾花蕊布、白褐马。十二月，定难军节度使西平王赵德明向宋献马七十匹求赐佛经一藏，仁宗许之。是年瓜州王以千骑降于西夏。 （《宋会要辑稿》第一百九十九册、《续资治通鉴长编》卷一百九、《西夏书事》卷十一、《宋史》卷四百八十五《夏国传》） |
| 公元 1031 年 | 宋 | 天圣九年 | 辛未 | 正月，沙州遣使米兴僧法轮向宋贡珠玉名马。十月，西夏王赵德明卒，子元昊嗣。 （《宋会要辑稿》第一百九十九册、《宋史》卷四百八十五《夏国传》） |
| 公元 1034 年 | 宋 | 景祐元年 | 甲戌 | 十二月，西夏元昊献马求经于宋。 （《续资治通鉴长编》卷一百一十五、《西夏书事》卷十一） |
| 公元 1035 年 | 宋 | 景祐二年 | 乙亥 | 西夏元昊败吐蕃唃厮罗部。 （《宋史》卷四百八十五《夏国传》） |
| 公元 1036 年 | 宋 | 景祐三年 | 丙子 | 秋七月，元昊引兵攻瓜、沙、肃。三州求援于回鹘，不应，相继陷没。于是西夏尽有河西之地。元昊既拥夏、银、绥、宥、静、灵、盐、会、胜、洪、定、威、龙、甘、凉、瓜、肃诸州，遂定都兴州，置十二监军司，委豪右分统其众；右厢甘州路三万人，以备西番、回鹘。设十六司，以总庶务。元昊自制蕃书，命野利仁荣演绎之，成十二卷。复改元大庆。 （《西夏书事》卷十二、《宋史》卷四百八十五《夏国传》） |
| 公元 1037 年 | 西夏 | 大庆二年 | 丁丑 | 沙州遣使杨骨盖副使翟延顺向宋贡玉、牛黄、綦子、褐绿、黑皮、花蕊布、琥珀、乳香、硇砂、梧桐律、黄矾、名马。 （《宋会要辑稿》第一百九十八、一百九十九册） |
| 公元 1038 年 | 西夏 | 大庆二年 | 戊寅 | 十月，元昊称帝，建国号为大夏，改元天授礼法延祚元年。是年向宋奉表遣使诣五台山供佛宝，欲窥河东道路。 （《宋史》卷四百八十五《夏国传》、《西夏书事》卷十二） |
| 公元 1040 年 | 西夏 | 天授礼法延祚三年 | 庚辰 | 四月，沙州遣人向宋入贡方物。八月，宋朝禁以金箔饰佛像。 （《宋会要辑稿》第一百九十八册、《宋史》卷十《仁宗纪》） |
| 公元 1041 年 | 西夏 | 天授礼法延祚四年 | 辛巳 | 二月，沙州遣大使安谔支副使李吉入贡于宋。 （《宋会要辑稿》第一百九十八册） |
| 公元 1042 年 | 西夏 | 天授礼法延祚五年 | 壬午 | 二月，沙州、北庭可汗遣使入贡于宋。 （《宋会要辑稿》第一百九十八册） |
| 公元 1046 年 | 西夏 | 天授礼法延祚九年 | 丙戌 | 莫高窟今第 444 窟建窟檐[23]。 |
| 公元 1047 年 | 西夏 | 天授礼法延祚十年 | 丁亥 | 二月，西夏于兴庆府东十五里役民夫建高台寺及诸浮图，俱高数十丈，贮宋朝所赐大藏经，广延回鹘僧译为蕃字。 （《西夏书事》卷十八） |

| 公元1048年 | 西夏 | 天授礼法延祚十一年 | 戊子 | 正月，西夏王元昊卒，在位十七年。子谅祚嗣。 （《宋史》卷四百八十五《夏国传》） |
|---|---|---|---|---|
| 公元1050年 | 西夏 | 天祐垂圣元年 | 庚寅 | 四月，沙州符骨笃末似婆温等向宋贡玉。十月、沙州遣人向宋贡方物。 （《宋会要辑稿》第一百九十八册） |
| 公元1052年 | 西夏 | 天祐垂圣三年 | 壬辰 | 正月，龟兹、沙州并遣使至宋朝贡方物。十月，沙州遣使贡于宋。是年为宋皇祐四年。沙州自景祐至皇祐中，凡七贡方物于宋。 （《宋会要辑稿》第一百九十九册并引《山堂考索》、《宋史》卷四百九十《沙州传》） |
| 公元1055年 | 西夏 | 福圣承道三年 | 乙未 | 四月，西夏遣使入贡于宋，仁宗赐大藏经。十月，西夏太后没藏氏因宋朝赐经，役兵民数万，于兴庆府西起承天寺，贮经其中，延回鹘僧登坐演经。 （《续资治通鉴长编》卷一百七十九、《西夏书事》卷十九） |
| 公元1058年 | 西夏 | 奲都二年 | 戊戌 | 西夏国主谅祚请赎大藏经并经帙签牌等于宋，马七十匹充印造工值。 （《西夏纪事本末》卷二十） |
| 公元1061年 | 西夏 | 奲都五年 | 辛丑 | 十月，西夏始用汉礼，上书宋朝，言慕中国衣冠，明年当以此迎使者。诏许之。 （《宋史》卷十二《仁宗纪》、卷四百八十五《夏国传》、《西夏书事》卷二十） |
| 公元1062年 | 西夏 | 奲都六年 | 壬寅 | 四月，西夏进马五十匹求宋太宗御制诗章隶书石本，并求《九经》、《唐史》、《册府元龟》及宋正至朝贺仪。诏赐《九经》，还所献马。西夏请赎之大藏经，宋朝已指挥印经院印造，许候嘉祐十一年正旦进奉人到关给付。 （《宋史》卷四百八十五《夏国传》、《西夏纪事本末》卷二十） |
| 公元1068年 | 西夏 | 乾道二年 | 戊申 | 西夏所赎大藏经印造毕。是年春，宋诏差人于界首交割，所有马七十匹不用进来。 （《西夏纪事本末》卷二十二） |
| 公元1072年 | 西夏 | 天赐礼盛国庆四年 | 壬子 | 十二月，西夏遣使进马赎大藏经，宋诏赐之而还其马。 （《宋史》卷四百八十六《夏国传》） |
| 公元1074年 | 西夏 | 天赐礼盛国庆六年 | 甲寅 | 河西阿育王寺赐紫沙门惠聪在瓜州榆林窟住持，于今第16窟甬道墨书《住窟记》一篇[24]。 |
| 公元1085年 | 西夏 | 大安十一年 | 乙丑 | 凉州人福全在莫高窟今第65窟推沙扫寺题记[25]。 |
| 公元1093年 | 西夏 | 天祐民安四年 | 癸酉 | 二月，西夏命瓜，沙诸州严兵备于阗。 （《西夏书事》卷二十九） |
| 公元1097年 | 西夏 | 天祐民安八年 | 丁丑 | 二月，于阗国破西夏瓜沙肃三州，黑韩王入贡上表于宋。哲宗谕嘉之。 （《西夏书事》卷三十、《宋会要辑稿》第一百九十七册） |
| 公元1103年 | 西夏 | 贞观三年 | 癸未 | 二月，西夏主乾顺命建卧佛寺于甘州。 （《西夏书事》卷三十一） |
| 公元1110年 | 西夏 | 贞观十年 | 庚寅 | 秋九月，瓜沙肃三州饥。西夏主乾顺命发灵、夏诸州粟赈济。 （《西夏书事》卷三十二） |
| 公元1125年 | 西夏 | 元德七年 | 乙巳 | 二月，辽天祚帝耶律延禧被金俘获，耶律大石西走，建西辽国。 （《辽史》卷三十《天祚皇帝纪》） |
| 公元1174年 | 西夏 | 乾祐五年 | 甲午 | 冬十月，西辽克烈部汪罕自契丹东还，入河西大掠，西夏主仁孝击走。 （《西夏书事》卷三十八） |
| 公元1176年 | 西夏 | 乾祐七年 | 丙申 | 秋七月旱，蝗大起，河西诸州食稼殆尽。 （《西夏书事》卷三十八） |

| 公元1178年 | 西夏 | 乾祐九年 | 戊戌 | 五月，西辽克烈部亦剌哈侵西夏西境，大恣剽掠，西夏主仁孝遣兵击走。（《西夏书事》卷三十八） |
|---|---|---|---|---|
| 公元1184年 | 西夏 | 乾祐十四年 | 甲辰 | 甘州画师高崇德在瓜州榆林绘制秘密堂[26]。 |
| 公元1205年 | 西夏 | 天庆十二年 | 乙丑 | 蒙古入河西，纵兵蹂瓜、沙诸州，西夏主纯佑不敢拒。（《西夏书事》卷三十九） |
| 公元1219年 | 西夏 | 光定九年 | 己卯 | 西夏僧人在莫高窟今第443窟结经[27]。 |
| 公元1224年 | 西夏 | 乾定二年 | 甲申 | 二月，西夏结漠北诸部兵以拒蒙古。夏五月，蒙古兵围沙州，不克。秋十月，蒙古破银州，漠北诸部溃散。十一月，夏主德旺遣使诣蒙古军请降，始解沙州围城。沙州军民坚守半载。（《西夏书事》卷四十二） |
| 公元1226年 | 西夏 | 宝义元年 | 丙戌 | 二月，蒙古破西夏黑水城。三月，河西诸州旱，民无所食。五月，蒙古取肃州，屠城。六月，破甘州。七月，取凉州府。十月，破灵州。十二月，破盐州，进围中兴府。（《元史》卷一《太祖纪》、《西夏书事》卷四十二） |
| 公元1227年 | 西夏 | 宝义二年 | 丁亥 | 三月，蒙古破沙州。六月，西夏末主晛出降，西夏亡。是为元太祖成吉思汗二十二年。蒙古以沙州隶八都大王，瓜、沙州废。（《元史》卷一《太祖纪》、卷六十《地理志》） |
| 公元1228年 | 蒙古 | 皇子拖雷监国 | 戊子 | 自敦煌置驿抵玉门关以通西域。（《元史》卷一百二十一《按竺迩传》） |
| 公元1260年 | 元 | 中统元年 | 庚申 | 以八思巴为帝师，授以玉印，令统掌释教，命制蒙古新字。（《元史》卷四《世祖纪》、卷二百二《八思巴传》、《蒙兀儿史记》卷七） |
| 公元1271年 | 元 | 至元八年 | 辛未 | 二月，以沙州、瓜州鹰坊三百人充军。十一月，蒙古改国号为元。意大利威尼斯人尼可罗兄弟及尼可罗子马可波罗出发前来中国，行程三载有半，曾途经沙州，约至元十二年始达元大都。（《元史》卷七《世祖纪》、《马可波罗游记》[28]、《蒙兀儿史记》卷一百一十七） |
| 公元1274年 | 元 | 至元十三年 | 甲戌 | 正月，立沙州北陆驿二。（《元史》卷八《世祖纪》） |
| 公元1277年 | 元 | 至元十四年 | 丁丑 | 复立沙州、瓜州。（《元史》卷六十《地理志》） |
| 公元1280年 | 元 | 至元十七年 | 庚辰 | 升沙州为沙州路总管府，辖瓜州。五月，括沙州户丁，定常赋，其富户余田令所戍汉军耕种。（《元史》卷十一《世祖纪》、卷六十《地理志》） |
| 公元1281年 | 元 | 至元十八年 | 辛巳 | 五月，遣使赈瓜、沙州饥。于甘州立行中书省，以控制河西诸郡。（《元史》卷六十《地理志》） |
| 公元1283年 | 元 | 至元二十年 | 癸未 | 十一月，河西官府参用汉人。徙甘肃沙州民户复业。（《元史》卷十二《世祖纪》） |
| 公元1287年 | 元 | 至元二十四年 | 丁亥 | 七月，以河西屯田军同沙州居民修城。河西瓜、沙等处立阇鄽屯田。十二月，发河西、甘肃等处富民千人往阇鄽地，与汉军、新附军杂居耕植。（《元史》卷十四《世祖纪》） |
| 公元1291年 | 元 | 至元二十八年 | 辛卯 | 瓜州徙居民于肃州，但名存而已。（《元史》卷六十《地理志》） |
| 公元1297年 | 元 | 大德元年 | 丁酉 | 十一月，总帅汪惟和以所部军屯田沙州、瓜州，给中统钞二万三千二百余锭置种牛田具。（《元史》卷十九《成宗纪》） |
| 公元1302年 | 元 | 大德六年 | 壬寅 | 松江府僧录管主大八刻西夏文大藏经一部共三千六百二 |

242

| | | | | |
|---|---|---|---|---|
| | | | | 十卷，并施印三十余部于各地。其一施沙州文殊舍利塔寺。（《沙州文录·西夏刻经记》） |
| 公元 1303 年 | 元 | 大德七年 | 癸卯 | 以蒙古军万人于瓜沙二州分镇险隘并立屯田以供军实。（《元史》卷二十一《成宗纪》） |
| 公元 1307 年 | 元 | 大德十一年 | 丁未 | 西宁王出伯拟拘瓜州、沙州屯田逃户成丁者隶所部，中书省以瓜、沙之民役于传驿，未许。 （《元史》卷二十二《武宗纪》） |
| 公元 1309 年 | 元 | 至大二年 | 戊申 | 时沙、瓜州军屯岁入粮二万五千石。 （《元史》卷二十三《武宗纪》） |
| 公元 1314 年 | 元 | 延祐元年 | 甲寅 | 十月，复甘肃屯田，置沙、瓜等处屯储总管万户府，秩正三品。 （《元史》卷二十五《仁宗纪》） |
| 公元 1324 年 | 元 | 泰定元年 | 甲子 | 以诸王阿剌忒纳失里出镇沙州。 （《元史》卷二十九《泰定帝纪》） |
| 公元 1327 年 | 元 | 泰定四年 | 丁卯 | 增置肃州、沙州、亦集乃三路推官。 （《元史》卷三十《泰定帝纪》） |
| 公元 1330 年 | 元 | 天历三年 | 庚午 | 速来蛮袭封西宁王。 （《蒙兀儿史记》卷一百五十） |
| 公元 1348 年 | 元 | 至正八年 | 戊子 | 莫高窟六字真言碑立㉙。 |
| 公元 1351 年 | 元 | 至正十一年 | 辛卯 | 八月，莫高窟皇庆寺重修。 （《重修皇庆寺碑》㉚） |
| 公元 1357 年 | 元 | 至正十七年 | 丁酉 | 甘州史小玉在莫高窟今第 444 窟题壁㉛，及在今第 3 窟作画㉜。 |
| 公元 1367 年 | 元 | 至正二十七年 | 丁未 | 五月，临洮画工刘世福在瓜州榆林窟佛殿作画㉝。 |

注

① 莫高窟第 468 窟前室西壁门上发愿文: "……□□(元)年岁次丁卯五月二十五日"。
② 第 84 窟前室西壁门上墨书: "于时大梁贞明五年□□岁十月十五日题记"。
③ 第 401 窟东壁北侧五代画观世音像旁墨书题记 "壬午年六月五日画毕功记也"。
④ 第 98 窟甬道南壁西起第一身窟主供养像题名: "……瓜沙伊西庭楼兰金满等□□□□□观察处……授太保食邑一千户……万户侯赐紫金……"，对照第 100 窟相同位置供养人题名: "故敕授河西陇右□沙庭楼兰金满等州节度使检校中书令……太……讳议金"，可确知为敕授曹议金归义军节度使之后所书。
⑤ 第 220 窟甬道北壁翟奉达画新样文殊发愿文末题: "于时大唐同光三年岁次乙酉三月丁巳朔廿五日辛巳记之耳"。
⑥ 榆林窟第 19 窟窟门上方发愿文末题: "维大唐同光四年正月十五日题记"。
⑦ 莫高窟第 387 窟重修题记: "于时大唐清泰元年……甲子十……日题斯记"。
⑧ 第 412 窟西壁龛下五代重修功德记文末题: "天福……年……月……日题记"。
⑨ 题记纪年: "于时大晋开运四年丁未岁七月十五日纪 近人雷延美"。
⑩ 第 108 窟前室南壁现存题壁纪年: "乾祐二年六月廿三日"。
⑪ 经文末题: "归义军节度使特进检校太傅兼御史大夫谯郡开国侯曹元忠普施受持天福十五年己酉岁五月十五日记雕板押衙雷延美"。
⑫ 第 469 窟北龛西侧墨书: "广顺叁年岁次癸丑八月十五日府主太保孰窟工造贰仟仁斋藏内记"。
⑬ 第 124 窟窟门上题记: "大周广顺□年□月……"。
⑭ 第 61 窟南壁窟主题名: "施主敕授浔阳郡夫人翟氏一心供养"。按，是年曹元忠为节度使检校太尉同中书门下平章事，其妻翟氏随之晋封凉国夫人，建窟题名既称郡夫人，当在此前。
⑮ 第 55 窟曹元忠供养像题名: "窟主敕授推诚奉国保塞功臣归义军……"，与正月制文同。
⑯ 《大正藏》卷 51，pp.981～982。
⑰ 第 427 窟墨书题梁: "维大宋乾德八年岁次庚午正月癸卯朔二十六日戊辰敕推诚奉国保塞功臣归义军节度使特进检校太师兼中书令西平王曹元忠之世创建此窟檐记"。
⑱ 第 444 窟檐墨书题梁: "维大宋开宝九年岁次丙子正月戊辰朔七日甲戌敕归义军节度瓜沙等州观察处置管内营田押蕃落等使特进检校太傅兼中书令谯郡开国公食邑一千五百户实封三百曹延恭之世修建记"。
⑲ 第 454 窟甬道南壁题名: "窟主敕归义军节度瓜沙等州观察处置管内营田押蕃落等□□□中书令谯郡开国公食邑一千五百户食实封五百户延恭一心供养"。
⑳ 第 431 窟窟檐墨书题梁: "维大宋太平兴国伍年岁次庚辰二月甲辰朔廿二日乙丑敕归义军节度瓜沙等州观察处置管内

营田押蕃落等使特进检校太傅同中书门下平章事谯郡开国公食邑一仟伍佰户食实封七佰户曹延禄之世创建此窟檐记"。

㉑ 榆林窟第 13 窟前室西壁题记:"雍熙五年岁次戊子三月十五日……"。

㉒ 此帧藏甘肃省博物馆,邈真记末题:"淳化二年岁次辛卯五月廿二日记"。

㉓ 第 444 窟窟檐外北壁墨书题:"庆历六年丙戌岁十二月座□神写窟记也"。

㉔ 《住窟记》末题:"国庆五年岁次癸丑十二月十七日记"。

㉕ 第 65 窟该题记系用西夏文书写,纪年为:"乙丑年五月一日"。

㉖ 榆林窟第 19 窟主室甬道北壁东起第一身供养人衣上题:"西夏乾祐十四年□□□日画师甘州住户高崇德小名那征到此画秘密堂记之"。

㉗ 莫高窟第 443 窟墨书题记文末:"时大□光定己卯九年五月初一日□始至六月初一日结经记"。

㉘ 陈开俊等译,福建科学技术出版社 1981 年版。

㉙ 此碑以梵文、西藏文、汉文、西夏文、八思巴文、蒙古文等六体各书"唵嘛呢叭咪吽"六字,上书"莫高窟"三字,纪年为:"大元至正八年岁次戊子五月十五日",现藏敦煌文物研究所。

㉚ 此碑为西宁王速来蛮于至正十一年八月刻,据徐松《西域水道记》卷三,原立于"文殊洞外"(文殊洞即今第 61 窟),现藏敦煌文物研究所。

㉛ 第 444 窟西龛北侧题:"至正十七年正月六日来此记耳史小玉到此",又题:"至正十七年正月十四日甘州桥楼上史小玉烧香到此"。

㉜ 第 3 窟西壁北侧墨书:"甘州史小玉笔"。

㉝ 榆林窟第 13 窟题记:"临洮府后学侍诏刘世福到此画佛殿一所记耳 至正廿七年五月初一日记"。

# 莫高窟内容总录

敦煌文物研究所整理

## 前　言

谈到莫高窟内容总录,不免首先提到法国人伯希和。他于1908年涉足敦煌,劫走了数千件的珍贵文物,同时拍摄了数百张石窟照片,并对328个洞窟作了编号和内容记录。那些记录在七十余年间向未公布,直至近年才刚刚出版了有关的手稿第一册,发表了他对30个洞窟所作的记录。

四十年代初,画家王子云先生、谢稚柳先生先后来到敦煌考察。之后,曾在《说文月刊》上发表了何正璜《敦煌莫高窟现存佛洞概况之调查》,记录了305个洞窟的内容,这份简略的资料,是敦煌石窟内容总录性质的第一篇著作。谢稚柳先生在敦煌,以张大千先生所作的洞窟编号为序,对415个洞窟逐一记录,按窟形、塑像、壁画、供养人题记等项目,有些记录内容十分详尽,并附有尺寸。五十年代《敦煌艺术叙录》出版,为研究者提供了很多的方便。

此外,1943年敦煌艺术研究所筹备期间,史岩先生亦据张大千先生编号进行了调查,撰有《千佛洞初步踏查记略》,内容简略,迄未公开刊行。

1944年,继史岩先生之后,李浴先生又作了一次调查,补充以前的遗漏,共得437窟,撰有《莫高窟内容之调查》;除记录内容外,还对许多洞窟的时代问题进行了探讨。这一成果虽然没有正式发表,但在解放后被书写在每一洞窟的说明牌上,一直沿用到六十年代,发挥了很好的作用。

敦煌文物研究所在长期的临摹和考察、研究工作中,加深了对石窟内容的认识。1962年,我所欧阳琳、万庚育、李其琼、霍熙亮、孙儒僩等分头调查壁画内容,填写洞窟卡片,取得可喜成果,对内容的认识前进了一步。例如,一些洞窟壁面下部的屏风画,过去一直含混地统称之为故事画,这时逐渐了解到它们与上部大幅经变画的附属关系,从而弄清楚了它们的内容和具体情节。像第98窟里那样连续数十扇的屏风画,这时开始辨认出是贤愚经变的诸品故事,如象护品、恒伽达品等。又例如第249、285窟的窟顶所画形象,原先说是"禽兽之属",这时证实多与民族传统神话题材有关。

1964年起,由史苇湘先生负责全面复查洞窟内容,以表格形式,一无遗漏地著录全部492个洞窟。在复查过程中,不仅订正了一些过去错定的内容,还有许多新的发现。例如,第257窟南壁故事画,过去认为是佛传,现查明是沙弥守戒自杀品;第296窟窟顶北披的故事画,长期无法定名,现确定是微妙比丘尼缘品和福田经变。此外,还几乎全部认清了晚唐、五代时期贤愚经变联屏故事画的内容;对于佛教史迹画和瑞像图等也开始有所认识。此期间,研究所

的考古工作也提供了不少新材料。凡此,大大丰富了石窟内容总录。复查完成之后,又由万庚育作过一番复核。

十年动乱之后,研究工作重新得到蓬勃发展。又新发现一些壁画题材,诸如第257窟的须摩提女缘品、第323窟的佛教戒律画、第72窟的刘萨诃因缘变,等等。

总录最后整理成书稿,是在史苇湘指导下由蔡伟堂具体进行的。比较过去的几种总录,本书洞窟齐全,内容完整,体例统一,定名和断代都比较合理;对于某些尚无定论的内容,则尽量并列两种不同的看法,以保持客观的和科学的态度。

总而言之,这一部《敦煌莫高窟内容总录》是近四十年来我所专业人员和国内专家们共同的研究成果,它为研究敦煌石窟提供比较信实可靠的资料,并有助于我国和国际敦煌学研究的不断深入发展。但是,限于目前的认识水平,也由于最后整理的时间匆促,难免有错误和遗漏之处,期望国内外专家和广大读者不吝批评指正,以利于今后订正和改进。

段文杰　1982年9月29日于莫高窟

### 说明

一、《莫高窟内容总录》系转载敦煌文物研究所编《敦煌莫高窟内容总录》《文物出版社1982年版》一书中的总录本文和前言,转载时略加修订。

二、《敦煌莫高窟内容总录》按现行敦煌文物研究所洞窟编号加以整理和校对,所列项目包括修建时代、洞窟形制和内容。

三、修建时代,主要载明洞窟的原建时代,后代重修洞窟、重绘壁画或妆修塑像等均随后在括弧中注明。

四、洞窟形制,一般只记录窟顶形状与开龛位置及中心柱、佛坛等的设置,以求明了洞窟的基本类型。

五、内容,按前室、甬道、主室的中心柱(或中心佛坛)、顶部、四壁依次叙述;若有缺项、表明洞窟无此构造或该部分现已无存,以及因残损、剥落、模糊而无从记录其内容。

六、《总录》所载少数内容系根据早年可靠记录,洞窟内实物已残毁无存。

七、莫高窟一般洞窟的方向皆为坐西朝东,不一一说明。个别洞窟方位不同,或者该洞窟系利用另一洞窟的部份结构改建而成,故形式特殊等情况,多在附注中说明。附注中还说明近年新发现洞窟的时间及某些窟龛的确凿修建年代和建窟人氏等。

## 第1窟

修建时代：元（清重修）

洞窟形制：覆斗形顶，西壁开一龛

内容：西壁盝顶帐形龛内清塑一铺四身。

南壁残存元画佛座痕迹等（模糊）。

## 第2窟

修建时代：元（清重修）

洞窟形制：覆斗形顶

内容：沿南、西、北壁清代马蹄形佛坛上塑像一铺十九身。

南壁剥落处底层残存元画千佛。

## 第3窟

修建时代：元（清重修塑像）

洞窟形制：覆斗形顶，西壁开一龛

内容：甬道盝形顶已毁。

北壁画菩萨一身（残）。

主室窟顶藻井浮塑四龙井心（中心残毁）。四披画联泉纹图案（东披残，南、北披模糊）。

西壁盝顶帐形龛内清塑一身。

龛顶中央画团花图案，四披画云头纹、回纹、卷草、联珠纹边饰。

龛内西壁两侧画双勾墨竹，南、北壁画菩萨各二身（南壁之一曾遭美国人华尔纳盗劫损坏）。

帐门南侧上、下画披帽菩萨各一身。

帐门北侧上画披帽菩萨一身、下画执瓶菩萨一身。

南壁画十一面千手眼观音变一铺：观音居中，两上角飞天各一身，东侧帝释天，西侧梵天女，东下趺坐梵天女，西下婆罗门。

北壁画十一面千手眼观音变一铺：观音居中，两上角飞天各一身，西侧吉祥天，东侧婆薮仙，西下三头八臂金刚，毗那夜迦天，东下三头六臂金刚、猪头神。

东壁门上画趺坐佛五身，门南画净瓶观音一身，门北画散财观音一身。

## 第4窟

修建时代：五代（清重修塑像）

洞窟形制：覆斗形顶，设中心佛坛，坛上背屏联接窟顶

内容：中心佛坛上清塑十七身。

背屏正面清画火焰卷草背光，两侧画团龙、云纹。背面五代画接引佛一身、菩萨二身、供养人一身。

南壁西起残存楞伽经变、报恩经变、阿弥陀经变、法华经变各一铺；下画女供养人三身（东向）、男供养人六身（西向）、屏风七扇画故事画，屏风下画壶门内火焰宝珠、花卉。

东壁门南画思益梵天问经变一铺（存下部），下男供养人一身、女供养人四身、侍从一身。

## 第5窟

修建时代：五代（清重修塑像）

洞窟形制：覆斗形顶，西壁开一龛

内容：甬道盝形顶画经变（模糊），南披画瑞像图残存八身、北披画瑞像图残存六身。

南壁画男供养人曹元忠像等三身。

北壁画女供养人存凉国夫人翟氏像一身。

主室窟顶仅南、西、北披残存千佛。

西壁盝顶帐形龛内清塑九身。马蹄形佛床。

龛上画团花、山花蕉叶帐顶图案。

龛下画供养香炉一个、供养菩萨二身、比丘二身、比丘尼二身（模糊）。

帐门南侧画普贤变，下比丘一身、男供养人四身。

帐门北侧画文殊变，下比丘尼三身、女供养人四身。

南壁西起画弥勒经变、阿弥陀经变、报恩经变各一铺，下男供养人共二十身。

北壁西起画思益梵天问经变、药师经变等三铺，下存女供养人二身。

东壁门南画维摩诘经变（文殊），下男供养人四身；门北画维摩诘经变（维摩诘），下毁。

## 第6窟

修建时代：五代（西夏重修）

洞窟形制：覆斗形顶，西壁开一龛

内容：前室窟顶残存说法图三铺。

西壁门南画劳度叉斗圣变（舍利弗），下壶门存五个，内西夏画花卉。

南壁残存劳度叉斗圣变部分，下壶门存一个，内西夏画花卉。

甬道盝形顶中央五代画水月观音、地藏与十王厅，南坡画千佛南无明炎佛等七身，北披画千佛南无善宿佛等七身。

主室窟顶藻井画团龙鹦鹉井心，回纹、卷草、垂幔铺于四披，四披各画三身说法图一铺。

西壁盝顶帐形龛顶中央画棋格团花图案，东、西披各画趺坐佛五身、化生二身，南披画趺坐佛三身、化生一身、莲花一枝，北披画趺坐佛三身、化生二身。

龛内西壁画柳枝净瓶观音为主尊，南侧画优婆离、迦旃延、阿难、目乾连等五弟子，北侧画舍利弗、须菩提等五弟子；南壁画阿修罗、迦楼罗、揭路荼等五神将，月藏、明惠、日光等四菩萨，下壶门三个，内画供养宝珠、供养花；北壁画紧那罗等四神将，妙吉祥、宝智等四菩萨，下壶门三个。

龛上画团花、山花蕉叶帐顶图案，两侧趺坐佛各三身。

龛下画供养香炉，两侧二宝瓶、二狮子。

帐门南侧画普贤变，下西夏画供养菩萨二身。

帐门北侧画文殊变，下西夏画供养菩萨二身。

南壁西起画阿弥陀经变、法华经变各一铺，下西夏画供养菩萨九身。

北壁西起画药师经变、华严经变，各一铺，下西夏画供养菩萨九身。

东壁画维摩诘经变一铺，门上佛国品、门南文殊、门北维摩诘，下西夏画供养菩萨五身。

## 第7窟

修建时代：中唐（宋重画，元、清重修）

洞窟形制：覆斗形顶，西壁开一龛

内容：甬道盝形顶中央画莲上千佛，南披画跌坐佛十三身，北披画跌坐佛十一身，以下画垂幔。

南壁画曹氏家族男供养人，存一身。

北壁画曹氏家族女供养人三身。

主室窟顶藻井画交杵莲花井心，茶花、菱纹、垂幔铺于四披，周围伎乐飞天十六身。西披释迦说法居中，下有水池、迦陵频伽等，两侧诸佛赴会各五组；南、东、北披画贤劫千佛，千佛中央说法图各一铺。

西壁盝顶帐形龛内清塑一铺五身。

龛顶中央画棋格团花，东披画跌坐佛十六身、西披画跌坐佛十八身、南、北披各画跌坐佛八身。

龛壁两侧画火焰金刚二身、屏风共十扇画观音三十三现身及救诸苦难。

龛上画帐顶图案（宝珠、迦楼罗、迦陵频伽）。

龛下画供养器，二菩萨，元画立佛二身。

帐门南侧画十二大愿。

帐门北侧画十六观。

南壁西起画药师经变（东侧九横死）、弥勒经变各一铺，下男供养人十二身、比丘一身。

北壁西起画观无量寿经变（东侧十六观）、天请问经变各一铺，下女供养人十三身、比丘尼一身。

东壁门上元画跌坐佛三身；门两侧画维摩诘经变一铺，门南维摩诘、门北文殊，下供养比丘七身。

## 第8窟

修建时代：晚唐

洞窟形制：覆斗形顶，北壁开一龛

内容：甬道盝形顶西披画棋格团花图案。

西壁画男供养人二身、比丘一身。

主室窟顶藻井残毁，仅余西南角说法图。南披画观音经变救诸苦难。

北壁平顶敞口龛上残存龛楣图案。

龛外西侧上画跌坐佛三身，下画普贤变（下部残）。

西壁画观无量寿经变，南侧十六观，北侧十六观、未生怨。

东壁画药师经变（残存一角），十二大愿（残存二愿）。

南壁门上画释迦说法、四众诸王赴会，西段有日天赴会；门东画男供养人二身（残）；门西画供养比丘

二身。

注：此窟坐北朝南。

## 第9窟

修建时代：晚唐（宋、元、清重修）

洞窟形制：前部覆斗形顶，后部平顶，有中心龛柱，柱东向面开一龛

内容：前室人字披顶西披原画观音三铺（大部残毁），南端一铺为如意轮观音。

西壁门上画毗沙门天王赴那吒会。门北画毗沙门天王一身（残）。

南壁为第10窟。

北壁为第8窟。

甬道顶中央画佛教史迹画，有石佛浮江、毗沙门与舍利弗决海等故事；南披画瑞像图，存八幅；北披画瑞像图，存七幅。

南壁画供养人，存二身：第一身为归义军节度使索勋，第二身为陇西郡李弘谏。

北壁画供养人，存二身：第一身为司徒南阳郡张承奉，第二身为陇西李弘愿。

主室中心龛柱东向面开盝顶帐形龛，龛内清塑一铺九身。马蹄形佛床，壸门共二十个，各画七宝、花盆、宝珠。

龛顶中央画棋格团花。西披画跌坐药师佛九身、菩萨二身。南、北披各画跌坐药师佛六身、菩萨二身。东披存跌坐药师佛一身、菩萨一身。

龛内西壁画卷草边饰、璎珞垂幔，下屏风四扇，二扇画施身闻偈、二扇画萨埵太子本生。南、北壁画卷草边饰、璎珞垂幔，下屏风各三扇，南壁画五台山图。北壁画须达拏太子本生。

龛上残存帐顶图案。

龛下画供桌上置供器，两侧供养菩萨各一身、供养比丘各三身。

帐门北侧上画日天，中金刚力士、狮子，下佛床，壸门三个。

帐门南侧上画月天，中金刚力士、狮子，下佛床，壸门三个。

南向面元画跌坐佛四层十六身，下宋画供养比丘二身、男供养人三身、女供养人二身。

北向面元画跌坐佛五层二十身，东下侧宋画供养比丘一身、男供养人一身。

西向面画嵩山神送柱（白描）。

窟顶前部藻井画迦陵频伽莲花井心，垂幔铺于四披。东披画弥勒经变，西、南、北三披画华严经变各三会。后部平顶南北各画千佛，西部中心柱与西壁相联接处顶部南、北面各画天王一铺。

西壁画楞伽经变（与中心柱相联之窟顶均为楞伽经变）。上画卷草边饰，南北两侧画团花边饰。

南壁画劳度叉斗圣变。上画卷草边饰，东西两侧画团花边饰。

北壁画维摩诘经变，上画卷草边饰，东西两侧画团花边饰。

东壁门上画男供养人四身，相对蹲跪床上，中有题名牌，后侍从各二身。

门南画普贤变，下比丘尼二身、女供养人五身、奴婢五身、婴儿幼女各一身。

门北画文殊变，下比丘尼三身、女供养人四身、奴婢四身、婴儿幼女各一身。

## 第 10 窟

修建时代：晚唐（清重修塑像）

洞窟形制：覆斗形顶

内容：前室西壁门两侧画比丘六身（其中四身尚清晰）。

主室内清塑一铺三身。

窟顶藻井中央画十一面十二臂观音一铺。四披均画叠菱、卷草、云头、璎珞垂幔诸纹饰。

东、南、西、北壁被清代涂毁。

## 第 11 窟

修建时代：清

洞窟形制：覆斗形顶

内容：北壁清塑一铺三身。清画云龙屏风。

注：此窟开于第 12 窟前室北壁，坐北朝南。

## 第 12 窟

修建时代：晚唐（五代重画，清重修塑像）

洞窟形制：覆斗形顶，西壁开一龛

内容：前室顶残存晚唐画千佛六排，五代画千佛二排。

西壁门南侧画南方天王一铺，下供养人、驼、马、供品一排（模糊）；门北侧画北方天王一铺、下供养人一排（模糊）。

南壁残存赴会菩萨四组，下供养比丘一身。

北壁残存赴会菩萨四组（一组已模糊）。

甬道南壁画男供养人二身。

北壁画女供养人三身（一身已模糊）。

主室窟顶藻井画狮子莲花井心，团花、回纹、菱纹、卷草、帷幔铺于四披，四周围绕伎乐飞天十六身。四披画千佛、中央说法图各一铺。

西壁盝顶帐形龛内清重修一佛二弟子、四菩萨、二天王。马蹄形佛床，下壸门二十个。

龛顶中央画棋格团花，四披画千佛共五十身。

龛内西壁屏风四扇、南壁三扇、北壁三扇，均画佛传故事。

龛上画坐佛十六身。

龛下中间画供器，南侧供养人十三身，北侧供养人十六身（部分模糊）。

帐门南侧上画坐佛五身，下普贤变一铺。

帐门北侧上画坐佛五身，下文殊变一铺。

南壁西起画法华经变、观无量寿经变、弥勒经变各一铺。下画屏风十一扇，一至四为观音普门品，五至

七未生怨、十六观，八至十一弥勒世界诸事。

北壁西起画华严经变、药师经变、天请问经变各一铺，下画屏风十一扇，一至四为华严诸品，五至八为十二大愿，九横死，九至十一为梵天诸问。

东壁门上画男、女供养人各一身，侍从各二身。门北画维摩诘经变一铺，下屏风三扇，画权方便品等，另画女供养人二身。门南画报恩经变一铺，下屏风三扇，画恶友品。

## 第 13 窟

修建时代：晚唐（清重修塑像）

洞窟形制：覆斗形顶，南壁开一龛

内容：窟顶藻井画缠枝茶花井心。卷草垂幔铺于四披，下画千佛二排。

南壁平顶方龛内清塑一身。

龛顶画千佛四排。

龛内南壁上画璎珞垂幔，下屏风三扇，画山水人物。东、西壁上画璎珞垂幔，下屏风二扇，画山水。

注：此窟开于第 12 窟前室南壁，坐南朝北。

## 第 14 窟

修建时代：晚唐（宋、清重修）

洞窟形制：前部覆斗形顶，后部平顶，有中心塔柱，柱东向面开一龛

内容：前室西壁北侧存残画天王一铺。

南壁宋画净土变（已残）。

甬道盝形顶中央宋画棋格莲花图案，东、西披画帷幔。

南、北壁存菩萨各一身。

主室中心龛柱东向面盝顶敞口龛内清塑一铺七身。马蹄形佛床，下壸门十八个，画供养菩萨。

龛顶中央画棋格团花。西披画坐佛九身，南、北披画坐佛各三身、童子各一身。

龛内西壁画佛弟子六身，南、北壁各二身。

南向面画药师经变一铺，宋画供养比丘八身。

北向面画弥勒经变一铺，宋画供养比丘八身。

窟顶藻井画交杵井心，说法图四铺。西披两侧画赴会佛各一铺，灯塔及菩提树居中（中残）。南、北、东披画千佛，中央坐佛各一身。

西壁画千佛，下屏风十一扇，画菩萨、比丘。

南壁西起画金刚杵观音、十一面观音、不空绢索观音、千手眼观音各一铺，下屏风十六扇，画菩萨、比丘。

北壁西起画金刚杵观音、观音经变、如意轮观音、千手钵文殊各一铺，下屏风十六扇，画菩萨、比丘。

东壁门上画释迦、多宝佛一铺；门南画普贤变，下屏风四扇，画菩萨、比丘；门北画文殊变，下屏风四扇，画菩萨、比丘。

## 第 15 窟

248

修建时代: 晚唐 (宋重修)

洞窟形制: 覆斗形顶, 西壁开一龛

内容: 窟顶藻井中心已毁, 卷草垂幔铺于四披 (模糊)。

西披画弥勒经变, 南、北角画穰佉王、太子从众, 穰佉王妃及从众。南披画弥勒经变, 东、西角画女人五百岁出嫁、罗刹鬼叶叶扫城。北披画弥勒经变, 西角画一种七收, 东角毁。

西壁盝顶帐形龛, 两侧出浅龛。龛顶中央画二团花、四边联珠纹。西披画立佛五身、菩萨二身, 南、北披画立佛各二身、菩萨各二身, 东披画立佛四身、化生二身。

龛内西、南、北壁上部残存垂幔, 西壁下部残存晚唐佛床壶门一角, 画供养莲花; 余全被清代涂毁。

龛上残存帐顶图案。

南壁西起画观无量寿经变 (东西两侧画十六观、未生怨各一条)、不知名经变 (残) 各一铺。

北壁西侧残存药师经变及十二大愿部分。

东壁门南残存密宗菩萨一铺。

## 第 16 窟

修建时代: 晚唐 (西夏、清重修)

洞窟形制: 覆斗形顶, 设中心佛坛, 坛上背屏联接窟顶

内容: 甬道顶中央画棋格团花图案。南北披画璎珞垂幔。

南壁西夏画说法图存二组, 下供养菩萨一排, 残存三身 (模糊), 中部嵌清《重修千佛洞三层楼功德碑记》一方。

北壁西夏画说法图存六组, 下供养菩萨八身 (二身模糊, 一身毁), 底层为第 17 窟入口, 即藏经洞。

主室中心佛坛上清塑跌坐佛一铺九身 (佛座及主像衣裙、下肢为宋时原作, 清代涂改)。马蹄形佛床, 东面壶门二十一个, 晚唐画护法神将。西、南、北面壶门共三十四个, 晚唐画狮子十七只、金刚力士十八身。

背屏正面宋画菩提宝盖、唐画双凤衔环卷草背光迦陵频伽卷草项光。南、北侧面画飞天、菩萨各一身, 赴会佛各一组。

窟顶藻井西夏浮塑彩绘团凤四龙井心, 回纹, 卷草铺于四披。四披画棋格团花。

西、南、北壁西夏上画垂幔, 下千佛。

东壁门上西夏垂幔, 下画莲花, 左、右跌坐佛各三身。门南、北上画垂幔, 下千佛。

注: 此窟前室为清光绪三十二年 (公元 1906 年) 所修 "三层楼" 之底层。甬道壁画似又经元代补绘。

## 第 17 窟

修建时代: 晚唐

洞窟形制: 覆斗形顶, 北壁设床坐

内容: 主室西壁嵌有大中五年 (公元 851) 年洪䛒告身碑。

北壁晚唐画双树, 西侧树下画近事女一身 (执杖、

持巾), 树间挂布囊。东侧树下画比丘尼一身 (持纨扇), 树间挂一水壶。床坐上晚唐塑洪䛒坐禅像。床坐西面壁画双履, 床坐南面壶门内画双鹿衔花与狮子。

注: 此窟即清光绪廿六年 (1900 年) 六月廿五日道士王圆箓所发现之藏经洞, 原为唐河西僧洪䛒之禅窟, 北宋天圣年间将原有塑像移去, 贮藏莫高窟寺之经书文物, 发现此窟时贮藏经卷文书约三万余卷, 其他文物难以估算。一九○○年至一九二五年间被英、法、美、日、俄帝国主义者大肆劫掠。一九六四年敦煌文物研究所又将洪䛒塑像移还北壁床坐上。此窟位于第 16 窟甬道北壁, 坐北朝南。

## 第 18 窟

修建时代: 晚唐 (元重修塑像)

洞窟形制: 覆斗形顶, 西壁开一龛

内容: 甬道南、北壁存浮塑壶门与半团花边饰残痕。

主室窟顶藻井画迦陵频伽、卷瓣莲花井心及团花、菱纹、回纹、卷草边饰、垂幔, 四周环绕伎乐散花飞天。四披画千佛, 中央说法图各一铺。

西壁盝顶帐形龛内元重修跌坐佛一身, 阿难、南北天王各一身。马蹄形佛床, 壶门九个, 各画伎乐。

龛顶中央画说法图四铺, 四披画跌坐佛共三十六身、菩萨共八身。

龛内西壁上画半团花、卷草边饰及彩铃垂幔, 下屏风四扇, 画观音普门品之救诸苦难及三十三现身。南壁上画半团花、卷草边饰及彩铃垂幔, 下屏风三扇, 画观音普门品之说法、雷击、漂溺诸事。北壁上画半团花、卷草边饰及彩铃垂幔, 下屏风三扇, 画观音普门品之三十三现身。

龛上画帐顶图案。

龛下画昆仑奴顶炉, 二天女执幡 (残)。

帐门两侧上各画二跌坐佛, 中南侧画文殊、北侧画普贤, 下屏风各三扇, 画赴会诸佛。

南壁西起画观无量寿经变, 下屏风三扇, 一扇画未生怨、二扇十六观 (残), 下供养人; 弥勒经变, 下屏风三扇, 画弥勒世界诸事 (残)。

北壁画药师经变, 下屏风三扇, 画九横死; 金刚经变, 下屏风三扇, 画金刚经诸说法, 下供养人 (残)。

东壁门上画男女供养人各二身, 后有男女侍从。门南画维摩诘经变 (维摩诘), 下屏风二扇, 画方便品 (残)。门北画维摩诘经变 (文殊), 下屏风二扇, 画方便品 (残)。

## 第 19 窟

修建时代: 晚唐

洞窟形制: 覆斗形顶, 西壁开一龛

内容: 窟顶藻井团花井心 (剥落)。四披各画卷草垂幔, 下千佛, 中央跌坐佛各一身 (东披剥落过半)。

西壁盝顶帐形龛顶中央画石榴卷草、半团花。西披

画禅定佛四身、化生二身。南、北披画禅定佛各二身，供养菩萨南披二身、北披一身。

龛内西、南、北壁上画卷草垂幔，下屏风各二扇，每扇画菩萨一身。

帐门北侧画文殊变（仅存部分）。

帐门南侧画普贤变（下部模糊），上飞天一身。

南壁画观无量寿经变一铺，西侧十六观（下部模糊）。

北壁画报恩经变一铺，西侧恶友品（下部模糊）。

## 第 20 窟

修建时代：晚唐（清重修塑像）

洞窟形制：覆斗形顶.西壁开一龛

内容：主室窟顶藻井画狮子、卷瓣莲井心，卷草幔帷铺于四披。四披画千佛，中央说法图各一铺。

西壁盝顶帐形龛内清塑二身。

龛顶图案均被清代涂毁。

帐门南、北壁上画垂幔，下跏坐佛各三身，中分别画普贤变一铺、文殊变一铺（模糊），下供养人（模糊）。

南壁西起画观无量寿经变、报恩经变各一铺，下屏风（模糊）。

北壁西起画药师经变、弥勒经变各一铺（均模糊）。

东壁门上画男供养人一身、女供养人一身相对跪于床上，身后男女奴婢各一身；门北画不空绢索观音，下屏风二扇，画弥勒世界诸事（模糊）；南门画如意轮观音，下屏风二扇（模糊）。

## 第 21 窟

修建时代：中唐（五代、元重修）

洞窟形制：覆斗形顶，西壁开一龛

内容：前室西壁门南、北，下画五代男、女供养人（模糊）。

南壁有元画残迹。

主室窟顶西披存藻井网幔与千佛，南披残存藻井网幔与千佛部分。

西壁原开圆券龛，五代改为盝顶。龛顶中央五代画说法图一铺，西披画飞天一身（残）、南披飞天二身（残）。

龛上中唐画卷草边饰。

帐门南侧存跏坐佛一身。

南壁画经变，五代重修，大部模糊。

## 第 22 窟

修建时代：五代（清重修塑像）

洞窟形制：前部覆斗形顶，后部有中心龛柱，柱东向面开一龛

内容：甬道南壁凿一覆斗形顶小窟，无画。

主室中心龛柱东向面盝顶帐形龛内清塑一铺七身。

马蹄形佛床。

龛顶中央画棋格千佛，东披毁，西、南、北披各画跏坐佛（模糊）

龛内西壁画十大弟子（模糊）。南、北壁各画龙天八部及四菩萨（模糊）。

龛上毁，南、北上方画说法图各一铺。

帐门南、北侧画菩萨（残）。

南向面东上角画说法图一铺，下画八臂观音一身、药师佛一身。

北向面画六臂观音、琉璃光如来各一身。

窟顶藻井画团龙卷瓣莲花井心、团花、回纹、菱纹、卷草、垂幔铺于四披。西、南、东披各画十方诸佛三组，下千佛，中央说法图各一铺（东披模糊）。北披存十方诸佛一组，下存千佛部分。

南壁后部画说法图一铺，前部西起画药师经变（下残）、天请问经变（下残，榜题为天请问经变，实为报恩经变。）各一铺。

北壁前部画观无量寿等二铺经变（脱落绝大部分）。

东壁门北画维摩诘经变（维摩诘），仅存部分，下供养人（残）；门南画维摩诘经变（文殊），仅存部分，下供养人（残）。

## 第 23 窟

修建时代：盛唐（中唐、五代重画，清重修塑像）

洞窟形制：覆斗形顶，西壁开一龛

内容：前室顶残存五代画千佛部分。

西壁门上存五代画垂幔、跏坐佛二身（有西夏文划刻题记一条），门南存天王像局部（大部模糊）。

南壁为第 24 窟，窟门上画垂幔及飞天、天王各一身。

甬道顶存五代画降魔变部分。

南壁存日天，余全毁。

主室窟顶藻井莲花井心。西披画弥勒经变，南披画观音普门品，北披画阿弥陀经变，东披画法华经变。

西壁盝顶帐形龛内塑佛一铺七身（清塑四身，重修三身）。

龛顶中央画棋格团花，四披存药师佛立像十三身，菩萨五身。

龛内南壁存天王一身、菩萨四身（近代重描），北壁存中唐天王一身、菩萨二身。

龛沿画团花、海石榴卷草边饰。

帐门北侧上画地藏一身，下菩萨二身（模糊）。北天王台西、北面有盛唐画供养人。

南壁画法华经变见宝塔品、观音普门品、化城喻品等。

北壁画法华经变序品、药草喻品、譬喻品等。

东壁门上画法华经变常不轻菩萨品。门南、北画法华经变诸品。

## 第 24 窟

修建时代: 晚唐

洞窟形制: 覆斗形顶

内容: 窟顶西南角存千佛九身（模糊）。

西壁存阿弥陀经变部分。

东壁残存经变。

注: 此窟开于第 23 窟前室南壁，坐南朝北。

## 第 25 窟

修建时代: 宋（清重修塑像）

洞窟形制: 覆斗形顶，西壁开一龛

内容: 甬道盝形顶中央画佛教史迹画一铺（残），北披画瑞像图存四身。

北壁画回鹘公主供养像，残存一角。

主室窟顶藻井画团花龙卷瓣莲花井心、联珠、回纹、团花、卷草边饰及垂幔铺于四披，伎乐飞天十六身绕于藻井四边。西、南、北披画华严经变各三会（西披下部残），东披画弥勒经变一铺。

西壁盝顶帐形龛内清塑一铺五身及二天兽。马蹄形佛床，被清代涂毁。龛外南、北两侧分别塑普贤、文殊各一身。

龛顶中央画棋格团花图案，西、南、北披画趺坐佛共十八身、菩萨共五身。

龛内西壁画大目乾连、阿难、须菩提、富楼那、罗睺罗等十大弟子，南、北壁画天王、阿修罗、龙众、夜叉、菩萨等各十一身。

帐门南侧画普贤变一铺。

帐门北侧画文殊变一铺。

南壁画劳度叉斗圣变一铺（下残）。

北壁画维摩诘经变一铺（下残）。

东壁门上画观音一铺；门北画不空绢索观音，下存飞天二身、供养人（模糊）；门南画如意轮观音，下存飞天一身、男供养人。

## 第 26 窟

修建时代: 盛唐（中唐、五代、清重修）

洞窟形制: 覆斗形顶，西壁开一龛

内容: 前室顶有五代残画，其上有西夏画土红椽条。

西壁门上绿地愿文题榜一方，两侧五代画二菩萨。门南五代画普贤变（模糊），门北五代画文殊变（模糊）。

南、北壁各存五代画经变一角。

甬道盝形顶中央五代画接引佛一铺。南、北披画璎珞垂幔。

北壁五代画观音一铺（模糊）。

主室窟顶藻井画云头团花井心，卷草垂幔铺于四披。四披画千佛。

西壁平顶敞口龛内唐塑趺坐佛一身（清修），清塑四身。龛外南、北侧有力士台。

龛顶宋画说法图一铺。

龛内西、南、北壁盛唐画波状蔓草边饰、项光五

个，宋画比丘四身。

龛沿宋画半团花边饰。

帐门南侧盛唐画菩萨。

帐门北侧中唐画菩萨（五代重描）。

南壁上画半团花边饰，下千佛三排，西角六短排。中部中唐画地藏、观音、势至等一组。西角中唐画菩萨三身，地藏、观音各一身（观音被五代重描）。

北壁上画半团花边饰，下千佛（下模糊）。

东壁门北画二菩萨（存上身，下模糊），门南画千佛。

## 第 27 窟

修建时代: 盛唐（西夏重画，清重修塑像）

洞窟形制: 覆斗形顶，西壁开一龛

内容: 前室顶西夏画椽条，椽间交枝莲花、火珠图案。

西壁门上西夏画水池莲花（残）。

主室窟顶藻井画卷瓣莲花井心。西披释迦、多宝龛内唐塑二佛。龛外二悬空塑供养菩萨，两侧原有悬空塑飞天（已失）。龛下盛唐画云气。东、南、北披画棋格团花图案。

西壁平顶敞口龛内唐塑趺坐佛一身（清修）。

龛顶画菩提宝盖、飞天四身。

龛内西壁唐浮塑项光、背光（西夏重画）。南、北壁各画一菩萨、二项光。

龛沿画半团花边饰。

龛下画花卉。

帐门南、北画云气。

南、北壁画净土变各一铺。

东壁门上画花卉，南、北两侧画供养菩萨各三身。门南、北菩萨各一身。

注: 壁画几全为西夏重绘。

## 第 28 窟

修建时代: 盛唐

洞窟形制: 覆斗形顶，西壁开一龛

内容: 窟顶仅西披存千佛。

西壁画释迦说法，仅余头部，存一龛。

南壁存一花、一髻。

## 第 29 窟

修建时代: 晚唐（西夏、清重修）

洞窟形制: 覆斗形顶，西壁开一龛

内容: 前室顶晚唐画千佛（存一部分）。

西壁门北存晚唐画毗沙门天王（残）和第 30 窟之残龛。门南存晚唐画毗琉璃天王（残）和盛唐残龛。

甬道盝形顶中央画棋格团花，南、北披画垂幔。

南壁画供养菩萨二身、比丘一身，下模糊。

北壁画供养菩萨二身、菩萨一身。

主室窟顶藻井画团龙卷瓣莲花井心，回纹、卷草边饰铺于四披。四披画棋格团花、垂幔、伎乐天。

西壁叠顶帐形龛内清修佛一铺九身（佛、迦叶、阿难各一身，菩萨六身）。马蹄形佛床，上置莲花座。

龛顶中央画棋格团花，四披画璎珞垂幔。

龛内西壁画飞天四身，背光、项光三个，下画花树。南、北壁飞天三身，项光三个，下画花树。

龛上画帐顶图案。

龛下画供养器，两侧驯狮、昆仑奴各一身，狮背负火焰宝珠。

帐门南、北侧画千佛（模糊）。

南壁千佛下床坐图案，壶门内画火焰宝珠（部分模糊）。

北壁画千佛，下毁。

东壁画莲上千佛。

## 第30窟

修建时代：晚唐（五代、西夏、清重修）

洞窟形制：覆斗形顶，西壁开一龛

内容：前室顶西夏画椽条图案。

西壁门上画释迦说法图一铺。门南模糊，底层有晚唐画白描菩萨头像。门北壁画模糊。

南壁残存五代画经变。

北壁残存西夏画莲池、菩萨。

甬道叠形顶中央五代画接引佛一身（残），南、北披各画跌坐佛四身。

主室窟顶藻井画交杵井心，回纹、卷草铺于四披。四披各画棋格团花，垂幔。

西壁平顶敞口龛内塑佛一铺五身：唐塑释迦、阿难及背光，余为清塑。

龛顶画菩提宝盖，飞天四身。

龛内西壁画赴会佛二铺，项光、背光及花卉。南、北壁画菩萨各二身，项光各一个。

龛沿画半团花边饰。

龛下大部模糊，残存花卉。

龛外南、北侧设力士台。

龛外南、北侧上部各画一菩萨，下缠枝莲花。

南壁画释迦说法图一铺（六弟子），两上角菩萨各一身。

北壁画释迦说法图一铺（八弟子）。两上角菩萨各一身。

东壁门上画释迦说法图一铺（五身），门北千手眼观音一铺，门南千手钵文殊一铺。

## 第31窟

修建时代：盛唐（五代、清重修）

洞窟形制：覆斗形顶，西壁开一龛

内容：前室顶存五代画说法图部分。

西壁门上五代画七佛，门北五代画毗沙门天王，门南五代画毗琉璃天王（模糊）。

南壁五代画文殊变（东部残）。

北壁五代画普贤变（东部残）。

甬道叠形顶中央五代画接引佛一铺，南、北披五代画垂幔（残）。

南、北壁五代画供养比丘各二身。

主室窟顶藻井画团花井心，卷草垂幔铺于四披。西披盛唐画法华经变见宝塔品、从地涌出品。南披盛唐画普贤赴会。北披盛唐画文殊赴会。东披盛唐画法华经变药草喻品、随喜功德品等。

西壁平顶敞口龛内清塑七身。

龛顶画说法图一铺，下菩提宝盖。

龛壁卷草火焰背光两侧各画四弟子（清重描）。

龛沿画半团花、圭纹边饰。

龛外南、北侧各画立佛一身。

南壁画卢舍那佛一铺。

北壁画报恩经变一铺，西侧孝养品、东侧恶友品。

东壁门上画释迦说法图一铺，门南、北画帝释天各一铺。

## 第32窟

修建时代：盛唐（中唐、五代重修）

洞窟形制：覆斗形顶，西壁开一龛

内容：前室西壁门上五代画说法图三铺，门北五代画毗沙门天王一铺（模糊），门南五代画毗琉璃天王一铺（模糊）。

南、北壁五代画说法图各一铺（残）。

甬道叠形顶中央五代画说法图一铺，南、北披五代画垂幔。

南壁画供养比丘二身。

北壁画供养比丘三身。

主室窟顶藻井盛唐画团花卷莲井心，璎珞垂幔铺于四披。四披盛唐画千佛。

西壁平顶敞口龛内盛唐塑佛一身（清修）。

龛顶画释迦说法图，下菩提宝盖。

龛壁南、北侧盛唐画四项光、八弟子。

龛沿画卷草边饰。

龛外南、北力士台下有五代残画。

南壁中唐画释迦说法图一铺，东侧观音一身，西侧地藏一身（清代重描），下五代画菩萨五身（模糊）。

北壁中唐画七佛（跌坐），下说法图一铺，东侧观音一身，西侧菩萨一身。

东壁门北盛唐画十一面六臂观音一身、菩萨一身、地藏一身、女供养人二身；门南观音一身、药师佛一身、女供养人一身，五代画供养比丘一身（均残）。

## 第33窟

修建时代：盛唐（中唐、五代、清重修）

洞窟形制：覆斗形顶，西壁开一龛

内容：前室顶五代画千佛残存五身。

西壁门上画十一面六臂观音一铺，门南五代画普贤变（模糊），门北五代画文殊变（模糊）。

南、北壁画说法图各一铺（残）。

甬道顶中央存残画一角。南、北披画垂幔。

南、北壁画比丘各三身（后一身残）。

主室窟顶藻井画团花井心，四周环绕飞天十六身。四披画千佛。

西壁平顶敞口龛内清塑佛一铺七身，龛外南、北力士台上各塑一天兽。

龛顶画说法图，下菩提华盖，北侧画佛为比丘授记。

龛壁背光两侧画菩萨各一身，弟子各四身。

龛沿画云头菱纹、团花边饰。

龛外南、北侧中唐各画菩萨一身（五代重描）。

南壁画弥勒经变一铺。下存盛唐供养人六身（残）。

北壁画千佛，中央说法图一铺，下模糊。

东壁门南五代画比丘一身，中唐画地藏、菩萨各一身。门北五代画比丘法松、道行供养像，中唐画观音一身。

## 第 34 窟

修建时代：盛唐（五代、宋、清重修）

洞窟形制：覆斗形顶，西壁开一龛

内容：前室顶西披宋画团花图案，南侧底层存五代画经变中菩萨一身。

西壁门上宋画七佛，存六身，门南底层剥出五代画观音菩萨一身，门北画菩萨（模糊）。

南壁底层剥出五代画毗沙门天王一身，表层为宋画文殊变（残）。

北壁底层剥出五代画西方毗楼博叉天王一部分。

甬道盝形顶中央宋画团花图案。南、北披画垂幔。

南、北壁画供养菩萨各二身。

主室窟顶藻井浮塑团龙井心，回纹、卷草铺于四披。四披各画棋格团花。

西壁平顶敞口龛内盛唐塑跏趺坐佛一身（经清修）。

龛顶画菩提宝盖、四飞天。

龛壁背光两侧各画二项光及花卉。

龛上画菱形花、回纹边饰。

龛下画莲座、莲池、壸门内供宝。

龛外南、北侧各画菱形花边饰、飞天一身、花卉，下各有力士台。

南壁画净土变一铺，下壸门供宝（模糊）。西端画项光、花卉。

北壁画净土变一铺。下壸门供宝（模糊）。西端画项光、花卉。

东壁门上画二飞天，门南、北各画听法菩萨八身。

## 第 35 窟

修建时代：五代（宋重修）

洞窟形制：覆斗形顶，西壁开一龛

内容：甬道顶五代画十一面观八臂音一身。

南、北壁宋画赴会菩萨各二身。

主室窟顶藻井浮塑团龙井心，卷草、回纹铺于四披。四披画棋格团花、垂幔。

西壁盝顶帐形龛内马蹄形佛床，下有壸门。

龛顶中央画团花图案。四披各画垂幔边饰。

龛内西壁画坐佛（已残）、背光、项光、花卉，南、北壁画坐佛共十三身、项光各二、花卉。

龛上画飞天四身、山花蕉叶帐顶图案。

帐门南、北侧各画千佛十排（下模糊）。

南、北壁各画千佛十排（下模糊）。

东壁门上画莲花化佛，门南、北各画千佛十排（下模糊）。

## 第 36 窟

修建时代：五代

洞窟形制：人字披顶。原为第 35 窟前室

内容：甬道南、北壁画供养菩萨各二身（残）。

主室窟顶残存说法图三铺。

西壁（第 35 窟甬道门）南侧画赴会四龙王（缺一）及其眷属，下存供养人一身；北侧赴会四龙王及眷属，下供养人六身（模糊）。

南壁画文殊变一铺（已残），下毁。

北壁画普贤变一铺（已残），下毁。

## 第 37 窟

修建时代：西夏

洞窟形制：覆斗形顶

内容：前室西、北壁存西夏画一部分。

主室窟顶藻井画四瓣花井心。四披各画四瓣花图案。

西、北壁各画花卉。

南壁画花卉（残毁一角）。

## 第 38 窟

修建时代：盛唐（五代、西夏重修）

洞窟形制：覆斗形顶，西壁开一龛

内容：前室顶西夏画棋格团花，北侧剥出底层五代画一部。

西壁门上画垂幔；门北底层五代画天王（存一角），表层西夏画菩萨一身（残）；门南存西夏画菩萨一身（残）。

南壁存西夏残画部分。

北壁存五代残画部分。

甬道顶中央画团花，南、北披画垂幔。

南、北壁画菩萨各二身（残）。

主室窟顶藻井井心毁，回纹、团花铺于四披。四披画棋格团花。

西壁平顶敞口龛顶画菩提宝盖、飞天四身。

龛壁背光画火焰团花，两侧各画二项光、一菩萨。

龛沿画菱形四瓣花边饰。

龛下画供养器、幡、幢。

龛外南、北侧各画交枝卷草，北侧底层露出盛唐画。力士台下画莲座壸门，内饰莲花、火焰珠。

南壁上画垂幔，中画释迦说法图，下模糊；西侧一项光，底层露出盛唐白描山石一部分。

北壁上画垂幔，中释迦说法图，下模糊；西侧一项光。

东壁上画垂幔，门上画七佛，门南、北释迦说法图，下毁。

## 第 39 窟

修建时代：盛唐（五代、西夏、清重修）

洞窟形制：前部人字披顶，后部平顶，有中心龛柱，柱东向面开一龛，西、南、北壁各开一龛

内容：前室西壁门南、北西夏画菩萨一排、说法图各一铺（上下残）。

南壁存西夏画说法图一部分。

北壁残存西夏画说法图一角。

甬道盝形顶中央五代画佛教史迹画，南、北披五代画瑞像图。

南、北壁西夏各画供养菩萨三身。下毁。

主室中心龛柱东向面斜顶敞口龛内唐塑坐佛及二弟子（清修），清塑二身。

龛顶盛唐画说法图。

龛壁唐画背光，两侧共八大弟子。

龛上盛唐画千佛。

龛下五代画立佛二身、菩萨四身。

龛外南、北侧盛唐画天王各一身。

南向面盛唐画千佛。下五代画壸门伎乐三身。

西向面盛唐画千佛，下无画。

北向面盛唐画千佛。下五代画壸门伎乐三身。

窟顶全部盛唐画千佛。

西壁斜顶敞口龛内唐塑涅槃像一铺二十七身（清修）。

龛顶、龛壁盛唐画散花飞天五身，梵天女奉佛母奔丧四组等。

龛沿盛唐画团花边饰。

龛下上段画垂幔，下段五代画男女供养人，存七身（男二、女五身）。

龛外南、北侧盛唐画千佛。

南壁前部斜顶圆券龛内唐塑佛一身（清修），清塑佛二身。

龛顶盛唐画菩提宝盖、散花飞天二身。

龛壁背光两侧各四大弟子。

龛外及南壁后部盛唐画千佛，下五代画女供养人，存七身。

北壁前部斜顶圆券龛内清塑佛三身。

龛顶盛唐画菩提宝盖、飞天二身。

龛壁背光两侧盛唐画十大弟子。

龛外及北壁后部盛唐画千佛，下五代画男供养人十八身。

东壁门上盛唐画千佛；门南五代画文殊变，下供养比丘残存二身；门北五代画普贤变，下供养比丘残存四身。

## 第 40 窟

修建时代：五代

洞窟形制：覆斗形顶.西壁塑像

内容：窟顶藻井团花井心，垂幔铺于四披。西披画菩提宝盖，两侧各画飞天一身。东、南、北披画说法图各一铺。

西壁塑一佛（似从别处移来）二菩萨。

壁画佛光两侧大目乾连、须菩提等四弟子。

南壁画功德山王等四菩萨。

北壁画妙吉祥等四菩萨。

## 第 41 窟

修建时代：盛唐（五代重修）

洞窟形制：覆斗形顶，西壁开一龛

内容：前室西壁门上五代画趺坐佛五身。

甬道窟顶及南、北壁存五代残画。

主室窟顶藻井画团花井心，垂幔铺于四披。四披画千佛。

西壁平顶敞口龛顶画宝盖、云气。

龛壁画八弟子、二项光。

龛沿画半团花边饰。

龛外南、北侧无画。

南壁画千佛，中央中唐画说法图一铺，下残。

北壁画千佛，中央盛唐画说法图一铺。

东壁门上画千佛，门南、北画菩萨（模糊）。

## 第 42 窟

修建时代：盛唐（五代重修）

洞窟形制：覆斗形顶，西、南、北壁各开一龛

内容：甬道盝形顶中央五代画接引佛一身(残)。南、北披画垂幔（模糊）。

主室窟顶藻井画云头团花井心，垂角铺于四披。四披画千佛。

西壁斜顶敞口龛顶画一佛二菩萨。

龛壁残存八弟子。

龛上画半团花边饰。

龛外南、北侧画千佛，下毁。

南壁斜顶敞口龛内中唐补塑坐佛一身（下肢残）。

龛顶中唐画宝盖。

北壁斜顶敞口龛内西壁存一弟子头像，余皆毁。

东壁门南、北画千佛，下毁。

## 第 43 窟

修建时代：中唐

254

洞窟形制：覆斗形顶，西壁开一龛

内容：窟顶藻井画团花井心，垂幔铺于四披。四披画千佛（模糊）。

西壁平顶敞口龛顶存盛唐画半团花边饰一条、宝盖顶部。

北壁残存千佛数身。

## 第 44 窟

修建时代：盛唐（中唐、五代重修）

洞窟形制：前部人字披顶，后部平顶，有中心龛柱，柱东向面开一龛，南、北壁各开二龛

内容：前室顶中唐画千佛。

西壁门上画莲花茎、火珠、经变（模糊）。

南壁画维摩诘经变一铺（残存一部分）。

北壁画经变（残存一部分）。

甬道顶画南北二天王、四菩萨。

南、北壁中唐画观音菩萨各一身。

主室中心龛柱东向面平顶方形敞口龛内唐塑佛二身（清修）。龛外南、北侧五代塑弟子、菩萨立像各一身。

龛顶画华严九会中之八会。

龛内西、南壁上盛唐画华严世界，下模糊。北壁上盛唐画华严世界及华严九会之一会，下模糊。

龛上画千佛。

龛下五代画供养比丘。

龛外南、北侧中唐画千佛。

南、西、北向面中唐画千佛。

窟顶全部中唐画千佛。

西壁上画千佛。中，中唐画涅槃变（残），下毁。

南壁人字披下画千佛，中唐画观无量寿经变一铺，两侧未生怨（西）、十六观（东）。

东起第一龛为斜顶方口龛，龛顶中唐画说法图，下菩提宝盖。

龛壁佛光两侧中唐画菩萨各一身，弟子各四身。

第二龛为斜顶方口龛，龛壁存中唐画背光一个，余全毁。

二龛之间画观音一身，壁面西端画千佛；下五代画供养比丘一排。

北壁人字披下画千佛，盛唐画西方净土变一铺、观世音菩萨三身、千佛一部分，中唐画观音菩萨一身。

东起第一龛为斜顶方口龛，龛顶画菩提宝盖、彩云、二伎乐天。

龛壁盛唐画菩萨二身、弟子八身。

第二龛为斜顶方口龛，龛内盛唐塑佛、弟子、菩萨各一身。

龛顶盛唐画菩提宝盖。

龛壁画菩萨二身、弟子八身。

二龛之间中唐画观音一身，壁面西端画千佛；下五代画供养比丘一排。

东壁门上愿文题榜一方；门南中唐画思益梵天问经变，下五代愿文题榜一方；门北中唐画观无量寿经变，两侧未生怨、十六观，下五代画供养比丘(残)。

注：盛唐开窟绘塑未竟，中唐亦未完其业，五代宋初又重修。

## 第 45 窟

修建时代：盛唐（中唐、五代重修）

洞窟形制：覆斗形顶，西壁开一龛

内容：前室顶中部五代画千手眼观音一铺，南侧五代画观音一铺，北侧五代画如意轮观音一铺。

西壁门上五代画毗沙门天王赴那吒会，门南、北残存五代画经变。

南壁残存五代画经变一角。

北壁残存五代画华严经变一角。

甬道顶盝形顶中央五代画佛教史迹画，南、北披五代画瑞像图。

南、北壁各存五代画经变一角。

主室窟顶藻井画团花井心，垂角帷幔铺于四披。四披各画千佛。

西壁平顶敞口龛内盛唐塑跏坐佛、阿难、迦叶、观音、大势至及南、北天王各一身。

龛顶画见宝塔品，下菩提宝盖。

龛壁佛光两侧盛唐画菩萨各二身。

龛外北侧中唐画地藏一身。

龛外南侧中唐画观音一身。

南壁盛唐画观音经变一铺，下毁。

北壁盛唐画观无量寿经变一铺，东侧未生怨、西侧十六观，下毁。

东壁门上无画；门北中唐画地藏、观音各一身，下毁；门南盛唐画观世音菩萨一身，下毁。

## 第 46 窟

修建时代：盛唐（五代、宋重修）

洞窟形制：覆斗形顶，西、南、北壁各开一龛

内容：前室顶五代画棋格团花图案二排。

西壁门上残存五代画帷幔。

南壁残画模糊。

甬道顶五代改成盝形，中央宋画接引佛，南、北披宋画方格茶花图案。

南、北壁上部残留唐、五代人楷书诗文。

主室窟顶藻井画团花井心，卷草、垂幔铺于四披。四披各画千佛。

西壁平顶敞口龛内盛唐塑跏坐佛、阿难、迦叶、菩萨（清修）及南、北天王各一身。

龛顶画见宝塔品。

龛壁浮塑背光、项光，两侧画项光各二个、菩萨各一身。

龛外北侧画观世音菩萨。

龛外南侧画大势至菩萨。

南壁横长圆券龛内塑释迦涅槃像、佛母、地藏（已

失）、神将、舍利弗各一身。存一弟子头像。

龛上、龛外东侧画千佛，龛外西侧画菩萨一身，龛下毁。

北壁七佛龛内存唐塑立佛六身（宋修）。

龛顶画七莲花盖。龛内东、西壁各画一比丘，北壁画七佛光。

龛上画千佛。龛外西侧画菩萨立像一身，龛下毁。

东壁画千佛。

## 第 47 窟

修建时代：盛唐（五代重修）

洞窟形制：覆斗形顶，西壁开一龛

内容：甬道顶五代画趺坐佛（模糊）。

南、北壁壁画模糊。

主室窟顶藻井画茶花井心，璎珞幔帷铺于四披。四披画菩萨说法，两侧环绕听法菩萨。

西壁斜顶敞口龛顶画宝盖、飞天二身。

龛壁盛唐画弥勒菩萨及十弟子与胁侍菩萨、侍童各二身。

龛上中唐画化生帐顶图案。

龛外南侧中唐画观音一身。

龛外北侧中唐画大势至一身。

南壁五代画不空绢索观音（十二臂）一铺。

北壁五代画如意轮观音一铺。

东壁门南、北画菩萨各一身。

## 第 48 窟

修建时代：盛唐

洞窟形制：覆斗形顶，西壁开一龛

内容：窟顶四披画千佛（东、北披存部分）。

西壁平顶敞口龛顶画见宝塔品。

龛外南、北侧存部分残画。

东壁门上存千佛部分。

## 第 49 窟

修建时代：盛唐（中唐、五代重修）

洞窟形制：覆斗形顶，西壁开一龛

内容：前室顶存五代残画部分。

西壁门上存五代重修榜题一方（文字毁）。北侧存幔帷图案。

甬道盝形顶中央画接引佛，两披画趺坐佛（南披毁）。

主室窟顶藻井画云头团花井心，垂幔铺于四披。四披画千佛。

西壁平顶敞口龛顶画见宝塔品。

龛壁佛光两侧画八弟子、二菩萨（模糊），下部均残毁。

龛沿画菱形纹、卷草边饰。

龛外南、北侧各存一项光宝盖。

南壁残存千佛一部分。

北壁中央残存说法图（模糊），四周千佛存一部分。

东壁门上中唐画一佛二菩萨，门南、北各存千佛一部分，下毁。

## 第 50 窟

修建时代：盛唐（西夏重修）

洞窟形制：覆斗形顶，西壁开一龛

内容：窟顶藻井中心毁，垂幔铺于四披。四披画千佛（残毁过半）。

西壁平顶敞口龛顶残存宝盖、飞天二身（西夏重修）。

龛内西壁残存弟子二身（经西夏重修），下部模糊；北壁残存比丘、菩萨各一身。

龛沿存卷草边饰一段。

龛外北侧存部分残画。

东壁门上存千佛残画。

## 第 51 窟

修建时代：初唐（西夏重修）

洞窟形制：覆斗形顶，西壁开一龛

内容：窟顶藻井底层初唐画，幔帷铺于四披（模糊）。四披底层初唐画千佛，表层西夏各画一佛二菩萨。

西壁斜顶敞口龛顶存西夏画一角。龛内西壁存初唐画边饰释迦坐像(残)。

龛上存西夏画边饰。

南、北壁上各存西夏画边饰。

注：此窟于 1947 年被发现。

## 第 52 窟

修建时代：盛唐

洞窟形制：覆斗形顶，西壁开一龛

内容：窟顶藻井中心模糊，幔帷铺于四披。四披各画千佛（部分残毁）。

注：此窟于 1947 年被发现。

## 第 53 窟

修建时代：中唐（五代重修）

洞窟形制：覆斗形顶，西壁开一龛

内容：前室顶存中唐画一角。

西壁门南、北残存中唐画菩萨各一身。

南、北壁中唐画天王，各存一部分。

甬道南壁残存山水部分。

主室窟顶藻井画团龙卷瓣莲花井心，卷草、垂幔铺于四披。西披五代画弥勒经变，南披五代画华严经变（五会），北披五代画华严经变（四会），东披五代画天请问经变，下十方诸佛赴会及中唐画千佛。

西壁盝顶帐形龛内残存五代塑佛一身。马蹄形佛床。

龛顶中央画棋格柿蒂花，四披画瑞像图。

龛内西、北壁模糊，南壁存天龙八部头部。

帐门南侧上五代画龙王一铺，下力士（残）。

南壁西部五代画劳度叉斗圣变，东部存中唐残画。

北壁上五代画维摩诘经变，东部壁里为第469窟，下女供养人。

东壁门南、北下残存供养比丘。

注：此窟系将一中唐窟扩大而成，于1948年1月被发现。

## 第54窟

修建时代：晚唐

洞窟形制：覆斗形顶，西壁开一龛

内容：窟顶西、南披存千佛一部分，中央趺坐说法佛各一铺。北披存千佛一部分。

西壁盝顶帐形龛内塑像毁，存残座三个。马蹄形佛床，下壸门画模糊。

龛顶中央画团花图案，东、西披立佛各五身、菩萨各二身，南、北披立佛各二身、菩萨各二身。

龛内西壁上画垂幔，居中画背光、山水，左右垂幔。下屏风二扇，画十二大愿（四愿）；南、北壁垂幔下屏风各二扇，画十二大愿（各四愿）。

龛上画方格千佛帐顶图案。

龛下塑出莲座壸门（剥落）。

帐门南侧画普贤变一铺（部分剥落），下供养人四身。

帐门北侧画文殊变一铺（部分剥落），下供养人四身。

南壁画千手眼观音一铺，东侧十二大愿、西侧九横死；下存男供养人二身（残）。

北壁画千手钵文殊一铺，两侧观音普门品救诸苦难。下存男供养人二身。

东壁门南画如意轮观音，下男供养人三身；门北上存菩萨一身，下残。

注：此窟于1948年被发现。

## 第55窟

修建时代：宋（西夏重修）

洞窟形制：覆斗形顶，设中心佛坛，坛上背屏联接窟顶

内容：前室西壁门上有一敞口龛，壁画已模糊。

甬道盝形顶中央西夏画团花图案；南、北披画璎珞幔帷，下散花飞天。

南壁表层西夏画供养菩萨，底层宋初画男供养人像。

北壁表层西夏画供养菩萨，底层宋初画女供养人像。

主室中心佛坛上塑佛像三铺，现存倚坐佛三身、菩萨三身、迦叶一身、力士二身。马蹄形佛床。

佛坛西面无画。南、北面各画火珠、狮子（残）。

背屏正面画菩提宝盖、二飞天、二持幢菩萨；背面画经行佛一身；南、北侧面供养菩萨各一身。

窟顶藻井画双龙卷瓣莲花井心，垂幔铺于四披，四周环绕伎乐天。西披画弥勒经变、南披画法华经变、北披画华严经变、东披画楞伽经变各一铺；窟顶东北角画东方提头赖吒天王、东南角画南方毗琉璃天王、西南角画西方毗楼博叉天王，西北角画北方毗沙门天王。

南壁东起画弥勒经变（东西两侧画弥勒世界诸事）、观无量寿经变（东侧十六观、西侧未生怨）、报恩经变（东侧论议品、西侧孝养品）、观音经变（东西两侧三十三现身）各一铺；下屏风十二扇，画贤愚经变诸品，一至九：梵天请法六事品，十至十二：摩诃萨埵以身施虎品。

西壁画劳度叉斗圣变一铺，下屏风十四扇，画贤愚经变诸品，南起一、二：摩诃萨埵以身施虎品，三至七：不明，八：海神难问船人品，九：恒伽达品，十至十四：不明。

北壁西起画佛顶尊胜陀罗尼经变（东西两侧画诸品）、思益梵天问经变（东西两侧梵天诸问）、药师经变（东侧九横死，西侧十二大愿）、天请问经变（东西两侧天诸问）各一铺，下存屏风十一扇，画贤愚经变诸品，一：不明，二至四：须阇提品，五至十一：不明，以东西画供养菩萨六身。

东壁门上画七佛、一菩萨、一化生、二飞天；门南金光明经变一铺，北侧舍身品、南侧长者子流水品，下段。门北密严经变一铺，两侧说诸法各一条，下西夏重画供养菩萨六身。

## 第56窟

修建时代：隋

洞窟形制：覆斗形顶，西、南、北壁各开一龛

内容：窟顶藻井熏毁。四披画千佛，下飞天各一排（被烟熏）。

西壁内外层圆券龛。龛内塑像存佛、阿难、迦叶各一身，菩萨三身。

内层龛壁画佛光，两侧画四弟子二飞天。外层龛壁画莲花火焰龛楣，莲花龛柱两侧画供养比丘各三身、飞天各一身。

龛上画栏墙、垂幔。

龛下画供养器。

龛外南、北侧各画联珠纹边饰、千佛。

南壁圆券龛内塑禅定坐佛一身，两侧塑像四身仅存项光。

龛顶画飞天二身。

龛上画栏墙、垂幔，下画千佛。

龛下画供养人一排（模糊）。

北壁圆券龛壁存二飞天，五项光。

龛上画栏墙、垂幔，下画千佛。

龛下画供养人一排（模糊）。

东壁画千佛，南下角被清代凿穿洞破坏。

## 第57窟

修建时代：初唐（晚唐重修）
洞窟形制：覆斗形顶，西壁开一龛
内容：前室西壁门上晚唐画弥勒说法图，两侧天王赴会（模糊）。门南晚唐画毗琉璃天王（模糊）。门北晚唐画毗沙门天王（模糊）。

　　甬道晚唐重修盝形顶中央画药师经变，南、北披晚唐画趺坐佛各四身。

　　南、北壁各画供养比丘二身。

　　主室窟顶藻井画双龙莲花井心，垂幔铺于四披，四周环绕飞天（熏毁）。四披画千佛（熏毁）。

　　西壁内外层圆券龛内塑一趺坐佛、二弟子、四菩萨（失一）。

　　内层龛壁画火焰莲花项光、背光，两侧各画一弟子、一飞天。

　　外层龛顶火焰莲花龛楣，两侧飞天各一身；龛西壁两侧画龛柱、思惟菩萨各一身，南、北壁各画菩萨一身。

　　龛上画飞天六身，向中间供养器相对飞行。

　　龛下画供养器，两侧画供养菩萨各三身。

　　龛外南侧上画夜半逾城，中二菩萨，下供养菩萨二身。

　　龛外北侧上画乘象入胎，中二菩萨，下供养菩萨二身。

　　南壁画千佛，中央说法图一铺，下供养人一排（模糊）。

　　北壁画千佛，中央说法图一铺，下晚唐画供养人（模糊）。

　　东壁门上画千佛，下初唐画七佛（晚唐修甬道盝顶时被凿毁）；门南、北上各画千佛，中说法图一铺，下毁。

## 第58窟

修建时代：初唐（宋重修）
洞窟形制：覆斗形顶，西壁开一龛
内容：甬道顶画莲花。

　　南壁画供养菩萨（模糊）。

　　主室窟顶藻井画团花井心。四披画璎珞垂幔。南、北、东披飞天各一身。

　　西壁圆券龛内初唐塑一趺坐佛、二菩萨（宋重装）。

　　龛顶画宝盖；龛壁画佛光，两侧画二弟子。

　　龛上画卷草龛楣。

　　龛下画说法图一铺。

　　龛外南、北侧画龛柱、化生。

　　南、北壁画说法图各一铺。

　　东壁门上画说法图一铺，门南、北画供养菩萨各一身。

## 第59窟

修建时代：隋（宋重修）
洞窟形制：覆斗形顶，西壁开一龛
内容：甬道顶宋画一佛二菩萨。

　　南、北壁宋画供养人（模糊）。

　　主室窟顶藻井画莲花井心（模糊），垂幔铺于四披。四披画千佛（西披缺一角）。

　　西壁斜顶敞口龛内隋塑一佛二弟子。

　　龛壁项光、背光。

　　龛上画千佛。

　　龛下宋画说法图一铺。

　　龛外南、北侧各画千佛。

　　南壁残存千佛一部分。

　　北壁上画千佛，下末画菩萨二身（模糊）。

　　东壁门上及门两侧画千佛，门北下宋画菩萨一身。

## 第60窟

修建时代：初唐
洞窟形制：覆斗形顶，西壁开一龛
内容：窟顶藻井画光环井心，垂幔铺于四披。西、南、北披画千佛。

　　西壁斜顶敞口龛顶画飞天二身。

　　龛壁仅存佛光及四项光、四弟子。

　　龛上画化生、千佛一排。

　　龛下供养器两侧画男女供养人。

　　龛外南、北侧画菩萨各一身。

　　南壁上画千佛一排，中说法图一铺，下女供养人，存十身。

　　北壁上画千佛一排，中说法图一铺（中残），下男供养人，存一身。

## 第61窟

修建时代：五代（元重修）
洞窟形制：覆斗形顶，设中心佛坛，坛上背屏联接窟顶
内容：甬道盝形顶中央画六联环团花图案，南、北披画璎珞垂幔。

　　南壁元画炽盛光佛一铺，西端扫洒尼姑供养像一身。

　　北壁元画助缘僧及诸星、天官、乐女等。

　　主室中心佛坛上塑像俱失，仅存背屏上一狮尾。马蹄形佛床存壶门二十四个，画伎乐。

　　背屏正面画菩提宝盖、菩萨、天王、力士。背面画立佛一铺。南侧面画如意轮观音，北侧面画不空绢索观音。

　　窟顶藻井画团龙鹦鹉井心，垂幔铺于四披。四披上画十方诸佛，下千佛；西披千佛下画飞天六身、供养菩萨二身，南披千佛中央南无天鼓音佛一铺，北披千佛中央南无最胜音佛一铺，东披千佛中央南无东方不动佛一铺；顶东南角画东方提头赖吒天王（大部毁），西南角画南方毗琉璃天王，西北角画西方毗楼博叉天王，东北角画北方毗沙门天王。

南壁西起画楞伽经变、弥勒经变、阿弥陀经变、法华经变、报恩经变各一铺；下东起画曹氏家族女供养人十七身，屏风九扇，画佛传云童子求师至树下诞生。

西壁画五台山图一铺；下屏风十五扇，画佛传，南起一：击鼓报喜、九龙灌浴，二：阿私陀仙占相，三：七日丧母，四：姨母养育，五：八岁就学，六、七：向师忍天学艺，八：游观农务，九：树下思惟、造三时殿，十至十二：角技议婚，十三：太子结婚，十四：后宫娱乐，十五：出游四门、决意出家。

北壁西起画密严经变、天请问经变、药师经变、华严经变、思益梵天问经变各一铺；下屏风九扇，西起画佛传夜半逾城至均分舍利止，曹氏家族女供养人十六身。

东壁门上画维摩诘经变佛国品；门南画维摩诘经变（文殊），下回鹘公主等女供养人八身；门北画维摩诘经变（维摩诘），下宋画供养比丘尼三身及于阗公主等女供养人四身，五代画女供养人四身。

注：此窟原名文殊堂。元代在此窟前室修建皇庆寺时重绘甬道壁画。

### 第62窟

修建时代：隋

洞窟形制：人字披顶，西壁开一龛

内容：窟顶东、西披画千佛。

西壁斜顶敞口龛内西壁残存背光，南、北壁各残存执拂天女一身、飞天二身。

龛沿画联珠纹。

龛下存一莲花。

龛外北侧上画千佛，中供养菩萨一身，下供养比丘一身、男供养人二身。

南壁上存千佛一部分。

北壁上画千佛，中说法图一铺、西侧画禅僧等，下男供养人十一身、女供养人四身。

东壁上画千佛（残存东北角）。

注：此窟在凿建第61窟时受到破坏。

### 第63窟

修建时代：隋

洞窟形制：覆斗形顶，西壁开一龛

内容：窟顶藻井画莲花井心，垂幔铺于四披。南、西披各存千佛一部分。

西壁圆券龛顶存一飞天及项光。

龛沿存联珠纹边饰一段。

龛外南侧存千佛一部分。

南壁存千佛一部分。

注：此窟在凿建第61窟时受到破坏。

### 第64窟

修建时代：隋

洞窟形制：覆斗形顶，西壁开一龛

内容：窟顶藻井存垂幔少许。西披画说法图一铺，南、北披均存飞天、赴会佛各一身。

西壁圆券龛内塑像仅残存一佛座。

龛壁佛光南、北两侧各画二散花天，北侧存莲花一枝。

龛外南、北侧各画一飞天、一菩萨，下供养人各三身（残）。

南壁画说法图，存宝盖（残）、二菩萨、一飞天，下供养人二身（残）。

### 第65窟

修建时代：唐（宋、西夏、清重修）

洞窟形制：覆斗形顶，西壁开一龛

内容：窟顶藻井浮塑团龙井心，回纹、卷草铺于四披。四披画棋格团花（中部残）。

西壁斜顶敞口龛内唐塑一佛、二弟子（西夏修）西夏塑二菩萨（清修）。

龛顶画菩提宝盖、四飞天。

龛内西壁西夏重修背光，两侧各画二弟子；南、北壁各画一弟子、二项光。

龛上画半团花边饰。

龛外南侧上画垂幔，中存菩萨六身，下毁。

龛外北侧上画垂幔，中存菩萨十身，下毁。

南、北壁上画垂幔，中西起画说法图、经变各一铺，下毁。

东壁门上存垂幔一条，门南、北存宝盖、菩萨部分。

### 第66窟

修建时代：盛唐

洞窟形制：覆斗形顶，西壁开一龛

内容：窟顶藻井残存云纹团花井心，垂幔铺于四披。四披画千佛（部分残）

西壁平顶敞口龛内塑跌坐佛、迦叶、阿难、二菩萨、二天王。

龛顶画帐顶图案与宝盖、飞天三身。

龛壁浮塑佛光，两侧各画四弟子、二菩萨、四伎乐。

龛外南、北侧各画菩萨，南侧执花，北侧为观音。

南壁画净土变一铺，下残。

北壁画观无量寿经变一铺，东侧未生怨、西侧十六观，下毁。

东壁门北存千佛数身。

### 第67窟

修建时代：初唐（宋重画）

洞窟形制：覆斗形顶，西壁塑像

内容：窟顶西披画棋格团花（模糊）。

西壁存宋画背光部分。唐塑佛一身，后代修。

南、北壁各画经变一铺（残），下毁。

东壁门北底层存初唐残画。

## 第 68 窟

修建时代：初唐

洞窟形制：覆斗形顶，西壁开一龛

内容：窟顶南、西、北披各存千佛一部分。

西壁平顶敞口龛内塑一佛、二弟子、二菩萨。

龛顶画法华经变见宝塔品。

龛壁浮塑佛光，两侧各画弟子四身；龛口内南侧画维摩诘经变（文殊）、北侧画维摩诘经变（维摩诘）。

龛沿画莲瓣、卷草边饰。

龛外南侧画普贤、北侧画文殊（模糊）。

南、北壁各画经变（残）。

## 第 69 窟

修建时代：中唐（西夏重修）

洞窟形制：覆斗形顶，西壁开一龛

内容：窟顶藻井画团龙井心，垂幔铺于四披。四披各画说法图（下残）。

西壁平顶敞口龛内西夏重修一佛、二弟子、二菩萨。

龛顶画说法图一铺。

龛壁佛光两侧各画弟子三身。

龛外南、北侧各画菩萨四身。

南壁画经变二铺（模糊），下残。

北壁画经变二铺，底层有唐画残迹（均模糊）。

东壁门北存说法图一铺。

## 第 70 窟

修建时代：初唐（西夏重画，清重修塑像）

洞窟形制：覆斗形顶，西壁开一龛

内容：窟顶藻井底层为初唐画石榴葡萄井心，西夏画卷草铺于四披。四披画棋格团花。

西壁盝顶帐形龛内初唐塑跌坐佛一身、菩萨三身（清修）。佛床马蹄形。

龛顶中央画团花图案，西披画菩提宝盖、二飞天及二坐佛、二供养菩萨，南、北披各画五坐佛、一供养菩萨，东披画献花飞天四身。

龛壁存项光、花卉。

龛上画帐顶图案。

帐门南侧画供养菩萨十身。

帐门北侧画供养菩萨十二身。

南壁上画垂幔，中净土变二铺、供养菩萨十身，下毁。底层有初唐画千佛，中央画说法图。

北壁上画垂幔，中净土变二铺（中段毁，下模糊）、供养菩萨八身；底层有初唐画千佛，中央画说法图。

东壁底层有初唐画（残）。

## 第 71 窟

修建时代：初唐

洞窟形制：覆斗形顶，西壁开一龛

内容：窟顶四披画千佛。

西壁平顶敞口龛内塑跌坐佛、阿难、迦叶、二菩萨。

龛顶画千佛。

龛壁浮塑佛光，两侧各画二飞天、赴会佛一铺及项光、莲花。

帐门南、北侧各存孔雀卷草边饰一段。

南壁画弥勒经变一铺。

北壁画阿弥陀经变一铺。

## 第 72 窟

修建时代：五代（清重修塑像）

洞窟形制：覆斗形顶，西壁开一龛

内容：前室南壁为第 73 窟。

主室窟顶藻井井心毁，回纹、卷草、璎珞幔帷铺于四披。四披各画赴会佛三铺，下千佛，中央各画说法图一铺。

西壁盝顶帐形龛内五代塑一佛、二弟子、二菩萨（清修）。

龛顶中央画棋格团花，西披画瑞像图八身、供养菩萨二身，南、北披画瑞像图各五身、供养菩萨、化生各一身，东披画药师佛八身、供养菩萨二身。

龛内西壁上画垂幔，下屏风四扇，画萨埵太子本生；南壁垂幔下屏风三扇，画萨埵太子本生、尸毗王本生；北壁垂幔下屏风三扇，画萨埵太子本生、鹿母夫人故事。

龛沿画卷草边饰。

龛上画垂幔、帐顶图案。

帐门南侧上画圣者泗州和尚、毗沙门天王请佛赴会，中普贤变，下模糊。

帐门北侧上画圣者刘萨诃像、毗沙门天王请佛赴会，中文殊变，下模糊。

南壁上画垂幔，中刘萨诃因缘变相一铺，下毁。

北壁上画垂幔，中弥勒经变一铺，下模糊。

东壁门上画垂幔，门南、北存劳度叉斗圣变部分（模糊）。

## 第 73 窟

修建时代：宋

洞窟形制：覆斗形顶

内容：窟顶藻井存卷草边饰一部。南、西披各存千佛一角，西披存帷幔一部分。

西壁残存经变一角。

注：此窟开于第 72 窟前室南壁，坐南朝北。

## 第 74 窟

修建时代：盛唐（五代重修）

洞窟形制：覆斗形顶，西壁开一龛

内容：前室西壁存五代残画一部（模糊）。

　　　北壁存五代残画一部（模糊）。

　　　主室窟顶藻井画莲花井心，垂幔璎珞铺于四披。四披画千佛。

　　　西壁斜顶敞口龛顶画棋格帐顶图案。

　　　龛内西壁浮塑佛光，南侧画二弟子罗睺罗、阿那律，北侧画二弟子舍利弗、目乾连；南壁画二弟子优波离、阿㝹延与二菩萨、一天王；北壁画二弟子阿那律、须菩提与二菩萨、一天王。

　　　龛沿画宝珠、璎珞。

　　　龛外南侧画地藏菩萨一身，下毁。

　　　龛外北侧画毗卢舍那佛一身。

　　　南壁残存千佛。

　　　北壁画经变一铺。

　　　东壁门北存地藏、观音各一部分。

## 第75窟

修建时代：盛唐（晚唐重修）

洞窟形制：覆斗形顶，西披开一龛

内容：窟顶藻井画团花井心，卷草、幔帷铺于四披。四披画千佛。

　　　西壁龛晚唐时被堵塞，晚唐画立佛、菩萨、地藏各一身，龛下模糊。

　　　南壁画千佛，晚唐时置一龛台，上置别处移来的隋塑立佛一身，盛唐塑阿难一身、菩萨二身，龛台下存晚唐画女供养人。

　　　北壁画千佛，中央说法图一铺，下毁。

　　　东壁门上画说法图三铺，门南画药师佛一身，门北画立佛一身。

## 第76窟

修建时代：唐（宋、元、清重修）

洞窟形制：覆斗形顶，设中心佛坛

内容：甬道盝形顶中央元画接引佛；南披元画幔帷，底层宋画屏风；北披元画幔帷，底层宋画屏风、唐画璎珞边饰。

　　　南壁表层残存元画菩萨，底层宋画屏风。

　　　北壁表层残存元画菩萨，底层宋画屏风、唐画（存一角）。

　　　主室中心佛坛上宋塑跌坐说法佛一身（清修）。佛座下存宋画供养菩萨一身。

　　　西壁画变相一铺（模糊）。

　　　南壁上沿画飞天十身，以下西起画观无量寿经变(西侧一条模糊，疑是未生怨，东侧十六观一条)、观音经变、法华经变（上下两排，共八幅）各一铺，下毁。

　　　北壁上沿画飞天十身，以下西起画药师经变（东侧九横死一条）、十一面观音变、华严经变各一铺，下毁。

东壁上沿画飞天十身，以下门上画七宝，门南、北画八塔变二排，下排残毁，上排南起，门南为第一塔（释迦降生）、第三塔（初转法轮），门北为第五塔（降服六师）、第七塔（猕猴献蜜）。

## 第77窟

修建时代：初唐（清重修）

洞窟形制：覆斗形顶，西壁设佛坛

内容：窟顶藻井画团花井心，半团花、垂角幔帷铺于四披。四披画千佛（东、北披残）。

　　　西壁马蹄形佛坛上塑倚坐佛一身、弟子二身（清修），存残像座四个。

　　　浮塑佛光两侧壁画四弟子（模糊）。

　　　南、北壁西起各画菩萨二身、说法图一铺(模糊)。

## 第78窟

修建时代：初唐（西夏、清重修）

洞窟形制：覆斗形顶，西壁开一龛

内容：甬道顶存西夏画团花图案一角。

　　　主室窟顶藻井西夏浮塑团龙井心，回纹、卷草铺于四披。四披西夏画棋格团花。

　　　西壁平顶敞口龛内唐塑坐佛一身，弟子、菩萨各二身（清修）。

　　　龛顶画菩提宝盖、四飞天。

　　　龛内南、西、北壁西夏画项光、佛光、花卉。

　　　龛外南、北侧各画趺坐菩萨三身，下毁。

　　　南壁西夏画经变二铺（残），底层存初唐画阿弥陀经变一角。

　　　北壁西夏画经变二铺（残），底层存初唐画弥勒经变一角，下毁。

　　　东壁门上底层初唐画七佛，门南、北画观音菩萨各一身。

## 第79窟

修建时代：盛唐（五代重修）

洞窟形制：覆斗形顶，西壁开一龛

内容：前室顶西披盛唐画立佛三铺（残）、存五代残画。

　　　西壁门上原有一龛。门南、北盛唐画金刚力士各一身（模糊）。

　　　南壁西段盛唐画千手眼观音（残），东段五代画经变。

　　　北壁西段盛唐画卢舍那佛（残），东段五代残画。

　　　甬道南壁存五代画男供养人一角。

　　　北壁存五代画女供养人部分。

　　　主室窟顶藻井画团花井心，垂幔铺于四披。四披画千佛。

　　　西壁盝顶帐形龛内盛唐塑一佛、二弟子、四菩萨，龛外两侧塑二天王。

　　　龛顶中央画棋格团花，东、西披各画七立佛、二菩萨、花卉，南、北披各画三立佛、二菩萨、花卉。

龛内西壁屏风四扇，南、北壁各画一菩萨、一屏风，屏风中皆画树下人物。

龛沿画半团花边饰。

帐门南、北侧各画一佛、一菩萨。

南壁盛唐画千佛。

北壁盛唐画千佛（下段）。

东壁门上五代画说法图（残），门南、北盛唐各画千佛（下段）。

## 第 80 窟

修建时代：盛唐（五代重修）

洞窟形制：覆斗形顶

内容：窟顶藻井画三趺坐佛。四披画千佛。

南、西壁盛唐画千佛。

北壁五代画千佛。

注：此窟北壁为五代修第 79 窟时重砌重绘。

## 第 81 窟

修建时代：唐（西夏重画，清重妆塑像）

洞窟形制：覆斗形顶，西壁开一龛

内容：甬道南壁存西夏画菩萨残痕。

主室窟顶藻井画法轮井心，方胜、卷草铺于四披。四披画棋格团花。

西壁盝顶帐形龛内唐塑一佛、二弟子、二菩萨（清妆）。马蹄形佛床，壸门内画火焰宝珠。

龛顶中央画菱形团花图案，西披画菩提宝盖、垂幔，南、东、北披各画垂幔。

龛内西壁画背光，两侧各画一飞天、一项光、花卉；南、北壁各画二飞天、二项光、花卉。

龛上画帐顶图案。

龛下画壸门内供宝。

帐门南、北侧各画药师佛立像一身、菩萨四身。

南、北壁上各画垂幔，中净土变各二铺，下段。

东壁门上画二坐佛，门南、北各画说法图。

## 第 82 窟

修建时代：晚唐

洞窟形制：覆斗形顶，西壁开一龛

内容：窟顶藻井画团花井心，卷草、垂幔铺于四披。四披画千佛。

西壁盝顶帐形龛顶中央画团花，四披画千佛。

龛内西壁上画垂幔，下屏风三扇，中一扇画花卉，两侧画菩萨各一身。南、北壁垂幔下屏风各二扇，每扇画菩萨一身。

龛上画帐顶图案（模糊）。

龛下画供养人（残）。

帐门南、北侧各画菩萨一身（模糊）。

南壁画不空绢索观音一铺（东半毁）。

北壁画千手眼观音一铺（东半毁）。

## 第 83 窟

修建时代：盛唐（五代、西夏、清重修）

洞窟形制：覆斗形顶，西壁开一龛

内容：前室西壁门北存五代画普贤变残痕。

北壁存五代画经变一角。

甬道盝形顶中央画团花图案，南、北披画垂幔。

南壁画供养菩萨（残）。

北壁底层存五代画如意轮观音。

主室窟顶藻井浮塑团龙井心，回纹、卷草铺于四披。四披画棋格团花。

西壁平顶敞口龛内清塑佛一铺五身。

龛顶画菩提宝盖、四飞天。

龛内西壁盛唐画佛光，两侧西夏画花卉、飞天。南、北壁各画飞天、项光。

龛上四瓣花边饰。

龛外南、北侧分别画七佛二身或一身，下花卉。

南、北壁各画净土变一铺，西端各画七佛二身，下花卉。

东壁门上、门南、门北各画说法图一铺，下残。

## 第 84 窟

修建时代：盛唐（五代、西夏重修）

洞窟形制：覆斗形顶，西壁开一龛

内容：前室西壁门北存五代残画。

北壁底层有五代残画。

甬道盝形顶中央画接引佛（残）。

北壁五代画供养比丘。

主室窟顶藻井画法轮井心，回纹、卷草铺于四披。四披画棋格团花。

西壁平顶敞口龛顶画菩提宝盖、二飞天。

龛壁西夏画佛光，两侧画项光、花卉。

龛上西夏画边饰。

龛外南、北侧各画供养菩萨一身。

南、北壁上西夏画垂幔，中净土变各一铺，下残。

二菩萨二身，东壁上西夏画垂幔，二菩萨（残），门南画供养菩萨二身，门北三身（残）。

## 第 85 窟

修建时代：晚唐（五代、元、清重修）

洞窟形制：覆斗形顶，设中心佛坛

内容：前室西壁门南残存元画文殊一角，门北残存元画普贤（模糊）。

甬道盝形顶中央画莲上千佛，南、北披各画瑞像图。

南壁晚唐画男供养人三身、侍从七身（五代重描）。

北壁晚唐画供养比丘一身（即翟僧统）、供养人三身、侍从一身（五代重描）。

主室中心佛坛上晚唐塑释迦佛、迦叶各一身，清塑阿难一身。佛床东面壸门画天王（残）。

窟顶藻井画狮子莲花井心、卷草、垂幔铺于四披。西披画弥勒经变、南披画法华经变、北披画华严经变、东披画楞伽经变各一铺。

南壁东起画报恩经变、阿弥陀经变、金刚经变各一铺；下屏风十四扇，画贤愚经变诸品，一至六：梵天请法六事品，七至九：摩诃萨埵以身施虎品，十：二梵志受斋品，十一：波罗捺人身贫供养品，十二：海神难问船人品，十三、十四：恒伽达品。

西壁画劳度叉斗圣变一铺，下屏风十四扇，画贤愚经变诸品（模糊）。

北壁西起画密严经变、药师经变、思益梵天问经变各一铺；下屏风十四扇，画贤愚经变诸品，一：模糊，二：大光明王始发道品，三：摩诃斯那优婆夷品，四：大劫宾宁品，五、六：微妙比丘尼品，七、八：梨耆弥七子品，九：设头罗健宁品，十：七瓶金施品，十一、十二：金天品，十三：散檀宁品，十四：沙弥均提品。

东壁门上画金光明经变舍身品；门南画金光明经变一铺，下存供养比丘尼五身；门北画维摩诘经变一铺，下比丘三身、女供养人三身。

## 第 86 窟

修建时代：五代
洞窟形制：覆斗形顶，西壁塑像
内容：窟顶藻井画团花图案。四披画垂幔（模糊）。
西壁存佛光与弟子（残）。
南、北壁残存菩萨。

## 第 87 窟

修建时代：盛唐（五代、西夏、清重修）
洞窟形制：覆斗形顶，西壁开一龛
内容：窟顶藻井西夏画交杵团花井心，回纹、卷草铺于四披，底层有盛唐画。南、西、北披西夏画棋格团花。
西壁盝顶帐形龛内盛唐塑倚坐佛一身、弟子二身、菩萨二身、天王存一身（均清修）。
龛顶中央盛唐画棋格团花、南、西、北披画棋格团花边饰幔帷，下五代画跌坐佛共二十身、化生四身。
龛内西壁五代画项光，两侧画目乾连、阿那律、须菩提、迦叶、罗睺罗等十大弟子；南、北壁五代各画天龙八部四身、药叉一身与四菩萨。
龛上露出底层盛唐画边饰、飞天。
龛下西夏画莲花。
帐门南、北侧西夏画跌坐菩萨各五身。
南、北壁上西夏画垂幔，中净土变，下残。
东壁西夏画菩萨（剥落）。

## 第 88 窟

修建时代：盛唐（西夏、清重修）
洞窟形制：覆斗形顶，西壁开一龛

内容：窟顶藻井画卷瓣莲花井心，回纹、卷草铺于四披。四披画棋格团花，下垂幔（残）。
西壁平顶敞口龛内盛唐塑跌坐佛、阿难、迦叶各一身（清修）。
龛顶画菩提宝盖、四飞天。
龛内西壁浮塑佛光，两侧各画一弟子；南、北壁各画一项光、一菩萨、一弟子。
龛上画方格边饰。
龛下画供养器。
龛外南侧画文殊，北侧画普贤。
南壁画阿弥陀经变（残）。
北壁画药师经变（残）。

## 第 89 窟

修建时代：盛唐（宋重修）
洞窟形制：覆斗形顶，西壁开一龛
内容：窟顶西、北披存回纹、卷草、垂幔一角（模糊）。
西壁斜顶敞口龛顶画菩提宝盖、二飞天、龛壁存宋画佛光、项光。
南、北壁底层有盛唐画。表层宋画存一角（模糊）。

## 第 90 窟

修建时代：五代
洞窟形制：原系第 91 窟前室西壁北侧
内容：西壁存天王一角，下供养人二身（均残）。

## 第 91 窟

修建时代：盛唐、中唐（五代重修）
洞窟形制：覆斗形顶，西壁开一龛
内容：前室西壁门北为第 90 窟。
主室窟顶藻井画团花井心，卷草、垂幔铺于四披。四披画千佛。
西壁盝顶帐形龛内唐塑一倚坐佛、二弟子、二菩萨。龛外塑二天王。
龛顶中央画棋格柿蒂花、菩提宝盖；西披画菩提宝盖、佛光及供养菩萨一身，南披残存佛一身（残）、供养菩萨一身，北披立佛三身、供养菩萨二身，东披立佛七身、供养菩萨二身。
龛内西壁存佛光（残）、佛弟子一身，南壁佛弟子二身，北壁存阿那律等佛弟子三身。
龛沿云头、联珠，卷草纹边饰。
龛下画供养器。
龛外南、北侧天王台以上五代画力士、菩萨各一身。
南壁画观无量寿经变一铺，东侧未生怨（毁）、西侧十六观。
北壁画弥勒经变一铺，东西两侧弥勒世界诸事各一条。
东壁门北存毗沙门天王（模糊，下残）。
注：此窟为唐大历十一年前后所凿。南壁为陷蕃后所

绘。南、北壁个别人物又经五代重描。

## 第 92 窟

修建时代：中唐（清重修塑像）

洞窟形制：覆斗形顶，西壁开一龛

内容：窟顶藻井画莲花井心，卷草、垂幔铺于四披（东披毁）。西披画涅槃经变序品，北披存涅槃经变一角画双林圆寂、舍利弗入灭，南披存涅槃经变一角画分舍利。

西壁盝顶帐形龛内塑跃坐佛一身。

龛顶画棋格团花。

龛内西壁浮塑佛光，两侧各画一项光、一化生及花卉；南、北壁各画一弟子、二项光。

龛沿画卷草边饰。

龛上画山花蕉叶帐顶图案。

龛下愿文题榜两侧画供养比丘（模糊）。

帐门南、北侧各画飞天二身、天王一身。

南壁画观无量寿佛一铺，东侧十六观、西侧未生怨。

北壁画药师经变一铺，东侧十二大愿、西侧九横死，下五代画女供养人（模糊）。

东壁门南画文殊变、门北画普贤变各一铺（皆模糊）。

## 第 93 窟

修建时代：中唐（清重修塑像）

洞窟形制：覆斗形顶，西壁开一龛

内容：窟顶藻井井心毁，卷草、垂幔存于南、西、北三披。西壁画千佛，中央跃坐菩萨一身。南、北披画千佛，中央跃坐佛一身（南披东角毁）。

西壁盝顶帐形龛内唐塑三身（清修）、清塑四身。

龛顶中央画二团花、四披画方格团花。

龛内西壁上画卷草垂幔，下屏风三扇，画十二大愿。南、北壁上画卷草垂幔，下屏风各二扇，画九横死。

龛沿画海石榴卷草纹边饰。

龛上画帐顶图案。

龛下壸门内画伎乐（多模糊）。

帐门南、北侧画菩萨各一身（模糊）。

南壁经变存一角（模糊），两侧画立佛一身。

北壁画弥勒经变一铺，西侧立佛一身。

## 第 94 窟

修建时代：晚唐（宋、清重修）

洞窟形制：覆斗形顶，设中心佛坛，坛上背屏联接窟顶

内容：前室西壁门上存晚唐残画，尚可辨识有天王、力士。

甬道盝形顶中央宋画团花图案，南、北披画垂幔。

南壁上宋画十方佛五铺，中宋画供养菩萨八身。底层剥出晚唐张议潭题记。

北壁上宋画十方佛五铺，中宋画供养菩萨七身。底

层剥出张议潮题记。

主室中心佛坛上宋塑跃坐说法佛一身（清修）。清塑弟子、菩萨各二身及一老君。

佛坛及马蹄形佛床各面壸门内画供宝。

背屏正面宋画菩提宝盖、二飞天、二供养菩萨，浮塑卷草火焰佛光；背面宋画接引佛；南、北侧面宋画供养菩萨各一身。

窟顶藻井宋浮塑团龙井心，卷草、幔帷铺于四披。四披画棋格团花、垂幔（部分毁）。

西壁上宋画飞天，中千佛，底层有唐画，下贤愚经变七瓶金施品（下部脱落）。

南壁上宋画飞天一条，中千佛，底层有唐画（部分脱落）。

北壁上宋画飞天一条，中千佛；底层有唐画女供养人宋国夫人，屏风画贤愚经变、出行图等。壁画部分脱落。

东壁上宋画飞天一条，门上画有大莲花；门南、北各画千佛，底层有唐画供养人残像。

## 第 95 窟

修建时代：元（清重修）

洞窟形制：前部顶段，后部有中心龛柱，柱东向面开一龛

内容：甬道顶画六字真言团花。

主室中心龛柱东向面盝顶帐形龛内塑六臂观音为主像，两侧各塑一天王、二菩萨。

龛顶面六字真言团花。

龛内西壁佛光两侧画观音、大势至，南、北壁画菩萨各三身。

南、北向面画罗汉，各存二身（残）。

西向面无画。

南侧通道口上龛内西壁画水月观音，南壁画飞天一身，北壁飞天残；北侧通道口上画虎头。

南、北、西三面通道顶画六字真言团花。

西壁存罗汉二身。

南壁存罗汉三身（二身残）。

北壁存罗汉二身（残）。

## 第 96 窟

修建时代：初唐（清、民国重修）

洞窟形制：通顶大佛窟

内容：前室为九层楼第一层，西壁门上清画佛教画；门南、北清画禅门十二时及其他佛教画，并嵌有民国二十五年《敦煌千佛洞九层楼碑记》一方。

南、北壁清画诸接引佛。

主室西壁初唐塑倚坐弥勒大像一身（即武周延载二年所修造之北大像），高 33 米（民国修）。

## 第 97 窟

修建时代：唐（西夏、清重修）

洞窟形制：覆斗形顶，西壁开一龛

内容：主室窟顶藻井画团龙井心，联珠卷云纹铺于四披（熏毁）。四披画团花图案。

西壁盝顶帐形龛内唐塑弟子二身（清修），清塑一佛、二天王。马蹄形佛床。

龛顶中央画团花图案；西披菩提宝盖，南、北披飞天各一身，东披卷云纹。

龛内西壁浮塑佛光，两侧各画一童子飞天，下花卉；南、北壁画花卉。

龛上画十方佛跌坐像十身。

龛下被后代涂盖。

帐门南、北侧画观音世菩萨各一身。

南壁西端画执花供养比丘一身，十六罗汉戌博迦等六身。下屏风画模糊。

北壁西端画执花供养比丘一身，十六罗汉宾度罗跋罗堕阇等六身。

东壁门南、北画十六罗汉各二身。下模糊。

注：此窟现存壁画皆为西夏时画。

## 第98窟

修建时代：五代（清重修塑像）

洞窟形制：覆斗形顶，设中心佛坛，坛上背屏联接窟顶

内容：甬道盝形顶中央画佛教史迹画（存一部分），南披画瑞像图存六身（东端残），北披瑞像图存七身（东端残）。

南壁画曹议金父子供养像八身、侍从二身。

北壁画张议潮、索勋等供养像，存六身（东端残）。

主室中心佛坛上五代塑跌坐佛一身（清修）、清塑二身。

马蹄形佛床东面壶门二十二个，内画供养菩萨；南、西、北面壶门各十二个，画供宝。下佛坛东面壶门七个、南北两面各六个、西面四个，内画伎乐。

背屏正面画菩提宝盖、四飞天，下二天王；背面画立佛一铺，下画归义军节度诸押衙供养像一列；南、北侧面各画飞天一身、菩萨一身。

窟顶藻井画团龙鹦鹉井心，垂幔铺于四披。四披上画十方诸佛赴会，下千佛，中央画说法图各一铺。顶东南角画东方提头赖吒天王、西南角画南方毗琉璃天王、西北角画西方毗楼博叉天王、东北角画北方毗沙门天王各一铺。

南壁东起画报恩经变、法华经变、阿弥陀经变、弥勒经变各一铺；下曹氏家族女供养人十七身、屏风十三扇画贤愚经变诸品，一至四：梵天请法六事品，五、六：摩诃萨埵以身施虎品，七：二梵志受斋品，八：海神难问船人品，九：恒伽达品，十、十一：须阇提品，十二：波斯匿王女金刚品，十三：金财因缘品，屏风下画供养比丘及归义军节度诸押衙供养像一列(残)。

西壁画劳度叉斗圣变一铺；下屏风十六扇，画贤愚经变诸品，南起一：华天因缘品，二：降六师品、慈力王血施品，三至七：降六师品，八：摩诃斯那优婆

夷品，九、十：散檀宁品，十一、十二：月光王头施品，十三：五百盲儿往返逐佛缘品，十四：富那奇缘品，十五：出家功德尸利苾提品、沙弥守戒自杀品，十六：毁；屏风下画归义军节度诸押衙供养像一列。

北壁西起画天请问经变、药师经变、华严经变、思益梵天问经变各一铺；下屏风十三扇，画贤愚经变诸品，一：迦旃延教老母卖贫品，二：盖事因缘品，三：善求恶求缘品，四至六：善事太子入海品，七：净居天请佛洗品，八、九：无恼指鬘品，十：檀腻鞠品，十：贫女难陀品，十一：师质子摩头罗世质品、象护品，十二：象护品，十三：波婆离品；屏风下画归义军节度诸押衙供养像一列；屏风以东画曹氏家族女供养人十七身。

东壁门上画维摩诘经变权方便品；门南画维摩诘经变（文殊），下于阗国王李圣天等男女供养人十一身；门北画维摩诘经变（维摩诘），下回鹘公主等男女供养人七身。

## 第99窟

修建时代：五代

洞窟形制：覆斗形顶，西壁开一龛

内容：窟顶藻井画狮子莲花井心，卷草、垂幔铺于四披。四披画说法图，东披残毁，南、北披半残。

西壁盝顶帐形龛内五代塑跌坐佛一身，弟子、菩萨、天王各二身，普贤一身。马蹄形佛床。

龛顶中央画棋格团花；西披画药师佛立像六身，供养菩萨二身；南披画药师佛立像三身、莲花；北披画药师佛立像三身、供养菩萨二身；东披画药师佛立像六身、莲花。

龛内西壁佛光两侧弟子各三身，南、北壁各画天龙八部、四菩萨、二弟子，南壁多一药叉。

龛上山花蕉叶帐顶图案。

帐门南侧画普贤变一铺。

帐门北侧画文殊变一铺。

南壁画千手钵文殊一铺，东侧三十三现身、西侧救诸苦难（下模糊）。

北壁画千手眼观音一铺，东西两侧救诸苦难、三十三现身（下毁）。

东壁门上画跌坐佛三身（存一身）。门南不空绢索观音一铺，门北如意轮观音一铺。

## 第100窟

修建时代：五代（清重修塑像）

洞窟形制：覆斗形顶，西壁开一龛

内容：前室西壁门南、北各画天王一铺（模糊）。

南、北壁残存天王各一铺（模糊，上毁，残存部分）。

甬道盝形顶南披残存瑞像图二身。

南壁画曹议金父子供养像五身，侍从六身。

北壁画回鹘公主等女供养人十身，从女五身（模

糊)。

主室窟顶藻井画团花卷瓣莲井心，垂幔铺于四披。四披上各画十方诸佛，下千佛，中央各画说法图一铺。东北角画东方提头赖吒天王、东南角画南方毗琉璃天王、西南角画西方毗楼博叉天王、西北角画北方毗沙门天王各一铺。

西壁盝顶帐形龛内清塑一佛、二弟子、二力士，龛外两侧台上塑一文殊、一普贤。马蹄形佛床。

龛顶中央画棋格千佛（仅存两角）。西披画趺坐佛十二身。南、北披画趺坐佛各五身。

龛内西壁佛光南、北侧画佛弟子各五身、菩萨各四身。南壁画妙高山王菩萨、梵王及阿修罗、迦楼罗等天龙夜叉六身、菩萨一身、鬼卒二身。北壁画菩萨及阿修罗、迦楼罗、乾闼婆王等天龙夜叉八身。

帐门南侧上画药师佛赴会，中普贤变一铺，下曹议金统军图（起首）。

帐门北侧上画药师佛赴会，中文殊变一铺，下回鹘公主出行图（起首）。

南壁西起画报恩经变、阿弥陀经变、弥勒经变各一铺。下画曹议金统军图。

北壁西起画思益梵天问经变、药师经变、天请问经变各一铺。下画回鹘公主出行图。

东壁门南画维摩诘经变（文殊），下曹议金统军图（结尾）；门北画维摩诘经变（维摩诘），下回鹘公主出行图（结尾）。

注：此窟即敦煌石窟遗书所称"曹大王窟"。

### 第 101 窟

修建时代：盛唐

洞窟形制：覆斗形顶

内容：窟顶西披存千佛一身。

西壁残存释迦塑像，壁画存一角。

北壁壁画残存一角。

### 第 102 窟

修建时代：晚唐

洞窟形制：顶毁，西壁开一龛

内容：西壁盝顶帐形龛顶中央画团花图案（剥落残毁），西披存部分千佛。

龛内西壁屏风四扇，存三扇，二扇画菩萨、一扇画弟子（均模糊）。北壁屏风存一扇，画菩萨。

佛床马蹄形。

北壁存部分千佛痕迹。

### 第 103 窟

修建时代：盛唐（清重修塑像）

洞窟形制：覆斗形顶，西壁开一龛

内容：前室西壁门北存天王像部分（模糊）。

南壁为第 105 窟。

北壁为第 104 窟。

甬道南壁画地藏菩萨一身（残）。

北壁画毗沙门天王一身（残）。

主室窟顶藻井画团花井心，卷草、垂幔铺于四披。四披画千佛。

西壁平顶敞口龛内唐塑趺坐佛一身、菩萨二身（清修），清塑弟子二身、菩萨二身。

龛顶存部分云气残画。

龛内西壁存一弟子头像，南、北壁各画一菩萨、三弟子、一项光。

龛沿画团花、波状卷草纹边饰。

帐门南、北侧画菩萨各一身。

南壁画法华经变一铺，东侧妙庄严王本事品、西侧化城喻品，下残。

北壁画观无量寿经变一铺，西侧未生怨、东侧十六观，下毁。

东壁门上画维摩诘经变佛国品；门南画维摩诘经变（维摩诘），下权方便品；门北画维摩诘经变（文殊），下模糊。

### 第 104 窟

修建时代：晚唐

洞窟形制：盝形顶（毁），北壁开一龛

内容：北壁盝顶帐形龛内元塑佛像一身（原为第 477 窟浮塑，后被移至此）。

龛下存壶门四个。

注：此窟位于第 103 窟前室北壁，坐北朝南。

### 第 105 窟

修建时代：晚唐（清重修塑像）

洞窟形制：盝形顶（毁），南壁开一龛

内容：南壁盝顶帐形龛内晚唐塑佛一身（清修）。

注：此窟位于第 103 窟前室南壁，坐南朝北。

### 第 106 窟

修建时代：晚唐

洞窟形制：覆斗形顶，西壁开一龛

内容：西壁盝顶帐形龛顶中央存部分棋格团花（模糊）。

南披存立佛像轮廓。帐门南侧画普贤变一铺(残)。

### 第 107 窟

修建时代：晚唐

洞窟形制：覆斗形顶，西壁开一龛

内容：窟顶西、北披画千佛，中央趺坐佛各一身（北披部分残毁）；南披存千佛一角（模糊）。

西壁盝顶帐形龛顶中央画交杵团花，西披画坐佛三身(存二身)、化生一身，东、南、北披各画坐佛三身。

龛内西壁上画卷草、垂幔，下屏风四扇，画弟子六身；南、北壁上画卷草、垂幔，下屏风各三扇，每扇画菩萨一身。

龛沿画海石榴卷草边饰。

龛下愿文题榜一方，两侧画比丘供养像一身、比丘尼供养像二身、男供养人二身、女供养人一身。

帐门南、北侧画毗沙门天王各一身。

南壁西起画药师经变、天请问经变各一铺，下存男供养人七身。

北壁西起画阿弥陀经变、弥勒经变（残毁）各一铺，下女供养人十身。

东壁门北画如意轮观音一铺，下画女供养人二身。门南画不空绢索观音一铺，上毁，下男供养人三身。

## 第108窟

修建时代：五代（清重修塑像）

洞窟形制：覆斗形顶，设中心佛坛

内容：甬道顶中央存佛教史迹画一半，南、北披画瑞像图，各存十身。

南壁存曹议金、曹元德等供养像七身。

北壁存男供养人七身。

主室中心佛坛上存五代塑一跌坐佛、二弟子、四天王（清修）。

窟顶藻井井心毁，垂幔铺于四披（均有残缺）。西披存部分千佛，南、北、东披上各画赴会佛三铺，下千佛，中央说法图各一铺。顶四角各画天王一铺，西北角毁，东南角、西南角残，东北角画北方毗沙门天王一铺。

南壁东起画报恩经变、法华经变、阿弥陀经变、弥勒经变各一铺；下供养人十身、从女四身、屏风六扇，画贤愚经变诸品，一、二：梵天请法六事品（残存部分），三：梵天请法六事品（昙摩钳，下残），四：梵天请法六事品（尸毗王本生），五、六：摩诃萨埵以身施虎品。

西壁画劳度叉斗圣变（大部脱落）。

北壁西起画药师经变、华严经变、天请问经变等四铺；下屏风四扇，画贤愚经变诸品，一：不明，二：师质子摩头罗世质品（残），三：不明，四：波婆离品（残）；以东画女供养人九身、从女四身（仅存头部）。

东壁门上画维摩诘经变佛国品；门南画维摩诘经变（文殊），下曹氏家族女供养人五身（下毁）；门北画维摩诘经变（维摩诘），下供养比丘尼四身、供养人三身（下毁）。

## 第109窟

修建时代：盛唐

洞窟形制：覆斗形顶，西壁开一龛

内容：窟顶藻井存部分幔帷。西、南、东披画千佛（部分残）。

西壁斜顶敞口龛顶画说法图一铺（北侧模糊）。

龛内南壁画一菩萨、一弟子、二项光，下毁。北壁存部分残画。

龛沿画菱纹、团花边饰。

龛外南侧存菩萨一身（残）。

南壁画弥勒经变一铺（下部残）。

东壁门南存天王一身（残），余毁。

## 第110窟

修建时代：唐

洞窟形制：顶毁，西壁开一龛

内容：仅存西壁一龛，壁画大部脱落。

注：此窟已于1963年因加固工程需要而封闭。

## 第111窟

修建时代：晚唐（清重修塑像）

洞窟形制：覆斗形顶，西壁开一龛

内容：窟顶藻井画莲花井心，垂幔铺于四披。东、西披画千佛，中央禅定佛各一身。南北披画千佛，中央说法佛各一身。

西壁盝顶帐形龛内清塑佛三身（未上彩）。

龛顶中央画二团花，四披画药师佛各二身、西披化生二身。

龛内西、南、北壁上画垂幔，下屏风各二扇，画菩萨各一身。

龛沿画卷草边饰。

龛上画帐顶图案，两侧千佛。

龛下愿文题榜一方，模糊。

帐门南侧画文殊。

帐门北侧画普贤。

南壁画观无量寿经变一铺，两侧十六观，下模糊。

北壁存经变一角。

注：此窟于1921年白俄居留时被破坏，壁上有铅笔涂写俄文字迹。

## 第112窟

修建时代：中唐（宋、清重修）

洞窟形制：覆斗形顶，西壁开一龛

内容：甬道顶宋画说法图（模糊）。

主室窟顶藻井画四云头团花井心，垂幔铺于四披。四披画千佛，中央跌坐佛各一身。

西壁盝顶帐形龛内唐塑一佛、二弟子、二菩萨（清修）。马蹄形佛床，门六个，各画伎乐。

龛顶中央画棋格团花，西披画九坐佛、二菩萨，南、北披各画六坐佛，二菩萨，东披十二坐佛、二化生。

龛内西壁上画垂幔，下屏风二扇，画剃度等故事。南壁上画垂幔，下屏风二扇，画九龙灌浴等故事。北壁上垂幔，下屏风二扇，画说法等故事。

龛沿画海石榴卷草边饰。

龛上画帐顶图案，两侧飞天各一身。

龛下画文殊、普贤、五台山等。

帐门南侧画普贤变一铺。台上原有塑像，已失。

帐门北侧画文殊变一铺。台上原有塑像，已失。

南壁西起画金刚经变、观无量寿经变各一铺，下屏风画模糊。

北壁西起画报恩经变（两上角论议品，西下角亲近品，东下角序品）、药师经变各一铺，下屏风画模糊。

东壁门上画降魔变、门南画大势至变、门北画观音经变各一铺（残）。

## 第113窟

修建时代：盛唐（五代重修）

洞窟形制：覆斗形顶，西壁开一龛

内容：前室西壁门上五代重修时愿文题榜一方，两侧画幔帷。

南壁存五代画一角（残）。

甬道顶五代画药师经变一铺（部分残）。

主室窟顶藻井画团花井心，垂幔铺于四披。四披画千佛。

西壁盝顶帐形龛内唐塑倚坐佛、迦叶、阿难、菩萨各一身，龛外两侧台上天王各一身。

龛顶中央画棋格团花图案，四披画药师立佛共二十一身。

龛内西壁佛光两侧屏风各一扇，各画弟子一身（下毁）；南、北壁东起各画弟子一身，屏风各二扇，每扇画弟子一身（下模糊）。

龛沿画波状卷草、半团花边饰。

龛下存供养器，供养菩萨（残）。

帐门南、北侧画夜叉各一身。

南壁画观无量寿经变一铺，东侧十六观（存六观）、西侧未生怨；西端夜叉一身，下毁。

北壁画弥勒经变一铺，西端夜叉一身，下毁。

东壁门上画观音普门品（下残毁）。门南画千手眼观音（下残毁）。门北画观音普门品（下残毁）。

## 第114窟

修建时代：晚唐

洞窟形制：盝形顶

内容：窟顶藻井画团花井心，西、南披存部分垂幔及千佛。

注：此窟坐南朝北，大部残毁。

## 第115窟

修建时代：盛唐、中唐（五代、清重修）

洞窟形制：覆斗形顶，西壁开一龛

内容：甬道盝形顶南披残存五代画四坐佛。

主室窟顶藻井画团花井心，璎珞垂幔铺于四披（熏黑）。四披画千佛（部分毁）。

西壁盝顶帐形龛内清塑佛一铺五身。

龛顶中央画二团花，四披盛唐各画卷草、垂幔。

龛内西壁佛光两侧屏风各一扇，各画菩萨一身（下毁）；南、北壁东起各画菩萨一身，屏风各二扇，内

各画菩萨一身（下毁）。

龛沿盛唐画卷草、半团花边饰。

南壁中唐画地藏一身、菩萨二身，东侧画千佛。

北壁中唐画千眼观音一铺，两侧一坐佛、一菩萨，东侧地藏、药师、菩萨等六身。

东壁门南盛唐画观音一身（残），地藏佛一身。门北盛唐画菩萨一身（残），地藏佛一身。

注：此窟从盛唐开创，仅完成窟顶与内龛，至中唐始画完成南北两壁。

## 第116窟

修建时代：盛唐（中唐、宋、清重修）

洞窟形制：覆斗形顶，西壁开一龛

内容：甬道顶中央存宋画图案一角。南披存宋画垂幔。

主室窟顶藻井中唐画茶花环枝井心。雁纹、卷草、垂幔铺于四披。四披中唐画千佛。

西壁斜顶敞口龛内塑坐佛、迦叶、阿难各一身、菩萨二身（清重修），清塑菩萨二身。

龛顶中唐画宝盖、四飞天（宋重描涂色）。

龛内西壁盛唐浮塑彩绘佛光，两侧中唐画弟子各一身（宋代晕染）；南、北壁中唐画弟子各三身（宋代晕染）。

龛沿中唐画半团花、卷草（上色未完）边饰。

南壁盛唐画观无量寿经变、十六观、未生怨（稿），中唐完成，宋代重描。

北壁盛唐画弥勒经变（稿），中唐完成，宋代重描（下模糊）。

东壁门上盛唐画千佛（未完成），门南盛唐画观音菩萨，门北盛唐画地藏菩萨。

## 第117窟

修建时代：盛唐、中唐（五代、西夏、清重修）

洞窟形制：覆斗形顶，西壁开一龛

内容：甬道顶五代画禅定佛一铺。

南、北壁五代各画说法图一铺。

主室窟顶藻井盛唐画团花井心，璎珞垂幔铺于四披。四披盛唐画千佛，中央说法图各一铺。

西壁平顶敞口龛内唐塑一倚坐佛、二弟子、一菩萨（清修）。

龛顶盛唐画说法图一铺（西夏重修）。

龛内西壁盛唐画佛光，两侧弟子二身（西夏重修）；南、北壁盛唐画弟子各三身（西夏重修）。

龛沿西夏重画波状卷云纹边饰。

龛下西夏画男供养人二身、花卉。

龛外南侧西夏画地藏一身。

龛外北侧西夏画观音一身。

南壁中唐画观无量寿经变一铺，东侧十六观、西侧未生怨；西端西夏项光，下模糊。

北壁中唐画弥勒经变一铺，西端西夏画项光。

东壁门南中唐画如意轮观音，门北中唐画不空绢索

观音。

## 第118窟

修建时代: 盛唐（宋、清重修）

洞窟形制: 覆斗形顶，西壁开一龛

内容: 前室顶有宋代残画。

西壁门南、北宋画四龙王礼佛图各一铺（残存一部分）。

甬道盝形顶中央、北披存部分宋画，南披存部分宋画幔帷。

主室窟顶藻井宋画团花井心，回纹、联珠纹边饰铺于四披。四披宋画团花图案与垂幔，南披底层露出盛唐画千佛。

西壁平顶敞口龛内宋塑趺坐佛一身（清修），清塑弟子四身、菩萨二身。

龛顶画宝盖、四飞天。

龛沿画半团花边饰。

龛下画供养器与供养菩萨。

龛外南、北侧各画供养菩萨、花卉，力士台下画供养人（模糊）。

南壁宋画观无量寿经变一铺，东西两侧十六观，下男供养人（模糊）；西端画飞天一身。

北壁宋画药师经变一铺，两侧画十二大愿，下女供养人（模糊）；西端画飞天一身。

东壁门上画一佛二菩萨，门南毗琉璃天王一身，门北毗沙门天王一身。

## 第119窟

修建时代: 盛唐（五代、清重修）

洞窟形制: 覆斗形顶，西壁开一龛

内容: 前室顶五代画药师经变（西端残）。

西壁门上五代重修愿文题榜一方（字迹已模糊）。门南五代画毗琉璃天王（残）。门北五代画毗沙门天王（模糊）。

南壁存五代画文殊变一段（模糊）。

甬道顶五代画说法图一铺（残）。

南壁五代画不空绢索观音一铺（模糊）。

北壁五代画如意轮观音一铺（仅存部分）。

主室窟顶藻井画莲花井心，卷草、垂幔铺于四披。四披画千佛。

西壁斜顶敞口龛内清塑一铺三身（未上彩）。

龛顶画说法图一铺。

龛内西壁浮塑佛光，南、北两侧各画二项光、二菩萨、四弟子。

龛沿画方胜纹、龟背纹边饰。

龛下五代画供器、供养菩萨（模糊）。

龛外南、北侧画比丘各一身。

南壁画莲池菩萨五身（下模糊），西端持瓶菩萨一身，下五代画供养人（胡）。

北壁画莲池菩萨五身（下模糊），西端柳枝菩萨一

身，下五代画供养人（模糊）。

东壁门上画七佛，门南、北画莲池菩萨各一身（下模糊）。

## 第120窟

修建时代: 盛唐（五代、清重修）

洞窟形制: 覆斗形顶，西壁开一龛

内容: 前室顶五代画说法图一铺。

西壁门上五代画重修愿文题榜，两侧各画一菩萨。门南五代画毗琉璃天王，门北五代画毗沙门天王。

南壁五代画文殊变一铺（存一角）。

北壁五代画普贤变一铺（存一角）。

甬道顶五代画药师经变一铺（中部模糊）。

南壁五代画千手眼观音一铺（模糊）。

北壁五代画千手钵文殊一铺（模糊）。

主室窟顶藻井画四瓣花井心。璎珞垂幔铺于四披。四披画千佛。

西壁平顶敞口龛内清塑佛一铺五身

龛顶画说法图一铺、赴会佛六身、飞天二身，下菩提宝盖。

龛内西壁浮塑佛光画莲花、火焰、卷草，南北两侧画弟子各二身；南、北壁各画一菩萨、一弟子。

龛沿画百花卷草边饰。

龛外南侧画地藏。

龛外北侧画药师。

南壁画观无量寿经变一铺，两侧十六观，西端画弟子一身，下供养人（模糊）。

北壁画说法图一铺，西端画弟子一身，下模糊。

东壁门上画涅槃佛一铺，门南、北天王各一身，下模糊。

## 第121窟

修建时代: 盛唐（五代、清重修）

洞窟形制: 覆斗形顶，西壁开一龛

内容: 前室顶存五代画观音部分。

西壁门上五代重修愿文题榜，两侧各画毗沙门天王赴那吒会一铺，门南、北五代画龙王礼佛图各一铺（四身）。

南、北壁各存五代画经变一部分。

甬道盝形顶中央五代画经变，南、北披经五代画垂幔。

南壁五代画曹议金供养人像，侍从像模糊。

北壁五代画回鹘公主等女供养人二身。

主室窟顶藻井井心毁，璎珞垂幔铺于四披。四披盛唐画千佛。

西壁盝顶帐形龛内清塑佛一铺七身。马蹄形佛床。

龛顶中央五代画棋格团花，四披五代画药师佛立像共十七身、供养菩萨共五身。

龛内西壁五代浮塑棋格团花背屏，两侧各画弟子四身。南壁五代画阿修罗等天龙八部四身、夜叉一身、

269

菩萨四身、弟子一身。北壁五代画迦楼罗等天龙八部四身、菩萨四身、弟子一身。

龛沿画波状茶花边饰。

龛上五代画山花蕉叶帐顶图案，两侧坐佛各二身。

龛下五代画供养器，两侧各画供养菩萨四身。

帐门南侧五代画普贤变一铺。

帐门北侧五代画文殊变一铺。

南壁盛唐画三身说法图一铺，图下部五代补画山水，下五代画男供养人十四身。

北壁盛唐画说法图一铺，图下部五代补画山水，下五代画女供养人十二身。

东壁门上五代画维摩诘经变佛国品；门南五代画维摩诘经变（文殊），下男供养人五身；门北五代画维摩诘经变（维摩诘），下女供养人四身、从女二身。

## 第122窟

修建时代：盛唐（宋、清重修）

洞窟形制：覆斗形顶，西壁开一龛

内容：前室顶残存宋画部分。

西壁门上宋画愿文题榜（字迹模糊），两侧供养菩萨各一身。门南、北宋画毗沙门天王赴那吒会各一铺，下供养人（模糊）。

南壁宋画不空绢索观音一铺，王墙画文殊变一铺，下供养人（模糊）。

北壁宋画如意轮观音一铺，下女供养人（模糊）。

甬道顶宋画接引佛一身。

南、北壁上宋各画说法图，下供养菩萨（模糊）。

主室窟顶藻井盛唐画云头团花井心，璎珞垂幔铺于四披。四披盛唐画千佛（东披中毁一部分）。

西壁平顶敞口龛内唐塑佛一铺五身（清修），力士台上清塑菩萨二身。

龛顶盛唐画说法图一铺。西壁盛唐画佛光，两侧弟子各一身。南、北壁盛唐各画弟子二身、项光二个。

龛沿画百花蔓草、圭纹边饰。

龛下宋画花卉，露出底层部分盛唐画（均模糊）。

龛外南侧盛唐画菩萨一身。

龛外北侧盛唐画观世音菩萨一身。

南壁盛唐画说法图一铺（经宋代重描），下宋画床坐，壸门内画花卉。

北壁盛唐画观无量寿经变一铺，东侧未生怨、西侧十六观，下宋画床坐，壸门内画花卉。

东壁门上盛唐画说法图一铺，女供养人二身；门南盛唐画观世音菩萨，下宋画供养人（模糊）；门北盛唐画地藏，下宋画供养人（模糊）。

## 第123窟

修建时代：盛唐（五代、清重修）

洞窟形制：覆斗形顶，西壁开一龛

内容：前室顶五代画观音说法。

西壁门上五代画垂幔；门南五代画观世音菩萨一

身，下供养人三身（模糊）；门北五代画持钵菩萨一身，下供养人三身（模糊）。

南壁五代画菩萨一身，下供养人四身。

北壁五代画菩萨一身，下供养人存三身，文殊变（模糊）。

甬道顶五代画说法图一铺。

南、北壁五代画菩萨各一身。

主室窟顶藻井画团花井心，垂幔铺于四披。四披画千佛。

西壁平顶敞口龛内清塑佛一铺五身。马蹄形佛床画供养人。

龛顶画菩提宝盖、飞天二身。

龛内西壁佛光两侧各画弟子一身，南、北壁弟子各五身。

龛口内沿画菱形、一整二半团花边饰。

龛下建窟愿文题榜，两侧画女供养人。

南壁画阿弥陀经变一铺，下五代画供养人（模糊）。

北壁画弥勒经变一铺（下模糊），下五代画女供养人。

东壁门上画七佛，门南、北天王各一身。

注：此窟为武周万岁三年修造。前室与第124窟同为后周广顺三年重修。

## 第124窟

修建时代：盛唐（五代重修）

洞窟形制：覆斗形顶，西壁开一龛

内容：前室顶五代画说法图一铺。

西壁门上愿文题榜，门南、北五代画天王各一身。

甬道盝形顶中央五代画地藏一身，南、北披五代画垂幔。

南、北壁五代画水月观音各一铺，下模糊。

主室窟顶藻井画团花井心，垂幔铺于四披。四披画千佛。

西壁平顶敞口龛顶五代画药师佛一铺。

龛壁五代画说法图一铺。

龛沿盛唐画菱形边饰。

龛下五代画供养器、供养菩萨，龛外力士台下五代画供养人。

龛外南、北侧盛唐画菩萨各一身。

南壁画说法图一铺，下五代画男供养人（模糊）。

北壁盛唐画阿弥陀经变一铺，下五代画女供养人。

东壁门上五代画说法图一铺，两侧盛唐画立佛各一身；门南、北画菩萨各一身。

注：前室西壁门上有五代后周广顺三年重修愿文题榜。

## 第125窟

修建时代：盛唐（五代、清重修）

洞窟形制：覆斗形顶，西壁开一龛

内容：前室顶五代画观音四臂观音一铺。

西壁门上五代画供养器，两侧供养菩萨各一身。门南五代画菩萨一身（模糊）。门北五代画残毁。

北壁五代画如意轮观音一铺（模糊）。

甬道顶五代画接引佛一身。

南、北壁五代画跌坐观音菩萨各一身。

主室窟顶藻井画团花井心，垂幔铺于四披。四披画千佛。

西壁平顶敞口龛内清塑佛一身（别处移来置此）

龛顶画云纹宝盖、飞天二身。

龛壁画说法图一铺。

龛外南侧画大势至菩萨一身。

龛外北侧画观世音菩萨一身。

南壁画说法图一铺，下有愿文题榜，两侧画供养人（均模糊）。

北壁画说法图一铺，下五代画供养人（残）。

东壁画千佛。

注：此窟前室与第123、124窟同为广顺三年重修。主室西壁龛内原无塑像。

## 第126窟

修建时代：盛唐、中唐（五代重修）

洞窟形制：覆斗形顶，西壁开一龛

内容：前室西壁门南残存五代男供养人一身。

南壁残存部分五代壁画。

甬道盝形顶中央五代画佛教史迹画（存三分之一），南、北披五代画瑞像图。

南壁五代画曹氏家族男供养人像二身（模糊）。

北壁五代画曹氏家族女供养人像二身（模糊）。

主室窟顶藻井盛唐画莲花化生井心，垂幔铺于四披。四披盛唐画千佛。

西壁盝顶帐形龛顶中央画棋格团花，东、西披盛唐画药师坐佛各七身，化生各二身。南、北披盛唐画药师佛各四身，化生各二身。

龛内西壁五代画佛光，两侧屏风各一扇，各画弟子一身。南、北壁盛唐画弟子三身（一身在屏风内）。

龛沿盛唐画卷草边饰。

龛下五代画天王与供养菩萨。

帐门南、北侧中唐画观世音菩萨各一身。

南壁中唐画观无量寿经变一铺（五代描人物），东侧未生怨、西侧十六观，下屏风五代画观音三十三现身。

北壁中唐画观无量寿经变一铺，东侧未生怨、西侧十六观。下屏风五代画观音救诸苦难。

东壁门上五代画说法图一铺；门南盛唐画观音经变一铺，下五代画屏风二扇（模糊）；门北中唐画观世音与地藏各一身，下五代画屏风二扇（模糊）。

注：此窟为盛唐所建，建中二年以后完成，五代曹元忠时重建。

## 第127窟

修建时代：晚唐（五代、清重修）

洞窟形制：覆斗形顶，西壁开一龛

内容：窟顶藻井画三兔莲花井心，垂幔铺于四披。四披画千佛，中央跌坐佛各一身。

西壁盝顶帐形龛内清塑佛一身（未完成）。

龛顶中央画三团花，东、西披各画坐佛三身，南、北披各画坐佛一身。

龛内西、南、北壁上画垂幔，下屏风各二扇，每扇画菩萨一身。

龛沿画卷草边饰。

龛上五代画山花蕉叶帐顶图案，两侧飞天各一身。

龛下五代画供养人。

帐门南侧晚唐画普贤变一铺。

帐门北侧晚唐画文殊变一铺。

南壁五代画五方佛、四天王，下男供养人。

北壁晚唐画华严经变一铺。

东壁门上晚唐画男女供养人各一身；门南、北五代各画二坐佛、一观音，下五代画供养人。

## 第128窟

修建时代：晚唐（五代、清重修）

洞窟形制：覆斗形顶，西壁开一龛

内容：窟顶藻井画莲花井心，垂幔铺于四披。四披画千佛，中央跌坐佛各一身。

西壁盝顶帐形龛内清塑泥胎五身。马蹄形佛床。

龛顶中央画二团花，西披画三坐佛、二化生。南、北披各画二坐佛、二供养菩萨。东披三坐佛。

龛内西、南、北壁上画垂幔，下屏风各二扇，每扇画菩萨一身。

龛沿画卷草边饰。

龛上画垂幔。

龛下五代画供养人（模糊）。

帐门南侧画普贤变一铺

帐门北侧画文殊变一铺。

南壁西起画药师经变、天请问经变各一铺（五代重描），下五代画男供养人（模糊）。

北壁西起画阿弥陀经变、弥勒经变各一铺（五代重描），下五代画女供养人一排（模糊）。

东壁门上五代画供养人六身；门南观音经变一铺，下五代男供养人四身；门北残存故事画一铺，下五代女供养人（模糊）。

## 第129窟

修建时代：盛唐、中唐（五代重修）

洞窟形制：覆斗形顶，西壁开一龛

内容：前室西壁门南画龙王礼佛（模糊）。

南壁存五代残画一角。

甬道顶五代画接引佛一身。

南、北壁五代各画说法图（残毁）。

主室窟顶藻井画团花井心。垂幔铺于四披。四披画千佛。

西壁盝顶帐形龛顶中央、西披盛唐画菩提宝盖、二飞天，南披盛唐画四立佛、一供养菩萨、北披盛唐画三立佛、一供养菩萨，东披盛唐画八立佛、二供养菩萨。

龛内西壁盛唐画屏风二扇，内弟子各一身。南、北壁盛唐各画弟子三身（二身在屏风内）。

龛沿中唐画半团花、海石榴卷草边饰。

龛下画伎乐（五代重修）。

帐门南、北侧中唐画菩萨各一身，力士台下画伎乐。

南壁中唐画观无量寿经变一铺，西侧未生怨、东侧十六观，下五代画男供养人十八身。

北壁中唐画弥勒经变一铺，下女供养人一排（模糊）。

东壁门上中唐画千佛；门南中唐画不空绢索观音一铺，五代画男供养人三身；门北中唐画如意轮观音一铺，下五代画女供养人（模糊）。

注：此窟为盛唐所建，仅绘窟顶与西龛，余皆中唐所作。

## 第 130 窟

修建时代：盛唐（西夏重修）

洞窟形制：通顶大佛窟，覆斗形顶，东壁上有二层明窗，甬道南、北壁各开一龛

内容：甬道顶存团花残迹。

南壁上部盝顶帐形龛内残存佛、菩萨塑像及莲座。马蹄形佛床。

龛内南壁盛唐浮塑佛光，两侧西夏重画（模糊）；东、西壁存西夏残画，底层露出盛唐残画。

龛下盛唐画太原王氏母女及仆从供养像（模糊）。

北壁上部盝顶帐形龛内残存一佛、二弟子、一菩萨及莲座一部（均经西夏重修）。马蹄形佛床。

龛顶残存盛唐画卷草、西夏画棋格团花一部。

龛内北壁存西夏画花卉一部，底层露出盛唐画弟子（残）；西壁存西夏残画，底层露出盛唐画菩萨一身、弟子一部；东部存西夏残画，底层露出盛唐画菩萨一部。

龛下盛唐画晋昌郡太守乐庭瓌等供养像。

主室窟顶藻井画团龙井心。西披画佛光火焰，东、南、北披画团花图案。

西壁盛唐塑倚坐弥佛大像一尊（即南大像），高26米。

大佛两侧西夏画菩萨（部分残毁脱落）。

南、北壁盛唐画胁侍菩萨各一身，部分经西夏重涂色，周围西夏画菩萨，下毁。

东壁西夏画菩萨，底层盛唐画涅槃经变。门上方开上下两层明窗。

上层明窗顶西夏画团花图案。南、北壁西夏画供养菩萨各三身（模糊）。

下层明窗顶西夏画团花图案。南壁上西夏画供养菩萨一排，存六身；下画龙王礼佛，存三身。北壁上西夏画供养菩萨一排，存三身；下画龙王礼佛，存二身。

## 第 131 窟

修建时代：唐（清重修）

洞窟形制：覆斗形顶（毁），西壁开一龛

内容：西壁斜顶敞口龛内清塑真武像、二胁侍。

南、北壁清塑道教神像各二身。

注：此窟原为唐窟，被清代全部涂盖。龛内外补塑道教神像。

## 第 132 窟

修建时代：晚唐（五代、清重修）

洞窟形制：覆斗形顶（毁），西壁开一龛

内容：甬道盝形顶北披存五代画坐佛二身。

主室西壁盝顶帐形龛内清塑一铺六身，五代塑菩萨一身（清修）。马蹄形佛床。

龛下存部分残画（模糊）。

南壁画观无量寿经变一铺（存一角），东侧十六观（存一半），下五代画男供养人，（模糊）。

北壁画药师经变一铺（存部分），东侧十二大愿（存一半），下五代画女供养人存七身。

东壁门南五代画维摩诘经变（文殊）。下男供养人四身。门北五代画维摩诘经变（维摩诘）。下女供养人三身。

## 第 133 窟

修建时代：中唐（宋、清重修）

洞窟形制：覆斗形顶，西壁开一龛

内容：前室顶存宋残画一角

西壁门南、北宋画菩萨各二身，下壸门内伎乐各二身（均模糊）。

南壁为第 135 窟。

北壁为第 134 窟。

甬道南壁上宋画孔雀明王一铺。下供养人（模糊）。

北壁上宋画迦楼罗王一铺。下供养人（模糊）。

主室西壁盝顶帐形龛内清塑一铺五身。马蹄形佛床。

南壁西起经变一铺（存一角），下毁；弥勒经变一铺（存一半，人物经宋重描），下屏风存一扇，画弥勒下生。

北壁西起经变一铺（存一角），下屏风（模糊）；金光明经变一铺（存一半），下屏风三扇，一画流水长者品、一画舍身品、一模糊。

东壁门南维摩诘经变（维摩诘），下屏风二扇，画权方便品；门北维摩诘经变（文殊），下屏风二扇，画权方便品。

## 第 134 窟

修建时代：中唐（晚唐、清重修）

洞窟形制：覆斗形顶，北壁开一龛

内容：窟顶藻井长方形井心，回纹、卷草边饰铺于四披。
四披画千佛，中央画说法佛各一铺。

北壁盝顶帐形龛内清塑一铺五身。

龛顶中央画团花图案，四披各画说法图一铺。

龛内西壁上画垂幔，下屏风三扇，中间一扇无画，两侧各画一菩萨；东、北壁上画垂幔，下屏风各二扇，各画一菩萨。

龛上画七佛跌坐像。

龛下晚唐补画供养人。

帐门东侧画文殊。

帐门西侧画普贤。

东壁画药师经变一铺，北侧九横死、南侧十二大愿，下床坐壶门画供宝。

南壁门两侧画一整二半茶花边饰各一条。

西壁画观无量寿经变一铺，北侧十六观、南侧未生怨。下床坐壶门画供宝。

注：此窟位于第133窟前室北壁，坐北朝南，与第133、135窟同时开凿。

## 第 135 窟

修建时代：中唐（晚唐、宋、清重修）

洞窟形制：覆斗形顶，南壁开一龛

内容：窟顶藻井长方形井心，回纹、卷草、垂幔铺于四披。四披画千佛，中央坐佛各一身。

南壁盝顶帐形龛内清塑一铺五身。马蹄形佛床。

龛顶中央画团花图案。四披各画千佛，中央画说法佛各一身。

龛内南壁两侧屏风二扇，分别画一弟子、一菩萨。东、西壁上画垂幔，下屏风各二扇，每扇画一菩萨。

龛上画千佛，龛下晚唐画男供养人二身，女供养人三身。

帐门南、北侧菩萨各一身。

西壁画天请问经变一铺，南、北侧梵天诸问。

东壁画金刚经变一铺，南侧金刚经变诸品。

北壁门两侧画毗沙门天王（大部毁）。

注：此窟位于第133窟前室南壁，坐南朝北。

## 第 136 窟

修建时代：晚唐（宋、西夏、清重修）

洞窟形制：覆斗形顶，西壁开一龛

内容：前室顶西披存西夏画部分团花图案（模糊）。

西壁门上、门南、北各画说法图（模糊）。

北壁为第137窟。

甬道顶画团花图案。

南、北壁西夏画供养幡幢。

主室窟顶西披画棋格团花、垂幔、飞天，北披存部

分棋格团花、垂幔、飞天。

西壁盝顶帐形龛内清塑佛一铺七身。

龛顶中央画棋格团花（毁一角）。东、北披画垂幔，西披垂幔、飞天。

龛内西壁存背光、项光、花卉等，南壁残毁过半，北壁一幢幡、二项光、花卉。

佛床马蹄形。

龛上画帐顶图案。

龛下画莲花供宝（南侧毁）。

帐门南、北侧画听法菩萨（部分毁）。

南壁画阿弥陀经变一铺，下毁。

北壁画阿弥陀经变一铺，下壶门（模糊）。

东壁门上画说法图，门南、北各画莲池菩萨，下壶门供宝。

## 第 137 窟

修建时代：五代（宋重修）

洞窟形制：覆斗形顶，北壁塑像

内容：前室西壁残存宋画痕迹。

主室窟顶北披存千佛一部。

北壁塑禅定比丘像一身（残）。

壁画屏风二扇，一扇画沙门经行山间。一扇画沙门对石灯宴坐。

西壁屏风一扇，画一沙门，一近事女经行山间。

东壁屏风一扇（残），存芭蕉、瓶、盆等物。

注：北窟坐北朝南，原为五代一禅窟，后重修第136窟时被毁大半。

## 第 138 窟

修建时代：晚唐（五代、元、清重修）

洞窟形制：覆斗形顶，设中心佛坛，坛上背屏联接窟顶

内容：前室顶中部为清修木构平顶，南端画六臂观音一铺。北端覆斗形顶，画茶花井心，四披画千佛。

木构窟檐门内南侧方柱南向面画男供养人，西向面元代画菩萨。

木构窟檐门内北侧方柱西向面元代画菩萨。

西壁门上画被清修木质顶篷遮去。门南画毗琉璃天王（熏毁）。门北画毗沙门天王（模糊）。

南壁元代画坐佛一身（模糊）。

北壁上层画坐佛一身，两侧供养人；下层为第139窟窟门。

甬道盝形顶中央画莲上千佛，南、北披各画药师佛立像十四身。

南、北壁元代各画四供养菩萨，下浮塑四壶门。

主室中心佛坛上晚唐塑跌坐佛一身（清修），清塑送子娘娘等十二身、六臂观音一身、胁侍二身。

马蹄形佛床东面浮塑壶门三十个，下佛坛浮塑壶门七个（均模糊）。佛床西面存壶门七个，下佛坛浮塑壶门四个，内画狮子。佛床南、北面被清代覆盖，下佛坛壶门各六个，画伎乐。

273

背屏正面画菩提宝盖、卷草佛光、四飞天、花卉。背面画接引佛。南、北侧面画代生、飞天。

窟顶藻井画茶花井心，卷草、垂幔铺于披，四周环绕伎乐飞天。四披画千佛，中央画说法图各一铺。

西壁画药师佛一铺，南、北侧画赴会菩萨；下屏风十八扇，各画弟子、菩萨。

南壁西起画楞伽经变、金刚经变、阿弥陀经变、法华经变、天请问经变各一铺；下立佛、地藏、弟子各一身，菩萨十身，男供养人十身。

北壁西起画金光明经变、报恩经变、药师经变、华严经变、弥勒经变各一铺；下药师佛、弟子各一身、菩萨五身、供养比丘七身、女供养人七身、从女三身。

东壁门上画安国寺尼智惠性等男女供养人共十身；门南画维摩诘经变一铺，下女供养人十五身。门北画报恩经变，下女供养人七身、从女二身。

## 第 139 窟

修建时代：晚唐

洞窟形制：覆斗形顶，北壁塑像

内容：窟顶藻井画三兔莲花井心，垂幔铺于四披。四披画千佛，中心跌坐佛各一身。

北壁唐塑禅僧像一身（清修）。

壁画上画七佛跌坐像，东侧比丘尼一身，西侧近事女一身。

西壁画天请问经变一铺。下女供养人八身（多模糊）。

东壁画维摩诘经变一铺。

南壁门上画不空绢索观音一身；门东、西画菩萨各一身，下供养人（模糊）。

注：此窟位于第138窟前室北壁，坐北朝南，为一禅修窟。

## 第 140 窟

修建时代：晚唐、五代（西夏、清重修）

洞窟形制：覆斗形顶，西壁开一龛

内容：窟顶藻井画交杵井心，垂幔铺于四披。四披画团花图案。

西壁盝顶帐形龛内唐塑跌坐佛一身（清修）。清塑弟子四身。

龛顶中央及西披画菩提宝盖，南、北披画卷云纹。

龛内西壁画佛光、花卉，南、北壁画花卉。

龛上画帐顶图案。

龛下画供养器。

帐门南、北侧画药师佛各一身。

南、北壁各画阿弥陀经变一铺。

东壁门南画毗琉璃天王，门北画毗沙门天王。

## 第 141 窟

修建时代：晚唐（宋、清重修）

洞窟形制：覆斗形顶，西壁开一龛

内容：前室西壁门南、北原画维摩诘经变一铺（已毁）。

北壁原画法华经变见宝塔品（模糊）。

甬道顶宋画千手眼观音一铺。

南壁宋画男供养人像（模糊）。

北壁宋画女供养人像（大部毁）。

主室窟顶藻井画卷瓣莲花井心，垂幔铺于四披。四披各画千佛，中央坐佛各一身。

西壁盝顶帐形龛内清塑佛一铺五身。

龛顶中央画菱格团花，西披菩提宝盖、二飞天，东披画药师佛五身、化生二身，南、北披画药师立佛各三身，化生各二身。

龛内西壁上画垂幔，下屏风二扇，一扇画现身说法，一扇画救诸苦难；南、北壁上画垂幔，下屏风各二扇（模糊）。

龛沿画卷草边饰。

龛上画帐顶图案。

龛下画供养器，宋画供养菩萨及男供养人二身、女供养人三身。

帐门南侧上宋画供养菩萨，下晚唐画普贤变一铺。

帐门北侧上宋画供养菩萨，下晚唐画文殊变一铺。

南壁西起画观无量寿经变一铺，西侧十六观，下屏风三扇，宋画未生怨二扇、十六观一扇；报恩经变一铺，东侧孝养品，下屏风二扇，宋画恶友品。

北壁西起画药师经变一铺，西侧十二大愿，下屏风三扇，画九横死、十二大愿；弥勒经变一铺，东侧一种七收等。下屏风二扇，画弥勒净土诸事。

东壁门上画不空绢索观音一铺；门南天请问经变一铺，下宋画报恩经变恶友品；门北思益梵天问经变一铺，下宋画菩萨一身。

## 第 142 窟

修建时代：晚唐（宋、西夏、清重修）

洞窟形制：覆斗形顶，西壁开一龛

内容：前室顶存部分团花图案。

西壁门上画七佛跌坐。门南画文殊变一铺。

甬道盝形顶中央画团花图案，南、北披画垂幔。

主室窟顶藻井画卷瓣莲花法轮井心，叠涩二层，卷草、回纹铺于四披。四披画棋格团花、垂幔、飞天。

西壁盝顶帐形龛内清塑佛一铺九身。马蹄形佛床。

龛顶中央画棋格团花；西披画菩提宝盖、二飞天，两侧垂幔；东、南、北披画垂幔。

龛内西壁唐代浮塑彩绘佛光，两侧画方胜纹长幡。南、北壁画方胜纹长幡。

龛上画帐顶图案。

龛下画莲座，壶门内供宝。

帐门南、北侧画莲池菩萨各十身。

南、北壁各画阿弥陀经变一铺。下壶门内供宝。

东壁门上、门南、门北画说法图各一铺。下壶门内供宝。

## 第 143 窟

修建时代：晚唐（清重修）

洞窟形制：覆斗形顶，西壁开一龛

内容：前室南壁有晚唐碑龛，存双螭碑首，泥碑文字泯灭。

主室西壁龛内清塑佛一铺七身，龛前老君像一身。

龛外两侧清画力士。

## 第 144 窟

修建时代：中唐、晚唐（五代、清重修）

洞窟形制：覆斗形顶，西壁开一龛

内容：前室西壁门上存供养比丘残像，门南画毗琉璃天王一铺（上部毁）。门北画毗沙门天王一铺（大部毁）。

北壁碑龛内泥碑墨书文字泯灭，东、西壁存供养人、花卉残画。龛上画毗沙门天王与舍利弗决海故事。

甬道南壁画男供养人三身。

北壁画男供养人二身，供养比丘一身。

主室窟顶藻井画三兔团花井心，卷草垂幔铺于四披。四披画千佛。中央说法堂，堂中趺坐说法佛（北披说法堂中为趺坐禅定佛）。

西壁盝顶帐形龛内唐塑一趺坐佛、二弟子、二菩萨（清修），清塑天王二身。龛外两侧唐塑文殊、普贤（清修）。马蹄形佛床。

龛顶中央画棋格团花图案。东、西披趺坐药师佛各六身、供养菩萨各二身、化生各二身。南、北披趺坐药师佛各三身，供养菩萨各二身。

龛内西壁屏风二扇（模糊），南、北壁屏风各三扇（模糊）。

龛沿画团花边饰。

龛上画帐顶图案。南、北侧各画六坐佛。

龛下五代画供养器，南侧供养比丘尼四身、女供养人十七身，北侧供养比丘三身、男供养人十六身。

帐门南侧画文殊变一铺（以五台山为背景）。

帐门北侧画普贤变一铺（以圣迹山水为背景）。

南壁西起画法华经变一铺，下屏风一扇画安乐行品；观无量寿经变一铺，下屏风三扇，二扇未生怨、一扇十六观；金刚经变一铺，下屏风三扇，画金刚经诸品。

北壁西起画华严经变一铺，下屏风一扇画比喻品；药师经变一铺，下屏风三扇，一扇九横死、二扇十二大愿；报恩经变一铺，下屏风二扇，画恶友品。

东壁门上画男（南）女（北）供养人执炉胡跪于床上，身后男女侍从各二身；门南画千手眼观音一铺，北侧供养天女一身，下女供养人四身、侍从五身；门北画千手钵文殊一铺，南侧供养天女一身，下女供养人四身，供养比丘一身。

## 第 145 窟

修建时代：晚唐（五代、宋重修）

洞窟形制：覆斗形顶，西壁开一龛

内容：窟顶藻井画卷莲三兔井心，卷草、垂幔铺于四披。四披画千佛，中央画说法图各一铺。

西壁盝顶帐形龛顶中央画棋格团花图案。东、西披画立佛各五身、菩萨各二身，南披立佛三身、菩萨一身、伎乐一身，北披立佛三身、菩萨二身。

龛内西壁屏风三扇，画立幡、斋僧。南、北壁屏风各三扇，各画十二大愿（六愿）。

龛沿画海石榴卷草边饰。

龛上画帐顶图案、垂幔。

帐门南侧画普贤变一铺。

帐门北侧画文殊变一铺。

南壁西起画观无量寿经变一铺，下屏风三扇，画十六观、未生怨（被士台遮盖部分）；金刚经变一铺，下屏风三扇，画金刚经诸品。

北壁西起画药师经变一铺，下屏风三扇，画九横死、十二大愿（被士台遮盖一半）；报恩经变一铺，下屏风三扇，画恶友品。

东壁门上无画；门南画不空绢索观音一铺，下屏风二扇，画普门品；门北画如意轮观音一铺，下屏风二扇，画普门品。

注：此窟西龛在五代修建第 146 窟时被破坏并重修，东、南、北三壁主要经变经五代、宋初重描。

## 第 146 窟

修建时代：五代（宋、元、清重修）

洞窟形制：覆斗形顶，设中心佛坛，坛上背屏联接窟顶

内容：甬道盝形顶中央画佛教史迹画；南披画瑞像图，存九身（余模糊）；北披瑞像图存十身。

南壁宋画菩萨（模糊）。西端有民国五年《重修千佛洞宝贝佛殿功德碑记》木碑嵌于壁间。

北壁元画供养菩萨（底层宋初画隐约可见）。

主室中心佛坛上宋塑趺坐佛一身（清修）。清塑弟子、菩萨、供养菩萨各二身，力士四身。

马蹄形佛床东面壶门二十三个，内画火珠；下佛坛壶门八个，西夏装供养人四身（模糊）、宋画伎乐六身（模糊）。西、南、北面佛床壶门共三十个，下佛坛壶门共十六个，均画供宝。

背屏正面宋画菩提宝盖，下清画丹凤朝阳；背面接引佛一身；南、北侧面菩萨各一身。

窟顶藻井画团龙鹦鹉井心，卷草、垂幔铺于四披。西披上画西方无量寿佛一铺，两侧十方佛赴会各一组，下千佛；南披上画十方佛赴会三组，下千佛，中央南方宝相佛一铺；北披上画十方佛赴会三组，下千佛，中央北方天鼓音佛一铺；东披上画十方佛赴会三组，下千佛，中央东方不动佛一铺。顶东北角画东方提头赖吒天王、东南角画南方毗琉璃天王、西南角画

西方毗楼博叉天王、西北角画北方毗沙门天王各一铺。

南壁东起画报恩经变、法华经变、阿弥陀经变、弥勒经变各一铺、下宋画供养菩萨六身，屏风七扇，画贤愚经变诸品，一到四：梵天请法六事品，五、六：摩诃萨埵以身施虎品，七□二梵志受斋品。

西壁画劳度叉斗圣变一铺，下屏风十扇，画贤愚经变诸品，南起一：海神难问船人品，二：恒伽达品，三：须阇提品，四：盖事因缘品，五：波斯匿王女金刚品，六：不明，七：散檀宁品，八至十：善事太子入海品。

北壁西起画天请问经变、药师经变、华严经变、思益梵天问经变。下贤愚经变屏风七扇，一至三：无恼指鬘品，四：檀腻鞑品，五：师质子摩头罗世质品，六：象护品，七：波婆离品；以东宋画供养菩萨六身。

东壁门上画维摩诘经变佛国品；门南画维摩诘经变（文殊），下宋画供养菩萨五身；门北画维摩诘经变（维摩诘），下宋画供养菩萨五身。

## 第147窟

修建时代：晚唐
洞窟形制：覆斗形顶，西壁开一龛
内容：甬道顶中央西夏画团花。南、北披西夏画垂幔。

南、北壁西夏各画菩萨（模糊）。

主室窟顶藻井画三兔莲花井心，垂幔铺于四披。四披画千佛，中央药师佛各一身。

西壁盝顶帐形龛顶中央画棋格团花，东、西披画坐佛各七身（五大二小），南、北披坐佛各五身。

龛内西壁屏风四扇，画近事女二扇，论议品二扇；南壁屏风三扇，画孝养品二扇、恶友品一扇；北壁屏风三扇，画恶友品。

佛床马蹄形。

龛沿画交枝立凤卷草边饰。

龛上画帐顶图案，两侧各四坐佛。

龛下画供养人（模糊）。

帐门南侧画普贤变一铺。

帐门北侧画文殊变一铺。

南壁西起画观无量寿经变一铺，下屏风四扇，画未生怨、十六观；弥勒经变一铺，下屏风四扇，画弥勒世界诸事。

南壁西起画药师经变一铺，下屏风四扇，画十二大愿；金刚经变一铺，下屏风四扇，画金刚经变诸品（经变中人物部分经后人重描）。

东壁门上画说法图一铺；门南画不空绢索观音一铺，下屏风三扇，画普门品；门北画如意轮观音一铺，下屏风三扇，画普门品。

## 第148窟

修建时代：盛唐（晚唐、西夏、清重修）

洞窟形制：拱形顶，西壁设涅槃佛坛，南、北壁各开一龛
内容：前室顶西披残存唐画说法图。

西壁门南中唐塑（清修）力士、天王各一身，天王从众三身，狮子一只。门北中唐塑（清修）力士、天王各一身，天王从众三身，狮子一只。

甬道盝顶盛唐画报恩经变，中央残存序品部分。南披残存恶友品部分。北披残存孝养品部分。

南壁存西夏画男供养人一身。

北壁存西夏画女供养人二身。

主室窟顶盛唐画千佛。

西壁坛上塑释迦涅槃像一身，佛弟子、天人、各国王子、佛姨母、菩萨等举哀像七十二身（唐塑后修）。

涅槃像后壁面盛唐画涅槃经变。

坛下底层晚唐画供养人。

南壁盝顶帐形龛（无北披）内原塑如意轮观音一身（已毁），现置一跌坐佛像，系别处移来。

龛顶中央画观音变一铺（大部毁），东披四臂观音一铺，南披八臂观音一铺，西披三头六臂观音一铺。

龛内南壁背光两侧各画屏风一扇，东侧上部浮塑日天，西侧上部浮塑月天，下画如意轮陀罗尼咒诸愿；东壁屏风三扇，画如意轮陀罗尼咒诸愿；西壁屏风二扇，画如意轮陀罗尼咒诸愿。

龛上画弥勒上生下生经变一铺。

龛下西夏画供养比丘。

帐门东侧盛唐画文殊菩萨一铺（西夏涂改）。

帐门西侧画涅槃经变（后接西壁）。

北壁盝顶帐形龛(无南披)内原塑不空绢索观音一身（已毁），现置一跌坐佛像，系别处移来。

龛顶中央画欢喜藏摩尼宝胜佛一铺，东、西披各画药王菩萨一铺，北披地藏菩萨一铺。

龛内北壁背光两侧浮塑日天，月天各一身（东侧日天失）。下屏风三扇，画梵天请问不空绢索神咒。东、西壁屏风各三扇，各画不空绢索神咒诸品。

龛上画天请问经变一铺。

龛下西夏画供养人，底层有唐画供养人。

帐门西侧画涅槃经变（前接西壁）。

帐门东侧画普贤菩萨一铺。

东壁门上盛唐画千手眼观音一铺（部分经西夏涂改);门南盛唐画观无量寿经变一铺，北侧未生怨、南侧十六观（部分经西夏涂改），下西夏画男女供养人十二身；门北盛唐画药师经变，北侧十二大愿、南侧九横死（部分经西夏涂改），下西夏画男供养人二十一身。

注：前室南壁存《大唐陇西李府君修功德碑记》、《唐宗子陇西李氏再修功德记》碑。此窟为唐大历十一年李大宾所建。

## 第149窟

修建时代：元

洞窟形制：顶毁

内容：西壁画禅定跏坐佛一铺（一佛、二弟子、四天王、六菩萨）。

南、北壁各画文殊变一铺。

东壁门上画火焰金刚一身，门南四臂观音一铺（下壸门供宝），门北铃杵观音一铺（下壸门供宝）。

## 第150窟

修建时代：晚唐（清重修）

洞窟形制：覆斗形顶，西壁开一龛

内容：前室西壁门南、北清各画道教神将一身。

南壁清画道教神将七身。

北壁残墙基上残存晚唐画供养人像。

甬道南壁清画马面神将一身。

北壁清画牛头神将一身。

主室窟顶藻井晚唐画卷瓣莲花井心，垂幔铺于四披。四披晚唐画千佛，中央多宝塔各一铺。

西壁盝顶帐形龛内清塑一铺五身，帐门南、北侧天王二身，天兽一只。马蹄形佛床。

龛顶中央画棋格团花，东、西披各画药师佛十一身、菩萨二身、化生二身，南、北披各画药师佛六身、菩萨二身。

龛内南、西、北壁清画山水、花卉屏风共十扇。

龛上清画金龙二条（沥粉堆金）。

帐门南侧晚唐画普贤变一铺。下清画方格图案。

帐门北侧晚唐画文殊变一铺。下清画方格图案。

南壁西起晚唐画金刚经变、维摩诘经变各一铺，下清画道教十二星君七身。

北壁西起晚唐画密严经变等二铺，下清画道教十二星君七身。

东壁门上晚唐画弥勒经变一铺；门南晚唐画阿弥陀经变一铺，下清画判官、鬼卒各一身。门北晚唐画药师经变一铺，下清画判官、鬼卒各一身。

## 第151窟

修建时代：中唐（西夏重修）

洞窟形制：覆斗形顶，西壁开一龛

内容：甬道南、北壁有中唐残画。

主室窟顶藻井画团花井心，回纹、卷草铺于四披。四披画棋格团花、垂幔。

西壁盝顶帐形龛顶中央画团花图案，四披画垂幔。

龛内西壁背光、项光、花卉。南、北壁画项光、花卉。

佛床马蹄形。

龛上画帐顶图案。

龛下有供养人像残痕，底层有中唐残画。

帐门南、北侧画菩萨各八身。

南、北壁各画阿弥陀经变一铺，下模糊。

东壁门上愿文题榜（毁），门南、北画供养菩萨各二身。

## 第152窟

修建时代：宋（西夏、清重修）

洞窟形制：覆斗形顶，设中心佛坛，坛上背屏联接窟顶

内容：甬道顶中央画棋格团花图案。南、北披画垂幔。

南、北壁上各画坐佛，下十方佛五铺，下供养菩萨十身，下浮塑壸门十个，画供宝。

主室中心佛坛上存唐塑阿难、迦叶，宋塑菩萨、文殊、普贤各一身（清修），清塑菩萨二身。

佛床东、南、北面回鹘画供宝，西面回鹘画供养人。下佛坛东、南、北面供养菩萨，西面画七宝。

背屏正面上宋画菩提宝盖，下回鹘画花卉；背面上回鹘画化生菩萨，中菩萨说法一铺，南、北侧面上宋各画飞天一身，下回鹘画菩萨，摩醯首罗天一身，下供养人。

窟顶藻井画法轮四龙井心，垂幔铺于四披。西披上画赴会佛三铺，下千佛，中央十方赴会诸佛；南、东、北披上各画赴会佛三铺，下千佛，中央多宝塔各一铺。顶东北角画提头赖吒天王、东南角画毗琉璃天王、西南角画毗楼博叉天王、西北角画毗沙门天王各一铺。

西壁回鹘画化生菩萨，中央菩萨说法图一铺，两侧西夏画千佛，下壸门，画供宝。

南、东、北壁西夏画千佛，下壸门，画供宝。

## 第153窟

修建时代：中唐（西夏重修）

洞窟形制：覆斗形顶，西壁开一龛

内容：甬道南、北壁西夏画菩萨各一身（模糊）。

主室窟顶西披中唐画千佛，北披西夏画菩萨二身。

西壁盝顶帐形龛顶中央画二团花；东、西披中唐各画六药师佛立像，两侧各画一供养菩萨；南、北披中唐各画二药师佛立像，两侧各画一供养菩萨。

龛内西壁中唐画卷草边饰，下屏风四扇，南、北各二扇，每扇各画一菩萨；南壁中唐画卷草边饰，下屏风二扇，各画二菩萨；北壁中唐画卷草边饰，下屏风二扇，一扇画二菩萨，一扇画地藏、一菩萨。

龛沿中唐画海石榴卷草边饰。

龛上画帐顶图案。

龛下西夏画壸门，内画供宝。

帐门北侧西夏画说法图一铺。

南壁西夏画普贤一铺，上画飞天，下壸门内画供宝。

北壁西夏画文殊一铺，下壸门内画供宝。

东壁门上西夏画说法图一铺，门南西夏画菩萨二身，门北西夏菩萨一身。

注：此窟在宋初建第152窟时被毁，仅存一龛。东、南、北三壁为西夏所补。

## 第154窟

修建时代：中唐（西夏重修）

洞窟形制：覆斗形顶，西壁开一龛

内容：窟顶藻井画茶花井心，垂幔铺于四披。西披两角存千佛；南披存千佛，中央画说法图（部分毁）；北披存千佛一部、说法图一半。

西壁平顶敞口龛内中唐塑菩萨一身，龛外北侧天王台上塑毗沙门天王一身。马蹄形佛床。

龛顶画棋格团花。

龛内西壁塑像两侧各一屏风，分别画九横死、现身说法；南、北壁上画垂幔，下画山水屏风各二扇。

龛上画帐顶图案。

龛下西夏花卉、壶门宝珠。

帐门南、北侧各画坐佛一身，山水屏风一扇。

南壁东起上画药师经变（东侧十二大愿、西侧九横死）、金光明经变（东侧舍身品、西侧长者子流水品）各一铺，下弥勒经变、法华经变各一铺，两端上毗沙门天王、观世音各一身。下毗沙门天王、瑞像各一身。

北壁东起上画报恩经变（东、西侧恶友品）、观无量寿经变（东侧未生怨、西侧十六观）各一铺。下西夏画地藏菩萨一身，持花供养菩萨四身。两端西夏画观世音菩萨各一身。

东壁门上坐佛三身，西夏重修时画说法图一铺；门南上画金光明经变一铺（南侧长者子流水品、北侧舍身品），下画天请问经变一铺、西夏画供养菩萨一身；门北上画金刚经变一铺，下西夏画三菩萨。

### 第155窟

修建时代：中唐（五代重描壁画）

洞窟形制：覆斗形顶，西壁开一龛

内容：西壁盝顶帐形龛顶西披存药师七佛立像。

龛内西壁佛光两侧各存屏风一扇，内各画佛弟子一身；南、北壁屏风各三扇。

龛沿画卷草边饰（上部熏毁）。

龛下题榜一方。

帐门南侧画药师佛。

帐门北侧画地藏王。

南壁画观无量寿经变一铺（东、西两侧未生怨、十六观），西端画一菩萨（大部熏毁）。

北壁画弥勒经变一铺，西端画一菩萨（大部熏毁）。

### 第156窟

修建时代：晚唐

洞窟形制：覆斗形顶，西壁开一龛

内容：前室顶中间画降魔变，南侧法华经变，北侧父母恩重经变。

西壁门上画七佛，门南毗琉璃天王一铺（模糊），门北毗沙门天王一铺（模糊）。

南壁画毗楼博叉天王（大半毁）。

北壁画提头赖吒天王（大半毁），西上角有墨书

《莫高窟记》。

甬道顶画曼荼罗一铺（一半毁）。

南壁画张议潮、张淮深等男供养像五身。

北壁画广平宋氏等女供养人三身。

主室窟顶藻井画卷瓣莲花井心，卷草、垂幔铺于四披。西披画弥勒经变、南披画法华经变、北披画华严经变、东披画楞伽经变。

西壁盝顶帐形龛内塑倚坐佛一身（头毁）。马蹄形佛床，壶门内画伎乐共十四身、供养器二件。

龛顶中央千手眼观音一铺。西披画八臂宝幢菩萨、三面四臂菩萨各一铺，南披画不空绢索观音一铺，北披画如意轮观音一铺，东披画金刚三昧菩萨、金刚思惟菩萨各一身。

龛内西、南壁屏风各四扇，画十二大愿。北壁屏风四扇，画九横死、竖幡、燃灯、斋僧。

龛沿画卷草边饰。

龛上画饕餮纹帐顶图案。

龛下画供养器，南、北为二执幡供养人。南侧供养比丘、男供养人各三身，侍从五身。北侧供养比丘尼四身，女供养人五身，侍从三身。

帐门南侧画普贤变一铺。

帐门北侧画文殊变一铺。

南壁西起画思益梵天问经变、阿弥陀经变、金刚经变各一铺，下画张议潮统军出行图。

北壁西起画报恩经变、药师经变、天请问经变各一铺；下画宋国夫人出行图。

东壁门上画男供养人三身，女供养人一身，侍从二身；门南画金光明经变一铺，下张议潮统军出行图（前接南壁）；门北画维摩诘经变一铺，下宋国夫人出行图（前接北壁）。

### 第157窟

修建时代：中唐

洞窟形制：覆斗形顶

内容：窟顶藻井画莲花井心。西、北披存部分璎珞、千佛。

注：此窟坐南朝北，被清代凿穿洞破坏，现四壁剥落、模糊。

### 第158窟

修建时代：中唐（西夏重修）

洞窟形制：长方形盝顶，西壁设涅槃佛坛

内容：甬道顶中央画团花图案，南披画趺坐佛十身，北披趺坐佛存六身。

南壁底层中唐画比丘四身。下西夏画壶门，内供宝。

北壁底层中唐画比丘二身，吐蕃装供养人二身。下西夏画壶门，内供宝（模糊）。

主室窟顶中央南起画南方净土一铺、千佛、□方净土一铺、千佛、北方净土一铺。东披南起画赴会菩萨、东南方净土一铺、赴会菩萨、东方净土一铺、赴

会菩萨、东北方净土一铺、赴会菩萨。西披南起画赴会菩萨、西南方净土一铺、赴会菩萨、西方净土一铺、赴会菩萨、西北方净土一铺、赴会菩萨。南披画普贤变一铺，两侧赴会菩萨。北披画文殊变一铺，两侧赴会菩萨。

西壁坛上塑释迦涅槃像一身（长十五米）。

壁画龙天八部、梵释天人、弟子、菩萨及散花飞天五身。

坛下中间净土变一龛。龛外南侧画毗玻璃天王、金刚力士、舍利弗入灭等，龛外北侧画毗沙门天王、金刚力士、外道谤佛等。

南壁塑立佛一身。

佛光东侧画大势至菩萨、飞天、供养菩萨各一身，西夏画供养人一身。

佛光西侧画弟子举哀图、菩萨、飞天，上迦叶奔丧。

北壁塑倚坐佛一身，座下西夏画供养人四身。

佛光东侧画观世音菩萨、飞天各一身。

西侧画各国王子举哀图，上画佛母闻耗。

东壁门上画如意轮观音一铺，两侧供养菩萨各一身；门南画天请问经变一铺，下屏风八扇，画梵天诸问；门北画金光明经变一铺，下屏风八扇，画长者子流水品、舍身品。

## 第 159 窟

修建时代：中唐

洞窟形制：覆斗形顶，西壁开一龛

内容：前室顶西披存千佛一角。

西壁门上有供养比丘残像。门南、北各画天王像（表层原有西夏画）。

南壁画阿弥陀经变（存一部）。

北壁为第 160 窟入口，存残画。

甬道顶画团花图案。

南、北壁存西夏画床坐图案，壸门内供宝。

主室窟顶藻井画缠枝茶花井心，西、南披存部分垂幔。四披各存千佛部分。

西壁叠涩帐形龛内中唐塑迦叶、阿难各一身，菩萨、天王各二身。马蹄形佛床，壸门内存伎乐一身。

龛顶中央画棋格团花图案。东、西披各画跌坐佛六身，菩萨二身。南、北披各画跌坐佛三身、化生一身。

龛内西壁上画卷草、垂幔，下屏风四扇，佛光北侧二扇画九横死、斋僧，南侧二扇画十二大愿。南壁上画卷草、垂幔，下屏风三扇，画九横死；北侧上画卷草、垂幔，下屏风三扇，画十二大愿。

龛沿画灵鸟卷草边饰。

龛上画帐顶图案。

龛下画供养比丘尼五身、女供养人四身、从女四身。

帐门南侧画普贤变一铺，下屏风二扇，画普贤事迹图。

帐门北侧画文殊变一铺，下屏风二扇，画五台山图。

南壁西起画法华经变一铺，下屏风三扇，分别画随喜功德品、妙庄严王本事品、普门品；观无量寿经变一铺，下屏风三扇，二扇画未生怨，一扇画十六观；弥勒经变一铺，下屏风三扇，画嫁娶等图（剥落甚剧）。

北壁西起画华严经变一铺，下屏风三扇；药师经变一铺，下屏风三扇，画十二大愿、九横死；天请问经变一铺，下屏风三扇，画梵天诸问。

东壁门上画维摩诘经变佛国品；门南画维摩诘经变（维摩诘），下屏风三扇画弟子品；门北画维摩诘经变（文殊），下屏风三扇画权方便品。

## 第 160 窟

修建时代：晚唐

洞窟形制：覆斗形顶，北壁塑像

内容：甬道顶画如意轮观音一身。

东壁画护法金刚三身。

西壁画护法金刚一身，供养比丘一身。

主室窟顶北披存千佛一身。

北壁塑像存释迦坐像一身、弟子二身、残像二身。佛床下画供养人（模糊）。

壁画六菩萨、八弟子。

东壁画药师经变一铺（中毁），南侧九横死、北侧十二大愿，下供宝；北端画毗沙门天王一身。

西壁画观无量寿经变一铺，南侧未生怨、北侧十六观，下模糊；北端画天王一身。

南壁门上画跌坐七佛；门工画普贤变一铺，下壸门供宝；门西画文殊变一铺，下壸门供宝。

注：此窟位于第 159 窟前室北壁，坐北朝南。

## 第 161 窟

修建时代：晚唐(宋重修)

洞窟形制：覆斗形顶，设中心佛坛

内容：前室顶西披画棋格团花图案（模糊）。

西壁门上宋画说法图一铺（模糊）。

北壁剥出底层晚唐画听法菩萨。

甬道顶宋画棋格团花图案。

南、北壁宋画供养菩萨（模糊）。

主室中心佛坛上塑吐蕃装供养人二身（无头）。

佛坛东面壸门四个，内画供器；南、北面壸门各三个，内画供器。

窟顶藻井井心画千手眼观音一铺，卷草、垂幔铺于四披，四周环绕伎乐天各四身。四披画听法菩萨各十组，中央观音各一铺。

西壁中央画观音变一铺，环绕听法菩萨二十八组，一壸门内供宝（残）。

南壁中央画文殊变一铺，环绕听法菩萨二十八组。

下壶门内供宝（大部脱落）。

北壁中央画普贤变一铺，环绕听法菩萨二十八组，下残。（大部脱落）。

东壁门上画洛珈山观音一铺，门南、北画听法菩萨各十二组。

## 第 162 窟

修建时代：盛唐（五代、清重修）

洞窟形制：覆斗形顶，西壁开一龛

内容：前室顶西披存五代残画一角。

西壁底层有五代画。

南壁上五代画六臂观音一铺，下残画一部。

甬道顶中央画八臂观音一铺。南、北披存五代画跌坐佛各五身。

主室窟顶藻井画莲花井心，团花、垂幔仅存于北披。四披画千佛（部分毁）。

西壁盝顶帐形龛内清塑观音一铺七身，龛外清塑二护法神。

龛顶中央画棋格团花，东、西披画药师佛各五身、供养菩萨各二身，南、北披画药师佛各三身，供养菩萨各二身。

龛内西壁背光两侧清画竹石。

帐门南、北侧画千佛。

南、北壁画千佛，下模糊。

东壁画千佛，门沿南五代画菩萨一身。

## 第 163 窟

修建时代：晚唐（清重修塑像）

洞窟形制：覆斗形顶，西壁开一龛

内容：西壁平顶方形龛内清塑佛一铺七身。 马蹄形佛床。

龛顶画千佛。

龛内西、北壁上画垂幔，下壁画被清塑盖去；南壁上画垂幔，下屏风二扇，画菩萨各一身。

龛外南侧画普贤变一铺（存一部分）。

龛外北侧画文殊变一铺。

南壁画六臂十一面观音一铺，西侧普门品一条。

北壁画不空绢索观音一铺，西侧不空绢索神咒一条。

## 第 164 窟

修建时代：盛唐（五代、 西夏、 清重修）

洞窟形制： 覆斗形顶，西壁开一龛

内容：前室西壁门南上西夏画跌坐佛五身，下供养菩萨四身（模糊）；门北存菩萨残像。

南壁存跌坐佛二身。

甬道盝形顶中央西夏画团花图案。南、北披画垂幔。

南、北壁画供养菩萨各二身（残）。

主室窟顶藻井画团花卷瓣莲井心，回纹、卷草铺于

四披。四披画团花图案。

西壁盝顶帐形龛内唐塑佛一身（清修）、清塑弟子六身，帐门两侧台上清塑文殊、普贤各一身。

龛顶中央画棋格团花，西披画药师佛立像七身、供养菩萨二身，南、北披画药师佛立像各三身、供养菩萨各一身、童子各一身，东披画药师佛立像六身、供养菩萨一身、童子一身。

龛内西壁浮塑棋格团花背屏，两侧屏风各二扇，画树下人物，屏风上沿画鹦鹉、鸽子；南壁东起盛唐画菩萨四身，屏风一扇，画树下沙门荼毗；北壁东起盛唐画菩萨四身，屏风一扇，画树下人物。

龛沿盛唐画交枝石榴卷草边饰，西夏涂色。

龛上画山花蕉叶帐顶图案。

龛下画二狮子（模糊）。

帐门南、北侧上画水月观音各一铺，下花卉。

南壁上画垂幔，中西起画宝盖背光一条，药师经变、阿弥陀经变各一铺，下盛唐画供养器一件、供养菩萨一身、伎乐三身。

北壁上画垂幔，中西起画宝盖背光一条，阿弥陀经变，药师经变各一铺，下盛唐画供养器一件，供养菩萨一身，伎乐三身。

东壁门上画禅定佛一铺；门南画普贤变一铺；门北画文殊变一铺，底层露出唐画花卉、伎乐部分。

注：此窟原为盛唐窟，五代时加修窟门，西夏时重绘。

## 第 165 窟

修建时代：盛唐（五代、西夏、清重修）

洞窟形制：覆斗形顶，西壁开一龛

内容：前室西壁两侧五代画天王（模糊）。

甬道盝形顶中央画孔雀明王一铺，南、北披画跌坐佛各五身。

南、北壁西夏各画经变一铺（模糊）。

主室窟顶藻井西夏画团花井心，回纹、卷草铺于四披。四披画棋格团花，垂幔图案，下飞天各四身。

西壁斜顶敞口龛内清塑佛一铺七身。

龛顶画菩提宝盖、四飞天。

龛内西壁画背光、项光、花卉，南、北壁各画项光、花卉。

龛下壶门西夏画供宝、供养菩萨，底层剥出五代画供养人。

帐门南、北侧画听法菩萨各三身。

南壁西夏画阿弥陀经变一铺，下壶门画供宝。东下角清末凿一穿洞。

北壁西夏画经变（残），下壶门画供宝。底层露出盛唐画一菩萨、一弟子。西侧被清代凿一穿洞。

东壁门上西夏画说法图一铺；门南西夏画普贤变一铺，下露出底层盛唐画残痕；门北西夏画文殊变一铺，下壶门画供宝。

## 第 166 窟

修建时代：盛唐（中唐、五代、宋、清重修）

洞窟形制：覆斗形顶，西壁开一龛

内容：前室顶西披残存宋画。

西壁门上愿文题榜，南侧画文殊师利菩萨一铺；门南上宋画下生弥勒佛一铺，下为第167窟入口，南侧画菩萨一身（模糊）、北侧画龙王礼佛，下模糊；门北为第168窟入口，南侧存龙王礼佛部分。

南、北壁宋各画天王（存部分）。

甬道盝形顶中央画六臂观音一铺，南、北披画跌坐禅定佛各七身。

南、北壁宋各画天龙八部各一铺（模糊）。

主室窟顶藻井画云头团花井心，垂幔铺于四披。四披各画千佛。

西壁平顶敞口龛内唐塑一倚坐佛、二菩萨（清修），清塑四弟子。

龛顶画菩提宝盖，上说法图一铺（西南部分毁）。

龛内西壁浮塑佛光，北侧画弟子二身，南侧弟子一身。南、北壁各画菩萨一身、弟子二身、项光二个。

龛沿画菱形、团花边饰。

龛下中央底层盛唐题榜，南侧宋画供养菩萨一身、男供养人三身。北侧宋画供养菩萨一身、女供养人四身。

龛外北侧画地藏菩萨一身，台下宋画女供养人。

龛外南侧画药师佛一身，台下宋画男供养人。

南壁西起画倚坐佛一身、跌坐佛七身、药师七佛立像（其一残）、观世音菩萨三身，中中唐画菩萨二身、观世音菩萨一身，下宋画供养比丘尼一身、女供养人存十二身。

北壁画千佛，中央中唐画说法图一铺，下宋画女供养人四身－。

东壁门南画观世音菩萨、地藏菩萨各一身，男供养人三身，宋画菩萨一身，女供养人七身；门北画地藏菩萨一身，阿弥陀佛、药师佛、多宝佛各一身，千佛十四身，五代画说法图一铺，宋画菩萨一身，男供养人六身。

### 第167窟

修建时代：晚唐（宋、清重修）

洞窟形制：盝形顶，西壁开一龛

内容：窟顶中央画二团花，　垂幔铺于四披。四披画千佛。

西壁平顶方口龛内清塑佛一身，弟子六身。

龛顶画千佛。

龛内西壁上画垂幔，下云气（为清塑所盖）；南、北壁上画垂幔，下画说法图一铺（为清塑所盖）。

龛上画帐顶图案，两侧坐佛各三身。

龛外南侧画普贤。

龛外北侧画文殊。

南壁画阿弥陀经变一铺，西侧观佛一条（疑为观无量寿经变一铺）。

北壁画药师经变一铺，西侧十二大愿。

东壁门南宋代白粉书"法严像"。门北宋代白粉书"正大光明"。

注：此窟位于第166窟前室西壁门南，原建时无塑像。

### 第168窟

修建时代：晚唐（清重修塑像）

洞窟形制：覆斗形顶（毁）

内容：西壁壁画尽为清塑盖去，　清塑佛一身、弟子六身。

南壁画弥勒经变一铺（上部熏毁）。

北壁画经变一铺（上部熏毁）。

东壁门南、北画天王各一身。

注：此窟位于第166窟前室西壁门北。

### 第169窟

修建时代：唐（宋、清重修）

洞窟形制：覆斗形顶，西壁开一龛

内容：前室顶画说法图三铺（已残）。

西壁门上宋重修愿文题榜（文字模糊），门南、北宋画毗沙门天王赴那吒会各一铺。

南、北壁存宋代残画部分。

甬道盝形顶中央画孔雀明王一铺，南、北披各存坐佛三身。

北壁存宋代女供养人部分（模糊）。

主室窟顶藻井画团龙井心，回纹、卷草铺于四披。四披画棋格团花、垂幔（均有剥落）。

西壁盝顶帐形龛内唐塑跌坐佛一身、天王二身（清修），清塑弟子三身。龛外两侧清塑虎各一只。

龛顶中央画团花（剥落）；西披画菩提宝盖(残)；东、南披画垂幔（部分毁）；北披画垂幔，存二飞天。

龛内西壁盛唐浮塑百花卷草火焰佛光，两侧露出盛唐画屏风各一扇；南、北壁宋画项光。

龛上画山花蕉叶帐顶图案（剥落）。龛下画莲花、壶门供宝（模糊）。

帐门南、北侧上各画千佛，下花卉。

南、北壁画千佛，下壶门内供宝（模糊）。

东壁画千佛。

### 第170窟

修建时代：盛唐（宋、清重修）

洞窟形制：覆斗形顶，西壁开一龛

内容：前室顶存残画一角。

西壁门上宋重修愿文题榜（文字泯灭），另画菩萨一身；门南画说法图一铺，门北画观音曼荼罗一铺。

南壁存残画一条。

北壁画天请问经变一铺，后凿穿洞，画被毁。

甬道顶画说法图一铺。

主室窟顶藻井盛唐画团花井心，垂幔铺于四披。四披盛唐画千佛。

西壁盝顶帐形龛内宋塑佛一身（清修）。

龛顶中央画交杵莲花、棋格团花，四披画垂幔。

龛内西壁画说法佛一身，两侧画弟子各五身。南、北壁各画菩萨四身。

龛上沿画跌坐佛九身。

龛上画帐顶图案。

龛下画供养器。

帐门南，北侧画菩萨各一身。

南壁画弥勒经变一铺，下模糊。

北壁画佛说报父母恩重经变（拟）一铺，下模糊。

东壁门上画三坐佛，门北画毗沙门天王一身。

## 第 171 窟

修建时代：盛唐（宋、清重修）

洞窟形制：覆斗形顶，西壁开一龛

内容：前室西壁门上有愿文题榜（文字已模糊）；门南宋画毗琉璃天王一铺，下供养人；门北宋画毗沙门天王一铺，底层为五代画。

南壁宋画毗琉璃天王部从鬼卒，下男供养人。

北壁宋画毗沙门天王部从鬼卒、金刚杵观音一身，下女供养人。

甬道盝形顶中央宋画六臂观音一身（残），南、北披画垂幔。

南壁宋画普贤变一铺，下供养人（模糊）。

北壁宋画文殊变一铺，下供养人（模糊）。

主室窟顶藻井盛唐画团花井心，璎珞垂幔铺于四披。四披画千佛。

西壁盝顶帐形龛内唐塑一跌坐佛、二菩萨，清塑四弟子。

龛顶中央画棋格团花、椭圆形宝盖；西披存药师佛立像六身（其二残）、供养菩萨二身（其一－残），南披画药师佛立像四身、供养菩萨二身（其一残毁），北披画药师佛立像四身、供养菩萨二身，东披残存药师七佛。

龛内西壁佛座两侧上画坐佛六身，下莲池伎乐；南、北壁上画坐佛各六身，下莲池菩萨。

龛沿画百花蔓草、千佛边饰。

龛下南侧宋画男供养人七身，北侧女供养人八身。

帐门南侧画药师佛一身。

帐门北侧画观世音一身，下男女供养人各一身。

南壁画观无量寿经变一铺，东侧未生怨三十二小幅、西侧十六观十八小幅、两侧下九品往生，下盛唐画男女供养人。

北壁画观无量寿经变一铺，东侧未生怨三十二小幅、西侧十六观十八小幅、下九品往生，下盛唐画男女供养人。

东壁画观无量寿经变一铺，门南未生怨、门北十六观、下九品往生，下存盛唐与宋画供养人（残）。

## 第 172 窟

修建时代：盛唐（宋、清重修）

洞窟形制：覆斗形顶，西壁开一龛

内容：前室顶残存宋画经变。

西壁门上宋愿文题榜两侧画毗沙门天王赴那吒会，门南宋画维摩诘经变（文殊），门北宋画维摩诘经变（维摩诘）。

南壁宋画千手眼观音一铺，中被凿成穿洞，画受残毁。

北壁宋画千手钵文殊一铺，中被凿成穿洞，穿洞上画跌坐五方佛一铺。

甬道盝形顶中央画团花图案，南、北披画垂幔。

南壁宋画供养菩萨（模糊），中部为第 173 窟窟门。

北壁宋画供养菩萨，存三身。

主室窟顶藻井画团花井心（模糊），圆形网缦铺于四披，四角各一飞天。四披画千佛。

西壁平顶敞口龛内唐塑倚坐佛一身，弟子、菩萨、半跏坐菩萨、天王各二身（清修）。

龛顶画三身佛说法、飞天、云气，下画菩提宝盖。

龛内西壁浮塑佛光，两侧各画一弟子；南、北壁各画弟子三身，项光三个。

龛沿画菱纹边饰。

龛下画床坐图案，壶门九个，内画供器、伎乐。

龛外南、北侧画执幡天女各一身、项光各一个。

南壁画观无量寿经变一铺，西侧未生怨、东侧十六观，西端画观世音菩萨一身，男女供养人共二身；下宋画男供养人九身（模糊）。

北壁画观无量寿经变一铺，西侧未生怨、东侧十六观，西端画观世音菩萨三身；下宋画女供养人，底层盛唐画供养人（模糊）。

东壁门上画净土变一铺；门南上画地藏观音等四菩萨，中普贤变，下模糊；门北上画药师等四菩萨，中文殊变，下宋画供养人（模糊）。

## 第 173 窟

修建时代：晚唐（清重修塑像）

洞窟形制：覆斗形顶，西壁开一龛

内容：窟顶藻井画团花井心，垂幔铺于四披。四披画千佛，中央说法图各一铺。

南壁平顶方口龛内清塑一铺三身。

龛顶画千佛。

龛内东、南、西壁上画垂幔，下屏风各二扇，各画菩萨一身。

龛上画帐顶图案。

龛下壶门内画供器、花卉。

龛外东、西侧画菩萨各一身。

东壁画药师经变一铺，下床坐壶门内画供宝。

西壁画阿弥陀经变一铺，下床坐壶门内画供宝。

## 第 174 窟

修建时代：宋

洞窟形制：平顶，北壁开一龛

内容：甬道（即第 172 窟前室北壁穿道）顶画说法佛一铺。

东、西壁画天王各一身（下模糊）。

主室（即第 175 窟前室）窟顶画说法图一铺。

北壁方形浅龛顶画莲花，两侧彩云。

龛内北壁画花树、芦苇，树上有挂包、水瓶等物，东侧侍童一身；西壁上画菩萨一身，下画女供养人（模糊）；东壁上画菩萨一身，下画供养比丘三身、供养人二排（模糊）。

龛外西侧存菩萨一身。

西壁中间为第 175 窟甬道门，门南、北各画一菩萨。

东壁开门通向崖面，门上画说法图一铺，北侧画菩萨一身。

南壁甬道门西侧画菩萨一身。

注：此窟坐北朝南，南壁甬道与第 172 窟相通联，西壁甬道通向第 175 窟主室，东壁开门通向崖面。

## 第 175 窟

修建时代：盛唐（宋重画，清塑像）

洞窟形制：覆斗形顶，西壁设低坛

内容：前室即第 174 窟。

甬道盝形顶中央画跌坐佛一身，南、北披画飞天各一身。

南壁宋画供养比丘一身。

北壁宋画供养比丘一身、供养人一身。

主室窟顶藻井画团花井心，垂幔铺于四披。四披画千佛，中央跌坐药师佛各一身。

西壁低坛上清塑一佛四弟子。

佛光南侧画弟子三身，北侧画弟子二身。

南壁西起画弟子一身、菩萨二身、药师佛一身。

北壁西起画弟子二身、菩萨二身、观音菩萨一身、莲池坐佛七身（清代凿穿洞，部分壁画被毁）。

东壁门上宋画题榜，南、北侧男女供养人各一身；门南、北画天王各一身。

## 第 176 窟

修建时代：盛唐（中唐、宋、清重修）

洞窟形制：覆斗形顶，西壁开一龛

内容：前室顶西披存宋画水月观音一角。

西壁门上宋画愿文题榜（文字模糊），两侧执幡菩萨二身。门南、北宋各画龙王礼佛图。

南壁宋画文殊变一铺（残）。

北壁宋画普贤变一铺（残）。

甬道盝形顶中央宋画地藏、十王、轮回一铺；南、北披宋画坐佛各九身。

南壁宋画男供养人一身及侍从（模糊），中间为第 177 窟入口。

北壁宋画女供养人一身及侍从（模糊），中间为第 178 窟入口。

主室窟顶藻井盛唐画团花井心，垂幔铺于四披。四披画千佛。

西壁平顶敞口龛内清塑一铺九身。

龛顶盛唐画说法图一铺，飞天四身，下菩提宝盖。

龛内西壁宋画佛光，两侧盛唐画弟子二身；南、北壁盛唐画弟子各三身、菩萨各一身。

龛沿盛唐画半团花，百花蔓草边饰。

龛外两侧力士台下残存五代画供养人像。

南壁西起画观世音菩萨一身，下五代画男供养人四身；观无量寿经变一铺，西侧未生怨、东侧十六观，下壶门画伎乐；中唐画日藏菩萨、月藏菩萨、地藏菩萨各一身，下千手眼菩萨一铺。

北壁西起画地藏菩萨一身，千佛，千佛中药师、地藏、观音一铺，中唐画观世音菩萨一身；下画壶门伎乐，五代画供养人（均模糊）。

东壁门上中唐画如意轮观音、千手眼观音，五代画持钵菩萨一身、跌坐佛二身；门南中唐画地藏一身、菩萨二身、千佛十四身，宋画供养菩萨一身、千佛十八身；门北中唐药师、地藏、多宝各一身，千佛二身，五代画供养菩萨一身、千佛二十六身。

## 第 177 窟

修建时代：晚唐（宋、清重修）

洞窟形制：长方形盝顶，南壁开一龛

内容：甬道盝形顶中央宋画交杵图案，东、西披宋画花卉、项光。

南、北壁宋画供养菩萨各一身（模糊）。

主室窟顶长方形藻井画三团花井心，垂幔铺于四披。四披画千佛，中央跌坐佛各一铺。

南壁斜顶方口龛内存清塑二弟子。

龛顶画千佛。

龛内南壁上画垂幔，下屏风三扇，画地藏、弥勒、菩萨各一身；东、西壁上画垂幔，下屏风各二扇，每扇画菩萨一身。

龛上画千佛一排。

龛外东侧画飞天一身、普贤变一铺，下床坐壶门。

龛外西侧画飞天一身、文殊变一铺，下床坐壶门。

东壁画药师经变一铺，南侧九横死、北侧十二大愿。

西壁画观无量寿经变一铺，北侧未生怨、南侧十六观。

注：此窟位于第 176 窟甬道南壁，坐南朝北。原无北壁，宋初修第 176 窟甬道时增设而成。

## 第 178 窟

修建时代：晚唐（宋重修）

洞窟形制：覆斗形顶，北壁开一龛

内容：甬道盝形顶西披画花卉。

东、西壁宋画供养菩萨各一身。

主室窟顶藻井画莲花井心。四披画药师佛说法图各一铺。

北壁斜顶方口龛顶画棋格团花。

龛内西、北、东壁宋画跌坐菩萨各一身。

龛外西侧宋画毗沙门天王一铺。

龛外东侧宋画毗琉璃天王一铺。

西壁画如意轮观音一铺。

东壁画不空绢索观音一铺。

注：此窟位于第176窟甬道北壁，坐北朝南，情况与第177窟略同。

### 第179窟

修建时代：晚唐、中唐（清塑像）

洞窟形制：覆斗形顶

内容：窟顶藻井中唐改画莲花井心，网幔铺于四披。四披无画。

西壁中唐画说法图一铺（残），清塑一佛、一弟子。

南壁盛唐画说法图一铺（残），东部被清代穿洞损毁。

北壁中唐画说法图一铺（残），西部被清代穿洞损毁。

东壁门上画禅定佛一铺，门南、北残存菩萨各一身。

### 第180窟

修建时代：盛唐、（中唐、五代、清重修）

洞窟形制：覆斗形顶，西壁开一龛

内容：甬道盝形顶中央五代画接引佛一身，南、北披五代画坐佛，各存五身。

北壁存五代画女供养人头部。

主室窟顶藻井中唐画茶花环枝井心，垂幔铺于东、南披；西、北披存盛唐画藻井垂幔。四披画千佛；西披盛唐画千佛（部分毁）；南披上盛唐画千佛一排，中中唐画五排，下五代补画（存九身）；北披上盛唐画一排，余中唐画（部分残毁）；东披上盛唐画一排，中中唐画，下五代补画（存十二身）。

西壁平顶敞口龛内唐塑倚坐佛一身（清修），清塑弟子五身、天兽二身。

龛顶画翅头末城释迦说法（残），下盛唐画宝盖及赴会诸佛。

龛内西壁佛光两侧画弟子各四身，执幡天女各一身，女剃度、听法高僧、马宝、象宝、轮宝、玉女宝（南侧）、兵宝、珠宝（北侧）；南壁东起画乘象入胎一铺，罗刹一身，穄伕王妃二身；北壁东起画罗刹一身，穄伕王等。

龛沿画百花蔓草边饰。

龛外南侧盛唐画普贤一身。

龛外北侧盛唐画文殊一身（五代重描）。

南壁中唐画药师经变一铺；东侧十二大愿、西侧九横死；西端观音菩萨一身。

北壁中唐画观无量寿经变一铺，东侧未生怨、西侧十六观。东侧下角被穿洞损毁；西端观音菩萨一身。

东壁门上中唐画坐佛八身；门南中唐画菩萨五身（其一五代重妆）；门北中唐画观无量寿经变一铺，南侧未生怨、北侧十六观。

### 第181窟

修建时代：晚唐

洞窟形制：覆斗形顶，西壁开一龛

内容：窟顶藻井画团花方格井心，垂幔存于西、南、北披。西、南、北披画千佛（部分残）。

西壁平顶方口龛顶画千佛。

龛内西壁上画垂幔，下屏风二扇，各画菩萨；南壁垂幔下存屏风一扇，画菩萨（残）；北壁垂幔下模糊。

龛上画方格千佛。

龛下壶门内供宝（模糊）

龛外北侧存壁画天王残迹。

南、北壁各画经变一铺（模糊）。

### 第182窟

修建时代：盛唐（宋、清重修）

洞窟形制：覆斗形顶，西壁开一龛

内容：窟顶藻井画团花井心，垂幔铺于四披。四披画千佛（均残缺）。

西壁平顶敞口龛内唐塑倚坐佛一身（清修），清塑弟子四身。

龛壁画千佛。

龛下宋画供器、供养菩萨（模糊）。

龛外南、北侧各画千佛。

南、北壁画千佛，东下角均被凿成穿洞。

东壁画千佛，门南、北残留宋画项光各一部分。

### 第183窟

修建时代：晚唐

洞窟形制：覆斗形顶，西壁开一龛

内容：窟顶藻井井心存一角（模糊）。西、南披存部分垂幔、千佛。

西壁斜顶敞口龛顶画棋格团花。

龛内西壁上画垂幔，下屏风三扇，分别画菩萨、弟子、山水。南壁上垂幔，下屏风二扇，画菩萨、弟子各一身（模糊）。北壁上垂幔，下屏风模糊。

### 第184窟

修建时代：晚唐（五代重画）

洞窟形制：覆斗形顶，西壁开一龛

内容：窟顶藻井画团花井心，垂幔存于南、西、北披。
南、西、北披画千佛，中央跌坐佛各一铺。

西壁覆顶帐形龛顶中央画团花图案，南、北披残存
五代画垂幔。

龛内西壁画菩提宝盖、项光，两侧弟子各一身；北
壁五代画三弟子（其一残）。

北壁存部分残画（模糊），西侧被凿成穿洞。

## 第185窟

修建时代：盛唐（中唐、五代、西夏、清重修）
洞窟形制：覆斗形顶，西壁开一龛
内容：甬道北壁西夏画供养菩萨一身，下五代画男供养
人。

主室窟顶藻井画团花井心，垂幔铺于四披。四披画
千佛（部分毁，西披中唐补画）。

西壁平顶敞口龛内唐塑一跌坐佛、二弟子（清修），
清塑二菩萨。

龛内西壁佛光两侧画弟子各一身，南、北壁东起各
画一菩萨、三弟子（头残）、二项光（剥落）。

南壁中唐画千佛，中央盛唐画说法图一铺（经西夏
涂抹），东下角被凿成穿洞。

北壁中唐画观音经变一铺，西侧三十三现身，东侧
救济诸难。

东壁门上中唐画涅槃变一铺，门南画普贤变一铺
（模糊），门北画文殊变一铺（模糊）。

## 第186窟

修建时代：中唐（五代、清重修）
洞窟形制：覆斗形顶，西壁开一龛
内容：窟顶藻井中唐画卷瓣莲井心，垂幔铺于四披。四披
画弥勒经变，西披画法会，下稼佐王与后妃剃度；南
披画三会之一，东侧弥勒下生，西侧剃度；北披画三
会之一，东侧一种七收、嫁娶，西侧剃度；东披画婆
罗门拆幢，北侧拜塔、送老人入墓，南侧回城。

西壁平顶敞口龛内清塑一铺六身。

龛顶画菩提宝盖、二飞天。

龛壁浮塑背屏，上画棋格团花，南北两侧画弟子各
二身。

龛沿画卷草边饰。

龛下壸门内画供器、狮子（模糊）。

南壁画维摩诘经变一铺，西侧被穿洞所毁。

北壁画楞伽经变一铺（部分熏毁）。

东壁门上五代画说法图；门南、北五代画菩萨各一
身，清塑菩萨立像各一身。

## 第187窟

修建时代：五代
洞窟形制：覆斗形顶，西壁塑像（已失）
内容：窟顶藻井部分垂幔存于南披。

西壁上画菩提宝盖，下佛光南侧画二弟子、北侧一

弟子。

南壁上画垂幔，下一菩萨、三弟子。

北壁上画垂幔，下一菩萨、四弟子（模糊）。

东壁门南存菩萨一身。

## 第188窟

修建时代：盛唐、中唐（五代、宋、清重修）
洞窟形制：覆斗形顶，西壁开一龛
内容：前室顶西披存宋画团花图案部分。

西壁门上宋重修愿文题榜一方。门北底层五代画龙
王礼佛图，下存供养人残像及题记。

南壁表层残存宋画菩萨，底层有五代残画。

北壁表层宋画模糊，底层有五代残画，东端为第
189窟入口。

甬道顶宋画模糊。

南、北壁表层宋画模糊，底层有五代残画。

主室窟顶藻井唐画团花井心，垂幔铺于四披。四
披盛唐画千佛。

西壁覆顶帐形龛内唐塑佛一身、弟子四身（清修）。

龛顶中央中唐画棋格团花；西披中唐画菩提宝盖、
二飞天；南、北披中唐各画四立佛、二供养菩萨；东
披中唐画七立佛、二供养菩萨。

龛内西壁中唐浮塑佛光，两侧屏风各二扇，各画一
弟子；南、北壁中唐屏风各三扇，画菩萨各一扇、弟
子各二扇。

龛沿盛唐画团花、中唐画百花卷草纹边饰。

龛下底层有五代供养人画像、题记。

帐门南、北侧中唐画菩萨各一身。

南壁中唐画观无量寿经变一铺，西侧未生怨、东侧
十六观，下愿文题榜东侧女供养人存四身、西侧男供
养人存四身。

北壁中唐画观无量寿经变一铺，东侧未生怨、西侧
十六观，下供养菩萨一排（模糊）、盛唐画供养人一
身。

东壁门上宋画说法图一铺；门南宋画花卉、立佛一
身，中唐画观音、毗沙门天王各一身，下五代画女供
养人；门北宋画花卉，中唐画毗沙门天王、天女各一
身（后人重描），下五代画女供养人，存六身。

注：此窟初为盛唐开凿，中唐完成四壁及佛龛，五代改
修窟门并绘前室，北宋初至西夏初再修窟门及前室。

## 第189窟

修建时代：五代（宋、清重修）
洞窟形制：长方形盝顶，北壁开一龛
内容：窟顶藻井及四披皆模糊。

北壁盝顶方口龛内清塑一铺七身。马蹄形佛床。

龛顶中央画团花（模糊），四披画垂幔（模糊）。

龛内东、西、北壁屏风各二扇（皆模糊）。

龛沿画卷云纹花饰。

龛上书"吉祥佛"三字。

龛下画壸门。

东壁底层有五代残画。

注：此窟位于第 188 窟前室西壁甬道门北侧。

## 第 190 窟

修建时代：晚唐（元重修）

洞窟形制：顶毁，南壁开一龛

内容：南壁方口浅龛内屏风三扇，画一佛二菩萨（模糊）

龛下有元代补画边饰及塑像残痕。

龛外西侧画文殊（模糊）。

西壁画药师经变一铺，南侧十二大愿、北侧九横死（模糊）。

北壁存天王一角。

## 第 191 窟

修建时代：中唐（五代重修）

洞窟形制：盝形顶，南壁设佛床

内容：窟顶藻井中央画棋格团花；南披画药师佛立像四身、菩萨二身，西披画药师佛立像存一身，东披药师佛立像二身、菩萨二身，北披药师佛、菩萨各存头部。

南壁佛光两侧画弟子各五身。长方形佛床上画卷草，下壸门五个。

东壁画弥勒经变一铺，南侧一种七收、北侧嫁娶老人入山，下供养人五身。

西壁画观无量寿经变一铺（模糊），南侧未生怨北侧十二大愿，下模糊。

注：此窟位于第 197 窟前室南壁，坐南朝北。

## 第 192 窟

修建时代：晚唐（宋，清重修）

洞窟形制：覆斗形顶，西壁开一龛

内容：前室西壁门南、北画天王（模糊）。

南壁画菩萨（模糊）。

甬道顶宋画模糊。

南、北壁宋画菩萨（模糊）。

主室窟顶藻井画团花井心，垂幔仅存于四披。四披画千佛，中央跌坐佛一身，东、北披各存千佛一角。

西壁盝顶帐形龛内残存跌坐佛一身（清修）、阿难一身。马蹄形佛床，九壸门内供宝。

龛顶中央画棋格团花，东、西披画跌坐佛各五身，南、北披画跌坐佛各四身。

龛内西壁上画垂幔，下屏风三扇，中间一扇无画，两侧各画一菩萨。南、北壁上垂幔，下屏风各二扇，每扇画一菩萨。

龛上画山花蕉叶帐顶图案。

龛下宋画供养器、供养菩萨。

帐门南侧画普贤变一铺，上飞天一身，下宋画供养比丘一身，男供养人二身。

帐门北侧画文殊变一铺，上飞天一身，下宋画供养比丘一身，男供养人三身。

南壁西起画阿弥陀经变一铺，下宋画男供养人及小孩共十二身；弥勒经变一铺，下宋画女供养人五身。

北壁西起画药师经变一铺，下宋画男供养人六身；天请问经变一铺，下宋画男供养人一身，女供养人五身。

东壁门南画如意轮观音一铺，下宋画女供养人五身；门北画不空绢索观音一铺，下宋画女供养人五身。

## 第 193 窟

修建时代：晚唐、宋

洞窟形制：覆斗形顶，西壁开一龛

内容：窟顶藻井画团花井心（模糊），垂幔存部分。西、北披画千佛（模糊）。

西壁盝顶帐形龛顶中央画团花，四披画垂幔。

龛内西壁晚唐画千佛一排，下宋画说法图一铺（立像）；南、北壁晚唐画千佛各一排，下宋画菩萨各三身。

龛上画帐顶图案。

南壁宋画说法图一铺，（模糊）。

北壁宋画说法图一铺，下宋画女供养人（模糊）。

注：此窟晚唐开凿，绘画未竟，宋初补画各壁。

## 第 194 窟

修建时代：盛唐（晚唐、西夏重修）

洞窟形制：覆斗形顶，西壁开一龛

内容：前室西壁门上晚唐画说法图（模糊），门南、北晚唐画天王各一身（模糊）。

南壁晚唐画模糊，下男供养人五身（模糊）。

北壁晚唐画天王一身。东为第 195 窟入口。

甬道顶画说法图一铺。

南壁晚唐画不空绢索观音一铺。

北壁晚唐画如意轮观音一铺。

主室窟顶北披残存比丘头部。

西壁盝顶帐形龛内盛唐塑倚坐佛一身，弟子、菩萨、天王各二身。帐门南、北侧力士台上各塑力士一身。

龛沿画云气纹（存一部分）、海石榴卷草边饰。

龛下西夏画供养人（模糊）。

南力士台下西夏画供养人，存七身（模糊）。

北力士台下西夏画男供养人，存二身（模糊）。

南壁画维摩诘经变一铺（上毁），西端存国王出行残画一角，下西夏画男女供养人共十六身。

北壁画观无量寿经变一铺，西侧未生怨、东侧十六观，下盛唐女供养人六身、男供养人五身、西夏女供养人四身（上部残），底层剥出盛唐画一坐佛。

东壁门上存千佛一部分；门南画地藏、观音各一身，唐画女供养人一身；门北画千佛，南下画观音一身、唐画男供养人一身。

## 第195窟

修建时代：晚唐

洞窟形制：覆斗形顶，北壁开一龛

内容：前室北壁门上愿文题榜（文字泯灭）。门西晚唐画
　　天王（模糊）。

　　甬道顶画说法图。

　　东壁存残画一角。

　　主室窟顶藻井井心毁，垂幔仅存于南、北披。西、
南、北披画千佛，中央说法佛各一身（南、北披东角
模糊）。

　　北壁盝顶帐形龛顶中央画棋格团花；南、北披药师
佛立像各四身，供养菩萨各二身；东、西披药师佛
立像各三身，供养菩萨各二身。

　　龛内北壁上画垂幔，下屏风二扇，一扇画地藏，一
扇画菩萨；东、西壁垂幔下屏风各三扇，一扇画一天
王，二扇各画一菩萨。

　　佛床马蹄形。

　　龛上画山花蕉叶帐顶图案。

　　龛下画女供养人（模糊）。

　　帐门西侧普贤变一铺（模糊）。

　　西壁画观无量寿经变一铺，北侧未生怨、南侧十六
观（均模糊），下女供养人一排（模糊）。

　　南壁门上题榜（模糊）；门西画不空绢索观音，下
女供养人一排（模糊）。

　　注：此窟坐北朝南。

## 第196窟

建修建时代：晚唐

洞窟形制：覆斗形顶，设中心佛坛，坛上背屏联接窟顶

内容：前室存晚唐木构窟檐。

　　顶毁，仅崖上存部分棋格团花。

　　西壁门上画七佛，北侧有女供养人一身；门南画毗
琉璃天王一铺（模糊）；门北画毗沙门天王一铺，下
供养人（模糊）。

　　南壁上画高僧与净人传戒，下残存供养比丘二身。

　　北壁上画高僧传戒律图并题记二方。下西侧土碑一
龛，碑道毗沙门天王一铺，龛顶画宝珠，龛两侧壁各
画菩萨一身；东侧说法图一铺（模糊）。

　　甬道盝形顶中央画千佛，南、北披画说法图各三
铺。

　　南壁画男供养人二身、侍从四身。

　　北壁画节度使索勋父子供养像，侍从五身。

　　主室中心佛坛上存趺坐佛、迦叶、阿难、半跏坐菩
萨、天王各一身。

　　佛坛东面中间画供养器，南、北侧各存二伎乐、一
天王。

　　背屏正面上画菩提宝盖，下北侧画十一面观音、女
供养人各一身，南侧画菩萨一身；南侧面存白描比丘

头像；北侧面存女供养人一身、童子二身。

　　窟顶藻井垂幔残存于东、西、北披。西披上画赴会
佛三铺、飞天四身，下千佛及菩萨三身、化生一身；
南披存千佛一角、菩萨二身；北披上画赴会佛三铺，
下千佛及菩萨三身；东披存千佛部分及菩萨四身、飞
天二身。

　　西壁画劳度叉斗圣变一铺。

　　南壁西起画法华经变、阿弥陀经变、金光明经变各
一铺，下屏风十五扇，各画一菩萨，内有女供养人六
身。

　　北壁西起画华严经变、药师经变（残一角）、弥勒
经变（部分残）各一铺，下屏风十五扇，各画一菩
萨。

　　东壁门上画地藏菩萨、观音菩萨、金刚杵菩萨共一
铺；门南画文殊变一铺，周围环绕赴会菩萨十八组，
下供养比丘十一身；门北画普贤变一铺，周围环绕赴
会菩萨十八组，下男供养人十身，侍从二身。

　　注：此窟建于唐景福年间（公元892～893年），即何
　　法师窟。

## 第197窟

修建时代：中唐（五代、宋重修）

洞窟形制：覆斗形顶，西壁开一龛

内容：前室顶残存五代画经变。

　　西壁门南存金刚力士座，壁画模糊；门北残存金刚
力士塑像一身，壁画模糊。

　　南壁上画天王（残），下中唐画供养人（残）。此
壁有第191窟入口。

　　甬道顶五代画六臂观音一铺（模糊），

　　南壁五代画如意轮观音一铺（模糊），下男供养人
五身。

　　北壁五代画不空绢索观音一铺（模糊），下男供养
人五身（模糊）。

　　主室窟顶藻井画莲花井心，垂幔铺于四披。四披画
千佛。

　　西壁盝顶帐形龛内残存唐塑倚坐佛、弟子、菩萨各
一身。

　　龛顶中央画棋格团花；西披画药师佛立像八身；南、
北披各画药师佛立像四身。

　　龛内西壁佛光两侧各画弟子二身，南、北壁各画弟
子三身。

　　龛沿画半团花、波状卷草纹边饰。

　　龛上画山花蕉叶帐顶图案。

　　龛下中唐画供养人（残）。

　　帐门南、北侧画多子塔。

　　南壁中唐画地藏、菩萨各一身，下千佛四十九身，
五代画菩萨二身。

　　北壁画观无量寿经变一铺，西侧未生怨、东侧十六
观；下愿文题榜一方，两侧存女供养人、比丘各一
身，男供养人三身。西端宋画菩萨一身。

东壁门上宋画二供养菩萨；门南画观音菩萨一身（仅存部分）；门北画如意轮观音一身，下宋画跌坐菩萨一身。

## 第198窟

修建时代：晚唐（宋重修）

洞窟形制：覆斗形顶，西壁开一龛

内容：前室顶存宋画说法图一角。

西壁门南、北宋画天王各一铺（模糊）。

北壁存宋画一角。

甬道顶宋画坐佛一身（模糊）。

南、北壁宋画供养比丘各一身（模糊）。

主室窟顶藻井画卷瓣莲花井心，垂幔铺于四披。四披画千佛。

西壁盝顶帐形龛顶中央画棋格团花，四披画跌坐佛共八身，菩萨、化生共六身。

龛内西壁上画垂幔，下屏风三扇，中间一扇画二孔雀、左右各画一药师佛；南、北壁上画垂幔，下屏风各二扇，各画一菩萨。

佛床马蹄形。

龛沿画卷草边饰。

龛上画山花蕉叶帐顶图案。

帐门南、北侧各画二天王。

南壁画金刚经变一铺（下模糊）

北壁画弥勒经变一铺（下模糊）。

东壁门上画十一面观音一铺；门南上画如意轮观音一铺，下文殊变一铺（模糊）；门北上画不空绢索观音一铺，下普贤变一铺（模糊）。

## 第199窟

修建时代：盛唐（中唐、西夏重修）

洞窟形制：覆斗形顶，西壁开一龛

内容：前室顶存西夏画椽条图案残迹。

甬道顶残存接引佛一身。

主室窟顶藻井盛唐画团花井心，垂幔铺于四披。四披盛唐画千佛。

西壁盝顶帐形龛内唐塑跌坐佛一身（西夏重修）

倚坐佛一身（西夏时从别处移来）

龛顶中央盛唐画棋格团花，四披盛唐画药师佛立像共十五身、菩萨六身（残）

龛内西壁西夏重修佛光，南北两侧上画垂幔，下各画一弟子；佛座两侧各画一狮子。南、北壁上盛唐画垂幔，下弟子各三身。

龛沿盛唐画百花卷草、半团花边饰。

龛下画供养器，男供养人像存索崇嗣等十一身。

帐门南侧盛唐画观世音一身。

帐门北侧中唐画大势至一身。

南壁中间中唐画观世音、大势至、供养比丘各一身，东侧中唐画千佛六身、莲池菩萨八身、坐佛七身，西侧中唐画观世音二身、女供养人一身。

北壁中唐画观无量寿经变一铺，东侧未生怨、西侧十六观。

东壁门上中唐画千佛，中禅定佛一身；门南中唐画千佛，下观音、地藏各一身；门北中唐画千佛，下菩萨一身、千佛一部、天王一身，余素壁。

注：此窟盛唐时开凿，只完成龛内、窟顶及西壁部分中唐陆续画成东、南、北三壁，西夏时又重修窟门、前室及佛像、佛光。

## 第200窟

修建时代：中唐

洞窟形制：覆斗形顶，西壁开一龛

内容：窟顶藻井画三兔卷瓣莲花井心，垂幔铺于四披。四披画千佛，中央说法佛各一身。

西壁盝顶帐形龛内塑像残存跌坐佛一身（清修）。马蹄形佛床。

龛顶中央画棋格团花，东、西披画药师佛立像各六身、供养菩萨各二身，南、北披画药师佛立像各三身、化生各二身。

龛内西壁上画垂幔，下屏风五扇，南侧二扇画九横死、北侧二扇画十二大愿；南壁上画垂幔，下屏风三扇，分别画斋僧、燃灯、九横死；北壁上画垂幔，下屏风三扇，画十二大愿。

龛沿画化生卷草、石榴卷草边饰。

龛上画千佛帐顶图案。

龛下画供养器，两侧画男女供养人像（模糊）。

帐门南侧上画千佛二排，中普贤变。

帐门北侧上画千佛二排，中文殊变。

南壁西起画观无量寿经变一铺，东西两侧十六观，下屏风四扇画未生怨；报恩经变一铺，东侧及下屏风二扇画孝养品。

北壁西起画药师经变一铺，西侧及下屏风三扇中二扇画九横死，另一扇画斋僧；弥勒经变一铺，东侧受记、献幢，西侧弥勒下生，下屏风三扇，分别画嫁娶、一种七收、弥勒回城。

东壁门上有愿文题榜；门南画不空绢索观音一铺，下屏风二扇，分别画女供养人、孝养品；门北画如意轮观音一铺，下屏风二扇，分别画男供养人、送老人入墓。

## 第201窟

修建时代：中唐（宋重修）

洞窟形制：覆斗形顶，西壁开一龛

内容：甬道顶中央宋画观世音存一半，南披宋画坐佛六身，北披宋画坐佛五身。

南壁宋画观世音（模糊）。

北壁宋画十一面观音（模糊）。

主室窟顶藻井画环枝茶花井心，垂幔铺于四披。四披画千佛。

西壁平顶敞口龛顶画菩提宝盖、云气、二飞天。

龛内西壁盛唐画佛光，上菩提树、二跏坐佛，两侧弟子各二身、项光各一个。南、北壁画跏坐佛各五身、弟子各二身、项光各一个。

龛上画山花蕉叶帐顶图案。

龛下中央发愿文题榜，两侧画男女供养人，下有宋画残迹。

帐门南、北侧上画幔帷，下各画跏坐佛一身。

南壁中画观无量寿经变一铺，两侧十六观，东端画观世音一身，西端画地藏一身，下宋画女供养人一排（模糊）。

北壁中画观无量寿经变一铺，两侧未生怨、十六观，东端画观世音二身（一身为白描），西端画观世音一身（白描，模糊）、地藏二身（其一白描，未完成。），下宋画供养人（模糊）。

东壁门上画说法图三铺（其中一铺宋修），门南宋画毗琉璃天王一铺（部分毁），门北宋画毗沙门天王一铺（下模糊）。

## 第 202 窟

修建时代：初唐、中唐（宋、清重修）

洞窟形制：覆斗形顶，西壁开一龛

内容：前室西壁门上宋画七佛，上愿文题榜，两侧画毗沙门天王赴那吒会各一铺；门南、北画天王各一身，鬼卒侍从模糊，被后代涂刷红土一层。

南壁宋画维摩诘经变（文殊，模糊）。

北壁宋画维摩诘经变（维摩诘，模糊）。

甬道盝形顶中央宋画地藏与十王厅一铺，南、北披各存宋画药师佛立像四身、菩萨一身。

南壁存宋画坐佛七身，男供养人存一身。

北壁存宋画坐佛七身，女供养人存一身。

主室窟顶藻井宋画卷瓣莲花团龙井心，垂幔铺于四披，环绕伎乐天十二身。四披宋画千佛，中央各一说法堂，内置坐佛。

西壁斜顶敞口龛内初唐塑跏坐佛一身，弟子、菩萨、金刚力士各二身（清修）。

龛顶初唐画法华经变见宝塔品。

龛内西壁中唐改画佛光，两侧初唐画弟子各二身（清修）；南、北壁初唐画赴会菩萨各三身、菩萨各一身、弟子各二身。

龛沿中唐画云气、初唐画小团花边饰。

龛下宋画供养器，两侧宋代男女供养人共十三身。

龛外南侧中唐画文殊一铺，下天王。

龛外北侧中唐画普贤一铺，下天王。

南壁中唐画弥勒经变一铺，下愿文题榜一方，两侧伎乐各二身；下宋画供养菩萨十四身。

北壁中唐画十方诸佛赴会，宝池两侧伎乐各二身；下宋画供养菩萨存十三身。

东壁门上初唐画说法图一铺；南侧中唐画药师经变一铺，北侧中唐画阿弥陀经变一铺；门南中唐画毗琉璃天王一铺，下宋画供养菩萨五身；门北中唐画毗沙

门天王一铺，下宋画供养菩萨四身。

注：初唐开窟，完成西龛与门上说法图。中唐完成诸壁。宋代重修窟门，改绘窟顶与四壁下部。

## 第 203 窟

修建时代：初唐（宋重修）

洞窟形制：覆斗形顶，西壁开一龛

内容：前室西壁门上宋重修愿文题榜尚有残字，两侧画毗沙门天王赴那吒会；门南宋画维摩诘经变（文殊）；门北宋画维摩诘经变（维摩诘）。

南壁残存宋画，中有宋修穿道。

北壁中有宋修穿道，穿道门东画药师佛，门西画水月观音，门上存说法图等残画。

甬道盝形顶中央存宋画一部，南、北披各画跏坐佛五身。

南壁宋画男供养人存一身（模糊）。

北壁宋画女供养人存一身（模糊）。

主室窟顶藻井画莲花井心，垂幔铺于四披。四披画千佛。

西壁圆券龛内初唐塑倚山立佛像一身、菩萨二身。两侧力士台下塑狮子二只，台上宋补塑力士二身。

龛壁浮塑山峦，上画四飞天，佛光宋代重涂色。

龛外南侧上初唐画维摩诘经变（维摩诘），中观世音一身，下供养比丘尼一身、女供养人三身。

龛外北侧上初唐画维摩诘经变（文殊），中观世音一身，下供养比丘一身、男供养人四身。

南壁画说法图一铺，两侧画千佛、二飞天。

北壁画说法图一铺，两侧画千佛、四飞天（下被后代涂刷）。

东壁门上千佛四排、七佛一铺，宋画供器；门南、北初唐画天王各二身，宋画供养菩萨各一身、男供养人各一身。

## 第 204 窟

修建时代：初唐（五代、宋、清重修）

洞窟形制：覆斗形顶，西壁开一龛

内容：前室西壁门南存部分五代残画，门北存五代画龙王礼佛（残）。

南、北壁各存五代残画一部。

主室窟顶藻井画四飞天莲花井心，垂幔铺于四披。四披画千佛。

西壁内外层斜顶敞口龛内塑一跏坐佛、二弟子、四菩萨，外层塑二菩萨（清修）。

内层龛顶佛光火焰两侧各画二飞天、一乘龙天。龛壁画佛光，两侧各画二菩萨、一弟子，下南侧画鹿头梵志、北侧婆薮仙。

外层龛顶画火焰莲花化生龛楣，两侧各画一飞天。龛壁画二供养菩萨。

龛上画千佛一排。

龛下画供养器，两侧存供养菩萨十身、供养童子二

身，下画垂角帐幔。

龛外南、北侧画千佛。

南、北壁画千佛，中央画说法图各一铺；下画供养菩萨各十六身，下垂角帐幔。

东壁门上画千佛；门南、北各画千佛，宋画花卉，下画供养菩萨五身，下垂角帐幔。

## 第 205 窟

修建时代：初唐、盛唐（中唐、五代重修）

洞窟形制：覆斗形顶，设中心佛坛

内容：前室顶西披五代画千手钵文殊一铺（部分毁），南侧不空绢索观音一铺，北侧如意轮观音一铺（部分毁）。

西壁门上五代重修愿文题榜（字迹泯灭），两侧各画一菩萨；门南观无量寿经变一铺，北侧未生怨、南侧十六观（模糊）；门北药师经变一铺，南侧九横死、北侧十二大愿（模糊）。

南壁存天请问经变部分（模糊）。

北壁存经变部分（模糊）。

甬道盝形顶中央五代画孔雀明王。南、北披五代画垂幔。

南壁五代画曹议金供养像及侍从（模糊）。

北壁五代画回鹘公主李氏供养像及从女（模糊）。

主室中心佛坛上初唐塑趺坐佛一身，弟子、菩萨、供养菩萨各二身，中唐塑天王二身。

佛坛东面壸门，内五代画供器；西面壸门，内五代画虎、凤等纹。

窟顶藻井初唐画三兔井心。四披初唐画千佛。

西壁中唐画弥勒经变一铺，下男供养人二十四身，画砖砌阶沿；南侧上中唐画文殊一铺，下盛唐画观世音一身、女供养人及侍从各一身；北侧中唐画普贤一铺，下盛唐画观世音一身、女供养人及侍从各一身。

南壁东起盛唐画说法图一铺，下千佛七排，五代壸门内画伎乐四身；盛唐画阿弥陀经变一铺，下药师、观音、地藏一铺，五代壸门内画伎乐三身；盛唐画观音经变一铺，下男供养人五身、侍从四身，五代壸门内画伎乐三身。

北壁 西起初唐画阿弥陀经变一铺，下五代画壸门九个，内伎乐、供宝。初唐画灵鹫山说法图一铺，下五代画壸门四个，内伎乐、供宝。

东壁门上五代画十方诸佛赴法会一铺（存半铺），门南五代画曹氏家族男供养人三身，侍从二身，门北五代曹氏家族男供养人四身、童子二身。

注：此窟窟顶与北壁均为初唐所作，盛唐画南壁，中唐补画西壁，五代重画东壁、甬道、前室。

## 第 206 窟

修建时代：隋（初唐、五代、西夏重修）

洞窟形制：覆斗形顶，西壁开一龛

内容：前室西壁门北存五代画一禅僧像。

甬道顶残存五代画经变部分（西夏重修）。

南壁存五代画普贤变一部。

主室窟顶藻井西夏画莲花法杵井心，网幔铺于四披。四披隋画千佛（西夏涂色）。

西壁斜顶敞口龛内隋画趺坐佛一身，弟子、菩萨各二身。龛外两侧初唐塑力士二身。

龛顶隋画佛光火焰，两侧飞天各五身（西夏涂色）。

龛内西壁隋画火焰佛光（西夏涂色），下两侧隋画鹿头梵志、婆薮仙，西夏改为二供养童子；南、北壁隋各画四弟子（西夏涂色）。

龛下西壁画供养器，两侧各画一文殊及供养菩萨。底层尚有隋画。

龛外南侧上画维摩诘经变（文殊），下隋画二菩萨（西夏涂色）。

龛外北侧上画维摩诘经变（维摩诘），下隋画二菩萨（西夏涂色）。

南壁隋画千佛（西夏涂色），中央西夏画说法图一铺，下西夏画供养菩萨（模糊）。

北壁隋画千佛（西夏涂色），中央西夏画说法图一铺，下西夏画供养菩萨（模糊）。

东壁门上隋画千佛（西夏涂色），五代画供器，两侧二供养菩萨（西夏涂色）；门南五代画立佛一身，南侧隋画千佛（西夏涂色），下西夏画供养人（模糊）；门北五代画立佛（毁），北侧隋画千佛（西夏涂色），下西夏画女供养人二身。

注：原为隋窟，唐代补塑二力士，五代重修窟门，西夏重绘窟顶、四壁。

## 第 207 窟

修建时代：初唐（西夏重修）

洞窟形制：覆斗形顶，西壁开一龛

内容：窟顶藻井画团花井心，垂幔铺于四披：西披画团花、二飞天、龛楣，东、南、北披画团花（东坡缺一角）。

西壁斜顶敞口龛内初唐塑一趺坐佛、二弟子、二菩萨。

龛顶画菩提宝盖。

龛内西壁画双树、背光、项光，南、北壁各画项光、披巾、花卉。

龛上上接窟顶西披画龛楣。

龛下西夏画供养比丘与供养器（模糊）。

龛外南侧上画网幔，下大势至菩萨一身。

龛外北侧上画网幔，下观世音菩萨一身。

南、北壁上画网幔，下说法图各一铺。

东壁门上画七佛（存三身），门南画药师佛一铺。

## 第 208 窟

修建时代：盛唐（五代重修）

洞窟形制：覆斗形顶，西壁开一龛

内容：前室顶五代画七佛。

西壁门上五代画愿文题榜（无文字），两侧画毗沙门天王赴那咤会；门南五代画普贤变一铺（模糊）；门北五代画文殊变一铺（模糊）。

南、北壁各存天王一角（模糊）。

甬道盝形顶中央五代画孔雀明王，南、北披画跌坐佛各四身。

南、北壁五代画各存一部。

主室窟顶藻井画团花井心，垂幔铺于四披。四披画千佛。

西壁平顶敞口龛顶画法华经变见宝塔品一铺、六飞天。

龛内西壁佛光两侧各画一弟子、一项光，南、北各画一菩萨、三弟子、二项光。

龛沿画波状卷草、半团花边饰。

龛下五代画供养器、供养菩萨、男供养人六身、比丘三身。

南壁画观无量寿经变一铺，西侧未生怨、东侧十六观。

北壁画弥勒经变一铺（有弥勒下生、降魔等）。

东壁门上画千佛，南端有女供养人像；门南画二菩萨、盛唐女供养人一身，门沿五代画菩萨一身，下女供养人（模糊）；门北画菩萨二身、坐佛十身、男供养人一身，门沿五代画菩萨一身。

## 第 209 窟

修建时代：初唐（五代、清重修）

洞窟形制：覆斗形顶，西壁设佛坛，窟中央三坛为清设

内容：前室顶原影塑千佛，现全部脱落。

西壁门北存五代画供养人。

甬道南、北壁存五代残画。

主室中央三坛上清塑灵官一铺三身。

窟顶藻井画石榴葡萄井心，垂幔铺于四披。西披画乘象入胎、夜半逾城，东、南、北披各画说法图一铺。

西壁佛光两侧故事画各一铺，佛坛下五代画供养菩萨四身、供养人九身。

南壁画弥勒说法图一铺，下供养菩萨十身，西端故事画一铺。

北壁画说法图一铺，下供养菩萨十身，西端故事画一铺。

东壁门上画说法图三铺；门南五代画供养比丘一身，初唐画说法图一铺；门北五代画供养比丘一身，下女供养人八身，初唐画说法图一铺。

## 第 210 窟

修建时代：初唐（五代重修）

洞窟形制：人字披顶，北壁开一龛

内容：甬道顶五代画跌坐佛一铺。

南壁存五代画比丘残痕。

主室窟顶南、北披画千佛。

北壁斜顶圆券龛顶画千佛。

龛壁画说法图一铺。

龛上、龛外两侧画千佛。

龛下画供养伎乐、供养比丘。

西壁画千佛，下女供养人（模糊）。

东壁存千佛一角、供养人一身。

南壁画千佛（门西模糊）。

注：此窟坐北朝南。

## 第 211 窟

修建时代：初唐（清重修塑像）

洞窟形制：覆斗形顶，西壁开一龛

内容：窟顶藻井画四瓣花井心，垂幔铺于四披。四披画千佛（东披部分毁）。

西壁斜顶敞口龛内清塑玄奘像一铺三身。

龛顶佛光火焰上一跌坐佛，两侧二飞天。

龛壁佛光两侧各画二项光。

龛外南侧画跌坐佛一身，紫檀香菩萨一身，下女供养人（模糊）。

龛外北侧画跌坐佛一身、观世音菩萨一身，下女供养人三身。

南壁画阿弥陀经变一铺（模糊）。

北壁画阿弥陀经变一铺（东段毁）。

东壁门上画七佛，门南、北画接引佛各一铺（门北残）。

## 第 212 窟

修建时代：初唐（中唐、清重修）

洞窟形制：人字披顶

内容：前室西壁门南底层有题榜一方，表层影塑千佛（毁）。

主室西壁画说法图一铺，清塑一佛、二弟子。

南壁西端画菩萨一身，千佛五身，下供养人十二身。

北壁画弟子一身，中唐画毗沙门天王、菩萨各一身及跌坐佛三身，下男供养人八身。

注：此窟未完成，窟顶东、西披和东壁以及南、北壁的一部分无画。

## 第 213 窟

修建时代：初唐

洞窟形制：覆斗形顶

内容：窟顶藻井模糊。四披有画千佛痕迹。

西、南、东壁各画一佛二菩萨（模糊），底层有千佛痕迹（南壁东角被凿为穿洞）。

## 第 214 窟

修建时代：盛唐（清塑像）

洞窟形制：覆斗形顶，西壁开一龛。

内容：前室西壁门北剥出底层千手眼观音

主室窟顶藻井画云头团花井心，垂幔铺于四披。四披画千佛。

西壁斜顶敞口龛内清塑佛一铺三身。

龛顶画一佛二菩萨。

龛内西壁画说法图一铺，南、北壁画菩萨各一身。

龛外南侧画菩萨，下女供养人十身。

龛外北侧画菩萨，下男供养人八身。

南壁画药师经变一铺（东角被凿为穿洞）。

北壁画说法图一铺（东角被清代凿为穿洞）。

东壁门南存残画菩萨。

## 第 215 窟

修建时代：盛唐（清重修塑像）

洞窟形制：覆斗形顶，西壁开一龛

内容：前室西壁影塑一佛、二菩萨（残）。

南壁影塑一佛、二菩萨（残）。

主室窟顶藻井画团花井心，垂幔铺于四披。四披画千佛。

西壁斜顶敞口龛内唐塑一跌坐佛、二弟子、二菩萨（清修）。

龛顶画法华经变见宝塔品。

龛内西壁浮塑莲花火焰佛光。南、北壁各画四弟子、赴会佛及菩萨。

龛下存男女供养人八身。

龛外南侧画大势至菩萨一身。

龛外北侧画文殊菩萨一身。

南壁画弥勒经变一铺，下男供养人一排（模糊）。

北壁画观无量寿经变一铺，东侧未生怨、西侧十六观、九品往生，下女供养人存五身。

东壁门上画七佛；门南画菩萨一身，上三佛、三菩萨，下男供养人三身；门北画菩萨一身，上三佛、三菩萨，下女供养人三身（剥落）。

## 第 216 窟

修建时代：盛唐（中唐重修）

洞窟形制：覆斗形顶，西壁开一龛

内容：窟顶藻井画云头团花井心，卷草、垂幔铺于四披。四披画千佛。

西壁平顶敞口龛顶中唐画三身说法图一铺。

龛内西壁中唐画化佛卷草佛光，两侧各一屏风，画四弟子，存三身。南、北壁画菩萨、赴会佛各一身，屏风各二扇，每扇画弟子一身。

龛沿盛唐画半团花、卷草边饰，上沿部分为中唐补画。

龛下存盛唐画供养人（残）。

龛外南侧画菩萨、鬼卒各一身（部分模糊）。

龛外北侧存观音一身，鬼卒（模糊）。

南、北壁中唐补画千佛。

东壁门上画说法图一铺（下残），门南画说法图（部分残），门北画说法图（模糊）。

## 第 217 窟

修建时代：盛唐（晚唐、五代、清重修）

洞窟形制：覆斗形顶，西壁开一龛

内容：前室顶西披存晚唐部分残画。

西壁门上残存供养器及盛唐画供养人，门南、北晚唐画天王（模糊）。

南壁晚唐画文殊变一铺，存部分（模糊）。

北壁晚唐画普贤变一铺，存部分（模糊）。

甬道盝形顶南、北披晚唐画地藏与十王各五身。

南、北壁画供养人各二身。

主室窟顶藻井画团花井心，卷草、垂幔铺于四披。四披画千佛（部分毁）。

西壁平顶敞口龛内唐塑跌坐佛一身（清修）。

龛顶画释迦说法图一铺，南侧毁，北侧：释迦为四众说法、释迦回迦比罗卫城、罗睺罗出家。

龛内西壁浮塑佛光，两侧共画弟子四身、二项光；南、北壁各画菩萨二身、弟子二身、项光二个。

龛沿画小团花、菱形纹边饰。

龛下画供养器，两侧画供养人。

龛外南侧画大势至菩萨一身。

龛外北侧画观世音菩萨一身。

南壁画法华经变一铺，中央序品，下药王菩萨本事品、譬喻品等，东侧妙庄严王本事品、随喜功德品等，西侧化城喻品等。

北壁画观无量寿经变一铺，西侧未生怨、下未生怨、东侧十六观。

东壁画法华经变观音普门品一铺。门北沿五代画沙门洪认供养像。

注：此窟为阴家窟之一，当建于盛唐早期景云年间。

## 第 218 窟

修建时代：盛唐（中唐、五代、西夏、清重修）

洞窟形制：覆斗形顶，西壁开一龛

内容：窟顶藻井画团花井心，边饰铺于四披。四披画千佛。

西壁平顶敞口龛内存五代塑天王、菩萨各一身（清修）。

龛顶画弥勒说法图一铺。

龛壁画火焰佛光，两侧各画一菩萨、三弟子、二项光。龛口内南侧画赴会菩萨五身。龛口内北侧画赴会菩萨四身。

龛沿画卷草边饰。

龛外南侧中唐画跌坐菩萨一身（模糊）。

龛外北侧西夏画跌坐菩萨一身。

南壁画观无量寿经变，西侧未生怨、东侧十六观。

北壁画弥勒经变，下愿文题榜，两侧画伎乐各二身。

东壁门上画七佛（现存五身）及四菩萨、四供养人；门南画药师佛一铺（下毁）；门北西夏画说法图一铺（存一部）。

注：此窟原为盛唐开凿，涂色未竟，中唐续成。五代修第100窟时，窟底被凿毁。西夏时又补绘部分壁画。

## 第219窟

修建时代：盛唐

洞窟形顶：覆斗形顶，西壁开一龛

内容：窟顶藻井画团花井心（存一半），垂幔残存于西披及北披。四披画千佛，西披模糊，南、北披各存一角。

　　西壁斜顶敞口龛内西壁佛光两侧画弟子（模糊）；南壁画菩萨、化佛各一身，弟子二身（残）；北壁存化佛一身。

　　龛下中央画供养器，两侧画供养菩萨各一身。

　　龛外南侧力士台下存女供养人三身。

　　南、北壁画千佛（大部模糊）。

注：此窟在修第100窟时被凿毁东半部。

## 第220窟

修建时代：初唐（中唐、晚唐、五代、宋、清重修）

洞窟形制：覆斗形顶，西壁开一龛

内容：前室西壁门北宋画天王（残），下为第221窟。

　　甬道盝形顶中央宋画四臂观音一铺，南、北披各画跌坐佛六身。

　　南壁表层宋画男供养人一身（模糊）。

　　底层壁面正中开一方口龛，龛内南壁中唐画一佛二弟子二菩萨二飞天；东壁中唐画一佛二菩萨；西壁中唐画一佛二菩萨，下中唐画吐蕃装男供养人二身、汉装女供养人一身。

　　龛上中影塑三佛（残）、画一坐佛，两侧中唐各画一佛二菩萨。

　　龛外东侧中唐画男供养人二身。

　　龛外西侧中唐画女供养人一身、五代翟奉达墨书题记一方。

　　龛下晚唐画立佛一身，比丘三身，男供养人二身，女供养人三身。

　　北壁表层残存宋画三女供养人头像（模糊）。

　　底层五代画文殊变一铺，东侧大圣文殊师利菩萨一身、西侧南无救苦观世音菩萨一身，下发愿文一方、男供养人七身。

　　主室窟顶藻井宋画卷瓣莲花团龙井心，垂幔存于东、南、北三披，底层露出初唐藻井图案及千佛。四披宋画十方赴会佛、千佛（西南披残）。

　　西壁平顶敞口龛内唐塑一佛、二弟子、二菩萨（清修）。

　　龛顶画说法图一铺（存一部）、飞天六身。

　　龛内西壁浮塑佛光，两侧各画二弟子、一项光;南、北壁各画化佛一身、菩萨一身、弟子二身、二项光。

　　龛沿画波状卷草边饰。

　　龛下初唐画供养人七身（模糊），上存宋画供养人二身。

　　龛外南侧画普贤变一铺，力士台下宋画供养人（模糊）。

　　龛外北侧画文殊变一铺，力士台下初唐画供养人五身、宋画供养人三身（模糊）。

　　南壁初唐画阿弥陀经变一铺。

　　北壁初唐画药师经变一铺(中有贞观十六年题记)。

　　东壁门上画三身说法佛一铺，男女供养人各一身（有贞观十六年愿文题榜一方）；门南初唐画维摩诘经变（维摩诘），宋画男供养人一身（模糊）。门北初唐画维摩诘经变（文殊），上宋画千佛、花卉一部，下比丘尼一身。

注：此窟底层初唐壁画于1943年被剥出。根据题记可知此窟为初建于唐贞观十六年的翟家窟，中、晚唐、五代曾一再增修。甬道南、北壁1975年经敦煌文物研究所剥离处理，将外层壁画移出。

## 第221窟

修建时代：晚唐

洞窟形制：盝形顶

内容：窟顶中央、四披画千佛。

　　西壁画说法图一铺。

　　南壁画文殊变一铺（模糊）。

　　北壁画普贤变一铺。

注：此窟位于第220窟前室西壁门北。

## 第222窟

修建时代：中唐（清塑像）

洞窟形制：覆斗形顶，西壁开一龛

内容：甬道顶画一坐佛、二菩萨。

　　主室窟顶藻井画莲花井心，垂幔铺于四披。四披画千佛，中央坐佛各一身。

　　西壁盝顶帐形龛内清塑道教神像二身。马蹄形佛床。

　　龛顶中央画棋格团花，东披画棋格团花，南、西、北披画药师佛共十二身、化生六身。

　　龛内西壁上画垂幔，下屏风四扇，一扇画寺内斋僧，余毁。南壁上画垂幔，下屏风二扇，画九横死。北壁上画垂幔，下屏风二扇（模糊）。

　　龛沿画卷草边饰。

　　龛上画八坐佛图案。

　　龛下壶门（模糊）。

　　帐门南、北侧上画五台山图（模糊）下画毗沙门天王各一铺。

　　南壁画弥勒经变一铺（中下部模糊），西侧弥勒下生一条。

　　北壁画药师经变一铺，西侧九横死一条，下模糊。

　　东壁门上愿文题榜（模糊），被清代涂写"藏仙洞"三字；门南画普贤变一铺（下模糊）；门北画文殊变一铺（下模糊）。

## 第223窟

修建时代：盛唐（西夏、清重修）

洞窟形制：覆斗形顶，南、西、北壁各开一龛

内容：甬道盝形顶画团团花，两披画垂幔。

南、北壁画供养菩萨（模糊）。

主室窟顶藻井浮塑团龙井心，回纹、卷草铺于四披。四披画棋格团花。

西壁斜顶敞口龛内清塑佛一铺九身。

龛顶画团花、菩提树。

龛壁佛光两侧垂幔下画弟子二身、菩萨四身、飞天二身。

龛沿画菱形花边饰。

龛下壸门（模糊）。

龛外南、北侧各画交枝卷草边饰。

南壁平顶敞口龛内唐塑跌坐佛泥胎一身（残）。

龛顶画团花图案、菩提宝盖。

龛壁盛唐浮塑佛光，两侧上西夏画垂幔，下各二菩萨、一项光、花卉。

龛口外沿画菱形花边饰。

龛下画壸门伎乐（模糊）。

龛外东侧画三坐佛、二菩萨。

龛外西侧画花卉。

北壁平顶敞口龛顶存团花图案及菩提树一部分。

龛壁盛唐浮塑佛光（残），两侧上画垂幔，下各二菩萨，二项光、花卉。

龛沿画菱形花边饰。

龛下画壸门伎乐。

龛外东侧画三坐佛、二菩萨。

龛外西侧画花卉。

东壁门上画说法图一铺，门南画普贤变一铺（下模糊），门北画文殊变一铺（下模糊）。

## 第224窟

修建时代：晚唐（西夏重修）

洞窟形制：覆斗形顶，西壁开一龛

内容：窟顶藻井画团花井心，回纹、卷草铺于四披。四披画团花图案。

西壁盝顶帐形龛内晚唐石刻倚坐佛、天王、阿难各一身。马蹄形佛床。

龛顶中央画团花图案。东、南、北披画垂幔，西披画垂幔、菩提宝盖。

龛内西壁佛光两侧画弟子各一身，南、北壁各画供养菩萨三身。

龛上画山花蕉叶帐顶图案。

龛下画壸门内供宝。

帐门南、北侧各画听法菩萨。

南壁画阿弥陀经变一铺，下壸门内供宝。

北壁画净土变一铺。下壸门内供宝。

东壁门上画说法图一铺（中毁），门南、北上部存跌坐菩萨各一身（余毁）。

注：此窟唐代石刻三件，与本所陈列馆藏岷州庙将来之石刻为一组。

## 第225窟

修建时代：盛唐（中唐、五代、清重修）

洞窟形制：覆斗形顶，南、西、北壁各开一龛

内容：前室顶南北两侧存千佛共九身。

西壁门上五代画十一面观音、如意轮观音、不空绢索观音各一铺（均残毁）；门南为第227窟入口，与第225窟甬道门之间有天王残迹；门北为第226窟入口，与第225窟甬道门之间有天王残迹。

南、北壁各存五代画帝释天一角（残）。

甬道盝形顶中央五代画接引佛，存一角；南披五代画跌坐佛六身；北披五代画跌坐佛存五身。

南壁五代画男供养人存二身（模糊）。

北壁五代画男供养人存三身（模糊）。

主室窟顶藻井画团花井心。卷草、璎珞铺于东、北、西三披，环绕飞天。四披画千佛（南披部分缺）。

西壁平顶敞口龛内盛唐塑倚坐佛一身、弟子二身、菩萨一身（清修）。

龛顶画说法图（存一角）。

龛壁浮塑佛光，两侧各画四弟子、三项光。

龛沿画卷草、半团花边饰。

龛外南、北侧画观世音各一身。

南壁平顶敞口龛内存塑像底座一个。

龛顶画说法图一铺。

龛壁浮塑佛光，两侧各画四弟子、三项光。

龛沿盛唐画百花蔓草边饰。

龛外东侧中唐画地藏一身。

龛外西侧中唐画观世音一身。

北壁斜顶敞口龛内塑释迦涅槃像一身，身后弟子、天人十九身。

龛壁画双树。中唐画灵鸟卷草火焰背光。

东壁门上中唐画王沙奴与郭氏供养像，及其所施画千佛共六百一十身；门北五代画观世音一身；门南五代画观世音、地藏、菩萨各一身，倚坐佛、跌坐佛各一身。

## 第226窟

修建时代：中唐（五代重修）

洞窟形制：覆斗形顶，西壁开一龛

内容：窟顶藻井画串枝茶花花环井心，垂幔铺于四披。四披画千佛，中央跌坐佛各一身。

西壁斜顶方口龛内塑跌坐佛一身（系别处移来，时代不明）。

龛顶五代画说法图一铺。

龛壁画菩萨共七身。

龛上画山花蕉叶帐顶图案。

龛下画模糊。

龛外南、北侧各画菩萨一身。

南、北壁五代画说法图各一铺。

注：**此窟**位于第225窟前室西壁门北。

## 第227窟

修建时代：晚唐（宋重修）

洞窟形制：盝形顶，西壁开一龛

内容：窟顶藻井画二团花井心。四披画千佛，中央跌坐佛各一身。

西壁斜顶方口龛内宋塑跌坐佛等一铺四身（残，系别处移来）。马蹄形佛床。

龛顶画千佛（熏毁）。

龛内西壁存屏风一扇，画一菩萨。南、北壁存屏风各二扇，各画一菩萨。

龛上画山花蕉叶帐顶图案。

龛下壸门模糊。

龛外南侧上画三坐佛，中画普贤变一铺。

龛外北侧上画三坐佛，中画文殊变一铺。

**南壁画阿弥陀经变一铺**。下晚唐画供养人一排（模糊）。

北壁画药师经变一铺（模糊）。

东壁门南、北各画千佛一条。

注：**此窟**位于第225窟前室西壁门南。

## 第228窟

修建时代：清

洞窟形制：窟顶毁

内容：存清塑天王一身（残）。

## 第229窟

修建时代：晚唐（五代、西夏重修）

洞窟形制：平顶，西壁塑像

内容：**甬道南**、北壁五代各画供养比丘一身。

主室西壁**泥塑三尊**（未上彩），壁画千佛。

南壁晚唐画千佛。

北壁画千佛。

## 第230窟

修建时代：宋

洞窟形制：覆斗形顶，西壁开一龛

内容：**窟顶**藻井浮塑团龙井心。西、南、东披画千佛、垂幔。

西壁盝顶帐形龛内存塑像二弟子，一菩萨（残）。马蹄形佛床，画壸门九个。

龛顶中央画团花图案；西披画菩提宝盖；南、北画跌坐佛各四身，化生各一身；东披画跌坐佛四身、化生二身。

龛内西壁浮塑火焰化佛佛光，两侧各画屏风一扇，画故事画（模糊）；南、北壁上画垂幔，下屏风各三

扇，画故事画（模糊）。

龛上画帐顶案图。

帐门南侧画普贤变一铺。

帐门北侧画文殊变一铺。

龛下画宝瓶、供养人一身，菩萨二身（模糊）。

南壁画净土变二铺，下供养菩萨七身（模糊）。

北壁画净土变二铺（残），下存供养菩萨一身。

东壁门南存如意轮观音一铺，下供养菩萨二身（模糊）。

## 第231窟

修建时代：中唐（宋、清重修）

洞窟形制：覆斗形顶，西壁开一龛

内容：前室顶宋画千手眼观音一铺，南侧画不空绢索观音、北侧画如意轮观音各一铺（均毁部分）。

西壁门上宋画珞珈山观音二铺（下残），中间为重修愿文题榜；门南、北宋画经变（残），底层露出中唐画天王各一身（残）。

南壁宋画经变一铺（存一部），底层中唐画天王项光。

北壁宋画（毁），底层露出中唐画天王（残）。

甬道顶中唐画千手眼观音一铺。

南壁宋画曹元忠供养像（模糊）。

北壁宋画浔阳翟氏供养像（模糊）。

主室窟顶藻井画狮子卷瓣莲井心，卷草、垂幔铺于四披，四周环绕伎乐天。四披画千佛，中央说法图各一铺。

西壁盝顶帐形龛内唐塑一跌坐佛、一弟子(清修)，清塑一弟子。马蹄形佛床。

龛顶中央画棋格团花，四披画瑞像图：西披画犍陀罗国分身瑞像等十三身，南披画中天竺摩诃菩提寺瑞像等八身，北披画于阗故城瑞像等八身，东披画中天竺摩迦陀瑞像等十一身。

龛内西壁佛光两侧上画垂幔，下屏风各二扇，画善事太子入海等故事；南壁垂幔下屏风三扇，画萨埵饲虎等故事，东下角甘州比丘悟因供养像，侍者一身；北壁垂幔下屏风三扇，画本生故事。东下角比丘供养像，侍者一身。

龛沿画团花边饰。

龛上画帐顶图案（内千佛十九身）。

龛下宋画男供养人六身，侍从二身，女供养人六身。

帐门南侧画普贤变一铺。上画东方不动佛等跌坐佛四身。

帐门北侧画文殊变一铺。上画西方无量寿佛等跌坐佛四身。

南壁西起画观无量寿经变一铺，下屏风四扇，画未生怨、十六观；法华经变一铺，下屏风四扇，画观音普门品等；天请问经变一铺，下屏风四扇，画梵天诸问；下床坐壸门十一个（模糊）。

北壁西起画药师经变一铺，下屏风四扇，画九横死、十二大愿；华严经变一铺，下屏风四扇，画华严诸品；弥勒经变一铺，下屏风四扇，画嫁娶、收获、回城、下生等；下床坐壶门十一个（模糊）。

东壁门上画阴处士父母供养像、男女侍从各一身；门南画报恩经变一铺，下屏风四扇，一扇画天王、三扇画恶友品；门北画维摩诘经变一铺，下屏风四扇，一扇画天王、三扇画权方便品等。

注：此窟系唐开成四年阴嘉政所建。

## 第232窟

修建时代：晚唐

洞窟形制：覆斗形顶，西壁开一龛

内容：窟顶东、南、北披各存千佛一部。

西壁叠顶帐形龛顶中央画棋格团花，四披画跌坐药师佛共十七身、供养菩萨七身。

龛内西壁上画垂幔，佛光两侧屏风各二扇，画十二大愿；南壁上画垂幔，下屏风三扇，画十二大愿；北壁上画垂幔，下屏风三扇，一扇画药师经变、二扇画九横死。

佛床马蹄形。

龛沿画卷草边饰。

龛上画帐顶图案。

龛下存一狮子。

帐门南侧画普贤变，上画三坐佛。

帐门北侧画文殊变，上画三坐佛。

南壁西起画观无量寿经变一铺，下屏风四扇，画未生怨、十六观（其中二扇残）；华严经变一铺，下屏风四扇，画华严诸品。

北壁西起画药师经变一铺，下存屏风一扇，画十二大愿；法华经变一铺，下存屏风部分（模糊）。

东壁门上画千手眼观音一铺；门南画如意轮观音一铺，下屏风画三扇；门北画不空绢索观音一铺，下存屏风二扇。

## 第233窟

修建时代：宋（西夏、清重修）

洞窟形制：覆斗形顶，设中心佛坛

内容：前室顶画团花图案（色彩已变灰黑）。

西壁门上画说法图（模糊），门北画经变（模糊）。

甬道盝形顶中央画团花图案。南、北披各画垂幔、飞天。

南壁存供养菩萨十身。

北壁存供养菩萨七身。

主室中心佛坛上宋塑跌坐释迦、骑狮文殊、骑象普贤、二弟子、六菩萨、四力士（均清修）。

佛坛东面下层存清画供养人。

南、西、北壁画千佛。

东壁门上画莲上千佛，门南、北画千佛。

注：此窟顶为木质天棚、梁柱均画交枝卷草，天棚为清代重修。

## 第234窟

修建时代：中唐（西夏、清重修）

洞窟形制：覆斗形顶，设中心佛坛

内容：前室顶画团花图案（存一部）。

西壁门上画净土变一铺；门南画普贤变一铺，底层为中唐画天王一部；门北画文殊变一铺；底层为中唐画天王一部。

南、北壁各存残画一角（熏黑）。

甬道顶画团花图案。

南壁西夏画供养菩萨，底层露出中唐画菩萨部分。

主室中心佛坛上唐塑立佛一铺三身（一佛、二菩萨，清修）。

佛坛东、南、北面画摘枝花卉。

窟顶藻井画五龙井心。四披画棋格团花。

西壁上画垂幔，下画药师经变一铺，下壶门内供宝。

南壁上画垂幔，下画阿弥陀经变二铺，下壶门内供宝。

北壁上画垂幔，下画阿弥陀经变二铺。

东壁门上画说法图一铺；门南画如意轮观音一铺（残），底层有中唐画药师佛一身；门北画不空绢索观音一铺，下壶门内供宝。

## 第235窟

修建时代：宋

洞窟形制：覆斗形顶

内容：西壁画千手眼观音一铺（上熏毁）。下床坐壶门画供宝。

南、北壁画观音变各一铺（上熏毁）。下床坐壶门画供宝。

东壁门南、北各画供养比丘一身。

## 第236窟

修建时代：中唐（五代、清重修）

洞窟形制：顶毁，西壁开一龛

内容：甬道顶存五代画跌坐观音一铺。

主室西壁叠顶帐形龛内清塑三身。马蹄形佛床。

龛顶中央画棋格团花；西披画瑞像图八身，供养菩萨、比丘各一身；南披画瑞像图五身；北披画瑞像图三身、舍利弗与毗沙门决海一幅。东披画瑞像图八身（模糊）。

龛内西壁上画垂幔，下屏风四扇，南二扇画恶友品、北二扇画孝养品；南壁上画垂幔，下屏风三扇，画恶友品；北壁上画垂幔，下屏风三扇，画论议品。

龛沿画一整二半团花边饰。

龛上画跌坐佛十四身。

龛下五代画男女供养人（模糊）。

帐门南侧画普贤变一铺（部分清代重描）。

帐门北侧画文殊变一铺（部分清代重描）。

南壁西起画观无量寿经变一铺，东侧未生怨、西侧十六观；楞伽经变一铺。

北壁西起画药师经变一铺，东侧十二大愿、西侧九横死；金刚经变一铺。

东壁门南画维摩诘经变（维摩诘），门北画维摩诘经变（文殊）。

## 第 237 窟

修建时代：中唐（西夏、清重修）

洞窟形制：覆斗形顶，西壁开一龛

内容：前室顶西夏浮塑团龙，画团花平棋图案。

西壁门上西夏画帝释天及二天女，南、北侧画水月观音。门楣西夏画菩萨存二身。门南、北西夏画大部剥去，底层中唐画天王各一身（毁）。

南、北壁上层西夏残画各存一角。底层中唐各画供养比丘（模糊）。

甬道顶画团花图案。

南壁西夏画男供养人像及侍从像（残存一身）。

北壁西夏画女供养人像二身（模糊）。

主室窟顶藻井画三兔卷瓣莲花井心，垂幔铺于四披。四披画千佛，中央多宝塔各一铺。

西壁盝顶帐形龛内清塑五身。马蹄形佛床。

龛顶中央画棋格团花，四披画瑞像图：西披画犍陀罗瑞像等十三身，南披画于阗媲摩城瑞像等八身，北披画酒泉郡瑞像等八身，东披画中天竺摩伽陀瑞像等十二身。

龛内西壁上画垂幔，下屏风四扇，南二扇画善事太子故事、北二扇画菩萨苦行故事；南壁上画垂幔，下屏风三扇，分别画转轮圣王故事、萨埵饲虎、善事入海；北壁上画垂幔，下屏风三扇，画菩萨苦行故事。

龛沿画团花边饰。

龛上画方格千佛帐顶图案。

龛下塑壶门三个。

帐门南侧画普贤变一铺，上画二飞天，下屏风三扇，画普贤事迹。

帐门北侧画文殊变一铺，上画二飞天。下画五台山图。

南壁西起画法华经变一铺，下屏风四扇，画普门品；观无量寿经变一铺，下屏风四扇，二扇未生怨、二扇十六观；弥勒经变一铺，下屏风四扇，画收获、嫁娶、降生、回城等。

北壁西起画华严经变一铺，下屏风四扇，画华严诸品；药师经变一铺，下屏风四扇，画九横死、十二大愿；天请问经变一铺，下屏风四扇，画梵天诸问。

东壁门上画维摩诘经变佛国品；门南画维摩诘经变（维摩诘），下屏风四扇，画权方便品；门北画维摩诘经变（文殊），下屏风四扇，画权方便品。

## 第 238 窟

修建时代：中唐（西夏重修）

洞窟形制：覆斗形顶，西壁开一龛

内容：前室顶存中唐画千佛数身。

西壁门上西夏画垂幔、愿文题榜，门南、北中唐各画天王（西夏重妆，残）。

甬道顶画四臂观音一铺。

南壁中唐画千手眼观音（模糊）。

北壁中唐画千手钵文殊（模糊）。

主室窟顶藻井画盘龙团花井心，垂幔铺于四披（熏毁）。四披画千佛（熏毁）。

西壁盝顶帐形龛顶中央画棋格团花图案。东、西披各画药师佛立像五身，供养菩萨二身。南、北披各画药师佛立像三身，供养菩萨二身。

龛内西壁上画垂幔，佛光后屏风三扇，中画山水、南画善事太子故事、北画菩萨苦行。南壁上画垂幔，下屏风三扇，一扇画转轮圣王故事、二扇画善事太子泛海。北壁上画垂幔，下屏风三扇，画菩萨苦行、禅定故事。

龛沿画石榴卷草边饰。

龛上画棋格坐佛帐顶图案。

龛下画供养器与吐蕃装男供养人（模糊）。

帐门南侧画普贤变一铺，上画千佛三排。

帐门北侧画文殊变一铺，上画千佛三排。

南壁西起画观无量寿经变一铺（上部熏毁），下屏风三扇，画十六观、未生怨；报恩经变一铺（熏毁），下屏风三扇，画恶友品（模糊）。

北壁西起画药师经变一铺，下屏风三扇，画十二大愿；弥勒经变一铺（部分毁），下屏风三扇，画收获、嫁娶、降生（模糊）。

东壁门上画供养人（熏毁）；门南画报父母恩重经变一铺，下屏风三扇（模糊，熏毁）；门北经变与屏风均模糊。

## 第 239 窟

修建时代：西夏

洞窟形制：平顶

内容：西壁上部存部分垂幔。

## 第 240 窟

修建时代：中唐

洞窟形制：覆斗形顶，西壁开一龛

内容：窟顶西、南披各存千佛部分。北披存藻井垂幔、千佛，中央趺坐佛一身（部分剥落）。

西壁盝顶帐形龛内中唐塑倚坐佛一身（头已毁）。

龛顶中央画棋格团花。东、西披画立佛各五身、天王各二身（剥落），南披画立佛二身、菩萨三身（剥落），北披画立佛二身、菩萨一身、供养菩萨一身。

龛内西壁上画垂幔，佛光两侧屏风各一扇，画弥勒经变，南扇画回城，北扇画耕获、树生衣；南壁上画垂幔，下屏风二扇，画弥勒经变，一扇画序品、七宝，一扇画降生；北壁上画垂幔，下屏风二扇，画弥勒经变，一扇画拆幢、剃度，一扇画嫁娶、入墓。

龛沿画一整二半团花边饰。

龛上画棋格千佛帐顶图案。

龛下存愿文题榜一方（无字迹）。南侧画女供养人，北侧画吐蕃装男供养人。

帐门南侧画维摩诘经变（文殊），上画普贤乘象赴会。

帐门北侧画维摩诘经变（维摩诘），上画文殊乘狮赴会。

南壁西起画观无量寿经变一铺，下屏风三扇，画十六观（模糊）；天请问经变一铺，下屏风三扇（毁去一半）。

北壁西起画药师经变，下屏风三扇，画十二大愿、竖幡布施、九横死；金刚经变一铺，下屏风画（毁一半）。

## 第 241 窟

修建时代：晚唐（西夏重修）

洞窟形制：覆斗形顶，西壁开一龛

内容：窟顶藻井画狮子团花井心，垂幔铺于四披。四披画千佛（顶全毁）。

西壁盝顶帐形龛顶中央画卧狮团花图案；西、南、北披上存部分垂幔，下画千佛（南、北披残缺）。

龛内西壁上画垂幔，下屏风四扇，二扇无画、二扇各画一菩萨；南、北壁上画垂幔，下屏风各三扇，中画立佛，两侧各画一菩萨（北壁东侧残）。

马蹄形佛床西夏画边饰。

龛沿画小团花边饰。

龛下西夏重修（模糊）。

帐门南侧存普贤变部分。

## 第 242 窟

修建时代：初唐（宋、清重修）

洞窟形制：覆斗形顶，西壁开一龛

内容：窟顶藻井宋画卷瓣莲花井心。卷草、垂幔铺于四披，四周环绕飞天（模糊）。西、南、北披宋各画千佛（模糊）。

西壁斜顶敞口龛内唐塑一趺坐佛，二弟子(清修)。

龛顶画说法图，北侧画狮子宝座，飞天四身（均模糊）。

龛内南壁画维摩诘经变（文殊，模糊）。

龛沿存波状卷草一段。

龛外北侧存宋画菩萨残痕。

南壁底层初唐画经变。表层宋画仅下部存菩萨三身（模糊）。

北壁底层初唐画残存一角，其余全模糊。

## 第 243 窟

修建时代：隋（宋、清重修）

洞窟形制：覆斗形顶，西壁开一龛

内容：窟顶藻井画交杵卷瓣莲花井心，回纹、卷草、垂幔铺于四披。东、西披画赴会佛各一铺（东披残）。南、北披画赴会佛（南披缺一角）。

西壁平顶敞口龛内隋塑趺坐佛一身，菩萨三身（清修），清塑菩萨一身。

龛顶佛光火焰两侧画飞天各四身（南侧模糊）。

龛壁佛光两侧隋画弟子各四身（北侧模糊）。

龛外北侧宋画观音一身，余毁。

南壁画经变一铺（毁一半）。

北壁画弥勒经变一铺，下壸门。

东壁门北画不空绢索观音一铺。

## 第 244 窟

修建时代：隋（五代、西夏重修）。

洞窟形制：覆斗形顶，南、西、北壁设佛床

内容：前室顶西披西夏画团花图案。

西壁门上存西夏画千佛一部。底层有五代残画；门南、北各存西夏画千佛一部。门南底层有五代画龙王礼佛图(存金刚力士所踏磐石)。

南壁西夏画千佛、菩萨（残）。壸门内供宝（模糊）。

北壁西夏画千佛（模糊）。

甬道盝形顶中央西夏画团花图案，南、北披西夏各画幔帷。

南、北壁残存五代画供养人各一身，侍从数身。

主室窟顶藻井存隋画木构十字梁架与部分斗木。垂角幔帷铺于四披。四披画千佛。

西壁隋塑一趺坐说法佛、一迦叶、一阿难、二菩萨。

壁上画飞天八身，天宫栏墙一条；中浮塑火焰佛光，两侧画说法图二铺；下画佛弟子六身，供养菩萨、莲花童子各二身。

佛座西夏重妆色，画菩萨五身。

佛床五代画壸门，内伎乐（模糊）。

南壁隋塑立佛一身，胁侍菩萨二身。

壁上画飞天十二身、天宫栏墙一条，中分上下三段画说法图共八铺、一弟子、一菩萨、一供养菩萨。

佛床西夏画壸门，内伎乐存七身。

北壁隋塑弥勒菩萨立像一身、胁侍菩萨二身。

壁上画飞天、天宫栏墙一条，下分上中下三段画说法图共八铺，菩萨、侍者各二身。

佛床五代画壸门，内画伎乐六身。

东壁上隋画飞天九身、天宫栏墙一条、趺坐说法佛五铺；门上五代画说法图一铺，西夏画立佛一身、男供养人一身；门南、北隋各画说法图二铺，西夏画供养菩萨各二身，下壸门内画供宝。

## 第 245 窟

修建时代：西夏

洞窟形制：覆斗形顶，西壁开一龛

内容：甬道盝形顶中央画团花，南、北披画云头花纹边饰。

南、北壁各存供养菩萨残像（模糊）。

主室窟顶藻井画团龙井心。四披画团花。

西壁圆券龛内塑倚坐佛一身。佛床双层金刚座。

龛顶画菩提宝盖。

龛壁佛光两侧画胁侍菩萨各一身。

龛下画供养花盘，两侧画供养菩萨，南侧男供养人二身、北侧女供养人二身。

龛外南侧画南无南方药师佛一身。

龛外北侧画南无北方药师琉璃光佛一身。

南、北壁画说法图各一铺。南壁下西端存供养人（模糊），北壁下女供养人一排存四身。

东壁门上画毗婆尸等五佛及供养器，门南画文殊一铺，门北画普贤一铺。

## 第 246 窟

修建时代：北魏（西夏重修）

洞窟形制：前部人字披顶，后部平顶，有中心塔柱，柱东向面开一龛，南、西、北向三面上、下层各开一龛

内容：前室顶四披存部分棋格团花（模糊）。

西壁门上画说法图一铺，门南画文殊变（模糊），门北画普贤变（模糊）。

南壁存部分西夏残画。

北壁存部分西夏残画（脱落甚剧）。

甬道盝形顶中央画团花图案。南、北披画垂幔。

南、北壁画供养菩萨各三身。

主室中心塔柱东向面盝顶帐形龛内塑释迦、多宝佛及胁侍菩萨、供养菩萨各二身。

龛顶中央画团花，东、南、北披画垂幔，西披画菩提宝盖。

龛内西壁画佛光、菩提树。南、北壁各画一菩萨。

龛上画垂幔、山花蕉叶帐顶图案。

帐门南、北侧各画六坐佛。

塔座座沿画半团花、云气边饰，下座身画壸门六个，内伎乐各一身。

南向面上画垂幔。上层圆券龛、下层盝顶浅龛内各塑禅定佛一身。

龛壁各画火焰佛光与花卉。

龛外东、西侧上层各画二菩萨，下层各画一菩萨。

塔座座沿画半团花、云气边饰。下座身壸门四个，各画供宝。

西向面上画垂幔。上层圆券龛内塑交脚菩萨一身；下层盝顶浅龛内塑倚坐佛一身，菩萨存一身。

龛外南、北侧上层各画二菩萨，下层各画一菩萨。

塔座座沿画半团花、云气边饰，下座身壸门四个，

各画供宝。

北向面上画垂幔。上层圆券龛、下层盝顶浅龛内各塑禅定佛一身，下层龛内西侧塑一胁侍菩萨。

龛壁各画火焰佛光。

龛外东、西侧上层各画二菩萨，下层各画一菩萨。

塔座座沿画半团花、云气边饰，下座身壸门四个，各画供宝。

窟顶全画团花图案。

西壁上画垂幔，下画千佛，下壸门十四个，各画供宝。

南、北壁前部人字披下各画说法图一铺，下通壁上画垂幔，下画千佛，下壸门各二十个，各画供宝。

东壁上画垂幔，下画千佛；门南、北下壸门各五个，各画供宝。

注：此窟中心柱与四壁均涂白地色。

## 第 247 窟

修建时代：西魏

洞窟形制：人字披顶，西壁开一龛

内容：窟顶西披画供养莲花六条（模糊），东披存残画部分。

西壁圆券龛内塑禅定佛一身。

龛壁画火焰佛光底稿，两侧各有菩萨残痕。

龛上、龛外南、北侧画十大弟子（模糊）。

南壁上画垂幔，下画千佛（被后代凿一穿洞，大部破坏），下有女供养人残痕。

北壁上画垂幔，下画千佛，东侧有供养车马残痕。西侧有胁侍塑像残痕（模糊）。

东壁门南、北各存千佛数身。

## 第 248 窟

修建时代：北魏（五代重修）

洞窟形制：前部人字披顶，后部平棋顶，有中心塔柱，柱四面各开一龛

内容：甬道盝形顶南、北披各存五代画跌坐佛三身(残)。

北壁五代画女供养人。

主室中心塔柱东向面圆券龛内塑跌坐说法佛一身，龛外两侧塑胁侍菩萨各一身。

龛壁画佛光、供养天人四身。

龛楣画火焰。浮塑龙首龛梁、束帛龛柱。

龛上、龛外两侧存影塑供养菩萨五身。

塔座座沿画忍冬等纹饰。下座身存供养比丘、供养比丘尼各二身，男供养人三身，下药叉四身。

南向面圆券龛内塑跌坐禅定佛一身。龛外两侧塑菩萨各一身。

龛壁画佛光、供养天人二身。

龛楣画火焰。浮塑忍冬龛梁、束帛龛柱。龛上浮塑莲花宝瓶，两侧残存影塑十一身。

塔座座沿画云气等边饰，沿下混脚画采帛纹。下座身画女供养人十一身，下药叉二身。

西向面圆券龛内塑跌坐苦修像一身，龛外两侧各塑菩萨一身。

龛壁画佛光、供养天人二身，莲花。

浮塑双树龛楣、龛柱。

龛上浮塑莲花摩尼珠，两侧残存影塑供养菩萨四身。

塔座座沿画忍冬边饰，沿下混脚画采帛纹。下座身画药叉二身。

北向面圆券龛内塑跌坐禅定佛一身，龛外两侧塑菩萨各一身。

龛壁画佛光、供养天人、莲花。

龛楣画火焰。浮塑忍冬龛梁、束帛龛柱。龛上浮塑摩尼宝珠，存影塑七身。

塔座座沿画云气、忍冬边饰，沿下混脚画采帛纹。下座身画男供养人十一身，下药叉二身。

窟顶前部东、西披各画持花天人十一身。脊枋残存斗四图案六方。后部平棋画斗四莲花图案十一方。

西壁上画天宫伎乐十身，中画千佛，下画药叉四身。

南壁上画天宫伎乐十六身；中前部画说法图一铺，后部画千佛，下画药叉一排，存五身。

北壁上画天宫伎乐十七身；中前部画说法图一铺，后部画千佛，下画药叉一排，存四身（模糊）。

东壁上画天宫伎乐十二身，中画千佛，门南下画药叉，门北下模糊。

## 第249窟

修建时代：西魏（清重修塑像）

洞窟形制：覆斗形顶，西壁开一龛

内容：主室窟顶藻井画斗四莲花井心。西披画阿修罗王，两侧风神、雷神、迦楼罗（朱雀）、人非人（乌获）等。南披画帝释天妃（西王母）御凤车。下画动物及诸神怪。北披画帝释天（东王公）御龙车，下画狩猎图及诸神怪。东披中央画供养天人持莲花、摩尼宝珠，四周环绕飞天、迦楼罗（朱雀）、毗摩质多（开明）、玄武等。

西壁圆券龛内塑倚坐佛一身、菩萨二身。龛外南、北侧塑胁侍菩萨二身（已毁）。

龛壁画火焰佛光，两侧各画供养菩萨十二身，上各画飞天二身，下南侧画婆薮仙、北侧鹿头梵志。

龛上浮塑龛楣画忍冬、化生、伎乐。龛两侧浮塑束帛龛柱。

龛外南侧上画天宫伎乐三身，飞天一身，供养菩萨八身，供养天人一身。

龛外北侧上画天宫伎乐三身，飞天一身，供养菩萨八身。

龛沿上画波状忍冬。

南壁上画天宫伎乐及大头仙人共十九身。中画千佛，中央画说法图一铺。西端画四化生及供养天人一身，塑菩萨一身。下画供养比丘与供养人。下药叉一

排（模糊）。

北壁上画天宫伎乐二十身。中画千佛，中央画说法图一铺，西端画三化生，供养天人一身。下画男供养人一列、比丘八身，优婆塞十二身。下画药叉一排，存七身。

东壁北上残存天宫伎乐二身。

## 第250窟

修建时代：北周

洞窟形制：平顶，西壁开一龛

内容：窟顶存经变画一角、伎乐天六身。

西壁圆券龛内存倚坐佛、迦叶、力十各一身，龛外两侧塑菩萨二身。

龛壁画化佛佛光，两侧各画一飞天、二弟子，下南侧画鹿头梵志、北侧画婆薮仙。

龛上浮塑龛楣画火焰。龛两侧浮塑缠枝莲花龛柱。

龛外南、北侧各画二弟子。

北壁残存部分千佛。

## 第251窟

修建时代：北魏（五代、清重修）

洞窟形制：前部人字披顶、后部平棋顶，有中心塔柱，柱东向面开一龛，南西北向三面上、下层各开一龛，门上开一明窗

内容：中心塔柱东向面圆券龛内塑跌坐佛一身（清修），龛外两侧各塑一胁侍菩萨。

龛上浮塑龛楣画化生忍冬，两侧影塑菩萨存十五身。

塔座座沿画边饰一条八段。下座身五代画供养人十身，中唐画药叉托顶供养器。

南向面上层阙形龛内塑交脚菩萨一身。

龛壁佛光两侧画莲花。

龛外两侧残存影塑二十一身。

下层圆券龛内塑禅定佛一身，龛外两侧各塑一胁侍菩萨。

浮塑龛楣画忍冬。浮塑龙首龛梁、龛柱。两侧影塑存八身。

塔座座沿画边饰一条八段。下座身画药叉四身。

西向面上层双树圆券龛内塑禅定佛一身。

龛外两侧存影塑二十七身。

下层圆券龛内塑禅定佛一身。龛外南侧存胁侍菩萨一身。

浮塑龛楣画火焰。浮塑龛梁、龛柱。两侧残存影塑四身。

塔座座沿画边饰一条五段。下座身画药叉四身。

北向面上层阙形龛内塑交脚菩萨。

龛壁画背辇、化生。

龛外两侧残存影塑三十九身。

下层圆券龛内塑禅定佛一身。龛外两侧各塑胁侍菩萨一身。

龛壁画佛光、化生。

浮塑龛楣画忍冬。浮塑龛梁、龛柱。两侧残存影塑八身。

塔座座沿画边饰一条八段。下座身画药叉四身。

窟顶前部东披椽间存化生莲花十三条，西披椽间画化生莲花十六条（残）。

后部平棋画斗四莲花图案十六方（残）。

西壁上画天宫伎乐十七身。趺坐佛一身，中千佛，下药叉十二身。

南壁上画天宫伎乐二十三身，脊枋、檐枋两端下均有木质斗拱。中前部画说法图一铺，后部画千佛，中央说法图一铺。下药叉存十四身，部分模糊。

北壁上画天宫伎乐二十六身，脊枋、檐枋两端下均有木质斗拱。中前部画说法图一铺，后部画千佛，中央说法图一铺。下药叉存十六身。

东壁门上开明窗，明窗两侧残存天宫伎乐十四身，门北存千佛一部分。

## 第 252 窟

修建时代：唐（西夏重修）

洞窟形制：覆斗形顶，西壁开一龛

内容：窟顶藻井画团龙莲花井心。四披各画说法图一铺。

西壁盝顶帐形龛内马蹄形佛床，无塑像。

龛顶中央画莲花，西、南、北披画菩提宝盖，东披画供养宝珠。

龛内西壁画一倚坐佛、二弟子，北壁画趺坐佛一铺。

龛上画山花蕉叶帐顶图案。

龛下存西夏画供养人一身。

帐门北侧画药师佛一铺。

南、北壁画净土变各一铺（毁一部）。

东壁门上存趺坐佛三身（残），门南、北各存残画一部。

## 第 253 窟

修建时代：隋

洞窟形制：覆斗形顶，西壁开一龛

内容：西壁圆券龛内塑像存一佛、二弟子、一菩萨（南侧菩萨失）。

龛内西壁残存火焰佛光一部。

龛下存供养菩萨六身（模糊）。

龛外北侧存千佛一部（模糊）。

## 第 254 窟

修建时代：北魏（隋重修）

洞窟形制：前部人字披顶，后部平棋顶，有中心塔柱，柱东向面开一龛，南西北向三面上、下层各开一龛，南、北壁前部各开一龛，后部各开四龛，门上开一明窗。

内容：甬道北壁残存隋画说法图一部。

主室中心塔柱东向面圆券龛内塑交脚佛一铺，龛内

南壁残存菩萨一身、北壁存二身，龛外两侧原塑二菩萨，现仅残存北侧一身。

龛壁画飞天火焰佛光，两侧飞天四身，供养菩萨十二身，下南侧画婆薮仙、北侧画鹿头梵志，佛座两侧二狮子。

浮塑龛楣画忍冬化生。浮塑龙首龛梁、束帛龛柱。

龛楣上画飞天二身，两侧残存影塑十六身。

龛下塔座画药叉十身。

南向面上层阙形龛内塑交脚菩萨一身。龛上及龛外两侧存影塑菩萨二十五身。

下层圆券龛内塑禅定佛一身（头毁），龛外两侧塑菩萨，现存西侧一身（残）。

龛壁佛光两侧画供养天人二身、化生六身（均熏黑）。

浮塑龛楣画莲花忍冬（熏黑）。

龛下塔座画药叉八身。

西向面上层双树圆券龛内塑禅定佛一身。龛外西侧存影塑菩萨二十二身。

下层圆券龛，内塑禅定佛一身，龛外两侧菩萨各一身（无头）。

龛壁画佛光，两侧供养天人二身、化生六身。

浮塑龛楣画忍冬。浮塑龛梁、束帛龛柱。两侧残存影塑三身。

龛下塔座画药叉六身。

北向面上层阙形龛内塑交脚菩萨一身，两侧塑胁侍菩萨各一身（无头）。龛外两侧存影塑十九身。

下层圆券龛内塑禅定佛一身，龛外两侧胁侍菩萨各一身。

龛壁佛光两侧画供养天人二身、化生六身。

浮塑龛楣画忍冬莲花。浮塑凤首龛梁、龛柱。

龛下塔座画药叉六身。

窟顶前部东、西披椽间各画执莲花供养天人，共十六条（熏黑变色）。

后部平棋画斗四莲花忍冬飞天图案十四方、飞天二方。

西壁上画天宫伎乐十八身，中千佛，千佛中央画龛形内白衣佛一铺，下边饰一条，下药叉十七身。

南壁前部人字披下阙形龛内塑交脚菩萨一身。

上画天宫伎乐九身，脊枋、檐枋两端下均有木质斗拱。

龛外两侧画千佛，龛下画降魔变一铺。

后部上画天宫伎乐十九身，下四圆券龛内东起分别塑趺坐说法佛、禅定佛、说法佛、禅定佛各一身，胁侍菩萨存二身（一身残）。

龛壁画化生，东起依次分别为四身、六身、六身、八身。

龛楣画忍冬。龛龛之间忍冬龛梁相联，壁画莲花化生，西端龛外画一飞天、二供养菩萨。

龛下东起画萨埵饲虎本生一铺、千佛，千佛中央画说法图一铺。

下画边饰一条，下药叉共二十五身。

北壁前部人字披下阙形龛内塑交脚菩萨一身。

龛上画坐佛一身，飞天四身。上画天宫伎乐，存八身（熏黑），脊枋、檐枋两端下有木质斗拱。

龛外两侧画千佛，龛下画难陀出家因缘变一铺。

后部上画天宫伎乐十八身，下四圆券龛内东起分别塑跌坐说法佛、禅定佛，说法佛、禅定佛各一身。

龛壁画化生，东起依次分别为四身、六身、四身、六身。

龛楣画忍冬。龛龛之间忍冬龛梁相联，壁画莲花化生。

龛下东起画尸毗王本生一铺、千佛，千佛中央画说法图一铺。

下画边饰一条，下药叉共二十五身。

东壁门上开一明窗（明窗周围有重层壁画痕迹），窗上画莲花（熏黑）；门南、北上各画天宫伎乐，中有千佛，下金刚力士（模糊）。

## 第255窟

修建时代：隋

洞窟形制：人字披顶，西壁开一龛

内容：窟顶西披画千佛（模糊）。

西壁龛上残存火焰龛楣一部。龛外南侧存一飞天、一菩萨（模糊）。龛外北侧存一飞天、一菩萨。

南、北壁各存千佛一部（残）。

## 第256窟

修建时代：宋（清重修塑像）

洞窟形制：覆斗形顶，设中心佛坛

内容：前室西壁门南画文殊变一铺（模糊），门北画普贤变一铺（模糊）。

甬道盝形顶中央画团花图案，南、北披画垂幔。

南壁画供养菩萨八身。

北壁画供养菩萨存五身。

主室中心佛坛上宋塑跌坐佛一身，清塑二弟子、四菩萨。

坛上佛床四周壶门共六十六个，下佛坛壶门共三十四个。

窟顶西、北披存棋格团花图案一角，东、南披各存藻井回纹卷草边饰、棋格团花与帷幔（模糊）。

西壁画千佛（模糊）。

南壁画千佛，下壶门内供宝。

北壁画千佛（残，模糊），下壶门内供宝（模糊）。

东壁门上画莲上千佛；门南画千佛，下慕容氏男供养像二身；门北画千佛，下女供养人二身、从女一身。

## 第257窟

修建时代：北魏（宋重修）

洞窟形制：前部人字披顶，后部平棋顶，有中心塔柱，柱

东向面开一龛，南西北向三面上、下层各开一龛

内容：中心塔柱东向面圆券龛内塑倚坐说法佛一身，龛外北侧存天王一身。

龛壁画火焰化生佛光，两侧画供养菩萨各十身，上飞天各二身。

龛楣画化生伎乐。浮塑龙首龛梁、龛柱，柱头上各画一鹦鹉。两侧画二供养菩萨、四化生，影塑供养菩萨存一身。

塔座座沿北魏画供养人（模糊）。

下座身宋画供养人（模糊）。

南向面上层阙形龛内塑思惟菩萨一身。

龛壁两侧画供养天人、化身各一身。龛外两侧存影塑菩萨四身。

下层双树圆券龛，内塑苦修像一身（无头），龛外两侧菩萨各二身（一身无头）。

龛壁佛光两侧画供养菩萨各二身。

龛外东侧残存影塑二身。

龛下塔座座身画青龙（模糊）。

西向面上层圆券龛内塑禅定佛一身。

龛壁佛光两侧画供养天人、化生各一身。

龛楣画忍冬。

龛外两侧存影塑供养菩萨十三身。

下层圆券龛内塑禅定佛一身，龛外两侧四身塑像全失。

龛壁画佛光、供养菩萨四身。

龛楣画忍冬。

龛下塔座座身画双虎。

北向面上层阙形龛内塑交脚菩萨一身。

龛壁佛光两侧画供养天人、化生各二身。

龛上画莲花。

龛外两侧存影塑菩萨九身。

下层圆券龛内塑禅定佛一身。龛外两侧存影塑菩萨三身。

龛楣画火焰。浮塑龛梁、龛柱。

窟顶前部东披椽间存莲花一角，西披画供养天人持莲花（模糊），脊枋存斗四图案一部分。

后部平棋仅存东南角斗四莲池童子、忍冬、飞天图案一方，斗四莲花忍冬飞天图案一方（皆残）。

西壁上画天宫伎乐十六身，中画千佛，中央跌坐佛说法图一铺，下南起画九色鹿王本生一铺、须摩提女因缘（前半部）。图下画边饰一条，下药叉一排（模糊）。

南壁前部上画天宫伎乐，残存七身，中画毗卢舍那佛一铺（大部模糊）。

后部上画天宫伎乐十六身。中画千佛，中央一阙形塔内立佛一铺。下东起沙弥守戒自杀品、沙弥均提品各一铺。图下画边饰一条，下药叉一排（模糊）。

北壁前部上画天宫伎乐，残存四身，中画说法图一铺（存一角）下毁。

后部上画天宫伎乐十七身，中画千佛，中央一阙形

塔内立佛一铺。下须摩提女因缘（后半部：佛与诸弟子赴会十一组）。图下画边饰一条，下药叉一排。

## 第 258 窟

修建时代：中唐（五代、清重修）

洞窟形制：覆斗形顶，四壁开一龛

内容：前室顶西披五代画观音一铺，南侧画不空绢索观音、北侧画如意轮观音各一铺（均残）。

西壁门上五代愿文题榜一方，门南五代画毗琉璃天王一铺，门北五代画毗沙门天王一铺。

南壁残存五代画文殊变一部。

北壁残存五代画普贤变一部。

甬道顶五代画十一面观音一铺(残)。南壁存五代画一部。

主室窟顶藻井井心毁，存卷草、垂幔（模糊）。四披画飞天、千佛（均烟熏、剥落）。

西壁盝顶帐形龛内唐塑弟子、菩萨各二身，天王四身。清塑趺坐佛一身。

龛顶中央画棋格团花。西披画菩提宝盖，南、北披各画千佛六身、供养菩萨二身，东披千佛、供养菩萨二身。

龛内西壁浮塑佛光，两侧各画一飞天、下屏风各二扇（熏毁）。南、北壁上画卷草垂幔，下屏风各二扇（熏毁）。

龛沿画卷草边饰。

龛上残存山花蕉叶帐顶图案。

龛下五代画壶门供器。

帐门南、北侧各画二菩萨立像（熏毁），南侧天王台下五代画男供养人三身。

南壁画报恩经变一铺，东侧论议品、西侧恶友品（均熏毁）；西端画菩萨立像一身。

北壁画观无量寿经变一铺，东侧未生怨、西侧十六观；西端画菩萨立像一身（熏毁）。

东壁门上画说法图一铺；门南千手眼观音一铺（下毁）；门北千手钵文殊一铺，下五代画男供养人（剥落）。

## 第 259 窟

修建时代：北魏（宋重修）

洞窟形制：前部人字披顶，后部平棋顶，西壁中间出半塔柱形，正面开一龛，南壁上层存三龛，下层存一龛，北壁上层开四龛，下层开三龛

内容：窟顶前部西披残存莲花、飞天一部（模糊），东披残存莲花供养菩萨一部（模糊）。

后部平棋存斗四莲花忍冬飞天图案二组，宋重画千佛六身。

西壁中部塔柱形正面圆券龛内塑释迦多宝二佛并坐像，龛外两侧塑菩萨二身，塔柱形南、北面各塑菩萨一身。

龛壁画供养菩萨十四身、宝盖二个、飞天十身。

龛楣画化生伎乐。浮塑束帛龛梁。两侧影塑仅北侧面残存二身。

塔座座沿北魏画供养人（模糊）。

塔柱形两侧面画千佛，北侧下存力士一身(残)。

南壁上层残存三阙形龛。东起第一龛存一角，龛上画说法图，龛外西侧画二供养菩萨。

第二龛内塑交脚菩萨；龛内、外两侧各画四供养菩萨（模糊）。

第三龛内塑交脚菩萨；东侧画二供养菩萨，西侧千佛。

下层西端存一圆券龛，内塑趺坐佛一身，胁侍菩萨存西侧一身。

龛壁画佛光、二化生。

龛楣画忍冬。浮塑龙首龛梁。

龛外东侧画八供养菩萨，存西起第二龛浮塑龛楣一角。

龛外西侧画千佛。

北壁人字披下画说法图一铺（一佛、二菩萨、八飞天），图下壁面上层四阙形龛。东起第一龛残，龛壁画佛光（存一半），龛外西侧画二供养菩萨。

第二龛内塑思惟菩萨一身。

龛壁背光两侧各画二供养菩萨、一飞天。

龛外西侧画五供养菩萨。

第三龛内塑交脚菩萨一身。

龛壁背光两侧各画二供养菩萨。

龛外西侧画四供养菩萨、一飞天。

第四龛内塑交脚菩萨一身。

龛壁背光两侧各画一供养菩萨。

龛上画莲花。

龛外西侧画千佛。

上层四龛龛沿下浮塑束帛混脚一条。

下层三圆券龛。东起第一龛内塑禅定佛一身，西侧残存胁侍菩萨一身。

龛壁画佛光、二飞天。

龛外西侧画供养菩萨七身。

第二龛内塑倚坐说法佛一身。东、西两侧塑胁侍菩萨各一身（残）。

龛壁画佛光、二化生。

龛楣画忍冬。浮塑忍冬龛梁、束帛龛柱。

龛外西侧画供养菩萨七身。

第三龛内塑趺坐说法佛一身，东、西两侧塑胁侍菩萨各一身（东侧龛）。

龛壁画佛光、二化生，龛楣画忍冬。浮塑龙首龛梁、龛柱。

龛外西侧画千佛。

下层三龛龛沿画供养人、边饰（均模糊）。

沿下画药叉一排（模糊）。

## 第 260 窟

修建时代：北魏（宋代重修）

洞窟形制：前部人字披顶，后部平棋顶，有中心塔柱，柱
　　东向面开一龛，西南北向三面上、下层各开一龛
内容：甬道南、北壁残存宋代供养人像（模糊）。
　　　　主室中心塔柱东向面圆券龛内塑倚坐说法佛一身，
　　　龛外两侧各塑一菩萨。
　　　　龛壁画化佛火焰佛光，两侧画供养菩萨各八身、飞
　　　天各二身，下各画莲花摩尼宝珠。
　　　　龛楣画忍冬莲花。浮塑凤首龛梁、束帛龛柱。两侧
　　　存影塑供养菩萨五十一身。
　　　　塔座座沿宋画半团花边饰，沿下混脚宋画云头纹边
　　　饰，下座身宋画供养人。
　　　　南向面上层阙形龛内塑交脚菩萨一身。龛外两侧各
　　　塑胁侍菩萨三身。
　　　　龛壁背光东侧画一供养菩萨，西侧画一飞天。
　　　　龛外两侧影塑供养菩萨二十九身、化生三身。
　　　　下层双树圆券龛内塑佛苦修像一身。龛外西侧各塑
　　　胁侍菩萨二身。
　　　　龛壁背光两侧画二供养天人。
　　　　龛外两侧影塑供养菩萨存十四身。
　　　　塔座座沿及沿下混脚北魏画边饰，下座身画药叉四
　　　身。
　　　　西向面上层圆券龛内塑说法佛一身。龛外两侧菩萨
　　　各三身。
　　　　龛楣画火焰忍冬。浮塑龛梁、束帛龛柱。两侧影塑
　　　菩萨存二十身，化生二身。
　　　　下层圆券龛内塑禅定佛一身。龛外两侧菩萨各二
　　　身，影塑供养菩萨九身、化生一身。
　　　　塔座座沿、沿下混脚北魏画边饰。下座身画药叉四
　　　身。
　　　　北向面上层阙形龛内塑交脚菩萨一身，龛外两侧各
　　　存菩萨二身。
　　　　龛壁画供养菩萨二身、伎乐天二身。
　　　　龛上画二凤鸟，塑化生四身，影塑供养菩萨二十二
　　　身。
　　　　下层圆券龛内塑跌坐禅定佛一身，龛外两侧菩萨各
　　　二身。
　　　　龛壁画供养菩萨二身。
　　　　龛楣画火焰。浮塑束帛龛柱。两侧影塑供养菩萨存
　　　十五身。
　　　　塔座座沿、沿下混脚北魏画边饰，下座身画药叉四
　　　身。
　　　　窟顶前部东、西披椽间各画莲花化生、供养天人
　　　（模糊，东披中部残毁）。
　　　　后部平棋画斗四莲花火焰飞天图案十四方（熏毁）。
　　　　西壁上画天宫伎乐十六身（多熏毁）；中画千佛，
　　　中央禅定佛一铺；下画边饰一条，下药叉（模糊）。
　　　　南壁前部上画天宫伎乐，存十身（模糊）；中画千
　　　佛，中央降魔变一铺；下画边饰，下宋画供养人（模
　　　糊），底层北魏画药叉。
　　　　后部上画天宫伎乐，存十二身（模糊）；中画千

佛，中央说法图一铺；下画边饰，下药叉。
　　　北壁前部上画天宫伎乐十身（模糊）；中画千佛，
中央鹿野苑三转法轮说法图一铺；下画边饰，下宋画
供养人（模糊），底层北魏画药叉。
　　　后部上画天宫伎乐十五身（模糊）；中画千佛，中
央说法图一铺；下画边饰，下药叉。
　　　东壁门北上画天宫伎乐，存六身；下画千佛，下故
事画、药叉（模糊）。北宋修内壁门南残存宋画文殊
变与供养人。
注：北宋时加修窟门于此窟内东壁前，为内壁。此窟
　　1920年因白俄居住，熏毁甚剧。

## 第261窟

修建时代：五代
洞窟形制：覆斗形顶，四壁设佛坛
内容：前室顶西披画观音变三铺，各存一角。
　　　　西壁门上愿文题榜（模糊）；门南画维摩诘经变
　　　（文殊，存一角）；门北画维摩诘经变（维摩诘，存
　　　一部，余剥落）。
　　　　南壁存残画一角。
　　　　北壁残存经变一角。
　　　　甬道南壁存曹氏家族男供养人一部。
　　　　主室窟顶西披画弥勒经变：七宝、兜率天宫等；南
　　　披画弥勒经变：剃度、一种七收等；东披存经变一
　　　角。顶东南角画毗琉璃天王、西南角画毗楼博叉天
　　　王、西北角画毗沙门天王各一铺。
　　　　西壁佛坛上五代塑一跌坐佛、二胁侍菩萨、二半跏
　　　坐菩萨、二天王。坛下壸门内画伎乐（均毁）。
　　　　壁上画菩提宝盖、二飞天，两侧画四方佛各二身，
　　　下塑像两侧各画弟子三身。
　　　　南壁东侧画法华经变一铺，下画供养菩萨七身（模
　　　糊、烟熏甚剧）；西侧（佛坛上）画天龙八部。
　　　　北壁东侧画华严经变一铺，下画供养菩萨七身（模
　　　糊）。西侧（佛坛上）画天龙八部。
　　　　东壁门上画卢舍那佛一铺；门南画文殊变一铺，下
　　　供养菩萨（模糊）；门北画普贤变一铺，下供养菩萨
　　　（模糊）。

## 第262窟

修建时代：隋
洞窟形制：前部人字披顶，后部平顶，西壁开一龛
内容：窟顶前部西披画说法图（残）。
　　　　后部平顶中画阿修罗王，两侧画维摩诘经变，南侧
　　　文殊、北侧维摩诘（均模糊）。
　　　　西壁圆券浅龛内塑一跌坐佛、二弟子、二菩萨。
　　　　龛壁佛光两侧各画四弟子。
　　　　龛楣画莲花化生。浮塑龙首龛梁、龛柱。龛外北侧
　　　存一伎乐菩萨（残）。
　　　　北壁存千佛一角。

## 第263窟

修建时代：北魏（五代、西夏重修）

洞窟形制：前部人字披顶，后部平顶，有中心龛柱，柱东向面开一龛，南、北壁前部各开一龛

内容：甬道北壁存西夏画供养菩萨（残）。

主室中心龛柱东向面盝顶帐形龛内西夏塑跏坐佛一身、弟子二身、菩萨四身。双层马蹄形佛床。

龛顶中央团花图案，四披画垂幔。

龛内西壁西夏画菩提宝盖、佛光，两侧各画一项光、花卉；南、北壁西夏各画三飞天、二项光、花卉、化生。

龛上画山花蕉叶帐顶图案、飞天四身。

龛下画壸门内供宝。

帐门两侧画帐柱、卷蔓莲花。

南、西、北向面西夏各上画垂幔、二飞天，中四供养菩萨，下壸门内供宝。

窟顶前部东披椽间北魏画供养天人九身，西夏画团花图案；西披西夏画团花图案。

后部平顶西夏画团花图案。

西壁上西夏画垂幔，中画千佛，下壸门内供宝。

上部中间剥出底层圆券龛内北魏塑禅定佛一身。

龛壁画宝盖、佛光，两侧各画一飞天、一胁侍菩萨。

龛下剥出北魏画白衣佛说法图一铺。

南壁上西夏画垂幔，人字披下画二飞天，中画千佛，下壸门内供宝。

前部人字披下剥出底层圆券龛内北魏塑禅定佛一身。

龛壁佛光两侧各画一飞天、二供养菩萨。

龛下剥出北魏画降魔变一铺。

东端（西夏修内壁以东）存北魏上画天宫伎乐，中画千佛，下画供养人十五身，下五代画供养人二身。

后部中央剥出底层北魏画三佛说法像一铺。

北壁上西夏画垂幔，人字披下画二飞天，中画千佛，下壸门内供宝。

前部人字披下剥出底层圆券龛内北魏塑禅定佛一身。

龛壁佛光两侧各画一飞天、二供养菩萨。

龛下剥出北魏画鹿野苑说法图一铺。

东端（西夏修内壁以东）存北魏上画天宫伎乐，中画千佛，下画供养比丘四身，下五代画男供养人二身。

后部中央剥出底层北魏画说法图一铺。

东壁北魏上画天宫伎乐（存三身、残），中画千佛（存一部），下画供养比丘（存十身），下五代画男供养人九身（其中四身残）。

西夏修内壁门南、北西夏画净土变各存一部；下壸门内供宝（共存五个）。

注：1943年剥出底层北魏原画。

## 第264窟

修建时代：盛唐（宋重修）

洞窟形制：覆斗形顶，西壁开一龛

内容：前室顶西披存说法图部分。

西壁门上宋画维摩诘经变佛国品（存一部），门南宋画维摩诘经变（文殊，模糊）。

南壁存宋画经变一角。

甬道盝形顶中央宋画药师经变一铺，南、北披宋画跏坐佛各存三身。

南、北壁各存宋画供养菩萨部分。

主室窟顶四披存飞天、垂幔、棋格团花部分（熏毁）。

西壁平顶敞口龛内盛唐塑跏坐佛一身，弟子、菩萨、天王各二身。

龛顶盛唐画飞天，卷瓣莲花圆盖存一部。

龛壁菩提树两侧盛唐画八弟子、六菩萨。

龛沿盛唐画团花边饰。

龛外南、北侧宋画千佛。

龛下宋画莲座，壸门内画火珠。

南、北壁宋画千佛。下壸门内画火珠。

东壁门上宋画千佛；门南、北画千佛，下壸门内画火珠。

## 第265窟

修建时代：北魏（五代、西夏重修）

洞窟形制：平顶，有中心龛柱，柱东向面开一龛

内容：甬道顶中央画团花图案，南、北披画垂幔。

南、北壁画供养菩萨各三身（残）。

主室中心龛柱东向面盝顶帐形龛内五代塑一跏坐佛、二弟子、二菩萨（西夏重装）。双层马蹄形佛床。

龛顶中央画团花图案，四披画垂幔。

龛内西壁画菩提宝盖、佛光、二项光、花卉。南、北壁各画飞天三身、二项光、花卉。

龛沿画一整二半团花边饰。

龛上画山花蕉叶帐顶图案。

龛下壸门内供宝。

龛外南、北侧画卷蔓莲花。

南、西、北向面上画垂幔，中各画四菩萨，下壸门内供宝共十四个。

窟顶画团花图案。

西壁上画垂幔，中画千佛，下壸门十一个，内画供宝。

南壁上画垂幔，中画千佛，下壸门十六个，内画供宝。底层露出五代供养人题记。

北壁上画垂幔，中画千佛，下壸门十五个，内画供宝。底层露出北魏画千佛一部，五代画供养人画像。

东壁门上画说法图一铺（熏黑）。门南、北画净土变各一铺，下壸门内供宝（熏黑）。

## 第266窟

修建时代：隋（清重修塑像）

洞窟形制：覆斗形顶，西壁开一龛

内容：窟顶藻井画斗四莲花井心。西披画莲花化生龛楣，两侧画千佛二排、飞天二身；南披上画天宫栏墙、垂幔，下画千佛二排、飞天五身；北披上画天宫栏墙、垂幔，下画千佛二排、飞天六身；东披上画天宫栏墙、垂幔，下画千佛二排、飞天四身。

西壁圆券龛内隋塑一倚坐佛，龛外两侧各塑一菩萨（清修）。

龛壁画火焰佛光，两侧各画一飞天、四弟子。

浮塑龛楣、忍冬龛梁、莲花龛柱。两侧画弟子各一身。

龛沿画忍冬卷草边饰。

南壁画千佛，下画比丘尼、女供养人（模糊）。下画药叉（模糊）。

北壁画千佛（中部凿一穿洞，壁画毁去一部），下存供养比丘一身，男供养人二身。下画药叉（模糊）。

东壁存门北千佛一部，下男供养人存三身。余全毁。

## 第267窟

修建时代：十六国、隋

洞窟形制：平顶

内容：窟顶画斗四莲花、火焰、垂幔藻井。

南壁上画千佛，中画说法图一铺（清代凿穿洞被毁去大半，存飞天、比丘、菩萨各一身），下模糊。

东、西壁画千佛，下供养人（模糊）

北壁门上、门东、门西画千佛。

注：此窟为第268窟南壁西侧之禅窟，坐南朝北，窟内现存隋代画。

## 第268窟

修建时代：十六国（隋、宋重修）

洞窟形制：纵长平顶，西壁开一龛，南、北侧各开二禅窟

内容：窟顶斗四莲花、火焰、化生、飞天平棋图案四方。

西壁圆券龛内塑交脚佛一身（宋补塑头部）。

龛顶画华盖。

龛壁画佛光，两侧各画二供养菩萨。

龛沿画火焰龛楣、希腊式龛柱。

龛外南、北侧各画飞天一身，供养菩萨二身。

龛下北魏画供养比丘二身，男女供养人四身。

南壁表层隋画千佛、说法图，底层北魏画药叉、飞天。西起第267、269窟口上画火焰龛楣。

北壁表层隋画千佛、说法图，底层北魏画药叉、飞天。第270、271窟口上画火焰龛楣。

注：此窟与第267、269、270、271窟同为一窟，第268窟为主室，其余为禅窟。

## 第269窟

修建时代：十六国、隋

洞窟形制：平顶

内容：窟顶存图案一角。

南壁画说法图一铺（残）。下画供养人（模糊）。

东、西壁画千佛，下画供养人（模糊）。

北壁门上、门东、门西各画千佛。

注：此窟为第268窟南壁东侧之禅窟，坐南朝北，窟内现存隋代画。

## 第270窟

修建时代：十六国、隋

洞窟形制：平顶

内容：北壁上画千佛，中画说法图一铺，下画供养人（模糊）。

东、西壁上画千佛，中画说法图各一铺，下画供养人（模糊）。

南壁存千佛一部，门西存男供养人一身。

注：此窟为第268窟北壁东侧之禅窟，坐北朝南，窟内现存隋代画。

## 第271窟

修建时代：十六国、隋

洞窟形制：平顶

内容：窟顶隋画说法图一铺（一佛四菩萨），四周交枝忍冬边饰。

北壁隋画千佛，中央画说法图一铺（清代凿穿洞被毁去大半，现存菩萨一身）。

东、西壁隋画千佛，中画说法图各一铺。下供养人（模糊）。

南壁门上、门东、门西隋画千佛，门东下供养人一身。

注：此窟为第268窟北壁西侧之禅窟，坐北朝南，窟内现存隋代画。

## 第272窟

修建时代：十六国（五代重修）

洞窟形制：覆斗形顶，西壁开一龛

内容：甬道顶五代画接引佛。

南壁五代画不空绢索观音（残）。

北壁五代画如意轮观音（残）。

主室窟顶浮塑斗四藻井，莲花火焰飞天井心。西披画天宫伎乐六身，供养菩萨一排；南披画天宫伎乐五身，飞天六身，千佛、化生一排；北披画天宫伎乐五身，飞天六身，千佛一排；东披画天宫伎乐五身、大头仙人一身，飞天五身、供养菩萨一身，千佛一排。

西壁穹窿顶龛内塑倚坐佛一身（清修头部）。

龛顶画莲花垂角纹圆盖。

龛壁画化佛火焰佛光。南侧画菩萨一身、供养菩萨

七身，下画供养人（模糊）；北侧画菩萨一身，供养菩萨六身，下画供养人（模糊）。

龛上画火焰龛楣、龙首龛梁。

龛外南侧画供养菩萨二十身，下五代画供养人（模糊）。

龛外北侧画供养菩萨十七身，下五代画女供养人（模糊）。

南、北壁各画千佛，中画说法图各一铺，下模糊。南壁东端、北壁西端各凿一穿洞，壁画部分被毁。

东壁门南、北画千佛（损毁一部），下模糊。

## 第 273 窟

修建时代：北魏

洞窟形制：圆券龛

内容：龛内塑禅定像一身，袈裟裹头，面貌清癯。

注：第 272 窟前室西壁，门南、北各有一禅定像龛，此为门北一龛。

## 第 274 窟

修建时代：隋

洞窟形制：人字披顶，西壁开一龛

内容：主室窟顶东、西披画千佛（模糊）。脊枋画波状忍冬（模糊）。

西壁圆券浅龛内壁画佛光、四弟子。

龛上画龛楣。

龛下存供养菩萨一身（残）

龛外南、北侧各画菩提树，弟子各一身。

南壁画千佛，下女供养人（模糊）。

北壁画千佛，下男供养人（模糊）。

## 第 275 窟

修建时代：十六国（宋重修）

洞窟形制：纵向盝顶，西壁塑像，南、北壁上部各开三龛

内容：甬道顶中央、南披、北披存宋画残迹。

主室窟顶西披存宋画飞天二身，千佛七身；南披存宋画飞天三身，千佛十五身；北披存宋画飞天一身，千佛五身。

西壁塑交脚弥勒菩萨一身。浮塑项光、三角背靠。座下两侧塑二狮子。

两侧各画菩萨立像一身，南侧菩萨坐像九身，北侧菩萨坐像存三身，上宋画飞天。

南壁上东侧一圆券龛内塑思惟菩萨一身。

龛壁两侧宋画供养菩萨二身。

浮塑双树龛楣。龛沿画火焰。

西侧二阙形龛内各塑交脚菩萨一身。

龛壁三角背靠上画侍者各二身。

龛外西侧各画菩萨立像一身。

龛下画佛传故事太子出游四门（被宋代修隔墙及清代凿穿洞破坏一部分）。

下画供养菩萨一排，下边饰、垂角幔帷。

北壁上三龛及塑像、壁画与南壁相同（仅西起第二龛内不画侍者）。

龛下西起画毗楞竭梨王、虔闍尼婆梨王、尸毗王、月光王等本生故事。

下北魏画供养人三十三身，下边饰、垂角幔帷。

东壁（宋修隔墙）门上宋画说法图三铺、坐佛五身；门南画如意轮观音一铺、坐佛二身，下女供养人九身；门北画不空绢索观音一铺，女供养人二身（残）。

注：宋重修此室时于窟室中加一隔墙，将南、北壁东侧双树圆券龛隔入前室。

## 第 276 窟

修建时代：隋（西夏重修）

洞窟形制：覆斗形顶，西壁开一龛

内容：窟顶藻井西披隋画释迦多宝佛并坐，人非人二身（西夏修补）。西、北披存隋画飞天各一身，残画各一角。

西壁斜顶方口龛内隋塑跌坐佛（残）、弟子、菩萨各一身。

龛顶隋画火焰佛光与双树。

龛内西壁画佛光，南壁西夏画飞天一身与云气，北壁西夏画云气。

龛上画多宝塔座。

龛下西夏画比丘、侍者各一身，隋画供养人（模糊）。

龛外南侧画文殊一身。

龛外北侧画维摩诘一身。

南壁画说法图一铺（东部模糊），下画女供养人一排（模糊）。

北壁画说法菩萨一铺，胁侍菩萨二身，下供养人（模糊）。

东壁门北存天王一角（模糊）。

## 第 277 窟

修建时代：隋（五代重修）

洞窟形制：覆斗形顶，西壁开一龛

内容：窟顶西、南、北披各存千佛一部（模糊）。

西壁开内外层龛（外方口，内圆口）。内层龛壁画火焰莲花佛光，两侧各画一飞天。外层龛顶画火焰莲花龛楣、二飞天，龛西壁下南侧画婆薮仙、北侧画鹿头梵志，南、北壁各画一菩萨。

龛沿画对马联珠纹边饰。

龛下存五代残画。

龛外南侧存千佛一角。

龛外北侧存千佛，下菩萨一身。

南壁上存千佛一角（模糊）。下五代画供养菩萨。

北壁上画千佛；中释迦、多宝佛，西侧存维摩诘经变（文殊）；下五代画供养菩萨与女供养人（均模糊）

东壁门南存五代画女供养人四身，门北存隋画千佛四身。下五代画女供养人五身（模糊）。

注：此窟于1947年清理出土。

## 第278窟

修建时代：隋（五代重修）

洞窟形制：人字披顶，西壁开一龛

内容：窟顶西披画千佛。

西壁开内外层方口龛。内层龛壁画火焰佛光，两侧各画二弟子。外层龛顶画火焰龛楣、二飞天，两侧画莲花龛柱，南、北壁各画一弟子。

龛沿画联珠纹。

龛上画飞天。

龛下壸门内五代画供养菩萨（模糊）。

龛外南侧画菩萨一身，上画夜半逾城。

龛外北侧画菩萨一身，上画乘象入胎。

南壁上画栏墙、飞天（存部分），中画说法图一铺，下五代画男供养人存五身（模糊）。

北壁上画栏墙、飞天（存部分），中画说法图二铺，下五代画供养人。

东壁门上画七佛（三身残）。门南、北画天王各一身（模糊）。

## 第279窟

修建时代：隋

洞窟形制：覆斗形顶，西壁设佛床

内容：窟顶藻井画莲花井心（残），垂幔铺于四披（残）。

四披画千佛（残）。

西壁原塑一佛、二弟子、二菩萨（全毁）。

壁画佛光与菩提树，两侧存弟子共三身。

南壁画千佛，中央画说法图一铺，下画供养人一排（模糊）。西端原有胁侍菩萨塑像（已毁）。东端下角残毁。

北壁画千佛，中央画说法图一铺，下画供养人一排（模糊）。西端原有胁侍菩萨塑像（已毁）。东端画天王。

东壁门上画千佛，门北画天王（残）。

注：此窟发现于1947年6月。

## 第280窟

修建时代：隋（五代重修）

洞窟形制：前部平顶，后部人字披顶，西壁塑像

内容：甬道盝形顶中央存五代画部分。南、北披五代画幔帷（模糊）。

南、北壁五代画说法图（残）。

主室窟顶前部平顶画千佛。

后部人字披顶西披画千佛；东披画千佛，中央涅槃变一铺；脊枋、檐枋画联珠纹边饰。

西壁残存塑像立佛一身（无头）、阿难一身。

佛像两侧各画四弟子，莲花忍冬。南上角画释迦授

戒，北上角画乘象入胎。

南壁画千佛，下画比丘尼一身、女供养人十五身，下画药叉（模糊）。

北壁画千佛，下画比丘一身，男供养人十五身，下画药叉（模糊）。

东壁门上画千佛；门南画千佛，下画牛车与侍从（模糊）；门北画千佛。下画马夫与马及侍从（模糊）。

注：此窟于清代筑土台时被掩埋，1944年1月15日发掘出土。

## 第281窟

修建时代：隋（五代、西夏重修）

洞窟形制：覆斗形顶，西壁设佛床

内容：前室西壁门南底层有五代画（模糊）；门北底层露出五代画毗沙门天王一铺，下男供养人三身（残）。

甬道顶底层有五代画。

南、北壁西夏画模糊。

主室窟顶藻井画交杵井心，回纹、垂幔铺于四披。西披画菩萨宝盖，团花、垂幔。东、南、北披画团花、垂幔。

西壁表层西夏画佛光，两侧各画项光、花卉。底层露出隋画坐佛、弟子、供养人各一部分。

佛床马蹄形。

南壁表层西夏画菩萨二身，下壸门内供宝，一项光、花卉。底层露出隋画部分，下隋画供养人，题名大都督王文通供养。

北壁表层西夏画菩萨二身，下壸门内供宝，一项光、花卉。底层露出隋画女供养人五身。

东壁门上画供养器，门南画菩萨立像一身，门北画菩萨立像一身，下壸门内供宝。

## 第282窟

修建时代：隋

洞窟形制：前部平顶，后部人字披顶，西壁开一龛，南、北壁塑像

内容：前室西壁门南、北各存隋画忍冬纹饰部分。

主室窟顶全部画千佛。

西壁开内外层方口龛，内层塑一跌坐佛、二弟子。外层塑二菩萨。

内层龛壁佛光两侧各画弟子四身、菩提树一株。

外层龛顶画火焰忍冬龛楣、散花飞天六身；龛西壁两侧画缠枝莲花龛柱、莲花摩尼珠，南、北壁各画三菩萨、一化生。

龛沿画龛梁与联珠纹边饰。

龛下中间愿文题榜，南侧画女供养人北侧画男供养人（模糊）。

南壁隋塑一佛、二菩萨（一清修、一失去）。

壁上画千佛，下存女供养人二身。（东南角被凿一穿洞）

北壁隋塑一佛、二菩萨（一清修、一失去）。

壁上画千佛，下存女供养人数身（东北角被凿一穿洞）。

东壁门南、北各画千佛，下有女供养人像残痕。

## 第283窟

修建时代：初唐

洞窟形制：覆斗形顶，西壁开一龛

内容：窟顶藻井画莲花井心（存一角），垂幔存于西、北披。南、西、北披画千佛（残）。

西壁斜顶敞口龛内存一跌坐佛、二弟子（二菩萨失）。

龛顶画一坐佛、四飞天。

龛壁画卷草纹佛光，两侧各画二菩萨。

龛沿画联珠纹。

龛外南侧画一菩萨，上画夜半逾城。

龛外北侧画一菩萨，上画乘象入胎。

龛下南侧存女供养人一身（残），北侧存男供养人一身（残）。

南壁画千佛，中央画说法图一铺，下画供养人、力士（均模糊）。

北壁存千佛一部。

## 第284窟

修建时代：隋

洞窟形制：覆斗形顶，西壁开一龛

内容：窟顶西披画三头六臂、三头八臂等四菩萨。南披存残画一角（模糊）。

西壁圆券龛顶画二飞天。

龛内西壁画双树八弟子。南、北壁画莲花忍冬。

龛上画火焰龛楣。

龛外南、北侧画莲花宝珠龛柱。

南、北壁画千佛，中央画说法图各一铺，下画三角垂幔。

东壁门上、门南、门北画千佛。

## 第285窟

修建时代：西魏（中唐、宋、西夏、元重修）

洞窟形制：覆斗形顶，西壁开三龛（一大二小），南、北壁各开四禅窟

内容：前室顶西披存宋画（全模糊）。

西壁门上为第286窟；门南残有宋代供养人像（模糊），底层有中唐画，最底层为西魏画；门北为第287窟，存宋画男供养人一身。

南、北壁存宋画（全模糊）。

甬道顶画跌坐菩萨一铺（残）。

南壁中唐画不空绢索观音一铺。

北壁中唐画如意轮观音一铺。

主室窟顶藻井画斗四莲花井心，三角垂幔铺于四披，四角画饕餮流苏。西披画飞天、雷神、飞廉、化

生、弥猴等，下龛楣两侧画山居禅僧六身。南披画莲花摩尼珠、飞天、毗摩质多（开明）、迦楼罗（朱雀）、人非人（鸟获）等，下画山居禅僧十一身。北披画飞天、迦楼罗（朱雀）、飞廉、毗摩质多（开明）、人非人（鸟获）等，下画山居禅僧十身。东披画日天（伏羲），月天（女娲）、飞廉、飞天等，下画山居禅僧八身。

西壁中央圆券大龛内塑倚坐说法佛一身（面部残）、胁侍菩萨二身（残）。

龛顶画飞天四身。

龛壁画火焰佛光，两侧各画供养菩萨十身。

龛楣画莲花化生。浮塑束帛龛柱。

龛外南侧画毗瑟纽天、二力士、二天王。

龛北侧画摩醯首罗天、毗那夜迦天、鸠摩罗天、二天王。

南侧圆券龛内塑禅僧一身。

龛壁画莲花盖、背靠、二飞天、四比丘。

龛楣画忍冬，上画供养菩萨六身、战斗凤车、日天与诸星。

龛外南侧画散花乾闼婆与婆薮仙。

北侧圆券龛内塑禅僧一身（残）。

龛壁画莲花盖、背靠、项光、二飞天四比丘。

龛楣画忍冬，上画供养菩萨六身、战斗虎车，月天、帝释天、诸梵志。

龛外北侧画金刚力士、神将。

南壁上画伎乐天十二身；中画得眼林故事一铺，西端画释迦、多宝佛一铺；下禅窟四个，各画忍冬禽鸟龛楣。

龛楣之间东起画沙弥守戒自杀品一铺，画面四组：乞食、宴坐、剃度、说法，嘱女、取食自杀，缴纳罚款、荼毗。西端画施身闻偈一铺。下画药叉共五身。

东起第一禅窟内存元建塔座。窟顶画莲花圆盖。南壁画说法图一铺；东、西壁各画跌坐菩萨一铺，两侧画四塔。

第二、三禅窟内存西魏画项光、背靠（模糊）。

第四禅窟南壁西魏画项光、背靠（模糊）；东壁西夏画供养人一身（模糊）。窟口外存元代塔座。

北壁上东起画无量寿佛、拘那含牟尼佛、迦叶佛、释迦多宝佛等说法图七铺，每铺下有愿文及男女供养人；下禅窟四个，各画忍冬禽鸟龛楣。

龛楣之间东起分别画：四佛四菩萨、三佛二菩萨，三佛二弟子二菩萨、三佛二菩萨、六坐佛，下药叉五身。

东起第一禅窟内北壁西魏画一禅僧像（模糊）。

第三禅窟内北壁西魏画一禅僧像（模糊），存一元塔（残）。

第三禅窟内北壁西魏画一禅僧像（模糊），窟口外存一元修残塔。

第四禅窟内北壁西魏画一禅僧像（模糊），西夏文题记十行，上画一塔，供养人四身。窟口外存一元修

残塔。

东壁门上画三世佛一铺。门南画无量寿佛一铺，下有愿文题榜，南侧画男供养人十四身、北侧画女供养人十三身；下宋代画供养人（模糊），底层西魏画药叉。门北画无量寿佛一铺。下有愿文题榜，南侧画女供养人十四身、北侧画男供养人十三身。

注：此窟北壁有西魏大统四年、大统五年发愿文题记。

## 第286窟

修建时代：西魏（中唐重修）

洞窟形制：人字披顶

内容：窟顶东披画莲花摩尼宝珠图案（存部分）。西披画莲花摩尼宝珠图案四条（两条模糊）。

西壁中唐画说法图一铺。

南壁画千佛（部分模糊），下垂角幔帷（模糊）。

北壁画千佛，下垂角幔帷（模糊）。

注：此窟位于第285窟前室西壁门上。

## 第287窟

修建时代：初唐（五代、清重修）

洞窟形制：覆斗形顶、西壁开一龛

内容：前室西壁宋画供养人（残）。

主室窟顶藻井画石榴团花井心，垂幔铺于四披。四披画千佛。

西壁圆券龛内存初唐塑趺坐佛一身（头部清修）。

龛壁佛光两侧各画弟子，上画飞天各一身，下南侧画鹿头梵志、北侧画婆薮仙。

龛上两角画二佛。

龛下壸门画供养器、狮子。

南、北壁上画千佛各二排，中画说法图各一铺，下五代画金刚力士各四身。

东壁门上画千佛；门南北各画天王，下五代画花卉。

注：此窟位于第285窟前室西壁门北。

## 第288窟

修建时代：西魏（唐、五代重修）

洞窟形制：前部人字披顶，后部平棋顶，有中心塔柱，柱东向面开一龛，南西北向三面上、下层各开一龛

内容：前室顶西披五代画观音普门品。

西壁门上愿文题榜，两侧画毗沙门天王赴那吒会各一铺（模糊）；门南底层露出西魏画天王（残），中层有唐画，表层为五代画（模糊）；门北底层露出西魏画，中层有唐画，表层为五代画（模糊）。

南壁底层露出西魏画天王，中层有唐画，表层五代画维摩诘经变残存部分，下为五代画供养人（模糊）。

北壁底层露出西魏画残迹，中层唐画千手钵文殊，表层存五代画（模糊）。

甬道盝形顶中央五代画药师经变一铺。南、北披五代画垂幔。

南壁五代画不空绢索观音一铺，下床坐壸门内画供宝。

北壁五代画如意轮观音一铺，下床坐壸门画供宝。

主室中心塔柱东向面圆券龛内塑倚坐佛一身，龛外两侧塑菩萨各一身。

龛壁佛光两侧画菩萨各四身。

龛楣画化生、菩萨。龛两侧浮塑束帛龛柱，各画供养菩萨一身。影塑千佛存十二身、一莲花。

塔座座沿画边饰。下座身画药叉四身。

南向面上层圆券龛内塑禅定佛一身，龛外残存胁侍菩萨一身。

龛楣画火焰。龛外两侧影塑存二身。

下层圆券龛内塑苦修像一身，胁侍已毁。

龛楣画忍冬莲花。

龛外南、北侧各画一供养菩萨、一飞天、一化生。

塔座座沿画边饰。下座身画药叉三身。

西向面上层圆券龛内塑交脚佛一身，龛外两侧塑胁侍菩萨各一身。

龛楣画火焰。影塑千佛存一身。

下层圆券龛内塑禅定佛一身，龛外胁侍残存一身。

龛壁两侧画飞天各一身，北侧画供养菩萨一身，南侧画化生一身。

塔座座沿画边饰。下座身画药叉三身。

北向面上层圆券龛内塑禅定佛一身，龛外残存胁侍二身。

龛壁东侧画一化生。

龛楣画火焰。

龛外东侧画供养菩萨一身。

下层圆券龛内塑禅定佛，残存胁侍一身。

龛楣画莲花忍冬。

龛壁两侧画供养菩萨各一身。

龛外两侧画飞天、菩萨各一身。

塔座座沿画边饰。下座身画药叉三身。

窟顶前部西披椽间画莲花、忍冬、宝珠、禽鸟及飞天图案八条（其中有鹦鹉、飞天、鸽子、孔雀等纹）。东披画莲花、忍冬、宝珠、禽鸟图案九条（其中有孔雀、鸽子、长尾鸟、怪兽等纹）。

脊枋画莲花水池。

后部平棋画斗四莲花、火焰、飞天方井图案。

西壁上画天宫伎乐十三身，下画千佛，中央白衣佛说法图一铺。下画三角垂幔。

南壁上画天宫伎乐十九身。前部画说法图一铺，后部画千佛，中央画说法图一铺。下画三角垂幔。

北壁上画天宫伎乐十八身。前部画说法图一铺，后部画千佛，中央画说法图一铺。下画三角垂幔，垂幔上有五代愿文残迹。

东壁门上画天宫伎乐十四身。门南画千佛，下画供养比丘尼一身、女供养人八身、侍从三身；下五代画女供养人二身，三角垂幔。门北画千佛，下画供养比丘尼一身、男供养人六身、侍从三身，马夫一身、马

一匹；下画三角垂幔。

## 第289窟

修建时代：隋（宋重修）

洞窟形制：覆斗形顶，西壁开一龛

内容：窟顶藻井画交杵团花井心，卷草垂幔存于西、南、北披。

西壁斜顶圆券龛内宋塑跌坐佛一身。

龛顶画菩提宝盖、项光。

龛壁画佛光，两侧画弟子各一身、花卉。

龛外南、北侧各画花卉、项光。

南壁存宋画弟子、菩萨各一身，项光、花卉（被清代凿穿洞，毁去一部），底层有隋画。

北壁存弟子、项光、花卉。

## 第290窟

修建时代：北周（宋重修）

洞窟形制：前部人字披顶，后部平棋顶，有中心塔柱，柱四面各开一龛

内容：甬道盝形顶北披存宋画垂幔。

北壁存宋画女供养人一身（残）。

主室中心塔柱东向面圆券龛内塑一倚坐佛、二弟子，龛外两侧各塑一菩萨。

龛壁佛光两侧各画一弟子，下南侧画鹿头梵志、北侧画婆薮仙。

龛楣画莲花忍冬。浮塑龙首龛梁、莲花龛柱。两侧原影塑二十六身（全失）。

塔座座沿画波状忍冬边饰（模糊），沿下混脚画采帛纹。

下座身画供养人十六身，下画药叉五身。

南向面圆券龛内塑一倚坐佛、二弟子，龛外两侧各塑一菩萨。

龛壁佛光两侧各画一菩萨。

龛楣画莲花忍冬。浮塑忍冬龛梁、束帛龛柱。原影塑三十三身（全失）。

塔座座沿画忍冬纹边饰（模糊），沿下混脚画采帛纹。

下座身画供养比丘二十身，下画三角垂幔。

西向面圆券龛内塑交脚菩萨、二胁侍菩萨，龛外两侧各塑一菩萨。

龛壁佛光两侧各画一菩萨、一弟子。

龛楣画莲花忍冬。浮塑忍冬龛梁、束帛龛柱。

塔座座沿画忍冬纹边饰，沿下混脚画采帛纹。

下座身画马夫与马，两侧画供养比丘十三身、供养人十身，下三角垂幔。

北向面圆券龛内塑一倚坐佛、二弟子。龛外两侧各塑一菩萨（一身头毁）。

龛壁佛光两侧各画一菩萨。

龛楣画忍冬莲花。浮塑忍冬龛梁、束帛龛柱。

塔座座沿画忍冬纹边饰，沿下混脚画采帛纹。

下座身画男供养人十八身，下三角垂幔。

窟顶前部人字披东、西披画佛传，自东披太子降生起，至西披佛为憍陈如诸比丘说法止。

后部平棋塔柱东画鹿野苑说法图、八飞天，塔柱南、西、北画莲花、忍冬、飞天斗四藻井图案十一方。

西壁上画天宫栏墙、伎乐天二十四身，中画千佛，下画供养比丘六十身，下药叉十一身。

南壁前部上画天宫栏墙，伎乐天存八身，禅定佛一铺，为一佛、二菩萨、四化生；中画千佛；下画供养比丘三身，男供养人十一身，下药叉。

后部上画天宫栏墙，伎乐天十六身；中画千佛；下画供养比丘二十五身，男供养人存八身（模糊），下药叉。此壁中部被清代凿穿洞毁去千佛、供养人各一部。

北壁前部上画天宫栏墙，伎乐天九身，禅定佛一铺，为一佛、二菩萨、四化生；中画千佛；下画男供养人（模糊），下药叉（模糊）。

后部上画天宫栏墙，伎乐天二十身；中画千佛；下画供养比丘三十五身，男供养人存十五身，下药叉（模糊）。此壁东下角被清代凿穿洞毁去千佛、供养人各一部。

东壁上画天宫栏墙，忍冬、熏炉居中，两侧画伎乐天各十身；中画千佛；下画供养人及车马（模糊），下药叉（模糊）。

## 第291窟

修建时代：北周（西夏重修）

洞窟形制：覆斗形顶，西壁开一龛

内容：前室顶西披画椽条图案与垂幔（大部已毁）。

西壁门上画七跌坐菩萨，门南画供养菩萨二身，门北存供养菩萨一身。

北壁存供养菩萨一身。

甬道盝形顶中央画团花图案，南、北披画垂幔。

南、北壁画幢幡（下模糊）。

主室窟顶藻井画交杵卷瓣莲花井心，回纹、卷草铺于四披。南、西、北披画棋格团花，东披画回纹卷草。

西壁圆券龛内塑倚坐佛一身（西夏修）。

龛顶与龛上画菩提宝盖。

龛壁画佛光，两侧各画菩萨、花卉。

龛下壸门内画供宝。

龛外南、北侧上画垂幔，下各画八菩萨。

南壁上画垂幔，中画净土变，下壸门内画供宝；底层露出北周画千佛，壁中部被清凿一穿洞。

北壁上画垂幔，中画净土变，下壸门内画供宝。壁中部被清凿一穿洞。

东壁门上画垂幔、二飞天；门南画文殊一铺，下壸门内画供宝；门北画普贤一铺，下壸门内画供宝。

## 第292窟

修建时代：隋（盛唐、五代、西夏、清重修）

洞窟形制：前部人字披顶，后部平顶，有中心龛柱，柱南西北向三面各开一龛，东向面与南、北壁前部各塑立佛一铺

内容：前室顶西披盛唐画千佛（存一部分），五代补画一部分。

西壁门上愿文题榜一方，两侧画跌坐佛各二身；门南塑金刚力士一身，五代画千手眼观音一铺，底层隋画故事画；门北塑金刚力士一身，五代画已残，底层隋代画故事画。

南壁五代画普贤变一铺，下供养人模糊（全壁残存一半）。

北壁五代画文殊变一铺，下供养人模糊（全壁残存一角）。

甬道顶五代画药师佛一铺。

南、北壁五代画天王各一铺，南壁下画供养人（模糊）。

主室中心龛柱东向面塑立佛一铺（一佛、二菩萨，清重妆，部分彩绘为原作）。

壁画千佛，两侧各一供养比丘。

南向面圆券龛内塑一禅定佛、二弟子。

龛壁佛光两侧各画四弟子、一飞天。

龛楣画火焰莲花。浮塑莲花龛柱。

龛外两侧及龛上画千佛。

柱座座沿画忍冬莲花边饰。下座身画供养比丘八身，下药叉。

西向面圆券龛内塑一禅定佛、二弟子。

龛壁佛光两侧各画四弟子、一飞天。

龛楣画火焰莲花化佛。浮塑采帛龙首龛梁、莲花龛柱。

柱座座身画供养比丘十一身，下药叉。

北向面圆券龛内塑一禅定佛、二弟子（弟子头部清修）。

龛壁佛光两侧各画四弟子、二飞天。

龛楣画火焰莲花菩萨。浮塑采帛龛梁、莲花龛柱。

龛外两侧画千佛。

柱座座沿画忍冬莲花边饰。下座身画供养比丘八身，下药叉。

窟顶前部人字披东披画千佛（部分毁）；西披中央凿浅龛，内画三世佛（已毁）；龛两侧各画天王、神将、菩萨、弟子七身，飞天二身。脊枋存忍冬莲花边饰二段。

后部平顶南存千佛一部，北有西夏补画千佛一部。

南壁前部塑立佛一铺（一佛、二菩萨，清重妆，部分彩绘为原作），盛唐画佛座。

壁上画伎乐飞天、天宫栏墙，中画千佛，下药叉九身。

北壁前部塑立佛一铺（一佛、二菩萨，清重妆，部

分彩绘为原作），盛唐画佛座。

壁上画伎乐飞天、天宫栏墙，中画千佛，下药叉十身。

西壁上画伎乐飞天、天宫栏墙，中画千佛，下药叉十身。

东壁上画伎乐飞天、天宫栏墙，中化生、千佛，下药叉六身（模糊）。

## 第293窟

修建时代：隋（五代、清重修）

洞窟形制：人字披顶，西壁开一龛

内容：窟顶东、西披画千佛，脊枋画联珠纹边饰（存部分）。

西壁圆券龛内塑像存一佛、二菩萨（清修），原有二弟子已毁。

龛上及龛外南、北侧画千佛（模糊）。

南、北壁画千佛（模糊），被清代凿穿洞毁去一半。

东壁门上、门南画千佛（模糊），下五代画供养人（残）。

## 第294窟

修建时代：北周（五代、清重修）

洞窟形制：覆斗形顶，西壁开一龛

内容：前室顶西披画禅定佛一铺，南侧不空绢索观音、北侧如意轮观音各一铺。

西壁门上五代愿文题榜一方，两侧各画水月观音一铺；门南五代画毗沙门天王一铺（模糊）；门北五代画毗琉璃天王一铺（模糊）。

南壁五代画经变残存一角。

北壁五代画千手眼观音一铺，下供养人（残）。

甬道盝形顶中央五代画药师经变一铺（熏毁），南、北披各画跌坐佛五身（熏毁）。

南壁五代画普贤变一铺（模糊）。

北壁五代画文殊变一铺（模糊）。

主室窟顶藻井画莲花火焰坐佛斗四井心，垂角幔帷铺于四披，环绕千佛一周。四披画佛传，下天宫栏墙、飞天、垂幔。

西壁圆券龛内塑一倚坐佛、二弟子（一弟子为清塑，余二像皆清重妆），龛外两侧塑二菩萨（已失）。

龛壁佛光两侧各画二弟子、一飞天、一菩萨，卜南侧鹿头梵志、北侧婆薮仙。

龛楣画忍冬化生。存一莲花龛柱。

龛外南侧上画帝释天（东王公），下菩萨二身（熏毁）。

龛外北侧上画帝释天妃（西王母），下菩萨二身（熏毁）。

龛下画苍龙二条、供养力士二身。

南壁画千佛，中央说法图一铺（模糊）；下画供养人一排：伎乐四身、比丘十一身、男供养人二十一身，下药叉十二身（模糊）。

北壁画千佛，中央说法图一铺(模糊)；下画供养人一排：比丘尼十身、女供养人十一身、侍从一身，下药叉十三身(模糊)。

东壁门上画千佛(模糊)；门南画千佛，下女供养人七身、从女数人、牛车一辆，下药叉(模糊)；门北画千佛，下男供养人八身、侍从数人、马与马夫，下药叉(模糊)。

## 第295窟

修建时代：隋(清重修塑像)

洞窟形制：人字披顶，西壁开一龛

内容：窟顶东披画千佛，西披画涅槃变一铺，脊枋画莲花宝珠。

西壁圆券龛内塑一佛、二弟子(清修)。

龛壁佛光两侧各画二弟子。

龛上画火焰宝珠龛楣。

龛下画供养人二排：上排比丘、比丘尼各一身，男女供养人各三身，男女侍从共九身；下排男供养人十身、女供养人九身。

龛外南、北侧各画二弟子、一菩萨。

南壁画千佛，中央说法图一铺(部分毁)；下画女供养人，存十身(壁画一角被清代凿穿洞所毁)，下垂角幔帷(模糊)。

北壁画千佛，中央说法图一铺；下画男供养人，存十二身(壁画一角被清代凿穿洞所毁)，下垂角幔帷(模糊)。

东壁画千佛(部分毁)。

## 第296窟

修建时代：北周(五代、清重修)

洞窟形制：覆斗形顶，西壁开一龛

内容：前室顶西披五代画东方药师琉璃光佛一铺。

西壁门上五代画说法图一铺；门南五代画毗沙门天王一铺，下供养人(模糊)；门北五代画毗琉璃天王一铺，下模糊，底层露出北周画。

南壁五代画普贤变一铺，下供养人(模糊)。

北壁五代画文殊变一铺，下供养人(模糊)。

甬道盝形顶中央五代画接引佛一铺，南、北披五代画跌坐佛三身。

南、北壁五代各画说法图一铺。

主室窟顶藻井画斗四莲花忍冬飞天井心，千佛、忍冬、垂幔铺于四披，四周环绕忍冬、禽鸟图案与千佛。四披画故事画，西披龛楣以北至北披西段画贤愚经变微妙比丘尼品，北披东段画福田经变，西披龛楣以南至南披、东披画贤愚经变善事太子入海品；下画伎乐天、天宫栏墙。

西壁圆券龛内塑一倚坐佛、二弟子(北侧弟子清塑)，龛外两侧塑二菩萨(清修)。

龛壁画火焰化佛佛光，两侧各画一飞天、四弟子、一菩萨，下南侧鹿头梵志、北侧婆薮仙。

龛楣画忍冬化生。浮塑龙身龛梁(龙首失)、莲花龛柱。

龛外南侧上画帝释天妃(西王母)一铺，下二菩萨。

龛外北侧上画帝释天(东王公)一铺，下二菩萨。

龛下愿文题榜南侧画白虎，北侧画苍龙。

南壁画千佛，下画得眼林故事一条，下药叉九身。

北壁画千佛，下画须阇提品一条，下药叉存八身(东端被清代凿穿洞所毁)。

东壁门上画千佛；门南画千佛，下画比丘尼二身、女供养人十一身、侍从一身，下药叉三身；门北画千佛，下画男供养人存七身，下药叉三身。

## 第297窟

修建时代：北周(五代重修)

洞窟形制：覆斗形顶，西壁开一龛

内容：前室顶西披五代画三身佛说法图一铺。

西壁门上五代愿文题榜一方，两侧画菩萨各一身；门南、北五代画天王各一身。

南壁五代画菩萨一身。

北壁五代画药师佛一铺。

甬道盝形顶中央五代画接引佛一铺，南、北披各画跌坐佛四身。

南、北壁五代画供养人(模糊)，有西夏文刻划题记。

主室窟顶藻井画斗四莲花井心，垂幔铺于四披。西披画千佛，下浮塑龛楣，两侧各画一飞天；东、南、北披画千佛，下天宫伎乐。

西壁圆券龛内塑倚坐佛、阿难、迦叶各一身，龛外南、北侧各塑菩萨一身。

龛壁画化佛火焰佛光，两侧各画菩萨、飞天一身，执拂乾闼婆各一身。

龛楣浮塑交龙、羽人(北侧存一身)。浮塑忍冬龛梁、莲花龛柱。龛外南、北侧上部各画菩萨一身。

龛下方沿中愿文题榜两侧画比丘、男女供养人，下供养伎乐与车马。

南、北壁画千佛；下供养人一排(模糊)。

东壁门上画千佛；门南、北画千佛，下画供养人各一排(模糊)，下药叉各一排(模糊)。

## 第298窟

修建时代：北周(西夏重修)

洞窟形制：人字披顶

内容：窟顶东、西披画千佛。

西壁西夏塑像仅存佛座，座上画云头边饰，下画壶门火珠。

壁画说法图一铺，下愿文题榜，两侧画男女供养人各二身(模糊)。

南壁画千佛，下供养人一排，存四身。

北壁画千佛，下供养人一排，存三身。

东壁门上画禅定佛一铺，门南、北画天王各一身。

注：此窟原无塑像，西夏曾于西壁前塑一佛、二菩萨，现已失去。

## 第299窟

修建时代：北周(五代、清重修)

洞窟形制：覆斗形顶，西壁开一龛

内容：前室西壁门上五代画说法图一铺；门南五代画不空绢索观音一铺，下模糊；门北(即第300窟门南)五代画如意轮观音一铺，下模糊。

甬道顶五代画说法图一铺。

南、北壁五代画菩萨各一身(模糊)。

主室窟顶藻井画斗四莲花井心，垂幔铺于四披。西披龛楣南侧画萨埵太子本生(起首)、天宫伎乐，龛楣北侧画睒子故事、天宫伎乐；南披存萨埵太子本生、天宫伎乐各一部；北披画睒子故事、天宫伎乐；东披存睒子故事、天宫伎乐各一部。

西壁圆券龛内塑一倚坐佛、二弟子(清修头部)，龛外南、北侧各塑菩萨一身。

龛壁画火焰佛光，两侧各画一飞天、一弟子，下南侧鹿头梵志、北侧婆薮仙。

龛楣画莲花化生、伎乐禽鸟。浮塑龙首龛梁、莲花龛柱。龛外南、北侧各画菩萨二身。

龛下方沿愿文题榜两侧存供养人各二身，下药叉存六身。

南壁画千佛，下画供养人(模糊)，下三角垂幔(模糊)。壁中下部清代凿一穿洞。

北壁画千佛，下画供养人存二身，下三角垂幔。壁中下部清代凿一穿洞。

东壁门上画千佛；门南画千佛，下五代画供养人(模糊)；门北画千佛，下画供养人(模糊)，存药叉一身(模糊)。

## 第300窟

修建时代：盛唐(五代重修)

洞窟形制：人字披顶，西壁开一龛

内容：前室西壁门上五代画观音一铺；门南(即第299窟门北)五代画如意轮观音一铺，下模糊；门北五代画十一面观音一铺，下模糊。

主室窟顶东披五代画菩提宝盖，西披五代画禅定佛一铺。

西壁圆券龛内塑倚山像一身，盛唐画项光、背光。

龛外两侧画莲花。

南壁五代画天王一身(模糊)。

北壁画毗沙门天王一身(模糊)。

## 第301窟

修建时代：北周(五代重修)

洞窟形制：覆斗形顶，西壁开一龛

内容：前室西壁门上存五代画地藏菩萨一身(上毁)，门南存五代画十一面观音一铺(下模糊)，门北存五代画

(毁)。

甬道顶五代画说法图一铺。

南、北壁五代画菩萨各二身(模糊)。

主室窟顶藻井画斗四莲花井心，垂幔铺于四披。西披画莲花摩尼宝珠，两侧伎乐飞天，下接火焰莲花化生龛楣；南披画萨埵太子本生：辞宫、狩猎、憩息，下天宫伎乐、垂幔；北披画睒子故事：供养盲父母(西)、迦夷王出猎(东)；东披画萨埵太子本生：饲虎、起塔，下天宫伎乐、飞天、垂幔。

西壁圆券龛内存倚坐佛一身。

龛壁化佛火焰佛光，两侧上各画伎乐天二身(下原为胁侍塑像，已失)，下两侧画宝珠。

浮塑彩绘火焰化生龛楣、龙首龛梁、莲花龛柱。龛外南、北侧画菩萨各二身。塑像仅存莲座。

龛下画莲花图案。

南壁画千佛，中央说法图一铺，下药叉(存二身)；西侧下供养比丘一身、男供养人十七身、药叉一身，东侧残存女供养人十二身。此壁清代凿穿洞时壁画毁去部分。

北壁画千佛，中央说法图一铺。(被清代凿穿洞毁去一半)。西侧下画供养比丘三身、男供养人残存十四身，药叉一身。东侧下存比丘十八身、供养人八身。

东壁画千佛，下南侧女供养人三身、供养牛车、二侍从，下画女供养人三身，残存马匹。下北侧供养比丘二身，男供养人存六身，下供养比丘三身、男供养人存三身。

## 第302窟

修建时代：隋(宋、清重修)

洞窟形制：前部人字披顶，后部平棋顶，有中心塔柱，柱四面各开一龛，南西北三壁各开一龛

内容：前室顶西披存宋画千佛二排。

西壁门上宋代愿文题榜一方，两侧画毗沙门天王赴那吒会各一铺；门南上画如意轮观音一铺，中画四龙王礼佛，下模糊；门北上画不空绢索观音一铺，中画四龙王礼佛，下模糊。

南、北壁各残存宋画一部。

甬道盝形顶中央宋画千手眼观音一铺，南、北披宋画跌坐佛各四身。

南壁宋画男供养人一身，侍从模糊。

北壁宋画女供养人一身，侍从模糊。

主室中心塔柱作须弥山状，上部作圆形七级倒塔，上六级原有影塑千佛，最下一层塑仰莲及四龙环绕。下部作方形两层台座，承倒塔。台座上层四面各开一龛。

东向面圆券龛内塑一佛、二菩萨(一失)，龛外两侧塑二菩萨(残存北侧一身)。

浮塑彩绘化生龛楣、龙首龛梁、莲花龛柱。龛外两侧各画一菩萨。

座沿宋画千佛(模糊)，下座身宋画比丘(模糊)，底层隋画供养人与愿文题榜一方。

南向面圆券龛内残存塑佛一身、菩萨二身(清修)。龛外两侧塑二菩萨(残存东侧一身)。

浮塑彩绘火焰龛楣、忍冬龛梁、束帛龛柱。龛外两侧各画一菩萨(残)。

座沿画水池莲花。下座身宋画伎乐(模糊)，底层隋画供养人与愿文题榜一方。

西向面圆券龛内塑一佛、二弟子(清修)，画二化生。龛外两侧塑二菩萨(残存北侧一身)。

浮塑彩绘忍冬龛楣、忍冬龛梁、束帛龛柱。龛外两侧各画一菩萨。

座沿画水池莲花。下座身宋画(模糊)，底层隋画供养人与愿文题榜一方。

北向面圆券龛内塑一佛、二弟子(清修)，画二化生。龛外两侧二塑像已失。

浮塑彩绘忍冬龛楣、忍冬龛梁、莲花龛柱。龛外两侧画菩萨各一身。

座沿画水池莲花。下座身宋画女供养人(模糊)，底层隋画供养人与愿文题榜一方。

窟顶前部东披上段画尸毗王、毗楞竭梨王等本生故事八种，下段画睒子故事。西披上段画萨埵太子本生，下段画福田经变。

后部平顶存隋画说法图一部、平棋图案一部，余存西夏画一佛二菩萨图案四方。

西壁上画天宫伎乐、栏墙、垂幔。

中画千佛，中央内外层龛，内层塑一佛、二弟子，外层塑二菩萨(均无头)。

内层龛壁佛光两侧画二化生。

下宋画比丘尼八身，底层露出隋代残画。

南壁上画天宫伎乐、栏墙、垂幔。

中画千佛，前部千佛下画药师佛一铺；后部千佛中东侧开内外层龛，忍冬龛楣，内层塑一佛、二弟子(存西侧弟子)，外层塑二菩萨，存东侧一身；西侧画说法图一铺。

下宋画供养比丘(残，被穿洞毁去部分)，底层露出隋代残画。

北壁上画天宫伎乐、栏墙、垂幔。

中画千佛，前部千佛下画释迦、多宝佛一铺；后部千佛中东侧开内外层龛，忍冬龛楣，内层塑一佛、二弟子，画佛光、二化生，外层塑二菩萨(均无头)；西侧画说法图一铺。

下宋画供养比丘尼与女供养人(被穿洞毁去部分)，底层剥出隋画残迹。

东壁上画天宫伎乐、栏墙、垂幔，门上画说法图一铺，两侧千佛；门南宋画比丘一身、女供养人七身(模糊)；门北宋画比丘二身，女供养人存五身(模糊)。

注：此窟中心塔柱北面有隋开皇四年题记。

# 第303窟

修建时代：隋(五代、清重修)

洞窟形制：前部人字披顶，后部平顶，有中心塔柱，柱四面各开一龛

内容：前室顶西披五代画跌坐佛。

西壁门上五代愿文题榜一方，两侧各一供养菩萨，门南五代画一菩萨、一夜叉(模糊)。门北五代画弥勒经变一铺，下供养人(均模糊)。

南、北壁各画天王一铺(模糊)，北壁被清凿穿洞毁去部分。

甬道顶五代画说法图一铺。

南壁五代画如意轮观音一铺，下供养比丘与供养人(模糊)。

北壁五代画不空绢索观音一铺，下供养比丘与供养人(模糊)。

主室中心塔柱作须弥山状。上部作圆形七级倒塔，上六级原有影塑千佛，最下一层塑仰莲及莲茎四龙环绕。下部作方形两层台座，承倒塔。台座上层四面各开一龛。

东向面圆券龛内清塑一佛、二弟子，画二化生，龛外两侧各塑一菩萨(清修)。

浮塑彩绘莲花龛楣、龙首龛梁、莲花龛柱。龛外两侧各画一菩萨。

座沿画水池图案，下座身画供养比丘、比丘尼各一身，男女供养人四身，男女侍从八身，下画二狮子。

南向面圆券龛内清塑存一佛，残存一弟子，画二化生，龛外两侧各塑一菩萨(清修，东侧失)。

浮塑彩绘莲花龛楣、忍冬龛梁、束帛龛柱。龛外两侧各画一菩萨。

座沿画水池图案，下座身画女供养人七身，下药叉二身。

西向面圆券龛内清塑一佛，残存一弟子，画二化生。龛外两侧塑菩萨，存南侧一身(清修)，画二菩萨。

座沿画水池图案；下座身隋画男女供养人各三身，下药叉二身。

北向面圆券龛内残存一佛、一弟子，龛外残存二菩萨(均为清修)。

浮塑彩绘莲花龛楣、忍冬龛梁、莲花龛柱。龛外两侧各画一菩萨。

座沿画水池图案，下座身画男供养人七身，下药叉二身。

窟顶前部东披画法华经变观音普门品(救诸苦难)。西披画法华经变观音普门品(三十三现身)。

后部平顶中央作方井，方井内塔顶四周画圆形垂幔，四角画禅定佛各一身(东北角毁)，周围画千佛。

西壁上画天宫伎乐、栏墙、垂幔；中画千佛；下画男供养人二十二身，下山石林泉人物。

南壁上画天宫伎乐、栏墙、垂幔；中画千佛，中央

经行佛一铺；下画供养人存三十六身，下山石林泉野兽。

北壁上画天宫伎乐、栏墙、垂幔；中画千佛，中央释迦、多宝佛一铺；下男供养人二十六身、侍从二身、比丘二身，下山石林泉人物。

东壁上画天宫伎乐、栏墙、垂幔，门上画千佛；门南画千佛，下女供养人存十二身，下山石林泉；门北画千佛，下车马、车夫、马夫各一，男女侍从八身，下山石林泉。

## 第304窟

修建时代：隋（清重修塑像）

洞窟形制：覆斗形顶，西壁开一龛

内容：前室西壁门北底层有隋代残画一部。

主室窟顶藻井画斗四莲花井心，垂角幔帷、千佛铺于四披。四披画天宫伎乐各六身、栏墙，下垂幔（东披大头仙人一身，西披中画摩尼宝珠）。

西壁圆券龛内塑倚坐佛（清修头部）、迦叶、阿难各一身，龛外南、北两侧塑二菩萨。

龛内西壁画莲花火焰佛光。南、北壁各画一化生、二弟子。

浮塑彩绘火焰龛楣、龙首龛梁、莲花龛柱。龛外南、北侧各画佛弟子二身。

龛下画男供养人七身，女供养人八身。

南、北壁各画千佛，下供养人，南壁存五身，北壁四身（东角均被凿一穿洞）。

东壁门上画千佛，门南、北画千佛，下天王各二身。

## 第305窟

修建时代：隋（五代、清重修）

洞窟形制：覆斗形顶，设中心方坛，南、西、北壁各开一龛

内容：前室顶存五代残画一部。

西壁门上五代画七佛，愿文题榜两侧画供养菩萨。门南五代画普贤变（模糊）。门北五代画文殊变（模糊）。

南壁存五代残画一部。

北壁有五代残画天王一部。

甬道顶五代画地藏王一铺。

南壁五代画如意轮观音一铺，下女供养人（残）。

北壁五代画不空绢索观音一铺，下模糊。

主室中心方坛上清塑一佛、二弟子、二菩萨立像。

坛东向面上画忍冬边饰，下供养比丘二身、男供养人八身。

南向面上画忍冬边饰，下女供养人八身、男供养人三身。

西向面上画忍冬边饰，下供养比丘八身。

北向面上画忍冬边饰，下女供养人十身、男供养人二身。

窟顶藻井斗四莲花飞天井心，垂幔、四角环佩流苏铺于四披。东、西披中各画摩尼宝珠，两侧飞天各八身，南披帝释天妃（西王母）一铺（飞天六身，人非人二身），北披帝释天（东王公）一铺（飞天九身，人非人一身）。

西壁上画千佛，中央圆券龛内隋塑一跌坐佛、二弟子、二菩萨（清修）。

龛顶画菩提树。

龛楣画火焰。

龛外南侧千佛中画释迦降服火龙一铺，龛外北侧千佛中画说法图一铺，下男女供养人共三十八身，下垂角幔帷。

南壁上画千佛，中央圆券龛内隋塑倚坐佛一身（清修），清塑弟子、菩萨各二身。

龛顶画菩提树。

龛楣画火焰。

龛下男女供养人共四十五身，下垂角幔帷。

北壁上画千佛，中央圆券龛内隋塑倚坐佛一身，清塑弟子、菩萨各二身。

龛顶画菩提树。

龛楣画火焰。

龛下男女供养人共三十六身。下垂角幔帷。

东壁门上画千佛；门南、北画千佛，中央说法图各一铺，下画供养人存十九身，下垂角幔帷。

注：此窟建于隋开皇五年。

## 第306窟

修建时代：隋（五代、西夏重修）

洞窟形制：前部人字披顶，后部平顶

内容：前室南壁门上西夏画说法图一铺，上五代画飞天一身。门东画供养菩萨二身（模糊）。门西画化生。

甬道顶画团花。

东、西壁上各画二跌坐佛，中达摩多罗，下模糊。

主室窟顶前部南、北披、后部平顶均画团花（残）。

南壁上画垂幔，中画说法图一铺，下壸门内供宝。

东、西壁上画垂幔，中画阿弥陀经变各一铺，下壸门内供宝。

北壁门上画垂幔、七佛，门东画幢幡，门西画供养菩萨一身。

注：此窟位于第307窟前室南壁，坐南朝北，原为第307窟附洞之一。

## 第307窟

修建时代：隋（五代、西夏、清重修）

洞窟形制：前部人字披顶，后部平顶，西壁开一龛

内容：前室顶西披存团花图案一部，底层有隋代及五代残画。

西壁门上画垂幔、说法图一铺。门南、北各画净土变一铺（下模糊）。

南壁为第306窟。

北壁为第308窟。

甬道盝形顶中央画团花，南、北披画垂幔。

南、北壁各画药师佛一铺（一佛、二弟子、二菩萨、一飞天）。

主室窟顶画团花图案。后部平顶中央方井饰团龙卷瓣莲花井心。

西壁盝顶帐形龛内清塑佛一铺九身（一佛、四弟子、四菩萨）。马蹄形佛床，画壸门供宝。

龛顶中央画团花图案。四披画垂幔。

龛内西壁佛光两侧各画二飞天、一项光、花卉，南、北壁各画二项光、二飞天、花卉。

龛沿画半团花边饰。

龛上画垂幔。

帐门南、北侧各画说法图一铺，下壸门内供宝。

南、北壁上画垂幔，中画净土变各二铺，下壸门内供宝（北壁底层露出隋画供养人）。

东壁门上画说法图。门南、北画说法图各一铺，下壸门内供宝。

## 第308窟

修建时代：隋（五代、西夏重修）

洞窟形制：前部人字披顶，后部平顶

内容：前室北壁门上说法图一铺，门东画供养菩萨存二身，门西画化生（模糊）。

西壁剥出五代画说法图一铺，底层有隋代残画。

甬道盝形顶中央画团花，东、西披画垂幔。

东、西壁各画达摩多罗、二跌坐佛。

主室窟顶画团花图案。

北壁上画垂幔，中说法图一铺（下模糊，西下角毁），下壸门内模糊。

东、西壁上画垂幔，中画净土变各一铺，下壸门内模糊。

南壁门上画垂幔、莲花供宝，两侧各一供养菩萨。门东画幢幡。门西画供养菩萨一身。

注：此窟位于第307窟前室北壁，坐北朝南。

## 第309窟

修建时代：隋（西夏、清重修）

洞窟形制：前部人字披顶，后部平顶，西壁开一龛

内容：前室西壁门上画七佛，现存三身，下愿文题榜，两侧供养天人各一身；门北画文殊（模糊），门南画普贤（模糊）。

南壁存残画一部，底层有隋画。

甬道盝形顶中央画团花图案。南、北披画垂幔。

南、北壁各存药师佛残痕。

主室窟顶前部东、西披画椽条图案，椽间画波状西番莲；后部平顶画团花。

西壁斜顶圆券龛内塑跌坐佛一铺五身（隋塑清修一身，清塑四身）。

龛壁画火焰佛光，两侧各画四弟子、二飞天。

龛楣画化生莲花。浮塑龛柱。龛外南、北侧各画菩萨一身。

南、北壁各画说法图一铺，下供养人（模糊）。

东壁门上画七佛；门南、北画六臂菩萨各一身，下供养人（模糊）。

注：龛内诸画均为隋画，西夏重描。

## 第310窟

修建时代：隋（西夏、清重修）

洞窟形制：覆斗形顶；西壁开一龛

内容：甬道盝形顶中央画莲花，南、北披画宝盖。

南、北壁画菩萨（模糊）。

主室窟顶藻井画团龙井心，莲瓣铺于四披。四披画团花图案。

西壁内外层方口龛内隋塑清修倚坐佛一身，菩萨一身，清塑弟子二身，菩萨一身。

内层龛顶画菩提宝盖，龛壁画佛光、飞天。

外层龛顶画火焰龛楣，龛壁画云气。

龛外南、北侧各画药师佛一身。

龛下画供养人与供养器（模糊）。

南壁画倚坐说法佛一铺（清代凿穿洞毁去一部）。下男供养人（模糊）。

北壁画倚坐禅定佛一铺（西角因凿穿洞毁去部分），下女供养人（模糊）。

东壁门上画愿文题榜（模糊），两侧菩萨各二身；门南画毗琉璃天王，门北画毗沙门天王。

## 第311窟

修建时代：隋（五代、清重修）

洞窟形制：覆斗形顶，西壁开一龛

内容：前室西壁门上五代画毗沙门天王赴那吒会、观音等（残）。门南、北存隋代残画。

南、北壁各存五代画一部，底层有隋画。

甬道盝形顶中央表层五代画（毁），底层隋画莲花；南、北披五代各画三跌坐佛。

南、北壁五代各画男供养人一身。

主室窟顶藻井画莲花伎乐井心，垂角幔帷铺于四披。四披画千佛。

西壁内外层方口龛内隋塑一跌坐佛、二弟子、四菩萨（清修）。

内层龛顶画火焰佛光、菩提树，龛壁佛光两侧画二菩萨。

外层龛顶画火焰龛楣、六飞天，龛壁画莲花龛柱、忍冬龛梁、二弟子。

龛外南、北侧画千佛。

龛下五代画供养人十二身，中间画供养器、二执幢天女。

南壁画千佛，中央说法图一铺（东端因凿穿洞毁去一部），下五代画供养菩萨存十二身。

北壁画千佛，中央说法图一铺。下五代画供养菩萨

十六身。

东壁门上隋画千佛；门南画千佛，下五代画男供养人存十五身；门北画千佛，下五代画女供养人存七身。门沿五代补画千佛。

### 第 312 窟

修建时代：隋（五代、清重修）

洞窟形制：人字披顶，西壁开一龛

内容：甬道顶存五代画残痕。

主室窟顶东、西披画千佛。

西壁圆券龛内清塑一佛二弟子（均无头）。

龛壁佛光两侧画弟子各一身、飞天各一身。

龛上画莲花。

龛南存千佛一部。

南、北壁画千佛（被清凿穿洞毁去一部。）

东壁门上画千佛，门南、北五代画菩萨各一身（模糊）。

### 第 313 窟

修建时代：隋（晚唐、西夏、清重修）

洞窟形制：覆斗形顶

内容：甬道盝形顶中央西夏画瑞像图一铺，南、北披各画佛五身（模糊）。

主室窟顶藻井画莲花井心，垂角幔帷铺于四披，四披画千佛。

西壁晚唐塑一趺坐佛、二菩萨（清修），清塑二弟子。

壁画释迦说法图一铺。

南壁画弥勒菩萨说法图一铺。

北壁画说法图一铺。

东壁门上画七佛，门北画天王。

### 第 314 窟

修建时代：隋（西夏、清重修）

洞窟形制：覆斗形顶，西壁开一龛

内容：前室西壁门上西夏画地藏与十王厅（模糊）。门南西夏画普贤（模糊），门北西夏画文殊（模糊）。

南壁存西夏残画一部，底层有前代残画。

甬道盝形顶中央画菱形四瓣花。南、北披画垂幔。

南壁西夏画药师佛（模糊）。

主室窟顶藻井画莲花化生井心，垂角幔帷铺于四披。四披画千佛。

西壁内外层龛内隋塑趺坐佛一身（清修），清塑弟子四身、菩萨四身。

内层龛顶画火焰佛光，两侧二飞天。龛壁佛光两侧画莲花。

外层龛顶画化生龛楣、四飞天。西壁画龛柱、化生，南、北壁各画飞天一身。

龛下西壁画供养器（模糊）。

龛外南侧上画千佛，中文殊，下树下思惟菩萨一

身。

龛外北侧上画千佛，中维摩诘，下树下受记。

南壁上画千佛，下说法图六铺（东下一铺残），下供养人（模糊）。

北壁上画千佛，下说法图六铺，下供养人（模糊）。

东壁门上画千佛、七佛。门南、北画树下说法图各二身。门沿西夏画花卉、云气。

注：西夏时缩修窟门。

### 第 315 窟

修建时代：隋（清重修塑像）

洞窟形制：覆斗形顶，西壁开一龛

内容：窟顶藻井仅存西披垂角幔帷。西披画千佛（模糊），南披存千佛一角。

西壁内外层方口龛内塑一倚坐佛（清修）、二菩萨。

内层龛顶画火焰佛光、二飞天，龛壁两侧各画三弟子。

外层龛顶画火焰龛楣。龛南、北壁各画弟子一身。

龛外两侧存菩萨残痕。

南壁存千佛与供养人（残）。

北壁存千佛残痕。

### 第 316 窟

修建时代：隋（元重修）

洞窟形制：西壁开龛

内容：仅西壁残存一圆券形浅龛，无画。

### 第 317 窟

修建时代：隋

洞窟形制：覆斗形顶，西壁开一龛

内容：窟顶西披存千佛残痕。

西壁斜顶圆券龛壁被后代用土红涂抹，现存莲花忍冬树枝。

龛楣残。龛外北侧残存一菩萨。

### 第 318 窟

修建时代：隋（清修塑像）

洞窟形制：人字披顶，西壁开一龛

内容：窟顶西披画千佛。

西壁圆券龛内清塑佛一身。

龛内西壁画火焰佛光、二飞天，南、北壁各存一菩萨、五弟子白描像（残）。

龛外南、北侧画千佛（模糊）。

南壁存千佛一部（模糊）。

北壁存千佛一部、菩萨白描头像二身。

### 第 319 窟

修建时代：盛唐

洞窟形制：盝形顶，西壁设坛

内容：窟顶中央存三团花，团花边饰铺于四披。西、南、北披画千佛。

西壁马蹄形坛上塑一趺坐佛、二弟子、二菩萨、二天王（脚下有地神）。

壁中浮塑佛光，两侧各画弟子三身、项光一个（南侧模糊）。

南、北壁存千佛各一部，西端各画二菩萨、一弟子、一项光。

## 第320窟

修建时代：盛唐（中唐、宋、元重修）

洞窟形制：覆斗形顶，西壁开一龛

内容：甬道顶中央宋画团花图案存一部，南、北披画垂幔各存一部。

南壁宋画菩萨存一身。

主室窟顶藻井画云头牡丹团花井心，垂角彩铃铺于四披。四披画千佛。

西壁平顶敞口龛内存塑像佛一身、弟子一身、菩萨二身。龛顶画弥勒说法图一铺（毁一角）。

龛壁浮塑佛光，两侧各画弟子四身、菩萨一身。

龛沿画半团花边饰。

龛外南、北侧各画观音菩萨。

龛下表层宋画男女供养人与狮子，底层盛唐画供养器（模糊）。

南壁画千佛，中央阿弥陀经变一铺（1924年被美国人华尔纳盗劫两方）。下宋画男供养人十七身。

北壁画观无量寿经变一铺，东侧未生怨、西侧十六观。东端中唐画菩萨一身、供养比丘一身；西端中唐画菩萨一身，下模糊。下宋画女供养人十七身。

东壁门上宋画千佛；门南宋画供养菩萨二身，下男供养人（模糊）；门北宋画供养菩萨二身、元画菩萨一身。

## 第321窟

修建时代：初唐（五代、清重修）

洞窟形制：覆斗形顶，西壁开一龛

内容：前室西壁门南画地狱变（1965年剥出），门北五代残画下有初唐画。

甬道盝形顶中央存五代残画宝盖与供桌一部，南、北披五代画垂幔。

南壁五代画普贤变（残）。

北壁五代画文殊变（残）。

主室窟顶藻井画团花井心，卷草与半团花垂幔铺于四披。四披画千佛（南披毁一部）。

西壁平顶敞口龛内初唐塑趺坐佛一身、力士二身（清修），清塑弟子、菩萨各二身。

龛顶画赴会佛三铺，上天宫散花天人两组、飞天八身、鹦鹉、花卉等。

龛壁浮塑佛光，两侧画飞天四身，双菩提树，项光各三个，迦陵频迦各二身。

龛沿画波状卷草边饰。

龛上画七佛、菩萨九身。

龛外南、北侧画千佛，南侧力士台下存菩萨残画。

南壁画宝雨经变一铺。

北壁画阿弥陀经变一铺，下五代画男供养人（模糊）。

东壁门上中画倚坐佛说法图一铺，两侧趺坐佛说法图各一铺；门南中画立佛一铺、菩萨二身，下五代画供养人（模糊）；门北中画十一面观音一铺，下五代画男供养人（模糊）。

## 第322窟

修建时代：初唐（五代重修）

洞窟形制：覆斗形顶，西壁开一龛

内容：甬道盝形顶中央五代画趺坐佛一铺，南、北披画结跏趺坐佛，各存二身。

主室窟顶藻井画缠枝葡萄井心，垂角幔帷铺于四披，四边各画伎乐天四身环绕。四披画千佛。

西壁内外层方口龛内塑一趺坐佛、二弟子、二菩萨、二天王。

内层龛顶画飞天十身，龛西壁浮塑佛光，两侧画弟子各二身，下南侧画鹿头梵志、北侧画婆薮仙（被后代用土红涂去）。南壁画二弟子、一化生。北壁画二弟子。

外层龛顶画一佛、二弟子、二人非人，龛南壁画夜半逾城、化生，北壁画乘象入胎。

龛沿画葡萄蔓草、菱格纹边饰。

龛下五代画供器、供养人（模糊）。

龛外南侧画维摩诘经变（维摩诘），下供养菩萨一身。

龛外北侧画维摩诘经变（文殊），下供养菩萨一身。

南壁画千佛，中央说法图一铺。

北壁画千佛，中央阿弥陀经变一铺。

东壁门上画说法图三铺；门南画药师立佛一铺；门北画一菩萨，四坐佛；门沿五代画供养菩萨。

## 第323窟

修建时代：盛唐（五代、西夏、清重修）

洞窟形制：覆斗形顶，西壁开一龛

内容：前室顶西披西夏画团花图案三幅（北毁）。

西壁门南西夏画普贤变一铺；门北西夏画文殊变一铺（模糊）。底层有五代画千佛、盛唐残画。

南壁为第324窟，存西夏残画一部。

北壁为第325窟，西夏画说法图一铺。

甬道顶西夏画团花图案。

南、北壁画供养菩萨各三身。

主室窟顶藻井画团花井心，垂幔铺于四披。四披画千佛。

西壁平顶敞口龛内盛唐塑倚坐佛一身，弟子、菩萨各二身（清修）。

龛顶画菩提宝盖、二飞天。

龛壁盛唐浮塑山峦（清修）。

龛上画化佛、云气。

龛下西夏画跌坐佛，底层有五代、盛唐残画。

龛外南、北两侧画圭纹边饰。

南壁上画千佛，中画佛教史迹画：西起西晋吴淞江石佛浮江、东晋杨都出金像（大部被美国人华尔纳盗劫破坏）、隋文帝迎昙延法师入朝等，下画菩萨八身。

北壁上画千佛，中画佛教史迹画：西起张骞使西域、释迦浣衣池与晒衣石、佛图澄事迹、阿育王拜尼乾子塔、康僧会感应故事等。

东壁门上画千佛，下五代画不动佛，弥勒菩萨等十一身；门南画佛教戒律画，下西夏画跌坐佛四身；门北画佛教戒律画（部分被美国人华尔纳盗劫破坏），下西夏画跌坐佛三身。

## 第 324 窟

修建时代：西夏重修

洞窟形制：覆斗形顶，南壁开一龛

内容：窟顶藻井画团花井心。四披画团花图案（残）。

南壁平顶方口龛顶画团花。

龛内南壁上画垂幔，中画菩提宝盖、佛光、莲座，两侧画花卉；东、西壁上画垂幔，下画花卉。

龛上画垂幔、帐顶图案。

龛下壸门内画供宝。

龛外东、西侧画圭纹边饰。

西壁上画垂幔，中画说法图一铺（模糊），下壸门内画供宝。

注：此窟位于第 323 窟前室南壁，坐南朝北。

## 第 325 窟

修建时代：五代（西夏重修）

洞窟形制：盝形顶，北壁开一龛

内容：窟顶中央画团花，四披画菱形四瓣花等边饰三层。

北壁盝顶方口龛顶中央画团花，四披画四瓣花图案。

龛壁上画垂幔，下画花卉。

佛床马蹄形。

龛上画垂幔。

龛下壸门内画供宝，底层有五代残画。

龛外东、西侧各画菩萨一身。

东、西壁上画垂幔，中画说法图各一铺。下画壸门内供宝。

注：此窟位于第 323 窟前室北壁，坐北朝南。

## 第 326 窟

修建时代：西夏

洞窟形制：覆斗形顶，西壁开一龛

内容：甬道盝形顶画团花，两披画垂幔。

南、北壁各画供养菩萨五身（其一残）

主室窟顶藻井画交杵卷瓣莲花井心，回纹、联珠等铺于四披。四披画棋格团花。

西壁盝顶龛内存木雕立佛三身。

龛顶中央画棋格团花，四披画垂幔。

龛内西壁画莲花童子六身、菩提宝盖三个、花卉。南、北壁各画供养菩萨三身、菩萨三身。

佛床画壸门供宝；下佛坛画壸门，内伎乐四身。

南、北壁上画垂幔，中画说法图一铺，下画壸门内供宝。

东壁门上画垂幔，下画说法图一铺；门南、北各画菩萨，下画壸门内供宝。

## 第 327 窟

修建时代：西夏（清重修塑像）

洞窟形制：覆斗形顶，西壁开一龛

内容：前室西壁门南画文殊变。

主室窟顶藻井浮塑团龙莲花井心，回纹、卷草铺于四披（残）。四披画棋格团花、垂幔、飞天各存一部。

西壁盝顶帐形龛内西夏塑七佛、四菩萨（清修）。唐塑二菩萨（从别处移来）。马蹄形佛床。

龛顶中央画棋格团花。南、西、北披画垂幔。

龛内西壁画飞天四身、花卉。南、北壁各画飞天四身、项光四个、花卉。

龛下画壸门内伎乐天八身。

帐门南、北侧各画千佛一条。

南、北壁画千佛、下壸门内供宝。

东壁门南、北画千佛，下画壸门内供宝。

## 第 328 窟

修建时代：初唐（五代、西夏重修）

洞窟形制：覆斗形顶，西壁开一龛

内容：前室顶西披存椽条图案一部。

西壁门上西夏画说法图一铺（模糊）；门南存西夏画一部（模糊）；门北表层西夏画模糊，底层五代画龙王礼佛一部。

北壁五代画天王一铺。

甬道盝形顶中央画棋格团花。南、北披画垂幔。

南、北壁西夏各画供养菩萨三身。

主室窟顶藻井画交杵卷莲井心，回纹卷草铺于四披。四披画棋格团花图案。

西壁斜顶敞口龛内初唐塑一跌坐佛、二弟子、二菩萨、二供养菩萨。龛外两侧台上各塑一供养菩萨（龛外南侧台上供养菩萨于一九二四年被美国人华尔纳盗走）。

龛顶初唐画倚坐佛说法图一铺。

龛壁佛光两侧各画四弟子、一菩萨、一项光。

龛上西夏画垂角幔帷。

龛下及两侧台下西夏画供器、供养菩萨六身。

南、北壁上画垂幔，中画净土变各一铺。下画壸门内供宝。 西端西夏画供养菩萨一身，下花卉。

东壁门上西夏画净土变一铺；门南、北西夏画供养菩萨七身（门南三身、门北四身），下壸门内供宝。

## 第 329 窟

修建时代：初唐（五代、清重修）

洞窟形制：覆斗形顶，西壁开一龛

内容：前室顶西披五代画不空绢索、千手眼、如意轮三铺观音变（均存一部）。

西壁门上五代愿文题榜，两侧画毗沙门天王赴那吒会（模糊）。门南、北五代画八龙王礼佛图各一铺（模糊）。

南、北壁存弟子与菩萨残画痕迹。

甬道盝形顶中央五代画故事画。南、北披五代画跌坐佛各五身。

南壁五代画供养比丘三身。

北壁五代画男供养人一身。

主室窟顶藻井画莲花飞天井心，垂角幔帷铺于四披。四披各画伎乐天三身，下画千佛。

西壁斜顶敞口龛内初唐塑一跌坐佛、二弟子、四菩萨（清修）。

龛顶画夜半逾城（南侧）、乘象入胎（北侧）、伎乐天、雷神等。

龛壁化佛火焰佛光两侧各画弟子四身及人非人、飞天、化生等，下北侧画婆薮仙，南侧画鹿头梵志。

龛下存供养菩萨六身。

龛外南、北侧上画千佛，下画莲花童子各二身。

南壁画阿弥陀经变一铺，下五代画比丘尼三身、女供养人二十三身。

北壁画弥勒经变一铺(被美国人华尔纳盗走二方)。下五代画男供养人十七身。

东壁门上画说法图四铺；门南画说法图一铺、男女供养人各一身，下画供养牛车与女供养人；门北画说法图一铺，下画供养马群与男供养人。

## 第 330 窟

修建时代：西夏（清重修塑像）

洞窟形制：覆斗形顶，西壁塑像

内容：前室顶存残画一部。

北壁西夏画天王一身。

甬道顶存西夏残画痕迹。

主室窟顶藻井画团花井心。东披画卷草、云头、宝珠图案。

西壁西夏塑一跌坐佛、二弟子（清修）。

壁画说法图一铺。

南、北壁各画说法图一铺。

东壁门上画供养器，门南、北画花树。

## 第 331 窟

修建时代：初唐（五代、清重修）

洞窟形制：覆斗形顶，西壁开一龛

内容：前室顶西披五代画说法图三铺（模糊）。

西壁门上五代画地藏王、水月观音（模糊）；门南、北各画天龙八部（模糊、门南被美国人华尔纳盗走一方）。

南、北壁五代画天王（模糊）。

甬道盝形顶中央五代画十一面观音一铺，南、北披画跌坐佛各六身。

南、北壁表层五代画供养人（毁），底层有初唐画天王。

主室窟顶藻井画牡丹团花井心，垂角幔帷铺于四披（西、北披各毁一部）。西、北披画千佛（各毁一部）。东、南披画千佛，上画飞天各三身。

西壁斜顶敞口龛内初唐塑一跌坐佛、二弟子、二菩萨、二天王（清修），清塑二菩萨。

龛顶画跌坐佛九身，飞天二十三身。

龛壁塑佛光，两侧各画四弟子、四菩萨。

龛沿画一整二半团花边饰。

龛下画天王、供养菩萨（模糊）。

龛外南侧画文殊变一铺，下画菩萨一身。

龛外北侧画普贤变一铺，下画菩萨一身。

南壁画弥勒经变一铺，下画女供养人十九身、侍女二十七身。

北壁画阿弥陀经变一铺，下画男供养人(存三组)。

东壁门上画法华经变一铺；门南、北各画说法图一铺（门北说法图中二胁侍为十一面观音），下画供养牛车。

## 第 332 窟

修建时代：初唐（五代、元、清重修）

洞窟形制：前部人字披顶，后部平顶，有中心方柱，柱东向面与南、北壁前部各塑立佛一铺，西壁开一龛

内容：前室顶西披存五代画如意轮观音一铺、千手眼观音一角。

西壁门南、北五代画龙王礼佛图（模糊）。

南、北壁五代各画弟子、菩萨、天王（模糊）。

甬道顶中央五代画六臂观音，南、北披画垂幔。

南壁五代画文殊变一铺，下元画供养人三身、侍从二身，五代画供养人三身。

北壁五代画普贤变一铺，下元画女供养人二身、侍从一身，五代画供养人三身。

主室中心方柱东向面塑一佛、二菩萨立像一铺。上画文殊、普贤各一铺。

南向面画卢舍那佛一铺。

西向面画药师佛一铺。

北向面画灵鹫山说法像一铺。

窟顶前部东披画千佛；西披中画释迦多宝佛一铺，

南、北侧画千佛。

后部平顶画千佛。

西壁横长圆券龛内存涅槃佛一身，菩萨残像二身。

龛顶画娑罗树林，飞天存五身。

龛壁画佛母奔丧，南侧存一飞天（模糊）、北侧存二飞天。

龛沿画卷草边饰。

龛上画飞天。

佛床画垂角纹床围、床柱间珍禽异兽；龛下画供养菩萨。

龛外南、北侧画菩萨各一身。

南壁前部塑一佛、二菩萨立像一铺。上画赴会佛二铺。

后部画涅槃经变一铺，下画女供养人（模糊）。

北壁前部塑一佛、二菩萨立像一铺。上画赴会佛二铺。

后部画维摩诘经变一铺，下画男供养人存一部。

东壁门上画洛珈山观音一铺；门南画五十菩萨图，下画供养比丘三身；门北画灵鹫山说法图一铺，下供养比丘三身；门沿五代画菩萨二身。

注：此窟原存武周圣历元年《重修莫高窟佛龛碑》，系李克让所建。

## 第333窟

修建时代：初唐（五代、清重修）

洞窟形制：覆斗形顶，西壁设佛床

内容：前室顶西披表层存宋代残画，底层有五代残画。

西壁门北存五代画毗沙门天王（残）

主室窟顶藻井画莲花井心，垂角幔帷铺于四披。四披画千佛。

西壁初唐塑一趺坐佛、二弟子、二菩萨（清重妆头部）。马蹄形佛床，床沿五代画男女供养人（模糊）。

壁上浮塑佛光，两侧画佛弟子各三身、项光二个，上画菩提宝盖、赴会佛二组。

南壁画六菩萨、一弟子，下五代画男供养人存五身。

北壁画六菩萨、一弟子，下五代画女供养人八身。

东壁门上画千佛；门南画弟子一身，五代画男女供养人八身（模糊）；门北画弟子一身，五代画男女供养人九身（模糊）。

## 第334窟

修建时代：初唐（五代、清重修）

洞窟形制：覆斗形顶，西壁开一龛

内容：前室西壁门上五代愿文题榜（模糊）；门北画维摩诘经变（维摩诘，模糊）；门南画维摩诘经变（文殊，模糊）。

南壁五代画药师经变一铺（毁），西侧存十二大愿（模糊）。

北壁五代画观无量寿经变一铺，西端十六观（模

糊）。

甬道盝形顶中央五代画佛教史迹画于阗牛头山、毗沙门天王决海等，底层初唐画千佛。南、北披五代各画瑞像图（模糊）。

南壁五代画男供养人。

北壁五代画女供养人（模糊）。

主室窟顶藻井画团龙井心，卷草、花串铺于四披。四披画千佛（西披毁一部）。

西壁平顶敞口龛内初唐塑一佛、二弟子、二菩萨、二天王（清修）。龛外南、北侧台上各塑一天兽。

龛顶画说法图一铺。

龛壁浮塑佛光，两侧画维摩诘经变，南侧文殊、北侧维摩诘，后随听法从众。

龛沿画百花卷草、四瓣团花边饰。

龛外南侧画千佛，下力士台下女供养人二身、侍从四身。

龛外北侧画千佛，下力士台下男供养人二身、侍从四身。

龛下五代画供养器与供养菩萨六身。

南壁上画千佛，中画净土变一铺，下画女供养人（模糊）。

北壁上画千佛，中画阿弥陀经变一铺，下画男供养人（模糊）。

东壁门上画十一面观音一铺，两侧画胁侍菩萨二身；门南画千佛，下画供养牛车（模糊）；门北画千佛，下画供养驼马。

## 第335窟

修建时代：初唐（中唐、宋、元、清重修）

洞窟形制：覆斗形顶，西壁开一龛

内容：前室顶西披存千手眼观音一铺，两侧画不空绢索观音一铺、如意轮观音一铺（均残）。

西壁门上存宋代残画一部；门南、北各存宋代画维摩诘经变一部（模糊）。

南壁存中唐残画一角，宋残画一角。中为第336窟入口。

北壁存宋残画一角。

甬道顶存中唐画药师佛一部。

南壁残存中唐画供养比丘一身。

北壁残存中唐画说法图一铺。下为第337窟口。

主室窟顶藻井画牡丹团花井心，卷草、垂幔铺于四披。四披画千佛。

西壁平顶敞口龛内唐塑一趺坐佛、一弟子(清修)，清塑一弟子、四菩萨。

龛顶画法华经变见宝塔品。

龛壁浮塑佛光，两侧画法华经变从地涌出品及灵鹫山；龛口内南侧画劳度叉斗圣变（劳度叉），北侧画劳度叉斗圣变（舍利弗）。

龛沿画半团花边饰。

龛上画牡丹花瓣边饰。

龛下元代画菩萨（残）。

龛外南侧画大势至菩萨一身（残）。

龛外北侧画观世音菩萨一身。

南壁画阿弥陀经变一铺（面部后修）。

北壁画维摩诘经变一铺。

东壁门上阿弥陀佛等一铺；门南画说法图五铺、药师佛一身、千佛一部，下元画菩萨四身；门北中唐画说法图一铺（宋代描），下元画菩萨四身。

注：此窟门上有垂拱二年题记；西壁龛北侧有长安二年题记；北壁有圣历年张思艺敬造题记。

## 第 336 窟

修建时代：晚唐

洞窟形制：覆斗形顶

内容：窟顶藻井画团花井心，卷草、幔帷铺于四披。东、南、西披画千佛。

南壁画观音一铺。

西壁画如意轮观音一铺（模糊）。

东壁画不空绢索观音一铺。

注：此窟位于第 335 窟前室南壁，坐北朝南。

## 第 337 窟

修建时代：晚唐（五代重修）

洞窟形制：覆斗形顶，北壁开一龛

内容：窟顶藻井画团龙团花井心，卷草、幔帷铺于四披（东披毁）。东披存千佛一角；南、西、北披画千佛，中跌坐佛各一身（北披东角毁）。

北壁斜顶方口龛顶画千佛。

龛内北壁屏风三扇，画一佛、二菩萨；东、西壁屏风各二扇，各画二菩萨。

龛上画山花蕉叶帐顶图案。

龛外东侧上画飞天一身，下画普贤一铺。

龛外西侧上画飞天一身，下画文殊一铺。

西壁画观无量寿经变一铺，北侧未生怨、南侧十六观。

东壁画药师经变一铺，南侧九横死、北侧十二大愿。

注：此窟位于第 335 窟甬道北壁，坐北朝南。

## 第 338 窟

修建时代：初唐（晚唐、清重修）

洞窟形制：覆斗形顶，西壁开一龛

内容：前室顶初唐画千佛，晚唐补画部分。

西壁门上晚唐画十一面观音一铺，两侧画毗沙门天王赴那吒会各存一部；门南晚唐画天王一铺（模糊）；门北晚唐画天王一铺，下存女供养人（残）。

南壁晚唐画千手眼观音一铺，下模糊。

北壁晚唐画千手钵文殊一铺，下画女供养人。

甬道盝形顶中央晚唐画药师经变一铺。南、北披晚唐画跌坐药师佛各五身。

南壁晚唐画男供养人三身。

北壁晚唐画男供养人一身，供养比丘二身，

主室窟顶藻井画团花井心，垂角幔帷铺于四披。四披画千佛。

西壁斜顶敞口龛内唐塑倚坐佛一身（清修），清塑弟子二身、菩萨二身。

龛顶画弥勒上生经变一铺。

龛壁浮塑佛光，两侧画弟子五身，赴会菩萨七身。

龛沿画波状卷草、半团花边饰。

龛下晚唐画供养器与供养菩萨。

龛外南侧画大势至菩萨。

龛外北侧画观世音菩萨。

南壁画千佛，中央画说法图一铺，下初唐画供养菩萨，晚唐画供养人（模糊）。

北壁画千佛，中央画说法图一铺；下初唐画供养菩萨，晚唐画女供养人十二身。

东壁门上画说法图一铺；门北画千佛，下晚唐画男供养人；门北画千佛，下晚唐画女供养人。

## 第 339 窟

修建时代：初唐（五代、西夏、清重修）

洞窟形制：覆斗形顶，西壁开一龛

内容：前室顶五代画千佛，中央画说法图一铺（残）。

西壁门上愿文题榜（模糊）；门南五代画天王一铺（模糊）；门北五代画毗沙门天王一铺（模糊）。

南壁西夏画文殊一铺（残）。

北壁西夏画普贤一铺（残）。

甬道顶西夏画团花。

南、北壁各画菩萨二身。

主室窟顶藻井画团花井心。四披画千佛。

西壁斜顶敞口龛内清塑二佛二弟子。

龛顶西夏画双菩提宝盖、八飞天。

龛壁西夏画菩萨一身、项光二个。两侧各画菩萨二身。

龛上西夏画山花蕉叶帐顶图案。

龛下画狮子与供宝。

龛外南、北侧各画花卉、一项光，下底层露出五代画男供养人。

南壁画千佛，中央画说法图一铺，下底层露出五代画男供养人。

北壁画千佛，中央画说法图一铺，下五代画女供养人。

东壁门上画千佛；门南、北画千佛，下画壶门内供宝。

## 第 340 窟

修建时代：初唐（中唐、晚唐、元、清重修）

洞窟形制：覆斗形顶，西壁开一龛

内容：前室顶存残画部分。

西壁门上画毗沙门天王赴那吒会，门南、北上各画说法图一铺，下画龙王礼佛图。

南壁残存菩萨、弟子部分。

甬道盝形顶中央晚唐画佛教史迹画一铺；南披晚唐画瑞像图，存七身；北披晚唐画瑞像图，存六身。

南壁存晚唐画供养比丘一身（残）。

北壁存晚唐画女供养人一身（残）。

主室窟顶藻井初唐画团花井心，垂幔铺于四披。四披画千佛。

西壁平顶敞口龛内初唐塑一佛、二弟子、二菩萨（清修），清塑二菩萨。

龛顶画见宝塔品、二飞天。

龛壁浮塑火焰佛光，两侧各画四弟子、二项光及从地涌出品。

龛沿画海石榴卷草、半团花边饰。

龛外南侧画文殊变一铺，菩萨一身。

龛外北侧画普贤变一铺，菩萨一身。

南、北壁画千佛，中央画净土变各一铺。

东壁门上初唐画十一面观音一身、菩萨六身；门南初唐画立佛二身、菩萨一身、千佛十身，下晚唐画千佛，元画佛三身（清重描），趺坐佛一铺三身；门北上元画一佛、二菩萨，下中唐画二菩萨，下模糊。

## 第341窟

修建时代：初唐（五代、清重修）
洞窟形制：覆斗形顶，西壁开一龛
内容：前至顶西披存五代画三铺观音变各一部。

西壁门上愿文题榜（模糊），门南、北五代各画毗沙门天王赴那吒会（模糊）。

北壁表层五代画（模糊），底层存唐画千佛。

甬道盝形顶中央五代画三头六臂观音一铺。南、北披五代画立佛各存四身。

南壁五代画男供养人（模糊）。

北壁五代画女供养人（模糊）。

主室窟顶藻井画团花云纹井心，半团花幔帷铺于四披。四披画千佛。

西壁平顶敞口龛内初唐塑一趺坐佛、二弟子、四菩萨，龛外两侧塑二菩萨（清修，其中清塑菩萨二身）。

龛顶画法华经变见宝塔品。

龛壁浮塑佛光，南侧画优波离、罗睺罗等四弟子，北侧为舍利弗、目乾连、须菩提、富楼那等四弟子。

龛口内南侧画维摩诘经变（文殊）、北侧画维摩诘经变（维摩诘）。

龛沿画半团花、石榴边饰。

龛外南、北侧各画赴会佛一铺。

龛下五代画供养器、宝檀花等菩萨，底层有唐画供养人残痕。

南壁画阿弥陀经变一铺。

北壁画弥勒经变一铺。

东壁上初唐画说法佛一身，两侧八臂观音各一身，供养菩萨各五身，门上五代画飞天一身；门南五代画

说法图一铺，下男供养人三身；门北五代画说法图一铺，下女供养人四身、从女二身。

## 第342窟

修建时代：初唐（五代、清重修）
洞窟形制：覆斗形顶，西壁开一龛
内容：甬道盝形顶中央五代画佛教史迹画。南、北披五代画瑞像图。

主室窟顶藻井初唐画团花井心，卷草、幔帷铺于四披。四披初唐画千佛（熏毁）。

西壁平顶敞口龛内初唐塑佛一身，清塑、清修弟子、菩萨十四身。龛外两侧力士台上五代塑天兽各一只。

龛顶画说法图一铺。

龛内西壁塑佛光，两侧各画一弟子，上赴会佛各一铺（熏黑）；南壁初唐画维摩诘经变（文殊）。北壁初唐画维摩诘经变（维摩诘）。

龛外南侧画普贤变一铺，下有山水（熏黑）。

龛外北侧画文殊变一铺，下有山水（熏黑）。

龛下画供养人。

南壁画劳度叉斗圣变一铺，下供养菩萨（熏黑）。

北壁画维摩诘经变一铺，下供养菩萨（熏黑）。

东壁门上内容不明。门南、北各画观音经变一铺。下五代画供养人（模糊、熏毁）。

## 第343窟

修建时代：晚唐
洞窟形制：覆斗形顶，北壁开一龛
内容：窟顶藻井画团花井心，鹦鹉、垂幔铺于四披。四披画千佛。

北壁斜顶方口龛顶画千佛。

龛内北壁画说法图一铺。东、西壁屏风各二扇，各画一菩萨。

龛外东、西侧各画菩萨一身。

东壁画观无量寿经变一铺，北侧未生怨、南侧十六观。

西壁画药师经变一铺，南侧十二大愿、北侧九横死。

注：此窟原在第432窟甬道北壁，坐北朝南，五代时被封闭。

## 第344窟

修建时代：唐（西夏、清重修）
洞窟形制：覆斗形顶，西壁开一龛
内容：前室顶存团花图案一部，椽条图案一角。

南壁存西夏画菩萨一部（残）。

北壁上存幔帷一部、净土变，下壶门内供宝存四个。

甬道盝形顶中央存团花图案一部，南、北披画幔帷。

主室窟顶藻井浮塑团龙井心，回纹、卷草铺于四披。四披画棋格团花、垂幔、飞天二十身。

西壁平顶方口龛，内清塑送子娘娘一铺及假山楼阁。

龛顶存西夏画菩提宝盖一角、飞天四身。

龛沿画半团花边饰。

龛外南、北侧各存千佛一部。

龛座上层画一供养器、二狮子、二驯狮人、二白象。

龛座下层画壶门内伎乐存八个。

南、北壁画千佛，下壶门内供宝各存八个。

东壁门上画千佛；门南、北画千佛，下壶门内供宝各四个。

注：此窟原为唐窟，西夏改修，清代改为娘娘殿。

## 第 345 窟

修建时代：盛唐（西夏、清重修）

洞窟形制：覆斗形顶，西壁开一龛

内容：前室顶五代画七佛，存四身。

西壁存五代画垂幔一部。

南壁即第 346 窟。

甬道顶盛唐画于阗佛教史迹故事画一铺。

南壁五代画供养比丘三身。

北壁存五代画幔帷一角。

主室窟顶藻井浮塑团龙卷瓣连花井心。回纹、卷草幔帷铺于四披。四披西夏画棋格团花、垂幔，存飞天二十身。

西壁平顶敞口龛内盛唐塑一跃坐佛、一弟子（清修），清塑一弟子、四菩萨。龛外两侧有力士台。

龛内西壁盛唐塑佛光，画卷草火焰；佛座上盛唐画供养菩萨；南、北壁各画项光、花卉、飞天一身。

龛下画莲花座。

龛外南、北侧各画飞天一身、花卉。

南、北壁画千佛（下模糊），西端各画项光、花卉。

东壁门上、门南、门北画千佛。

## 第 346 窟

修建时代：五代

洞窟形制：只存南壁一部分

内容：南壁五代画射手一身。

注：此窟即第 345 窟前室残存南壁。

## 第 347 窟

修建时代：盛唐（五代、西夏、清重修）

洞窟形制：覆斗形顶，西壁开一龛

内容：前室西壁门北存五代残画一部。

北壁五代画天王存一部。下女供养人存一部。

甬道顶中央画棋格团花（熏毁）。

南壁为第 348 窟入口，门西存西夏画菩萨一身（残）。

北壁为第 349 窟入口，门西存西夏画菩萨一身（残）。

主室窟顶藻井浮塑团龙井心（熏毁）。四披画棋格团花、垂幔等图案（全熏毁）。

西壁斜顶敞口龛内唐塑跃坐佛一身、弟子二身（清修）。清塑菩萨四身。

龛顶画菩提宝盖（熏毁）。

龛内北壁剥落处露出盛唐项光。

龛外南、北侧西夏画千佛（熏毁）。

东、南、北壁画千佛（全熏毁）。

## 第 348 窟

修建时代：晚唐（西夏重修）

洞窟形制：覆斗形顶，南壁开一龛

内容：甬道盝形顶中央团花（模糊、熏毁）。东、西披画垂幔（模糊、熏黑）。

东、西壁画莲花（模糊、熏毁）。

主室窟顶藻井画团花井心（毁）。四披团花图案（熏毁）。

南壁平顶方口龛内北壁画二弟子（熏毁）。

龛上画垂幔（熏毁）。

龛外东、西侧各画菩萨一身（熏毁）。

东、西壁各画说法图一铺（熏毁）。

注：此窟位于第 347 窟甬道南壁，坐南朝北。

## 第 349 窟

修建时代：晚唐（西夏重修）

洞窟形制：覆斗形顶

内容：甬道盝形顶中央画团花（模糊）。东、西披画垂幔（模糊、熏毁）。

东、西壁画莲花（模糊、熏毁）。

主室窟顶藻井、四披画团花图案（熏毁）。

北壁画佛光、花卉（熏毁）。

西壁画项光、花卉，南端画一菩萨（熏毁）。

南壁画花卉（熏毁）。

注：此窟位于第 347 窟甬道北壁，坐北朝南，清代曾被用作厨房，熏毁甚剧。

## 第 350 窟

修建时代：西夏（清塑像）

洞窟形制：覆斗形顶，西壁开一龛

内容：窟顶藻井画团花井心。回纹、卷草铺于四披。

西壁盝顶帐形龛内清塑赵公明一身。

龛顶中央画团花，四披画棋格团花。

龛内西壁画佛光、菩提宝盖、二项光、二化生；南、北壁各画二项光、花卉。

龛沿画菱纹边饰。

龛上画山花蕉叶帐顶图案。

龛下画莲座壶门。

帐门南、北侧画帐柱、璎珞。

南、北壁各画说法图一铺（部分剥落）。

东壁门上画说法图（残）。门北残存菩萨一身。

## 第 351 窟

修建时代：五代（西夏、清重修）

洞窟形制：覆斗形顶，西壁开一龛

内容：前室顶表层画椽条图案，底层有五代残画。

西壁门上画七佛（模糊），门南画文殊变一铺（上部模糊），门北画普贤变一铺。

南、北壁各画阿弥陀经变。

甬道盝形顶中央画棋格团花，南、北披画垂幔。

南、北壁上画说法图，中供养菩萨，下壶门内供宝。

主室窟顶藻井浮塑二龙戏珠井心，回纹、卷草、幔帷铺于四披。四披画棋格团花、垂幔、飞天。

西壁平顶方口龛内清塑佛一铺十一身（一倚坐佛、二弟子、二菩萨、二半跏坐菩萨、二供养菩萨、一骑狮文殊、一乘象普贤）。佛床壶门内供宝。

龛沿画波状卷草边饰。

龛外南、北侧各画千佛，下花卉。

龛下画花卉。

南、北壁画千佛，下壶门内供宝，西端各画一供养菩萨、花卉。

东壁门上画千佛；门南、北画千佛，下画壶门内供宝。

## 第 352 窟

修建时代：西夏

洞窟形制：覆斗形顶，西壁开一龛

内容：窟顶藻井画团花井心，回纹、垂幔铺于四披。西、南、北披画回纹、垂幔（南披毁一角）。

西壁盝顶帐形龛内塑弥勒菩萨一身、胁侍菩萨一身。

龛顶中央团花，四披画垂幔。

龛内西壁画佛光、花卉，南、北壁画花卉。

龛沿画半团花边饰。

龛上画帐顶图案。

龛下画壶门内供宝（模糊）。

帐门南侧存菩萨一身。

帐门北侧画菩萨二身。

南壁残存菩萨二身。

北壁残存菩萨六身。

## 第 353 窟

修建时代：盛唐（西夏、清重修）

洞窟形制：覆斗形顶，西、南、北壁各开一龛

内容：窟顶藻井画法轮团花井心，回纹、卷草幔帷铺于四披。四披画棋格团花、垂幔、飞天各六身。

西壁平顶敞口龛内盛唐塑菩萨一身（清修），清塑

药师佛一铺六身；龛外南、北侧台上各塑一天兽。

龛顶画菩提宝盖、六飞天。

龛壁画花卉、项光，清画佛光。

龛上沿露出盛唐画半团花边饰。

龛下画花卉。

龛外南、北侧各画说法图一铺、供养菩萨二身。

南壁平顶敞口龛内清塑佛一铺五身。

龛顶画菩提宝盖、四飞天。

龛壁清画佛光，两侧画花卉、项光。龛口内东、西侧各画一供养菩萨。

龛上沿有盛唐图案。

龛上画帐顶图案。

龛下画壶门内供宝。

龛外东、西侧画帐柱，上各画说法佛，中各画二供养菩萨。

北壁平顶敞口龛内清塑佛一铺五身。

龛顶画菩提宝盖、四飞天。

龛壁佛光两侧画花卉、项光。龛口内东、西侧各画一供养菩萨。

龛上画帐顶图案。

龛下画壶门内供宝。

龛外东、西侧画帐柱，上各画说法图，中二供养菩萨。

东壁门上画七佛、一菩萨；门南、北各画供养菩萨四身，下画壶门内供宝。

## 第 354 窟

修建时代：西夏

洞窟形制：覆斗形顶，西壁开一龛

内容：甬道盝形顶中央，两披画菱形图案。

主室窟顶藻井画团花井心，卷草、垂幔铺于四披。

西壁盝顶帐形龛顶中央画二团花，四披画垂幔。

龛内西壁画佛光、二项光、花卉，南、北壁各画二项光、花卉。

龛沿画半团花边饰。

龛上画帐顶图案。

帐门南、北侧各画供养菩萨一身、帐柱。

南、北壁各画净土变一铺，下壶门内供宝。

东壁门南画不空绢索观音一身，下壶门内供宝；门北画如意轮观音一身，下壶门内供宝。

## 第 355 窟

修建时代：宋（西夏重修）

洞窟形制：顶毁，西壁开一龛

内容：西壁盝顶帐形龛内西魏禅定佛塑像一身（由别处移来此处）。

龛顶中央画二团花，四披画垂幔。

龛内西壁画十一面观音一铺，胁侍二天女、二化生；南壁西夏画不空绢索观音一铺；北壁画如意轮观音一铺。

## 第 356 窟

修建时代：西夏

洞窟形制：覆斗形顶，西壁开一龛

内容：窟顶藻井画莲花井心（存一角）。西披画千佛，中央说法图一铺（模糊）；南披存千佛一角；北壁画千佛，中央说法图一铺；东披存千佛一身。

西壁圆券顶方口龛内马蹄形佛床，壸门内画供宝。

龛顶画团花。

龛内西、南、北壁画垂幔、长幡。

龛上画帐顶图案。

龛下画花卉。

龛外南、北侧各画天王一身。

南壁画千佛，中央说法图一铺（存一部），下壸门内供宝。

北壁画千佛，中央说法图一铺，下壸门内供宝。

东壁门北存千佛一部（模糊）。

## 第 357 窟

修建时代：中唐

洞窟形制：禅龛

内容：中唐塑禅僧像一身。

注：此窟位于第 358 窟窟口上方。

## 第 358 窟

修建时代：中唐（五代、西夏、清重修）

洞窟形制：覆斗形顶，西壁开一龛

内容：前室西壁门上底层剥出中唐愿文题榜，无文字；门南底层剥出中唐画毗琉璃天王一身；门北底层剥出中唐画毗沙门天王一身

甬道顶画团花图案。

南、北壁西夏各画菩萨，存二身（模糊）

主室窟顶藻井画卷瓣莲花三兔井心，卷草垂幔与飞天铺于四披。西披上画说法图、十方佛赴会，下画双层帐顶图案。东、南、北披各画千佛，中央说法图各一铺。

西壁盝顶帐形龛内清塑菩萨一身，马蹄形佛床。

龛顶中央画棋格雁衔璎珞团花图案。西披画药师佛五身、菩萨二身，南、北披画药师佛各四身，北披菩萨一身，东披药师佛五身，菩萨一身。

龛内西壁上画垂幔，下屏风三扇，一画十六观之一部，一画现身说法。南壁上画垂幔，下屏风三扇，画未生怨。北壁上画垂幔，下屏风三扇，画九横死。

龛沿画一整二半团花边饰。

龛上画帐顶图案。

龛下壸门内伎乐与供养器。

帐门南侧上画跌坐佛三身，下普贤变一铺。

帐门北侧上画跌坐佛三身，下文殊变一铺。

南壁西起画观无量寿经变一铺，西侧未生怨、东侧十六观；弥勒经变一铺；下中唐、五代、西夏画供养人重层（模糊）。

北壁西起画药师经变一铺，东侧九横死、西侧十二大愿；天请问经变一铺；下中唐、五代、西夏画供养人重层（模糊）。

东壁门上画说法图一铺；门南画不空绢索观音，下中唐、五代、西夏画男供养人重层；门北画如意轮观音，下中唐、五代、西夏画女供养人重层。

## 第 359 窟

修建时代：中唐（五代、清重修）

洞窟形制：覆斗形顶、西壁开一龛

内容：前室西壁门上存五代残画一部。

甬道顶五代画八臂观音一铺。

南、北壁各存五代画一角。

主室窟顶藻井画狮子莲花井心，卷草幔帷铺于四披。西披上画赴会佛十一铺，下帐顶图案、迦楼罗、迦陵频伽。南、北、东披画千佛，中央说法图各一铺。

西壁盝顶帐形龛内清塑一菩萨、二胁侍。马蹄形佛床。

龛顶中央画棋格团花，西披画跌坐佛五身、化生二身，南、北披各画跌坐佛三身、化生二身，东披画立佛五身。

龛内西壁上画卷草垂幔，下屏风四扇，画九横死，浮塑佛光；南、北壁上画卷草垂幔；下屏风各三扇，画九横死。

龛沿画石榴卷草边饰。

龛上画帐顶图案。

龛下画供养器，两侧供养比丘（模糊）、男供养人二身，比丘尼七身、女供养人二身。

帐门南侧画普贤变一铺。

帐门北侧画文殊变一铺。

南壁西起画阿弥陀经变一铺、金刚经变一铺，下女供养人存十五身（被穿洞毁去一部）。

北壁西起画药师经变一铺、弥勒经变一铺，下吐蕃装男供养人存十三身。

东壁门上愿文题榜，男女供养人各一身；门南画维摩诘经变（维摩诘），下女供养人（模糊）；门北画维摩诘经变（文殊），下男供养人（模糊）。

## 第 360 窟

修建时代：中唐（五代、清重修）

洞窟形制：覆斗形顶，西壁开一龛

内容：前室顶存五代残画一部。

西壁门上五代愿文题榜与幔帷，门南、北五代画龙王礼佛各存一部。

北壁存五代残画一部。

甬道顶五代画说法图一铺。

南、北壁五代画说法图一铺，下男供养人，各存三身。

主室窟顶藻井画迦陵频伽卷瓣莲花井心，卷草幔帷铺于四披。西披画千佛、中央释迦说法图一铺；南、北、东披画千佛，中央多宝塔各一铺。

西壁盝顶帐形龛内清塑一菩萨、二弟子。马蹄形佛床。

龛顶中央画棋格团花，东、西披各画五坐佛、二菩萨，南、北披各画三坐佛、二化生。

龛内西壁浮塑佛光，两侧屏风共四扇，画故事画；南、北壁上画璎珞垂幔，下屏风各三扇，画故事。

龛沿画团花边饰。

龛上画帐顶图案。

龛下五代画供养器，南侧男供养人八身、北侧女供养人七身。

帐门南侧画普贤变一铺，上跌坐佛三身。

帐门北侧画文殊变一铺，上跌坐佛三身。

南壁西起画释迦曼荼罗一铺，下屏风三扇；观无量寿经变一铺，下屏风三扇，二画未生怨、一画十六观；弥勒经变一铺，下屏风存二扇，画嫁娶、降生、一种七收（东角被穿洞所毁）。

北壁西起画千手钵文殊变一铺，下屏风存三扇，画十二大愿；药师经变一铺，下屏风二扇，画九横死、十二大愿一部；天请问经变一铺，下屏风存一扇半，画梵天诸问（东角被穿洞毁去一部分）。

东壁门上画维摩诘经变佛国品；门南画维摩诘经变（维摩诘），下屏风三扇，画方便品；门北画维摩诘经变（文殊），下屏风三扇，画方便品。

## 第 361 窟

修建时代：中唐（五代重修）

洞窟形制：覆斗形顶，西壁开一龛

内容：甬道顶存残画一部。

南壁存残画一部。

主室窟顶藻井画交杵莲花井心，卷草、金刚杵、幔帷铺于四披。西披画说法图、十方佛赴会，下画帐顶图案。东、南、北披各画飞天四身，中画千佛，中央说法图各一铺。

西壁盝顶帐形龛顶中央画雁衔璎珞棋格团花图案，四披画千佛。

龛内西、南、北壁画屏风各二扇。

佛床马蹄形。

南侧帐扉顶画圆盖飞天图案，西、南壁屏风二扇，画普贤显现与峨嵋山，一佛二菩萨边饰。

北侧帐扉顶画圆盖飞天图案，西、北壁屏风二扇，画文殊显现与五台山，一佛二菩萨边饰。

龛上画帐顶图案。

龛下画壶门内伎乐。

南壁西起画阿弥陀经变一铺、金刚经变一铺，下中唐画供养比丘三身、侍从三身、供养人二身。

北壁西起画药师经变一铺（西角被穿洞毁去部分）、弥勒经变一铺（东角毁），下画供养比丘四身、侍从

三身。

东壁门上画释迦多宝佛一铺；门南上画千手钵文殊变一铺，中画不空绢索观音一铺，下五代画女供养人（残）；门北画十一面千手眼观音一铺。下毁。

## 第 362 窟

修建时代：五代

洞窟形制：覆斗形顶

内容：此窟壁画全毁。

## 第 363 窟

修建时代：中唐（西夏重修）

洞窟形制：覆斗形顶，西壁开一龛

内容：甬道盝形顶中央画四瓣花图案。南、北披画垂幔。

南、北壁各画行脚禅僧。

主室窟顶藻井画团龙井心。四披画团花垂幔。

西壁盝顶帐形龛内中唐塑一倚坐佛、二弟子、二菩萨、二天王（表层被后代刻毁）。马蹄形佛床。

龛顶中央画棋格团花图案，西披画立佛四身，南、北披各画立佛二身（底层露出中唐画迦陵频伽各一身），东披画云气。

龛内西壁中唐浮塑佛光（西夏重画），两侧画垂幔、花卉；南、北壁画垂幔、花卉（底层为中唐屏风画）。

龛沿存中唐画卷草边饰一部。

龛上画帐顶图案。

龛下画供养器，南侧男供养人三身、比丘一身，北侧女供养人存四身。

帐门南、北侧各画菩萨一身（跌坐，手执麈尾）。

南壁画净土变一铺，下西夏画供养人存七身（模糊），西部被穿洞毁去一部。

北壁画净土变一铺，下画女供养人七身（模糊），东部被穿洞毁去一部。

东壁门上画七佛；门南画药师佛一身，下画男供养人（模糊）；门北画药师佛一身，下画女供养人（模糊）。

## 第 364 窟

修建时代：宋

洞窟形制：平顶

内容：窟顶画交杵图案。

西壁内有一人字披顶窟，门南存残画一部；门北画天王。

南壁画飞天、侍者各一身。

北壁画飞天、侍者各一身（仅存头部）。

注：此窟原为禅僧龛，后在龛西壁内凿成一人字披顶禅窟。

## 第 365 窟

修建时代：中唐（西夏、清重修）

洞窟形制：横卷顶，西壁设佛坛

内容：前室西壁门南、北清各画二天王。

甬道南、北壁各残存供养菩萨。

主室窟顶画团花图案。

西壁坛上中唐塑七禅定佛（清修头部）。

壁上中唐画菩提宝盖、佛光各七个（宋填色），南、北侧各画赴会佛一铺，上画千佛一排。

坛上佛座壸门内宋画折枝花卉。

坛下中央有中唐吐蕃文题记，汉文写经，两侧菩萨存二十身。

南、北壁上画净土变各一铺，下垂幔；中画净土变各一铺（穿洞毁去部分）；西端上各画听法菩萨四身，中各一供养菩萨；下壸门内供宝各十一个。

东壁上画垂幔，门上画说法图一铺，下毁。门南画净土变一铺，下壸门内供宝七个；柱上画听法菩萨，下壸门内供宝三个。门北画净土变一铺，下壸门内供宝存七个；柱上画听法菩萨十一身，下壸门内供宝三个。

注：此窟为吐蕃统治末期吴僧统沙门洪辩所开之七佛堂。

### 第366窟

修建时代：中唐（宋、清重修）

洞窟形制：覆斗形顶，西壁开一龛

内容：前室西壁存清残画一部。

甬道顶中央存团花图案一部，南、北披各存垂幔一部。

南、北壁各存供养菩萨残画一部，下存壸门内供宝三个。

主室窟顶藻井浮塑团凤井心，四披各存回纹卷草一部。东、南、北披画团花图案（残）。

西壁盝顶帐形龛内清塑玉皇一铺三身。

龛上画帐顶图案。

帐门南、北侧上画垂幔，中各画供养菩萨二身，下壸门内供宝。

南壁上画垂幔，中供养菩萨存六身，下壸门内供宝存六个。

北壁上画垂幔，中供养菩萨存八身，下壸门内供宝十一个。

东壁门上画垂幔；门南画文殊变一铺，下壸门内供宝存三个；门北画普贤变一铺，下壸门内供宝存四个。

注：此窟位于三层楼之最高处，与第365、16等窟为同一时期所凿。

### 第367窟

修建时代：西夏（清塑像）

洞窟形制：覆斗形顶，西壁开一龛

内容：前室顶存团花图案一角（模糊）。

北壁存残画一角。

甬道顶中央画团花图案，南、北披画垂幔。

南、北壁各存菩萨一身（残）。

主室窟顶藻井浮塑团凤井心，回纹、卷草铺于四披。四披画团花图案。

西壁盝顶帐形龛内清塑一佛、二弟子。佛床马蹄形。

龛顶中央画团花图案，西披画菩提宝盖、云气、二飞天，东、南、北披画垂幔。

龛内西壁浮塑佛光，画四飞天、项光、花卉；南、北壁各画项光、花卉、二飞天。

龛沿画菱形花边饰。

龛上画垂幔一条、山花蕉叶帐顶图案。

龛下莲座、壸门内供宝（模糊）。

帐门南、北侧画立佛各一铺，下壸门内供宝（模糊）。

南、北壁上画垂幔，中西起画净土变各一铺、说法图各一铺，东下部均被穿洞毁一部分。

东壁上画垂幔一条，门上、门南、门北画说法图各一铺，下壸门内供宝（模糊）。

### 第368窟

修建时代：中唐（宋、清重修）

洞窟形制：覆斗形顶，西壁开一龛

内容：甬道顶中央存团花图案一部，南披存垂幔一部。

主室窟顶藻井浮塑团龙井心、回纹、卷草铺于四披。四披画棋格团花图案。

西壁盝顶帐形龛内唐塑倚坐佛一身，宋塑菩萨、天王各二身，清塑阿难一身，修迦叶一身。马蹄形佛床。

龛顶中央画团花图案，四披画垂幔，西披中为菩提宝盖。

龛内西壁浮塑佛光，画二飞天、二项光、花卉；南、北壁各画项光、花卉、二飞天。

龛沿画菱形花边饰。

龛上画垂幔、帐顶图案。

龛下画莲座，壸门内供宝十二个。

帐门南、北侧各画药师佛一铺。

南、北壁上各画垂幔；中净土变各二铺，西端听法菩萨各四身；下壸门内供宝各十三个（南壁西下角被穿洞毁一部）。

东壁上画垂幔，门上画释迦多宝佛一铺；门南、北画说法图各一铺，下壸门内供宝共七个。

### 第369窟

修建时代：中唐（五代、清重修）

洞窟形制：覆斗形顶，西壁开一龛

内容：前室西壁门南存五代画一部（模糊）。

南、北壁各存五代画一部（残）。

甬道南、北壁各存五代残画一部。

主室窟顶藻井画卷瓣莲花团龙四鹦鹉井心。四披画千佛，中央说法图各一铺。

西壁磊顶帐形龛内清塑佛一铺五身。马蹄形佛床。

龛顶中央画棋格团花。西披画菩提宝盖及菩萨、化生、飞天各二身。南、北披各画药师佛三身，菩萨二身。东披画药师佛六身、菩萨二身。

龛内西壁浮塑佛光，画卷草垂幔，下屏风二扇；南、北壁上画卷草垂幔，下屏风各三扇，各画十二大愿。

龛沿画团花边饰。

龛上画帐顶图案。

龛下五代画供养伎乐与供养器。

帐门南侧五代画普贤变一铺。

帐门北侧五代画文殊变一铺。

南壁西起画金刚经变、阿弥陀经变等三铺；下五代屏风，画菩萨七身。

北壁东起画弥勒经变、药师经变等三铺。下五代屏风，存菩萨六身。

东壁门上五代画维摩诘经变佛国品；门南五代画维摩诘经变（文殊），下屏风画，存菩萨一身（凿穿洞被毁一部）；门北画维摩诘经变（维摩诘），下屏风三扇，画一药师佛、二菩萨。

注：此窟为吐蕃时代创建未竟之窟，五代时始补绘东西两壁及屏风画。

## 第 370 窟

修建时代：中唐（宋、清重修）

洞窟形制：覆斗形顶，西壁开一龛

内容：甬道顶中央画趺坐佛一身。南、北披画趺坐佛（残）。

南、北壁宋各画菩萨一身，下供养人。

主室窟顶藻井画交杵莲花井心，卷草、垂幔铺于四披。四披画千佛，中央各一坐佛。

西壁磊顶帐形龛内清塑药师佛一身。

龛顶中央、四披画千佛。

龛内西壁画一倚坐佛、二弟子、二菩萨，南、北壁各画一倚坐佛、二菩萨。

龛沿画千佛。

龛上画帐顶图案。

龛下宋画供养器与执幡菩萨二身。

帐门南、北侧上画飞天各一身，下南侧画普贤变一铺，北侧画文殊变一铺。

南壁画观无量寿经变一铺，东侧未生怨（存一半）、西侧十六观。

北壁画药师经变一铺，东侧九横死（存一半）、西侧十二大愿；下被穿洞毁去一部，东下侧画供养人（模糊）。

东壁门上宋画说法图一铺；门南、北中唐各画十一面观音一铺，下宋画男供养人（模糊）。

## 第 371 窟

修建时代：初唐（盛唐、清重修）

洞窟形制：人字披顶，西壁下设佛坛

内容：前室顶东、西披各存千佛一角。

西壁门上画七佛、七胁侍菩萨。门南、北画说法图各一铺（模糊）。

南壁上存说法图一部（东部毁）。下画千佛（模糊）。

北壁上画说法图一铺（东部毁）。下画说法图一铺（中被凿一穿洞）。

东壁门南、北各存菩萨（残）。

甬道北壁存残画一部（模糊）。

主室窟顶东、西披各画千佛（毁一部）。

西壁马蹄形佛坛上盛唐塑一趺坐佛（清修），清塑二弟子、二菩萨。

壁上画菩提树，两侧画赴会佛各一组；中画忍冬卷草佛光，两侧各画四弟子、一项光。

南壁上画说法观音一铺；下东侧画说法图一铺，中间一项光，西侧菩萨一身。

北壁上画法华经变见宝塔品；下东侧画说法图一铺，中间一项光，西侧菩萨一身；下画供养人一排（模糊）。

东壁门上画七佛；门南画菩萨一身，侍从菩萨五身、女供养人一身；门北画菩萨一身，侍从菩萨三身。

## 第 372 窟

修建时代：初唐（宋、清重修）

洞窟形制：覆斗形顶，西壁开一龛

内容：前室顶存宋画弥勒经变一部。

甬道顶宋画说法图一铺。

南、北壁各存宋画菩萨一部（残）。

主室窟顶藻井画团花井心，垂角幔帷铺于四披。四披画千佛。

西壁平顶敞口龛内清塑一铺五身。

龛顶画菩提宝盖，赴会佛一身。

龛壁浮塑佛光，两侧画赴会佛二身、弟子二身。龛口内南、北侧画菩萨各一身、项光二个。

龛外南、北侧各画菩萨一身。

南壁画阿弥陀经变一铺（东部被穿洞毁去部分）。

北壁画说法图一铺（东部毁）。

东壁门南画地藏王一身、坐佛一身；门北画药师佛一身、女供养人一身。

## 第 373 窟

修建时代：初唐（宋、清重修）

洞窟形制：覆斗形顶，西壁开一龛

内容：窟顶藻井画石榴、莲瓣井心，垂幔、飞天铺于四披。四披画千佛。

西壁斜顶敞口龛内唐塑趺坐佛、迦叶各一身（清修），清塑一弟子、四菩萨。

龛顶画菩提宝盖、二飞天。

龛壁宋画佛光，两侧各画三项光。

龛沿画联珠纹边饰。

龛下宋画供养器、供养菩萨四身。

龛外南、北侧各画千佛。

南壁画千佛，中央画说法图一铺，下宋画供养菩萨存三身。东角被穿洞毁去一部。

北壁画千佛，中央画说法图一铺。下宋画存回鹘装供养人残痕。底层有初唐画女供养人。

东壁门上画七佛、二菩萨；门南画天王二身，下宋画供养菩萨；门北画天王二身。

## 第374窟

修建时代：盛唐（五代、清重修）

洞窟形制：覆斗形顶，西壁开一龛

内容：甬道顶存五代画残痕。

主室窟顶藻井画莲花井心，卷草、垂角幔帷铺于四披。四披画千佛。

西壁斜顶敞口龛内清塑一佛、二弟子、二菩萨。

龛顶画释迦、多宝佛龛。

龛壁浮塑佛光，两侧画八弟子、二项光。

龛沿画半团花边饰。

龛外南侧画大势至菩萨一身。

龛外北侧画观音菩萨一身。

南壁画说法图一铺，东端倾塌一部，被穿洞毁一部。

北壁画说法图一铺，东部倾塌一部，西角被穿洞毁一部。

东壁门上五代画说法图一铺；门南五代画毗琉璃天王一铺；门北五代画毗沙门天王一铺，下女供养人一部、侍从二身。

## 第375窟

修建时代：初唐（五代、清重修）

洞窟形制：覆斗形顶、西壁开一龛

内容：前室顶西披存五代残画一角。

西壁门上五代愿文题榜（模糊）；门北五代画龙王礼佛图（模糊）。

南、北壁存五代画各一部。

甬道盝形顶中央五代画地藏与十王厅，南、北披画垂幔（残）。

南壁五代画普贤变一铺（残）。

主室窟顶藻井画石榴莲花井心，垂角幔帷与伎乐飞天十身铺于四披。四披画千佛。

西壁平顶方口龛内初唐塑一佛、二弟子、四菩萨（清修）。

龛顶画飞天九身。

龛内西壁画火焰佛光，下南侧画婆薮仙、北侧画鹿头梵志；南、北壁各画菩萨三身。

龛沿画花串边饰。

龛外南侧上画夜半逾城，中菩萨一身，下初唐画女供养人、比丘尼各一身，侍从二身。

龛外北侧上画乘象入胎，中菩萨一身，下初唐画男供养人、比丘各二身，侍从一身。

龛下五代画供养器与二供养菩萨。

南壁画千佛，中央画说法图一铺。下画女供养人十一身，侍从二十身。东端被穿洞毁一部。

北壁画千佛，中央画说法图一铺。下画男供养人存十四身，侍从存十四身。

东壁门上画千佛；门南画天王二身，下五代画供养人（模糊）；门北画天王二身，下五代画女供养人三身，比丘尼一身，侍从二身。

## 第376窟

修建时代：隋（宋、清重修）

洞窟形制：覆斗形顶，西壁开一龛

内容：甬道顶、北壁各存残画一角。

主室窟顶藻井画团花井心。四披画回纹、卷草垂幔。

西壁盝顶帐形龛内清塑佛一铺七身。马蹄形佛床。

龛顶中央画团花，四披画垂幔。龛内西壁画菩提宝盖、佛光、二弟子、二项光；南、北壁各画飞天一身、菩萨二身、项光二个、花卉。

龛沿画波状卷草边饰。

龛上画山花蕉叶帐顶图案。

帐门南、北侧画听法菩萨各十身，下存壸门供宝各一个。

南、北壁画净土变各一铺，下存壸门供宝各五个（被穿洞毁去部分壁画）。

东壁底层存隋画千佛一部；门南存说法佛一部，下壸门供宝存一个；门北存说法佛一部，下壸门供宝存二个。

## 第377窟

修建时代：宋

洞窟形制：梯形龛

内容：西壁存六臂观音残画一部。

南壁存残画一部。

北壁存菩萨残画一部。

注：此龛位于第378窟与第376窟之间。

## 第378窟

修建时代：隋（宋、清重修）

洞窟形制：覆斗形顶，西壁开一龛

内容：前室西壁门上、门北各存残画一部。

甬道盝形顶中央画团花，南、北披各存垂幔一部。

主室窟顶藻井画团花井心，四披画回纹、卷草、垂幔。

西壁盝顶帐形龛内隋塑趺坐佛一身（清修），清塑二弟子、二菩萨。马蹄形佛床。

龛顶中央画团花图案，四披画垂幔。

龛内西壁画背光、菩提宝盖、飞天，弟子各二身、项光二个；南、北壁各画一飞天、二菩萨、二项光。

龛沿画卷草边饰。

龛外南、北侧各画听法菩萨十身，下壶门内供宝存一个。

南、北壁各画净土变一铺，下壶门内供宝存十一个。

东壁门上、门南、门北画净土变各一铺，下壶门内供宝。

## 第379窟

修建时代：隋（盛唐、中唐、五代、清增补重修）

洞窟形制：覆斗形顶，西壁开一龛

内容：前室顶西披不空绢索观音、千手眼观音、如意轮观音三铺，各存一部。

西壁门上五代画愿文题榜与菩萨（模糊）；门南五代画毗琉璃天王一铺，下女供养人（模糊）；门北五代画毗沙门天王一铺（模糊）。

南壁五代画文殊变一铺，下女供养人（均模糊）。

北壁五代画残存一角。

甬道顶中央五代画地藏与十王厅，南、北披画跌坐佛各四身。

南、北壁五代各画经变一铺（残）。

主室窟顶藻井画莲花化生井心。垂角幔帷与伎乐飞天十二身铺于四披。四披隋画千佛。

西壁内外层方口龛内隋塑一跌坐佛、二弟子（清修），清塑四菩萨。

龛顶盛唐画二飞天、二化佛。

龛内西壁盛唐画半团花、火焰佛光；内层龛口两侧中唐各画一坐佛、一比丘。南、北壁内层各画一佛弟子。

龛沿中唐画半团花边饰。

龛外南、北侧上画禅定佛各一身，下菩萨立像各一身。

龛下五代画供养器。中唐画男供养人存八身。

南壁盛唐画观无量寿经变一铺，西侧未生怨、东侧十六观存上部（下被穿洞毁），下中唐画供养人十八身。

北壁隋画千佛、中央画说法图一铺，下存供养菩萨八身；下供养比丘一身、男供养人十一身、女供养人七身。东角被穿洞毁一部。

东壁门上隋画千佛；门南中唐画地藏、观世音菩萨各一身，五代画花卉、男供养人二身；门北盛唐、五代画菩萨各一身，盛唐画女供养人二身，五代画男供养人存四身。

## 第380窟

修建时代：隋（宋、清重修）

洞窟形制：覆斗形顶，西壁开一龛

内容：前室西壁门南宋画普贤变一铺（残），门北宋画文

殊变一铺（残）。

南、北壁各存宋画一部（残）。

甬道盝形顶中央宋画地藏与十王厅一铺，南、北披画垂幔。

南壁宋画千手眼观音一铺。下供养人（模糊）。

北壁宋画千手钵文殊一铺，下供养人（模糊）。

主室窟顶藻井画斗四交脚菩萨、伎乐天、云头、莲花宝珠井心，垂角幔帷铺于四披。四披画千佛。

西壁平顶方口龛内隋塑一跌坐佛、二弟子、二菩萨（清重妆）。佛座东向面画婆薮仙、鹿头梵志，南北向面画禅定佛各一身。

龛顶画飞天六身。

龛壁画化佛火焰佛光，两侧各画四弟子，南下角画乌波斯迦，北下角画火中禅定。

龛上画六飞天。

龛下宋画供养器与供养菩萨，男供养人五身、比丘一身。

龛外南侧上画维摩诘经变（文殊），中画菩萨一身，下画供养比丘尼二身。

龛外北侧上画维摩诘经变（维摩诘），中画菩萨一身，下供养比丘尼二身。

南壁上画飞天七身、天宫栏墙、垂幔、千佛三排，中画说法图一铺，下画供养比丘尼三身、女供养人存二身。东下端凿一穿洞。

北壁上画伎乐飞天七身、天宫栏墙、垂幔、千佛三排，中画降服火龙图一铺，下画供养比丘五身、男供养人存五身。

东壁上画飞天六身、天宫栏墙、垂幔，门上画说法图一铺；门南上画千佛，中画天王一身，下宋画女供养人六身；门北上画千佛，中画天王一身，下宋画女供养人四身；门沿宋画二菩萨、二比丘尼。

## 第381窟

修建时代：初唐（宋、清重修）

洞窟形制：覆斗形顶，西壁开一龛

内容：甬道顶中央存宋画图案、南、北各存垂幔一部。

南、北壁各存残画一部。

主室窟顶藻井画莲花井心，垂角幔帷与八飞天铺于四披。南、西、北披画千佛、化生，东披画千佛。

西壁斜顶敞口龛内初唐塑一跌坐佛、二弟子、二菩萨（清修）。

龛顶画六飞天。

龛壁画莲花火焰佛光，南、北侧各画二菩萨。下南侧画婆薮仙、北侧画鹿头梵志。

龛沿画联珠纹边饰。

龛下存供养菩萨四身、供养器与比丘（模糊）。

龛外南、北侧画千佛。

南壁画千佛，中画说法图一铺（东端被穿洞毁去一部），下画比丘一身、男供养人存九身。

北壁画千佛，中画说法图（降服火龙）一铺（东端

被穿洞毁去一部），下画比丘尼一身，女供养人七身。

东壁门南上存思惟菩萨、跃坐菩萨、弟子各一身，中画天王一身，下女供养人存四身；门北上存思惟菩萨、跃坐菩萨、弟子各一身（残），中画天王一身，下男供养人存四身。

## 第382窟

修建时代：西夏（清塑像）

洞窟形制：覆斗形顶

内容：甬道盝形顶中央画图案，南、北披画垂幔。

南、北壁各存残画一部。

主室窟顶藻井画交杵井心。四披画团花图案。

西壁清塑一佛。壁上画垂幔，中画说法图一铺。

南、北壁上画垂幔，中各存菩萨一身（被穿洞毁去大部）。

东壁门上画垂幔，门北存菩萨一身（残）。

## 第383窟

修建时代：隋（盛唐，宋、西夏、清重修）

洞窟形制：覆斗形顶，西、南、北壁各开一龛

内容：甬道盝形顶中央西夏画团花一部，南、北披各存垂幔一部。

南、北壁存西夏画（模糊）。

主室窟顶藻井画三兔莲花井心，垂角幔帷铺于四披。四披隋画千佛。

西壁双层斜顶圆券龛内隋塑一跃坐佛、二弟子、二菩萨。

内层龛顶画火焰佛光、二飞天，龛壁佛光两侧各画四弟子、二化生。

外层龛顶画火焰莲花化生龛楣，龛壁两侧各画一菩萨、供养童子、莲花龛柱。

龛上画化生、童子飞天。

龛外南侧上画乘象入胎，中画菩萨一身，下画供养人四身。

龛外北侧上画夜半逾城，中画菩萨一身。

南壁斜顶圆券龛内塑一交脚菩萨、二胁侍菩萨。

龛壁画背光、项光、花卉、化生。

龛外两侧画千佛。

龛下画男供养人十身，女供养人存三身，比丘尼一身。

北壁斜顶圆券龛内隋塑一跃坐佛，盛唐塑二菩萨。

龛壁盛唐画背光、项光。

龛外两侧画千佛。

龛下宋画女供养人四身、童子二身、观音菩萨一身。

东壁门上隋画千佛；门南画千佛，下供养马车，门沿宋画菩萨、化生各一身；门北隋画千佛，下宋画女供养人存四身，菩萨一身。

## 第384窟

修建时代：盛唐、中唐（五代，清重修）

洞窟形制：覆斗形顶，西、南、北壁各开一龛

内容：前室顶东、西披各存中唐画千佛一角。

西壁门上中唐画说法佛一铺，门沿南、北五代各画菩萨一身，男供养人存二身；门南中唐画毗琉璃天王一身，台上五代塑一天兽；门北中唐画提头赖吒天王一身，台上五代塑一天兽。

南壁中唐画千佛（存一部）。

北壁中唐画千佛，东端画普贤变一铺（中被凿一穿洞）。

甬道顶五代画地藏与十王厅。

南壁五代画弥勒经变一铺，下五代画男供养人一身。

北壁五代画药师经变一铺，下五代画男供养人六身。

主室窟顶藻井盛唐画团花井心，垂角幔帷铺于四披。四披盛唐画千佛。

西壁平顶敞口龛内盛唐塑一跃坐佛、二弟子、二菩萨、二供养菩萨，龛外两侧台上塑二天王（清重妆）。

龛顶五代画菩提宝盖、赴会佛与菩萨。

龛壁盛唐画化佛佛光，两侧各四弟子、二项光，南侧一供养菩萨。

龛沿盛唐画波状卷草、团花边饰。

龛外南侧中唐画跃坐佛、飞天、天王从卒各一身。

龛外北侧中唐画跃坐佛一身、花卉。

龛外两侧台下五代画供养菩萨八身。

龛下五代画供养器，两侧供养菩萨十身。

南壁平顶敞口龛内盛唐塑一倚坐佛、二菩萨（清重妆）。

龛壁盛唐画化佛佛光、团花、项光，中唐画菩提宝盖及两侧二飞天、二弟子。

龛沿盛唐画团花、卷草边饰。

龛外东侧中唐画六臂不空绢索观音一铺。

龛外西侧中唐画佛一身。

龛下五代画供养菩萨三身、女供养人十身、侍从一身。

北壁平顶敞口龛内盛唐塑一跃坐佛、二菩萨（清重妆）。

龛壁盛唐画化佛佛光、卷草项光，中唐画二飞天、二弟子。

龛沿中唐画半团花、波状卷草边饰。

龛外东侧中唐画六臂如意轮观音一铺。

龛外西侧中唐画跃坐佛一身。

龛下五代画供养菩萨三身、女供养人九身。

东壁门上中唐画七佛；门南画菩萨二身（五代重描）；门北画北方毗沙门天王一身；门沿五代画花卉。

注：此窟盛唐营建未竟，中唐完成，五代时重修窟门。

## 第385窟

修建时代：五代

洞窟形制：盝形顶，西壁塑像

内容：窟顶画花卉。

西壁塑半跏坐菩萨一身（残）。

壁画背光、二弟子。

南、北壁各画一菩萨。

## 第386窟

修建时代：初唐（中唐、五代，清重修）

洞窟形制：覆斗形顶，西壁开一龛

内容：前室西壁门上存五代画一角；门南存五代画天王一铺（残）；门北存五代画（模糊）。

南壁存五代画天王鬼卒二身。

甬道顶存中唐画一部。

南壁中唐画如意轮观音一铺。

北壁中唐画不空绢索观音一铺。

主室窟顶藻井初唐画莲花井心，垂角幔帷、八飞天铺于四披。四披初唐画千佛。

西壁斜顶敞口龛内初唐塑一跌坐佛、二弟子、四菩萨（清修）。

龛顶画乘象入胎、夜半逾城（残损大半）。

龛壁佛光两侧画弟子各四身。

龛沿初唐画莲瓣边饰。

龛外南侧上初唐画千佛，中中唐画菩萨。

龛外北侧上五代画千佛，中中唐画菩萨。

龛下五代画供养比丘十五身，侍从一身。

南壁上初唐画千佛，中西起中唐画阿弥陀经变一铺、弥勒经变一铺（东角被凿一穿洞），下画供养比丘存九身及幢、绀马、玉女、珠等宝。

北壁上初唐、五代画千佛各一部，中西起中唐画药师经变一铺、天请问经变一铺（东角被凿一穿洞)，下中唐画供养比丘存六身，侍从沙弥二身及主藏、白象、兵、轮诸宝。

东壁门上中唐画千手眼观音一铺；门南上初唐画千佛，中中唐画文殊变一铺，下中唐画供养比丘一身、沙弥一身（残）；门北上五代画千佛，中中唐画普贤变一铺，下中唐画供养人四身、比丘二身。

## 第387窟

修建时代：盛唐（五代、清重修）

洞窟形制：覆斗形顶，西壁开一龛

内容：前室顶西披五代画飞天三身。

西壁门上五代画七佛；门南五代画毗琉璃天王一铺；门北五代画毗沙门天王一铺。

南壁存五代画地藏王（残）。

甬道顶五代画说法图一铺。

南壁五代画不空绢索观音一铺。

北壁五代画如意轮观音一铺。

主室窟顶藻井画石榴卷草井心，垂幔、飞天铺于四披。四披画千佛。

西壁平顶方口龛内盛唐塑一跌坐佛、二弟子、二半跏菩萨、二胁侍菩萨（清修）。龛外两侧台上五代塑二力士（清修）。

龛顶画说法图一铺、飞天十九身、化佛二身。

龛内西壁浮塑佛光，两侧各画一项光、化生童子（模糊）；南、北壁各画四弟子、二菩萨。

龛沿画叠菱纹边饰。

龛外南、北侧各画千佛（壁画有重层）。

龛下五代愿文题榜，两侧画男供养人、供养比丘各三身。

龛外两侧台下画供养狮子与驯狮人各一身。

南壁画经变一铺，东、西侧画千佛，下五代画男供养人存十二身（东角被凿成穿洞）。

北壁画经变一铺，东、西侧画千佛，下五代画女供养人存二身，盛唐画男供养人存六身。

东壁门上画说法图一铺，下供养比丘三身；门南画千佛，下五代画男供养人四身；门北画千佛，下五代画女供养人十一身。

## 第388窟

修建时代：隋（五代、西夏、清重修）

洞窟形制：覆斗形顶，西壁开一龛

内容：前室顶、北壁各存残画一部。

西壁门上存五代画（模糊）；门南五代画天王一铺（模糊）；门北五代画北方毗沙门天王一铺。

南壁存普贤变一部。

甬道顶五代画十一面观音一铺。

南壁五代画不空绢索观音一铺。

北壁五代画如意轮观音一铺。

主室窟顶藻井画莲花井心，垂角幔帷、飞天铺于四披。四披画千佛。

西壁平顶方口龛内隋塑一跌坐佛、二弟子、四菩萨（清修）。

龛顶存飞天三身、化生一身。

龛内西壁画佛光，南侧画一弟子，下南侧画婆薮仙、北侧画鹿头梵志；南、北壁各画二项光，北壁西侧白描迦叶像。

龛沿画联珠纹边饰。

龛外两侧画千佛。

龛下画供养菩萨存三身，下女供养人存五身，男供养人一身。

南、北壁画千佛，下画药叉（模糊）。

东壁门上、门南、门北画千佛。

## 第389窟

修建时代：隋（五代、西夏、清重修）

洞窟形制：覆斗形顶，西壁开一龛

内容：前室西壁门上、门北各存五代残画一部。

甬道顶五代画说法图一铺。

南、北壁各画菩萨一身。

主室窟顶藻井画莲花井心，垂角幔帷铺于四披。四披画千佛。

西壁内外层圆券龛内隋塑一佛、二弟子、二菩萨（清修）。

内层龛顶画双树；龛壁画火焰佛光，两侧各画一飞天、一菩萨、一项光。

外层龛顶画火焰莲花伎乐龛楣；龛壁两侧忍冬龛梁、束帛龛柱，画二飞天、一项光。

龛沿画联珠纹边饰。

龛外南侧画二菩萨，下女供养人二、比丘尼二身。

龛外北侧画二菩萨，下男供养人二身，比丘二身。

龛下画供养器与狮子，下画药叉（模糊）。

南壁画千佛，中画说法图一铺（被穿洞毁去部分），下存女供养人十身，下药叉（模糊）。

北壁画千佛，中画说法图一铺（被穿洞毁去部分），下存男供养人十三身，下药叉（模糊）。

东壁门上画千佛；门南画千佛，下画供养牛车存一角，下药叉（模糊）；门北画千佛，下供养马群，下药叉一身。

## 第 390 窟

修建时代：隋（五代、清重修）

洞窟形制：覆斗形顶，西壁开一龛

内容：前室西壁门上五代画愿文题榜，两侧画毗沙门天王赴会；门南上五代画不空绢索观音存一部，中画报恩经变一铺，下供养人（模糊）；门北中画阿弥陀经变（存大部，模糊）；门沿存千佛（残）。

南壁存五代画弟子、供养人（残）。

北壁存五代画阿难、菩萨等头部。

甬道顶五代画地藏与十王厅，画中有道明和尚题记。

南壁五代画普贤变一铺，下供养人（模糊）。

北壁五代画文殊变一铺，下供养人（模糊）。

主室窟顶藻井画莲花井心，垂角联珠纹幔帷铺于四披。四披画千佛。

西壁内外层方口龛内隋塑倚坐菩萨一身，童子二身（已失），立菩萨四身（清修）。

内层龛顶佛光两侧画飞天十二身，龛壁画化佛火焰佛光，两侧各画菩萨九身，下两侧画婆薮仙、鹿头梵志。

外层龛顶画火焰莲花龛楣、飞天六身，龛壁两侧画龙首龛梁、莲花龛柱、供养童子、化生、菩萨四身。

龛上画飞天一条，共十身。

龛外南侧上画天宫栏墙，中坐佛七铺，下女供养人六身，侍从存五身，下五代画比丘、比丘尼各六身。

龛外北侧画天宫栏墙、坐佛七铺，下男供养人存四身（后均有侍从），下五代画男供养人十身。

龛下画供养器、二供养菩萨。

南壁上画伎乐飞天十身、天宫栏墙、坐佛十五铺；中画倚坐菩萨一铺，两侧跌坐佛十八铺（其一被穿洞所毁）；下女供养人二十六身、侍从三十一身，下五代画女供养人九身、侍从八身。

北壁上画飞天十身、天宫栏墙、坐佛十五铺；中画说法观音一铺，两侧跌坐佛十八铺；下男供养人四十七身（后有侍从），下五代画男供养人二十八身。

东壁门上隋画飞天八身、天宫栏墙、跌坐佛十七铺，门上沿七佛一铺；门南隋画跌坐佛八铺，下供养牛车、车夫、侍从，五代画供养人二身；门北隋画跌坐佛八铺，下供养马匹、马夫、卫队，五代画供养人三身。

## 第 391 窟

修建时代：隋（五代重修）

洞窟形制：前部人字披顶，后部平顶，西壁开一龛

内容：窟顶前部西披五代画菩提宝盖。

后部平顶画说法图一铺。

西壁圆券龛壁画佛光、说法图一铺。

龛上五代画卷草龛楣。

南、北壁五代画说法图各一铺。

## 第 392 窟

修建时代：隋、初唐（中唐、五代、清重修）

洞窟形制：覆斗形顶，西壁开一龛

内容：前室西壁门上五代愿文题榜，两侧毗沙门赴会（均模糊）；门南、北各存原塑力士披带一部。

南壁存五代塑像披带一段。

甬道盝形顶中央五代画十王厅一铺，南、北披跌坐佛各五身（模糊）。

南、北壁各存五代残画一部。

主室窟顶藻井画双龙莲花井心，垂角幔帷与四飞天仅存于西披。四披画千佛（东、南、北披残）。

西壁内外层方口龛内隋塑一跌坐佛、二弟子、四菩萨（菩萨身为清塑）。

内层龛顶残存飞天一身，龛壁隋画火焰佛光，两侧隋各画三弟子，初唐各画一弟子。

外层龛顶残存飞天一身、莲花龛楣，龛壁两侧隋各画一菩萨、初唐各画一弟子。

龛沿画卷草边饰。

龛上画化生。

龛下五代画供养人像（模糊），中央存榜题"永代之龛"。

龛外南侧中唐画菩萨一身（被后代涂改）。

龛外北侧五代画菩萨一身。

南壁塑弥勒菩萨立像一身、胁侍二身（一为清塑）。

壁画千佛，下五代画供养人存一身。

北壁塑一立佛、二菩萨（一为清修）。

壁画千佛，下五代画供养人存一身。西下端凿一穿洞通向第 391 窟。

东壁门上存隋画说法图一铺；门南、北隋画千佛，下五代画供养人（模糊）；门沿五代画菩萨二身。

注：此窟隋末建造未竟，唐初完成。

## 第393窟

修建时代：隋（宋、清重修）

洞窟形制：覆斗形顶，西壁塑像

内容：窟顶藻井画莲花井心，垂幔铺于四披。四披画千佛、化生。

西壁宋塑一倚坐佛 二菩萨(清修)。

壁画阿弥陀经变一铺，下药叉存二身。

南壁画千佛（中被凿一穿洞），下存比丘二身、女供养人二身(残)。

北壁画千佛(中被凿一穿洞)，下存男供养人三身、比丘一身。

东壁门上、门南、门北画千佛。

## 第394窟

修建时代：隋（五代、清重修）

洞窟形制：覆斗形顶，西壁开一龛

内容：前室顶西披存五代画经变一角。

西壁门上残存云气；门南上存五代画坐佛二身；门北残存五代画弟子。

南壁残存五代画弟子、菩萨。

北壁残画模糊。

主室窟顶藻井画莲花井心，垂角幔帷铺于四披。四披画千佛。

西壁内外层斜顶龛内清塑一佛、二弟子、二菩萨。

内层龛壁画火焰佛光，两侧各画一飞天。

外层龛顶画火焰龛楣、二飞天，龛壁两侧画莲花、莲花龛柱、忍冬龛梁，菩萨各一身。

龛沿画联珠纹边饰。

龛外南、北侧上各画释迦、多宝佛一铺，中画菩萨一身。

龛下存男供养人六身，女供养人五身。

南壁西起画跌坐佛说法图、倚坐菩萨说法图各一铺（东侧一铺被穿洞毁，存四飞天，二菩萨），下存男供养人七身，比丘、比丘尼各一身。

北壁画说法图二铺（东侧一铺被穿洞毁，存飞天、菩萨各二身；西侧一铺为跌坐佛说法图），下存女供养人四身，比丘尼一身，男供养人三身，比丘一身(残)。

东壁门上画药师经变一铺；门南、北各画天王二身（模糊）。

## 第395窟

修建时代：隋（五代、西夏、清重修）

洞窟形制：人字披顶，西壁开一龛

内容：甬道南壁僧像（志公和尚像）残，存山峦、一鹿。

北壁五代画毗沙门天王一身（残）。

主室窟顶东披画供宝、云气；西披画二飞天。

西壁内外层浅龛内清塑立佛一身。

内层龛壁画禅定佛一身，下女供养人、比丘尼各一身，两侧各画侍从一身。

龛外两侧画弟子各一身。

南、北壁画观音经变各一铺，两侧存普门品（被穿洞毁去部分）。

东壁门上存隋画千佛残痕。

## 第396窟

修建时代：隋（五代、清重修）

洞窟形制：覆斗形顶，西壁开一龛

内容：前室西壁门上五代画法华经变部分；门北五代画观音普门品存救诸苦难一部。

北壁存五代画观音经变一角。

甬道北壁存五代画如意轮观音一铺（模糊）。

主室窟顶藻井画莲花井心，垂角幔帷铺于四披。四披画千佛。

西壁内外层斜顶龛内隋塑一跌坐佛、二弟子、四菩萨（清修）。

内层龛顶画二飞天；龛壁画佛光，两侧各画六弟子、二化生。

外层龛顶画火焰化生龛楣、二飞天，龛壁两侧各画一菩萨、一弟子、莲花龛柱。

龛上画莲花图案、二童子飞天。

龛下存男供养人四身、比丘二身（模糊），下力士（模糊）。

龛外南、北侧画千佛。

南壁画千佛，中画说法图一铺（毁一角），下存女供养人七身，下药叉（模糊）。东下角被穿洞所毁。

北壁画千佛，中画说法图一铺，下存男供养人五身，下药叉（模糊）。东下角被穿洞所毁。

东壁门上、门北画千佛。

## 第397窟

修建时代：隋、初唐（五代、清重修）

洞窟形制：覆斗形顶，西壁开一龛

内容：前室顶西披五代画禅定佛一铺（残）。

西壁门上五代愿文题榜与壁画均模糊。

南、北壁五代各画说法图与经变（模糊）。

甬道盝形顶中央五代画于阗等地佛教史迹画；南、北披五代画瑞像图。

南、北壁五代各画男供养人像（模糊）。

主室窟顶藻井画三兔莲花井心，垂角幔帷铺于四披。四披画千佛。

西壁内外层方口龛内隋塑一佛、二弟子、四菩萨（清修）。

内层龛顶画化佛火焰佛光，南侧画夜半逾城一铺，北侧画乘象入胎一铺；龛壁佛光两侧各画四弟子、二菩萨、一供养菩萨，下南侧画婆薮仙，北侧画鹿头梵志。

外层龛顶画火焰莲花化佛龛楣、六飞天。龛壁两侧各画三菩萨、一供养菩萨、一化生。

龛沿隋画联珠纹边饰。

龛外南、北侧隋画千佛。

龛下南、北两角初唐各画一城阙、供养菩萨十身、药叉二身。

南壁上隋画千佛；中初唐画千佛、说法图一铺；下初唐画供养菩萨十一身，男女供养人各一身。

北壁上隋画千佛；中画说法图一铺，两侧初唐画千佛；下初唐画供养菩萨十一身，供养比丘二身。

东壁门上隋画千佛；门南、北初唐画千佛，下画供养菩萨各三身。

注：此窟隋末开创，至唐初建成。

### 第 398 窟

修建时代：隋（五代、清重修）
洞窟形制：覆斗形顶，西壁开一龛
内容：甬道顶、南壁、北壁各存五代残画一部。

主室窟顶藻井画莲花火珠井心，垂角幔帷铺于四披。四披画千佛（东、南、北披部分残）。

西壁内外层斜顶龛内隋塑一跌坐佛、二弟子、四菩萨（清修）。

内层龛顶画二飞天、二童子飞天，龛壁画火焰莲花佛光，两侧画莲花伎乐童子、供养童子各二身。

外层龛顶画化生火焰龛楣，二飞天、二飞天比丘。龛壁两侧画忍冬龛梁、莲花火焰珠龛柱。

龛上画火焰龛楣。

龛外南、北侧上各画飞天二身，栏墙一段。中画菩萨各一身，下模糊。

南壁上画飞天九身、天宫栏墙；中画说法图一铺（中央被凿穿洞毁去部分），下供养人（模糊）。

北壁上画飞天八身，天宫栏墙；中画说法图一铺（东侧残）；五代画比丘一身（被凿穿洞毁去一部）。下供养人（模糊）。

东壁门上五代画一佛二菩萨；门南上存隋画飞天二身、天宫栏墙一段，下天王一身（残）、供养人（模糊）；门北五代画一菩萨、一项光。

### 第 399 窟

修建时代：隋（西夏、清重修）
洞窟形制：覆斗形顶，西壁开一龛
内容：甬道盝形顶中央西夏画团花图案，南、北披画垂幔。

南、北壁各画供养菩萨（模糊）。

主室窟顶藻井画团花井心，回纹、卷草铺于四披。四披画团花、垂幔。

西壁内外层斜顶龛内隋塑跌坐佛一身（清修）。

内层龛壁画佛光、花卉。

外层龛顶画菩提宝盖、二飞天，龛壁两侧各画一比

丘，一菩萨。

龛外南、北侧各画药师佛一身，北侧底层露出隋画（残）。

龛下存供养比丘、男供养人各二身，中画一供养人跪顶供养器。

南壁画净土变（下模糊，东角凿一穿洞）。

北壁画净土变，下男供养人（模糊）。

东壁门上画云纹供宝；门南画供养菩萨，下模糊；门北画供养菩萨，下供养人二身、侍从四身。

### 第 400 窟

修建时代：隋（西夏、清重修）
洞窟形制：覆斗形顶，西壁开一龛
内容：前室西壁门南存西夏残画。

甬道顶中央西夏画团花，南、北披各存幔帷一部。

主室窟顶藻井画双龙井心，回纹、卷草铺于四披，四披画团花。

西壁内外层斜顶龛内清塑一佛、二弟子、二菩萨。佛床马蹄形。

内层龛顶画菩提宝盖、二飞天。龛西壁画双树、花卉，南北两壁各画项光、花卉。

外层龛顶画五方净土，龛西壁两侧画莲花，南北两壁各画供养菩萨一身。

龛沿画半菱花边饰。

龛下画莲座，下壹门内供养天人四身，供养花盆四个。

龛外南、北侧各画垂幔、莲池赴会菩萨十二身。

南壁上画垂幔，中画阿弥陀经变一铺（被穿洞毁去一部），下壹门内供养天人、花盆。

北壁上画垂幔，中画药师经变（东下角被穿洞毁去一部），下壹门内供养人、花盆。

东壁上画垂幔；门上、门南、门北各画净土变一铺；下壹门内供养天人与供养花盆。

### 第 401 窟

修建时代：隋（初唐、五代、清重修）
洞窟形制：覆斗形顶，南、西、北壁各开一龛
内容：前室顶西披存观音变一角。

西壁门上五代画毗沙门天王赴会（模糊）；门北存四龙王礼佛图。

甬道盝形顶中央五代画于阗佛教史迹画一铺，南披五代画瑞像图，存五身，北披五代画瑞像图，存五身。

南壁存五代画曹议金供养像（模糊）。

北壁存五代画回鹘公主供养像（模糊）。

主室窟顶藻井画莲花飞天井心，垂角幔帷铺于四披。四披画千佛。

西壁内外层方口龛隋塑一跌坐佛、六菩萨（清修）。

内层龛顶画十飞天，龛壁画七化佛项光、七塔火焰

背光，两侧隋各画三菩萨。

外层龛顶画火焰化生龛楣，两侧画帝释天（东王公，北侧）、帝释天妃（西王母，南侧）各一身，人非人二身、飞天十一身等。龛西壁两侧浮塑龛梁，画菩萨各一身，南、北壁上隋各画三菩萨，下初唐各画二菩萨。

龛沿隋画联珠、团花边饰。

龛外南、北侧隋各画千佛，下初唐画一菩萨。

龛下初唐画文殊师利等菩萨十身（模糊）。

南壁西侧方口斜顶圆券龛内隋塑一交脚菩萨、二胁侍菩萨（清修）。

龛壁初唐画卷草佛光、六菩萨、二飞天、二赴会佛、一持花供养童子（东侧，残）。

龛上、龛外两侧隋画千佛。

龛下初唐画阿弥陀佛一铺，男女供养人各二身，两侧隋画菩萨三身，初唐画菩萨三身，东端被凿一穿洞。

北壁西侧方口斜顶圆券龛内塑普贤乘象、二菩萨（清修）。

龛顶隋画菩提宝盖、六飞天。

龛壁画八菩萨、二供养童子。

龛上、龛两侧隋画千佛。

龛下初唐画说法图一铺，两侧存初唐画菩萨五身。

东壁门上隋画七佛，初唐画说法图一铺；门南沿五代画药师琉璃光佛；门北沿五代画观世音菩萨一身；门南上隋画千佛，中初唐画说法图一铺，下画辩音菩萨、虚空藏菩萨各一身；门北上隋画千佛，中初唐画阿弥陀佛一铺，下画常举手菩萨、常下手菩萨各一身。

## 第 402 窟

修建时代：隋（五代、清重修）

洞窟形制：前部平顶，后部人字披顶，西壁开一龛

内容：前室顶存五代残画一角。

西壁门上五代画千手眼观音一铺；门南、北各画龙王一身（模糊），各存隋浮塑力士披带。

南壁存文殊变一部（残）。

北壁存普贤变一部（残），下存五代画男供养人残痕。

甬道盝形顶中央五代画十一面观音一铺，南、北披画跌坐佛各四身。

南壁五代画不空绢索观音一铺。

北壁五代画如意轮观音一铺。

主室窟顶全部隋画千佛。

西壁内外层斜顶龛内隋塑佛一身（清修），清塑二弟子、四菩萨。

内层龛顶画双树；龛壁画火焰佛光，两侧各画四弟子。

外层龛顶画莲花化生龛楣，飞天四身；龛壁画化生、莲花宝珠龛柱、忍冬龛梁，两侧各画一菩萨、一

化生。

龛沿画飞马联珠纹边饰。

龛下五代画供养器、二供养天人、四菩萨、二男供养人。

龛外南、北侧上各画飞天一身、天宫栏墙一段。

南壁上隋画天宫栏墙，上飞天十三身；中画千佛，中央菩萨说法图一铺；下五代画女供养人存六身，东端凿一穿洞。

北壁上隋画天宫栏墙，上存飞天十二身；中画千佛，中央说法佛一铺；下五代画女供养人存五身，西端凿一穿洞。

东壁上隋画天宫栏墙，上飞天八身；门楣上隋画千佛，下五代画住持疾行佛、庄严王佛等五铺；门南隋画千佛，门沿五代画莲花火焰菩萨一身，下男女供养人各一身；门北隋画千佛，门沿五代画大辩才庄严菩萨一身，下五代画男供养人二身。

## 第 403 窟

修建时代：隋（清重修塑像）

洞窟形制：覆斗形顶，西壁开一龛

内容：窟顶藻井画莲花井心，垂角幔帷铺于四披。四披画千佛、化生。

西壁斜顶圆券龛内隋塑跌坐佛一身（清修），清塑二弟子。

龛壁画火焰佛光、两侧画弟子四身。

龛上画千佛一排。

龛下画莲花供宝、男供养人二身、比丘一身、女供养人一身。

龛外南、北侧画弟子各三身。

南壁画千佛，下存女供养人三身。

北壁画千佛，下存男供养人三身。

东壁门上画千佛；门南画千佛，下女供养人三身；门北画千佛，下男供养人一身，马夫二身，马二匹。

## 第 404 窟

修建时代：隋（清重修塑像）

洞窟形制：前部人字披顶，后部平顶，西壁开一龛

内容：甬道南、北壁残存力士一部。

主室窟顶全部画千佛。

西壁内外层方口龛内隋塑一跌坐佛、二菩萨，清塑二弟子、一菩萨；外层龛清塑二菩萨。

内层龛顶画菩提树，龛壁画火焰佛光，两侧各画四弟子。

外层龛顶画化生伎乐火焰龛楣、飞天四身；龛西壁两侧画忍冬龛梁、莲花宝珠龛柱、化生等，南、北壁各画二菩萨。

龛沿画联珠纹边饰。

龛上画火焰龛楣，两侧龙首龛梁、莲花龛柱。

龛外南侧上画天宫栏墙，飞天二身；中画千佛；下供养人（残）。

龛外北侧上画天宫栏墙，飞天二身；中画千佛；下男供养人四身、侍从五身、比丘二身。

南壁上画天宫栏墙，伎乐飞天（模糊）；中画千佛，中央倚坐菩萨说法图一铺（一角毁）；下画供养人（模糊），下药叉（模糊）。东下角被凿一穿洞。

北壁上画天宫栏墙，伎乐飞天十一身；中画千佛，中央趺坐佛一铺；下男供养人五身、侍从二身，女供养人存六身、侍从九身，比丘存一身，下药叉（模糊）。

东壁上画天宫栏墙，伎乐飞天十身，化生一身；门上画千佛；门南画千佛，下供养牛车（模糊）；门北画千佛，下供养马及伞盖（模糊）。

### 第 405 窟

修建时代：隋（宋、清重修）

洞窟形制：覆斗形顶，西壁开一龛

内容：窟顶藻井画莲花井心，垂角幔帷铺于四披。四披画千佛。

西壁内外层方口龛内隋塑一倚坐佛、一菩萨（清修），清塑一菩萨、二弟子。

内层龛顶画二飞天，龛壁宋画火焰佛光，两侧宋画弟子各二身。

外层龛顶画一坐佛、二菩萨，龛壁两侧宋画菩萨各二身。

龛沿宋画叠菱纹边饰。

龛外北侧宋画趺坐菩萨一身，侍立供养菩萨一身。

龛下宋画供养器，二供养菩萨，供养人（模糊）。

南壁画千佛，中央说法观音一铺（下模糊），下宋画壶门伎乐存一身，底层有隋画供养人残痕，东角被凿一穿洞。

北壁画千佛，中央说法佛一铺（东、西两下角被穿洞毁）；下宋画半团花边饰，下壶门内伎乐（残），底层有隋代供养人残画痕迹。东、西两下角各被凿一穿洞。

东壁门上、门南画千佛；门北画千佛，下宋画供养人（模糊）。

注：此窟北壁东下角穿洞通一小龛，未编号。

### 第 406 窟

修建时代：隋（宋、清重修）

洞窟形制：覆斗形顶，西壁开一龛

内容：窟顶藻井画斗四三兔莲花井心，垂角幔帷铺于四披。四披画千佛。

西壁内外层方口龛内隋塑倚坐佛一身（清修），清塑二弟子。

内层龛顶画二飞天；龛壁画火焰佛光，佛光南侧画四弟子，北侧画五弟子。

外层龛顶画火焰龛楣、龛西壁两侧画龛梁、龛柱（模糊），南、北壁各画三菩萨。

龛沿画联珠纹边饰。

龛下宋画二供养菩萨。

龛外南、北侧画千佛。

南壁隋画千佛，下宋画供养比丘四身，男供养人模糊。西下角被凿一穿洞。

北壁隋画千佛，下宋画伎乐一身，东下角被凿一穿洞。

东壁门上、门北画千佛；门南画千佛，下供养牛车（模糊）、宋画男供养人。

### 第 407 窟

修建时代：隋（宋、清重修）

洞窟形制：覆斗形顶，西壁开一龛

内容：甬道盝形顶中央宋画菩萨一身（模糊），南、北披各存趺坐佛三身。

南、北壁各存宋残画一部。

主室窟顶藻井隋画三兔莲花飞天井心，垂角幔帷铺于四披。四披画千佛。

西壁内外层方口龛内隋塑佛一身、弟子一身、菩萨四身（清修），清塑弟子一身。

内层龛顶画八飞天，龛壁画忍冬火焰佛光，两侧各画四弟子。

外层龛顶画莲花化生摩尼珠龛楣、飞天四身，龛内西壁两侧画龛梁、龛柱，飞天及供养菩萨各一身，南、北壁画菩萨各二身。

龛上画千佛一排。

龛外南侧画千佛，下存宋画男供养人（残）。

龛外北侧画千佛，下存宋画女供养人四身。

南壁隋画千佛，下存女供养人十三身，宋画男供养人八身，女供养人四身。东下角被凿一穿洞。

北壁隋画千佛，下存男供养人二十身、侍从四身，宋画女供养人九身。东下角被凿一穿洞。

东壁上画千佛；门上画说法图一铺，宋画坐佛一身；门南画千佛，门沿宋画菩萨一身，下女供养人十身；门北画千佛，门沿宋画菩萨一身，下供养人（模糊）。

### 第 408 窟

修建时代：隋（西夏、清重修）

洞窟形制：人字披顶，西壁开一龛

内容：窟顶东、西披画棋格团花图案。

西壁内外层斜顶龛内隋塑趺坐佛一身（清修），清塑二弟子。

龛顶画菩提宝盖、二飞天。

内层龛壁画佛光、菩提树，外层龛西壁两侧各画一菩萨；南、北壁内外层各画项光、宝盖、花卉。

龛上画垂幔。

龛下壶门内供宝四个。

龛外南、北侧各画趺坐佛五身。

南、北壁上画垂幔；中画赴会菩萨，中部各有一小圆券龛，龛上浮塑卷帘，画菩提宝盖，龛内画佛光、花卉；下画壶门内供宝。西端下方各被凿一穿洞。

东壁上画垂幔；门上画药师佛一铺（下部毁）；门南画普贤一铺，下壶门内供宝；门北画文殊一铺，下壶门内供宝。

## 第409窟

修建时代：西夏（清重修塑像）

洞窟形制：前部人字披顶，后部平顶，西壁开一龛

内容：甬道顶中央画团花图案，南、北披画花盖。

南、北壁各画一药师佛、一菩萨。

主室窟顶前部东、西披画团花，后部平顶画团花（存一部）。

西壁内外层方口龛内西夏塑一跌坐佛、一菩萨、二天王（清修），清塑二弟子、一菩萨；龛下南侧塑乘象普贤一身、北侧塑乘狮文殊一身（清修）。

龛顶画菩提宝盖、二飞天。

内层龛西壁画菩提树，花卉，南、北壁各画花卉。

外层龛西、南、北壁各画千佛。

龛外南、北侧画垂幔。

龛下画供养器、供养菩萨，下壶门内供宝。

南、北壁上画垂幔，中千佛，下壶门内供宝。东下角各被凿一穿洞。

东壁上画垂幔，门上画千佛，愿文题榜一方（无文字）；门南画回鹘王供养像一身，王子一身，侍从七身；门北画回鹘王妃供养像二身，童子一身，底层露出五代供养人一部，下壶门内供宝。

## 第410窟

修建时代：隋

洞窟形制：覆斗形顶，西、南、北壁各开一龛

内容：主室窟顶藻井画莲花井心，垂角幔帷铺于西、南、北披，东披毁。西、南、北披画千佛（南披残）。

西壁内外层方口龛内隋塑一倚坐佛、二菩萨、一弟子（清修），清塑一弟子。

内层龛顶残存飞天二身。龛西壁画火焰佛光，南壁画比丘三身（一身模糊），北壁模糊。

外层龛顶画火焰龛楣。

龛外南、北侧各存千佛一部。

南、北壁各存千佛一部，中央各有一残龛。

## 第411窟

修建时代：隋（西夏、清重修）

洞窟形制：覆斗形顶，西壁开一龛

内容：窟顶西披残存千佛一部。

西壁内外层方口龛内隋塑一跌坐佛（清修），清塑四弟子、二菩萨。

内层龛顶存飞天二身；龛壁画佛光（模糊），南侧残存莲花、弟子，北侧残存弟子。

外层龛顶存莲花龛楣一部。

龛外北侧存千佛一部。

南、北壁各存千佛一部（残）。

## 第412窟

修建时代：隋（五代、清重修）

洞窟形制：顶毁，西壁开一龛

内容：西壁内外层方口龛内隋塑一跌坐佛、八弟子（清修），外层两侧清塑二弟子，隋塑二菩萨。

内层龛顶画飞天二十六身，龛壁画化佛火焰佛光，两侧各画菩萨十身。

外层龛顶画莲花化生火焰龛楣、六飞天；龛西壁两侧浮塑龙首龛梁，画弟子（残）；南、北壁各存四弟子（模糊）。

龛外南侧下存供养人残痕。

龛外北侧上存千佛残痕一部。

龛下第一层存隋画供养人比丘道祥等残痕，第二层存五代天福年间重修题记一方。

南壁东侧存菩萨塑像一身。壁画千佛（模糊）。

北壁东侧存菩萨塑像一身。壁画千佛（模糊），下存隋画供养人一部（残）。

## 第413窟

修建时代：隋（元、清重修）

洞窟形制：顶毁，西壁开一龛

内容：西壁内外层圆券龛内存隋塑佛座与垂裙一部，清塑一跌坐佛、四弟子、二菩萨。

内层龛西壁存元画佛光一部、弟子二身（残），南、北壁各存弟子三身、莲花一部。

外层龛顶画龛楣，元画二飞天（残）；龛壁存残画一角。

南、北壁各存千佛一部。

## 第414窟

修建时代：隋（清重修塑像）

洞窟形制：覆斗形顶，西壁开一龛

内容：窟顶西、南披残存千佛一角。

西壁内外层方口龛内隋塑跌坐佛一身（清修），清塑四弟子、一菩萨。

内层龛顶画四飞天；龛壁画火焰佛光，两侧各画四弟子。

外层龛顶画莲花火焰龛楣、二飞天；龛西壁两侧画莲花龛柱、忍冬龛梁；南壁画一菩萨。

龛上存叠菱形图案残痕。

龛下残画一部。

龛外南侧存千佛残痕一部（残）。

南壁存千佛一部（残）。

## 第415窟

修建时代：西夏（清重修塑像）

洞窟形制：覆斗形顶，西壁开一龛

内容：窟顶南披存团花图案、垂幔一角。底层露出隋画藻

井一部。

西壁平顶方口龛内西夏塑一跌坐佛、二天王（清修），清塑弟子、菩萨各一身。马蹄形佛床。

龛顶画团花图案。

龛内西壁上画垂幔，下背光、项光、花卉；南、北壁各画垂幔、项光、花卉。

龛外北侧存菩萨三身。

南壁存净土变中菩萨十三身（模糊）。

北壁存净土变中菩萨二身（模糊）。

## 第416窟

修建时代：隋

洞窟形制：前部人字披顶，后部平棋顶，西壁开一龛

内容：窟顶前部西披存弥勒上生经变一角。

后部平顶存斗四说法图平棋图案二方，内各画一佛、二菩萨。

西壁圆券龛内隋塑一倚坐佛、二弟子（迦叶头失）、二菩萨。

龛内西壁画火焰佛光，南、北壁各画三弟子。

龛外两侧、龛下存残画（均模糊）。

南壁存天宫栏墙与飞天残痕一部、千佛一角。

北壁存残画一角。

## 第417窟

修建时代：隋

洞窟形制：前部人字披顶，后部平顶

内容：窟顶前部西披存流水长者救鱼故事一铺（模糊）。

东披存萨埵太子本生一部、睒子故事一铺。

后部平顶画药师经变一铺，弥勒上生经变一铺。

西壁内外层方口龛内隋塑一跌坐佛、二弟子、二菩萨，龛外两侧悬空塑半跏坐菩萨各一身。

内层龛壁画化佛火焰佛光，两侧各画二弟子。

外层龛顶画火焰龛楣；龛西壁两侧忍冬龛梁、莲花龛柱，南、北壁各画二弟子。

龛外上沿浮塑龙首龛楣，两侧莲花龛柱。

龛外南侧画维摩诘经变（文殊）。

龛外北侧画维摩诘经变（维摩诘）。

龛下存三法轮。

南、北壁上画天宫栏墙、飞天。中画千佛（模糊，南壁西下角曾被凿成穿洞）。

## 第418窟

修建时代：隋（西夏重修）

洞窟形制：前部人字披顶，后部平顶，西壁开一龛

内容：前室西壁门上模糊，门南西夏画普贤一铺（模糊），门北西夏画文殊一铺（模糊）。

甬道顶中央西夏画团花图案（模糊），南披西夏画模糊。

主室窟顶前部东、西披西夏画莲花椽条图案各十条，底层各有隋画。

后部平顶画团花图案，底层有隋画。

西壁斜顶圆券龛内塑一跌坐说法佛、二弟子（迦叶执钵）、二菩萨（西夏重妆）。

龛顶隋画飞天六身（西夏重涂色）。

龛内西壁隋画火焰化佛佛光，下南侧画鹿头梵志、北侧画婆薮仙（西夏重涂色）；佛光南侧隋画五弟子、三菩萨（西夏重涂色）。北侧隋画六弟子、三菩萨（西夏重涂色）。

龛上隋浮塑龛楣，西夏画火焰莲花；两侧浮塑龙首龛梁、莲花龛柱。

龛下西夏画供养器，两侧画比丘、供养菩萨各一身。

龛外南、北侧西夏各画一飞天、二天王、二供养比丘。

南壁前部人字披下露出隋画千佛一部，西夏画药师经变一铺，下男供养人二身、女供养人四身（清凿一穿洞）。后部西夏画药师佛一铺，下男供养人六身。

北壁前部人字披下西夏画说法图一铺，阿弥陀经变一铺，下男供养人三身、女供养人四身（被清凿一穿洞）。后部西夏画药师佛一铺，下男供养人五身。

东壁门上西夏画五跌坐佛；门南西夏画二菩萨，下男供养人四身、女供养人二身；门北西夏画二菩萨，下男供养人二身、女供养人三身。

## 第419窟

修建时代：隋（西夏重修）

洞窟形制：前部人字披顶，后部平顶。西壁开一龛

内容：前室顶西披存土红色椽条一部。

西壁门上西夏画供宝、二飞天、七佛（残），门北画文殊（残）。

主室窟顶前部西披上二行画法华经变譬喻品，下一行画萨埵太子本生。东披上三行画须达拏太子本生，下一行画萨埵太子本生。

后部平顶画弥勒上生经变（毁一部）。

西壁斜顶圆券龛内塑一跌坐佛、二弟子、二菩萨。

龛顶画散花天六身。

龛壁画忍冬火焰佛光，南北两侧各画三弟子，下南侧画婆薮仙，北侧画鹿头梵志。

龛上浮塑龛楣，画火焰莲花化生；龛两侧浮塑龙首龛梁、莲花龛柱。

龛下画药叉一排（模糊）。

龛外南侧上画飞天一身、栏墙一段，下维摩诘经变（文殊）；下三弟子、三菩萨。

龛外北侧上画飞天一身、栏墙一段，下维摩诘经变（维摩诘）；下三弟子、三菩萨。

南、北壁上画天宫栏墙、飞天；中画千佛，中央说法图各一铺；下供养人（被后代盖去）、药叉（模糊）。南壁东下角清代被凿一穿洞。

东壁上画天宫栏墙、飞天十二身；门上画千佛；门南画千佛，下供养人、药叉（模糊）。门北画千佛，

下供养人及供养马、药叉（模糊）。

## 第 420 窟

修建时代：隋（宋、西夏重修）

洞窟形制：覆斗形顶，西、南、北壁各开一龛

内容：前室顶西披西夏画团花图案存一部，底层露出隋画。

西壁门上开一小龛，西夏画菩萨、花卉，外画一兰若；门南、北西夏各画说法图二铺，下供养人（模糊）。

南、北壁西夏画项光、垂幔各一部。北壁底层露出宋画供养人。

甬道顶中央西夏画团花，南、北披画垂幔。

南、北壁西夏画供养菩萨各二身。

主室窟顶藻井斗四莲花井心，垂角幔帷铺于四披。西披画法华经变、飞天二十一身、天宫栏墙；南披画法华经变（譬喻品等）、飞天二十身，天宫栏墙；北披画法华经变、飞天二十一身、天宫栏墙；东披画法华经变（观音普门品等）、飞天十八身，天宫栏墙。

西壁内外层方口龛内塑一趺坐佛、二弟子、四菩萨。

内层龛顶画飞天十五身，龛壁画化佛火焰佛光，两侧各画六弟子、六菩萨。

外层龛顶画火焰化生龛楣、四飞天；龛西壁两侧浮塑龙首龛梁，画莲花龛柱、二菩萨，下北侧画鹿头梵志；南、北壁各画二飞天、二菩萨。

龛上画飞天十四身。

龛下中央宋画供养器，两侧共画十二菩萨。

龛外南侧上画维摩诘经变（文殊），下五弟子、四菩萨。

龛外北侧上画维摩诘经变（维摩诘），下五弟子、四菩萨。

南壁方形浅龛内塑趺坐佛一身、菩萨二身。

龛壁画二飞天、火焰忍冬佛光，两侧各画五弟子，下两侧各画一狮子。

龛上、龛外两侧隋画千佛。

龛下宋画供养菩萨十五身。

北壁方形浅龛内塑趺坐佛一身、菩萨二身。

龛壁画火焰佛光、二飞天，两侧各画五弟子、下两侧各一狮子。

龛上、龛外两侧隋画千佛。

龛下宋画供养菩萨十四身。

东壁上中部画说法图一铺，门上宋画愿文题榜，两侧男供养人二身、女供养人一身、比丘尼一身；门南隋画千佛，下宋画男供养人六身，门沿幢幡一个；门北隋画千佛，下宋画女供养人四身，菩萨一身。

## 第 421 窟

修建时代：隋（宋、清重修）

洞窟形制：覆斗形顶，西壁开一龛

内容：窟顶藻井存一角，西、南披各存垂幔及千佛一部，北披存千佛一部。

西壁圆券龛内隋塑趺坐佛一身（清修），清塑弟子二身。

龛顶画二伎乐天。

龛内西壁画火焰佛光，南、北侧各画五弟子，下南侧画婆薮仙、北侧鹿头梵志。

龛上、龛外两侧画千佛。

龛下宋画菩萨（模糊）。

南壁存千佛一部。

北壁存千佛一角。

## 第 422 窟

修建时代：隋（西夏重修）

洞窟形制：前部人字披顶，后部平顶，西壁开一龛

内容：窟顶前部西披存西夏椽条图案。

后部平顶存西夏椽条图案十条。

西壁圆券龛内塑一倚坐佛、二弟子、二菩萨。

龛顶画佛光。

龛壁画化佛火焰佛光。南北两侧各画四弟子。

龛两侧存龙首龛梁，浮塑莲花龛柱。

龛外南侧画千佛，下供养人一身，下药叉一身。

龛外北侧画千佛，下供养人模糊。

龛下画供养莲花、狮子。

南壁存千佛一部，供养人（模糊），下垂角幔帷一段。

北壁存千佛一部，·供养人模糊。

## 第 423 窟

修建时代：隋（西夏重修）

洞窟形制：前部人字披顶，后部平顶，西壁开一龛

内容：窟顶前部东披画须达拏太子本生一铺，西披画弥勒上生经变一铺。

后部平顶画维摩诘经变一铺。两侧帝释天、大梵天、说法图各一铺。

西壁圆券龛内塑一倚坐佛、二弟子、二菩萨。

龛壁画忍冬火焰佛光、二飞天。浮塑龛楣，画火焰。龙首龛梁，莲花龛柱。

座沿愿文题榜两侧存供养人残像数身。

龛外南、北侧各上画二飞天，栏墙一段，中画弟子四身、菩萨二身，下药叉一身。

龛下残存边饰一条，余皆模糊。

南壁上画天宫栏墙、伎乐飞天十三身，中画千佛、说法图一铺（被清凿一穿洞），下画男供养人存三身、女供养人二身、比丘一身，下垂角幔帷一部，下西夏画壸门（模糊）。

北壁上画天宫栏墙、伎乐飞天十二身，中画千佛、说法图一铺（东角被清凿一穿洞），下画男供养人九身、比丘一身，下垂角幔帷，下西夏画壸门(模糊)。

东壁上画天宫栏墙、散花飞天十身，门上画千佛；门南画千佛，下供养人五身；门北毁一部，模糊。

## 第424窟

修建时代：隋（宋重修）
洞窟形制：前部人字披顶，后部平顶，西壁开一龛
内容：前室顶西披存隋画维摩诘经变一铺（局部残毁）。
西壁门上存宋画说法图一部。
甬道顶中央存宋画说法图一铺，南、北披各存宋画跌坐佛二身。
南、北壁各存宋画一角。
主室窟顶全部画千佛。
西壁内外层方口龛内塑一跌坐佛、二弟子、四菩萨。
内层龛顶佛光两侧各画一飞天，龛壁画莲花火焰佛光，两侧各画三弟子。
外层龛顶画化生火焰龛楣，龛西壁两侧画龛梁、莲花龛柱，南、北壁各画一弟子。
龛沿画飞马联珠纹边饰。
龛外南、北侧各画飞天一身、栏墙一段、千佛一部。
龛下画供养器与供养菩萨，北侧宋画女供养人二身。
南壁上画天宫栏墙、伎乐飞天十一身；中画千佛，中央存说法图一铺（被穿洞毁去一部）；下宋画男供养人四身。
北壁上画天宫栏墙、伎乐飞天十二身；中画千佛，中央存说法图一铺（被穿洞毁去一部）；下宋画女供养人，存十三身＞。
东壁上画天宫栏墙、散花飞天八身；门上、门南画千佛；门北画千佛，下存宋画女供养人五身；门沿上宋画坐佛三身，南、北菩萨各一身。

## 第425窟

修建时代：隋
洞窟形制：覆斗形顶
内容：窟顶西披存垂角幔帷一部。
西壁存十弟子头部。
北壁存壁画一段（模糊）。

## 第426窟

修建时代：隋
洞窟形制：覆斗形顶，西壁开一龛
内容：窟顶藻井画莲花井心，垂角幔帷铺于四披。西披画二飞天，南披画三跌坐禅定佛，东披存残画一角。
西壁圆券龛壁画莲花火焰项光，南侧画婆薮仙，北侧画鹿头梵志。
龛上画火焰龛楣。
南、北壁各存说法图一角。

## 第427窟

修建时代：隋（宋重修）
洞窟形制：前部人字披顶，后部平顶，有中心龛柱，柱南西北向三面各开一龛，东向面与南、北壁前部各塑立佛一铺
内容：前室木构窟檐（宋修）三间四柱，柱作八角形，斗拱六铺作三抄单拱造。
窟檐外柱头枋第一、二层画花鸟。拱眼壁画迦陵频伽二身、伎乐四身。栏额下画花鸟。北窗颊存比丘一身。窗下存辟邪一幅。窟檐南侧残存比丘三身。
窟檐内柱头枋第一层画飞天，第二层画千佛。拱眼壁画说法图二铺、供养菩萨二身。栏枋隔板上画莲花图案，下画飞天花鸟。窗颊存供养菩萨三身。门两侧、窗下伎乐各二身。
顶东披橡条间宋画千佛、莲花。
前室顶西披隋画涅槃佛一身，宋重画为涅槃变。
西壁门上宋愿文题榜居中，南侧画水月观音，北侧画金刚杵观音；门南隋塑金刚力士一身（宋重妆），壁上宋画弟子五身，善惠菩萨等菩萨四身；门北隋塑金刚力士一身（宋重妆），壁上宋画舍利弗等弟子五身、菩萨四身。
南、北壁隋各塑二天王（宋重妆），壁上宋画神将各三身、菩萨各一身及男供养人。
甬道盝形顶南、北披宋画跌坐佛各五身。
南壁宋画归义军节度使曹元忠供养像，后侍从三身。
北壁宋画凉国夫人浔阳翟氏供养像，后侍从三身（模糊）。
主室中心龛柱东向面隋塑一佛、二菩萨立像一铺；壁画千佛，下六供养菩萨。
南向面圆券龛内塑一禅定佛、二弟子。
龛壁画火焰佛光，两侧各四弟子、一飞天。下东侧画鹿头梵志、西侧画婆薮仙。
浮塑龛楣（画化生火焰）、龙首龛梁、莲花龛柱。龛外东、西侧上画千佛，下各画一菩萨。
座沿画须达拏太子本生，下座身画十比丘，下宋画男供养人十身，女供养人九身、比丘一身。
西向面圆券龛内塑一禅定佛、二弟子。
龛壁画火焰佛光，两侧各一飞天（上）、二菩萨（中）、一狮子（下）。
浮塑龛楣（画莲花火焰）、龙首龛梁、莲花龛柱。龛外两侧上画千佛，下各画一菩萨。
座沿画须达拏太子本生，下座身画十比丘，下药叉存一部。
北向面圆券龛内塑一禅定佛、二弟子。龛壁画火焰佛光，两侧各三飞天（上）、四弟子（中）、一狮子（下）。
浮塑龛楣、龙首龛梁、莲花龛柱。龛外两侧上画千佛，下各画一菩萨。

座沿画须达拏太子本生，下座身画十比丘，下宋画女供养人十四身。

窟顶前部东、西披及后部平顶隋各画千佛。脊枋隋画波状百花卷草化生图案。

西壁上隋画天宫栏墙，供养飞天二十身；中画千佛，中央说法图一铺；下宋画男供养人三十三身。

南壁上隋画天宫栏墙，供养飞天三十四身；前部人字披下隋塑一佛、二菩萨立像一铺，壁画千佛，下供养菩萨六身；后部隋画千佛，中央卢舍那佛一铺，下宋画男供养人二十三身。

北壁上隋画天宫栏墙，供养飞天三十四身；前部人字披下隋塑一佛、二菩萨立像一铺，壁画千佛，下供养菩萨五身；后部隋画千佛，中央说法图一铺，下宋画女供养人三十身、男供养人二身、沙弥一身。

东壁上隋画天宫栏墙、供养飞天二十身；门上隋画千佛；门南隋画千佛，下宋画男供养人七身；门北隋画千佛，下宋画供养比丘八身；门沿宋画千佛一部。

注：前室窟檐横梁有大宋乾德八年修建窟檐题记。

## 第 428 窟

修建时代：北周（五代重修）

洞窟形制：前部人字披顶，后部平棋顶，有中心塔柱，柱四面各开一龛

内容：前室顶西披中五代画药师经变一铺，南、北侧各画说法图一铺。

西壁门上五代画跌坐佛存四身，中央被清代涂去；门南上画垂幔，下画提头赖吒天王；门北上画垂幔，下画毗楼博叉天王。

南壁上存垂幔一部、飞天一身，下画毗琉璃天王（存一部）。

北壁上存垂幔一部、飞天一身，下画毗沙门天王。

甬道盝形顶中央存五代画曼荼罗一角，南、北披画垂幔（残）。

南壁五代画曹议金父子供养像，侍从一身，童子一身（模糊）。

北壁五代画回鹘公主等女供养人三身。

主室中心塔柱东向面圆券龛内塑跌坐说法佛一身、弟子二身，龛外塑菩萨二身。

龛壁画火焰佛光，两侧各画供养菩萨五身、飞天一身。

浮塑龛楣、龙首龛梁、莲花龛柱、菩提树。两侧画供养菩养各五身。

座沿画供养人约五十身（模糊）。下座身画药叉九身。

南向面圆券龛内塑跌坐说法佛一身、弟子二身，龛外塑菩萨二身。

龛壁画火焰化佛佛光，两侧各画供养菩萨四身、飞天一身。

浮塑龛楣（画忍冬、化生、伎乐）、龙首龛梁、莲

花龛柱、菩提树。龛外两侧各画供养菩萨五身。

座沿画供养人三十九身。下座身画药叉八身。

西向面圆券龛内塑跌坐说法佛一身、弟子二身，龛外塑菩萨二身。

龛壁画火焰化佛佛光、两侧各画菩萨三身、飞天一身。

浮塑龛楣（画化生、忍冬）、龙首龛梁、莲花龛柱、菩提树。

龛外两侧各画供养菩萨五身。

座沿画供养人四十一身。下座身画药叉八身。

北向面圆券龛内塑跌坐说法佛一身、弟子二身。龛外塑菩萨二身。

龛壁画火焰化佛佛光，两侧各画菩萨三身、飞天一身。

浮塑龛楣（画化生、忍冬）、龙首龛梁、莲花龛柱、菩提树。

龛外东侧画供养菩萨六身。

龛外西侧画供养菩萨三身。

座沿画供养人三十六身。下座身画药叉九身。

窟顶前部东、西披北周画禽鸟、莲花、忍冬椽间图案各十七条。

后部平棋画斗四莲花图案三十方、飞天、供养天人及化生等。

西壁上影塑千佛，中南起画说法图、金刚宝座塔（太子降生相）、说法图、涅槃变、释迦多宝佛各一铺，下画供养人三排二百三十六身，下垂角幔帷（模糊）。

南壁前部人字披下画说法图一铺；通壁上影塑千佛，中，东起画跌坐佛说法图、卢舍那佛、跌坐佛说法图、经行佛、跌坐佛说法图各一铺，下画供养比丘与男供养人三排二百四十八身，下垂角幔帷。

北壁前部人字披下画说法图一铺；通壁上影塑千佛，中东起画说法图、降魔变、说法图各一铺，经行佛二铺，下画供养人与供养比丘三排三百二十三身（东端被穿洞毁一角），下垂角幔帷（模糊）。

东壁门上影塑千佛；门南画萨埵太子本生一铺，下画供养人三排一百零六身，下垂角幔帷；门北画须达拏太子本生，下画供养人三排一百零四身（模糊）。

注：此窟四壁上部原各影塑千佛，全窟计九百六十二身。

## 第 429 窟

修建时代：隋（宋重修）

洞窟形制：人字披顶

内容：前室西壁门上宋画比丘（残）。

主室窟顶东、西披画千佛。

西壁隋塑立佛一身（宋初从别处移入）。

壁上隋画说法图一铺，下愿文题榜两侧画供养人行列（均模糊）。

南壁画千佛，下画女供养人一排（模糊）。

北壁画千佛，下画男供养人一排（模糊）。

东壁门南、北各存千佛一部。

## 第430窟

修建时代：北周（宋重修）

洞窟形制：前部人字披顶，后部平棋顶，西壁开一龛

内容：前室西壁门上宋画阿弥陀佛一铺（残），门南画菩
　　萨（模糊），门北底层北周画天王一身（残），门沿
　　宋画卷草纹。

　　北壁存北周残画一角。

　　甬道顶、南壁、北壁存北周画忍冬图案。

　　主室窟顶前部东、西披各画忍冬、莲花、摩尼珠等
　　椽间图案七条。

　　后部平棋画斗四莲花图案三方、飞天八身。

　　西壁圆券龛内塑一倚坐佛、二弟子，龛外两侧塑二
　　菩萨。

　　龛壁画火焰化佛佛光，两侧各画一飞天。

　　浮塑龛楣（画菩提树、伎乐七身）、龙首龛梁、莲
　　花龛柱。

　　龛外南、北侧各画供养菩萨二身。

　　座沿宋画波状卷云纹，下座身画忍冬边饰。

　　南壁上画天宫栏墙，伎乐飞天十二身，中画千佛，
　　下宋画供养比丘一身，男供养人四身（模糊）。东角
　　被凿一穿洞毁去部分。

　　北壁宋代添置一佛床，塑立佛一铺，现存佛一身。
　　床下画壶门内供宝（残）。壁上画天宫伎乐飞天十二
　　身，中画千佛，下北周画供养人存二身、宋画供养人
　　二身（模糊）。中部被清凿洞毁去一部。

　　东壁上画天宫栏墙，伎乐飞天八身，门上弥勒菩萨
　　一铺；门南、北各画千佛，下宋画供养人（模糊）。

## 第431窟

修建时代：北魏（初唐、宋重修）

洞窟形制：前部人字披顶，后部平棋顶，有中心塔柱，柱
　　东向面开一龛，柱南西北向三面上、下层各开一龛，
　　东壁门上开一龛

内容：前室木构窟檐（宋修）三间四柱，柱作八楞形，斗
　　拱六铺作三抄单拱造。

　　窟檐外拱眼壁画伎乐、飞天、供养菩萨、花卉。窗
　　枋画飞天、弟子。柱南侧残存宋画金刚力士一身。

　　窟檐内拱眼壁画说法图、迦陵频伽、云气。窗枋画
　　飞天、菩萨、伎乐。柱头画莲花。梁、檩、椽画千
　　佛。

　　顶中画千佛、飞天，北端宋画十方赴会佛。

　　西壁门上愿文题榜两侧各画水月观音一铺；门南上
　　宋画十方赴会佛，中毗沙门天王赴那吒会，下宋画男
　　供养人；门北上宋画十方赴会佛，中毗沙门天王赴那
　　吒会，下宋画女供养人（模糊）。

　　南壁宋画法华经变一铺，下宋画男供养人存三身
　　（被清代凿穿洞毁去一部）。

北壁宋画华严经变一铺，下宋画女供养人（模糊，
被清代凿穿洞毁去一部）。

甬道盝形顶中央宋画孔雀明王一铺。南、北披各
画千佛五身。

南壁宋画男供养人二身、侍从一身（模糊）。

北壁宋画女供养人二身、侍从一身（模糊）。

主室中心塔柱东向面圆券龛内塑倚坐说法佛一身，
龛外两侧各塑胁侍菩萨一身。

龛壁宋画佛光。

龛上北魏画供养菩萨九身、宋画卷草龛楣。

座沿下混脚宋画边饰。下座身上画说法图一铺，下
宋画男供养人四身、女供养人四身。

南向面上层圆券龛内塑一禅定佛，龛外两侧各塑一
菩萨（宋妆）。

龛壁画佛光。

龛上画龛楣、两侧画龛柱。

龛外东侧北魏画乘象入胎。

龛外西侧北魏画夜半逾城。

下层圆券龛内塑禅定佛一身，龛外两侧各塑一菩萨
（宋妆）。

龛上浮塑龛楣（画火焰）。

龛外两侧各画供养天人。

座沿下混脚初唐画卷草边饰。下座身画说法图一
铺。

西向面上层圆券龛内塑禅定佛一身，龛外两侧各塑
一菩萨（宋妆）。

龛上画火焰龛楣。

龛外南侧画供养天人一身。

龛外北侧画供养天人二身。

下层圆券龛内塑禅定佛一身，龛外两侧各塑一菩萨
（宋妆）。

龛上浮塑龛楣（画化生）、龛梁。

龛外北侧画供养天人一身。

座沿下混脚初唐画卷草边饰，下座身画释迦多宝佛
一铺。

北向面上层圆券龛内塑禅定佛一身，龛外两侧各塑
一菩萨（宋妆）。

龛壁画佛光。

龛外东侧北魏画供养天人三身。

龛外西侧画供养天人二身。

下层圆券龛内塑禅定佛一身，龛外塑一菩萨（宋
妆）。

龛壁画佛光。

龛上浮塑火焰龛楣。

龛外东、西两侧各画供养天人一身。

座沿下混脚初唐画卷草边饰，下座身画说法图一
铺、男女供养人各一身。

窟顶前部东披椽间北魏画莲花摩尼宝珠图案十条，
西披北魏画莲花供养天人十条。

后部平棋北魏画斗四莲花飞天图案十五方。

西壁上北魏画天宫伎乐十五身；中北魏画千佛，中央白衣佛一铺；下初唐画十六观，底层露出北魏画药叉，下初唐画供养牛车、马匹、男供养人十七身、女供养人一身，侍从七身。

南壁上北魏画天宫伎乐十七身；中北魏画千佛，中央禅定佛一铺，两侧北魏画供养菩萨共三十二身；下初唐画九品往生十幅，下初唐画比丘尼一身、女供养人二十二身、侍从四身。

北壁上北魏画天宫伎乐二十身；中北魏画千佛，中央禅定佛一铺；下初唐画未生怨故事，下初唐画供养比丘四身、男供养人二十六身、侍从八身。

东壁上北魏画天宫伎乐十二身，北魏画千佛；门上一券顶龛内北魏塑交脚菩萨一身，宋画供养菩萨二身；门南初唐画二天王，门沿宋画男供养人一身、儿童二身、化生四身；门北初唐画二天王。

注：此窟为北魏晚期窟，唐初将窟底下挖重修下部。宋太平兴国五年阎员清建窟檐与前室。

## 第432窟

修建时代：西魏（西夏重修）

洞窟形制：前部人字披顶，后部平顶，有中心塔柱，柱东向面开一龛，柱南西北向三面上层塑像、下层各开一龛

内容：前室西壁门上西夏画五方佛（存一部）；门南西夏画垂幔、赴会佛二铺、项光、花卉，底层露出北魏、五代残画一部；门北西夏画垂幔、赴会佛二铺、项光、花卉。

南壁表层西夏画垂幔、项光、花卉。底层五代画天龙八部。

北壁表层西夏画垂幔、项光、花卉。

甬道盝形顶中央西夏画团花图案，南、北披画幔帷。

南、北壁西夏各画供养菩萨。

主室中心塔柱东向面圆券龛内塑倚坐佛一身，龛外两侧塑菩萨各一身。

龛壁画火焰佛光，两侧各画飞天一身、菩萨一身、供养天人二身。

龛上西魏浮塑龛楣（画化生长尾鸟忍冬），下浮塑龙首龛梁、莲花龛柱，两侧影塑供养菩萨十六身、化生八身。

座沿西夏画边饰，下座身西夏画说法图一铺，下壶门内画供宝。

南向面上层西魏塑一禅定佛、四菩萨一铺，两侧残存影塑三身。

下层圆券龛内塑禅定佛一身。龛外两侧各塑一菩萨。

龛壁画火焰佛光，两侧画化生、一供养天人。

浮塑龛楣（画火焰）、忍冬龛梁、束帛龛柱，两侧影塑残存七身。

座沿西夏画边饰，下座身西夏画五菩萨、下壶门内

画供宝。

西向面上层西魏塑一禅定佛、四菩萨一铺，两侧残存影塑菩萨四身、化生二身。

下层圆券龛内塑一苦修像，龛外两侧各塑一菩萨。

龛壁画火焰佛光，两侧各画一天人、二化生。

浮塑龛楣（画火焰）、忍冬龛梁、束帛龛柱，两侧残存影塑六身。

座沿西夏画边饰，下座身西夏画四供养菩萨，下壶门内画供宝。

北向面上层西魏塑一禅定佛、四菩萨一铺，两侧残存影塑六身。

下层圆券龛内塑一禅定佛，龛外两侧各塑一菩萨。

龛壁画火焰佛光，两侧各画一天人、二化生。

浮塑龛楣（画火焰）、忍冬龛梁、束帛龛柱，两侧影塑存五身。

座沿西夏画边饰，下座身西夏画供养菩萨五身，下壶门内画供宝。

窟顶全部西夏画团花。

西壁上西夏画垂幔，中画千佛，下壶门内画供宝（残）。

南、北壁上西夏各画垂幔，前部人字披下各画莲花供宝与二飞天；中画千佛，下壶门内画供宝。南壁破损处露出底层西魏画。

东壁门上西夏画幔帷、千佛；门南、北各画幔帷、千佛，下壶门内画供宝。

## 第433窟

修建时代：隋

洞窟形制：前部人字披顶，后部平顶，西壁开一龛

内容：窟顶前部东披画药师经变一铺。西披画说法图一铺。

后部平顶中画弥勒经变一铺，两侧画维摩诘经变一铺，南侧文殊、北侧维摩诘。

西壁圆券龛内隋塑趺坐佛一身、菩萨二身。

龛顶画二飞天。

龛内西壁画项光、背光，两侧各画五弟子；南、北壁各画三弟子。

龛上浮塑龛楣、龙首龛梁、莲花龛柱。

龛下画狮子供宝（模糊）。

龛外南、北侧上各画天宫栏墙、垂幔，中各画一弟子、一菩萨。

南壁上画天宫栏墙、垂幔，中画化生、千佛，下画女供养人（模糊）。

东、西下角各被清代穿洞毁去一部。

北壁上画天宫栏墙、垂幔，中画化生、千佛，下存男供养人四身。西下角被清代穿洞所毁。

东壁门上画天宫栏墙、垂幔、千佛；门南画千佛，下供养牛车、一车夫、二侍女；门北画千佛、下供养马二匹、二马夫。

## 第434窟

修建时代：隋

洞窟形制：覆斗形顶，西壁开一龛

内容：窟顶藻井画莲花井心，垂角幔帷铺于四披。四披画千佛。

西壁圆券龛内塑一趺坐佛，龛外两侧各塑一菩萨。

龛顶、龛内西壁画火焰佛光，南、北两侧各画一弟子。

龛上画火焰龛楣。

龛下画供养狮子（模糊）。

南壁画千佛。下男供养人（模糊）。

北壁画千佛（存一部），西端被清代凿一穿洞毁去部分。

东壁存千佛一部（残）。

## 第435窟

修建时代：北魏（五代重修）

洞窟形制：前部人字披顶，后部平顶，有中心塔柱，柱东向面开一龛；柱南西北向三面上、下层各开一龛

内容：甬道顶、北壁各存五代残画一部。

主室中心塔柱东向面圆券龛内塑倚坐说法佛一铺，龛外两侧塑金刚力士各一身。

龛壁佛光两侧画供养菩萨各二身。

浮塑龛楣（画忍冬、化生）、龙首龛梁、龛柱。

龛上影塑一化佛、二菩萨、二飞天（残），供养菩萨残存二身。

座沿画供养比丘十二身，下座身五代画供养人（模糊），底层北魏画供养人、药叉。

南向面上层阙形龛内塑交脚菩萨，龛外两侧各塑一菩萨。龛壁画二执拂侍者。

下层圆券龛内塑禅定佛一身，龛外两侧塑菩萨各一身。

龛壁画火焰佛光，两侧画供养天人各一身。

浮塑龛楣、龛梁、龛柱。两侧画飞天各一身。

座沿画忍冬边饰，下座身画药叉二身。

西向面上层圆券龛内塑禅定佛一身，龛外塑胁侍菩萨二身，存一残影塑。

龛壁画二化生。

浮塑龛梁、龛柱，影塑残存一身。

下层圆券龛内塑苦修像（毁），龛外两侧塑菩萨各一身。

龛壁画二供养天人。

龛外两侧画飞天各一身、化生各三身。

座沿画忍冬边饰，下座身画药叉二身。

北向面上层阙形龛内塑交脚菩萨，龛外两侧各塑一菩萨。

龛壁画执拂侍者二人。

下层圆券龛内塑一禅定佛，龛外两侧各塑一菩萨。

龛壁画佛光，两侧供养天人各一身。

浮塑龛楣（画火焰）、龛梁、龛柱。两侧各画一飞天。

座沿画忍冬边饰，下座身画药叉二身。

窟顶前部东、西披各画莲花飞天十条，脊枋画边饰六段。

后部平棋画斗四莲花飞天图案十一方。

西壁上画天宫伎乐十三身；中画千佛，中央白衣佛一铺；下画药叉十一身。

南壁上存天宫伎乐十五身、凤鸟一只；中前部画说法图一铺（残），后部画千佛；下画药叉一排。

北壁上画天宫伎乐十六身；中前部画说法图一铺，后部画千佛；下画药叉一排。东下角被清凿穿洞所毁。

东壁上存天宫伎乐十身，门北存千佛一部，下药叉三身。

## 第436窟

修建时代：隋（五代重修）

洞窟形制：前部人字披顶，后部平顶，西壁开一龛

内容：窟顶前部东披存药师经变一部，西披存弥勒经变一部。后部平顶存五代画趺坐佛一部。

西壁圆券龛内塑一佛、二弟子（迦叶无头），龛外两侧塑二菩萨。

龛顶画飞天二身。

龛壁画佛光，南、北侧各画三菩萨。

浮塑火焰龛楣（残）、龙首龛梁，龛外两侧各画一菩萨。

龛下画药叉（模糊）。

南壁上画天宫栏墙，飞天存八身（残）；中存千佛一部（残）。

## 第437窟

修建时代：北魏（宋重修）

洞窟形制：前部人字披顶，后部平顶，有中心塔柱，柱东向面开一龛，柱南西北向三面上、下层各开一龛

内容：前室木构窟檐（宋修）三间四柱，柱作八楞形，斗拱六铺作三抄单拱造。

窟檐外拱眼壁存飞天二身、花卉。窗棂两侧画弟子目乾连等各一身（存二）。窗下存伎乐、狮子各二身（模糊）。南侧西壁存残画力士一部，南壁画供养比丘一身。

窟檐内顶西披宋画云气、宝盖（残）。

西壁门上塑趺坐菩萨一身、胁侍菩萨一身，宋画弟子一身、愿文题榜一方（无字）；门南宋画维摩诘经变（文殊、模糊）；门北宋画维摩诘经变（维摩诘，模糊），上画如意轮观音一铺（模糊）。

南壁宋画南方不动佛一铺（模糊）。

北壁宋画金刚剑菩萨一铺，下画药师佛一铺（西下角清凿穿洞通向第466窟）。

甬道顶画八臂观音一铺。

南壁宋画归义军节度使（曹元忠）供养像(模糊)。

北壁宋画凉国夫人浔阳翟氏供养像（模糊）。

主室中心塔柱东向面圆券龛内塑倚坐说法佛一身，龛外两侧塑胁侍菩萨各一身。

龛壁宋画火焰佛光。

浮塑龛楣（宋画卷草）、忍冬龛梁、束帛龛柱。龛上影塑一立佛、二菩萨；龛外两侧存影塑供养菩萨各一身、飞天十六身。

座沿宋画半团花边饰，下座身宋画供养器、男供养人四身。

南向面上层阙形龛内塑思惟菩萨一身，龛外两侧塑胁侍菩萨各一身（宋重妆）。阙顶浮塑摩尼宝珠（宋重妆）。

下层双树圆券浅龛内塑苦修像一身，龛外两侧各塑一菩萨、一影塑飞天（宋重妆）。

座沿宋画图案，下座身宋画二供养菩萨。

西向面上层圆券浅龛内塑禅定佛一身（残），龛外两侧各塑一菩萨（宋重妆）。宋画龛楣。

下层圆券浅龛内塑禅定佛一身，龛外两侧各塑一菩萨（宋重妆）。宋重画龛楣。

座沿宋画图案，下座身宋画二供宝。

北向面上层阙形龛内塑交脚菩萨一身，龛外两侧塑胁侍菩萨各一身（宋重妆）。

下层圆券浅龛内塑禅定佛一身，龛外两侧各塑一菩萨。

浮塑龛楣，宋画菩提树。

座沿宋画图案，下座身宋画二供养菩萨。

窟顶全部宋画团花图案。

西壁上宋画垂幔，中宋画千佛，下存女供养人四身，底层有北魏画。

南壁人字披下宋画二飞天执花盆，通壁上宋画垂幔，中宋画千佛，下存男供养人一身、女供养人二身，底层有北魏画。

北壁人字披下宋画二飞天执花盆，通壁上宋画垂幔，中宋画千佛，下男供养人七身，底层有北魏画。

东壁上宋画垂幔，门上愿文题榜（无字）；门南宋画千佛，下男供养人三身、供养菩萨一身、化生一身；门北宋画千佛，下男供养人四身、供养菩萨一身。

## 第 438 窟

修建时代：北周

洞窟形制：覆斗形顶，西壁开一龛

内容：窟顶藻井画斗四莲花井心，垂角幔帷与花鸟边饰铺于四披（现存于南西北三披各一部）。南、西披各存故事画一部，天宫伎乐六身（残）；北披存睒子故事一部，天宫伎乐八身。

西壁圆券龛内塑倚坐说法佛一身，龛外两侧各塑菩萨一身。

龛内西壁画火焰佛光（模糊），南、北壁各画一飞

天、六供养菩萨、一弟子（模糊）。

浮塑龛楣（画化生忍冬）、龛梁、束帛龛柱。龛外南侧画飞天一身、供养菩萨四身、鹿头梵志，龛外北侧画飞天一身、供养菩萨四身、婆薮仙（模糊）。

南、北壁各存千佛一部，下供养人、力士(模糊)。南壁东端、北壁西端各被清代凿一穿洞。

## 第 439 窟

修建时代：北周

洞窟形制：前部人字披顶（毁），后部平顶，西壁开一龛

内容：窟顶后部西南角存一禅僧（模糊）。

西壁圆券龛内塑一佛、二弟子，龛外两侧各塑一菩萨。

龛内西壁存火焰化佛佛光（模糊），南、北壁各存一飞天、二供养菩萨（模糊）。

浮塑龛楣（画忍冬莲花禽鸟）、龙首龛梁、莲花龛柱。龛外两侧上画栏墙、伎乐天各二身。

南壁存伎乐飞天五身，千佛一部。

## 第 440 窟

修建时代：北周（五代重修）

洞窟形制：人字披顶，西壁开一龛

内容：窟顶西披五代画说法图一铺，与第441窟通联。

西壁圆券龛内北周塑佛一铺，龛外北侧存菩萨塑像残痕一部（残）。

龛壁存五代画佛光、菩萨（残）。

浮塑龛楣、龙首龛梁、莲花龛柱。

龛外南侧存五代画观音一铺、一项光。

龛外北侧底层有北周画。

北壁存五代残画一部。

## 第 441 窟

修建时代：北魏（五代重修）

洞窟形制：人字披顶，西壁开一龛

内容：窟顶东披五代重修，西披画说法图一铺，与第440窟西披通联。

西壁圆券龛内西壁五代画佛光，南、北壁底层有北魏残画，表层五代画弟子、菩萨。

浮塑龛梁、龛柱。龛外南、北侧各存五代残画。

座沿底层存边饰残痕。

## 第 442 窟

修建时代：北周（宋、清重修）

洞窟形制：前部人字披顶（毁），后部平棋顶，有中心塔柱，柱四面各开一龛

内容：主室中心塔柱东向面圆券龛内塑倚坐说法佛一身。

龛壁火焰化佛佛光，两侧画飞天、菩萨（模糊）。

浮塑龛楣（画忍冬莲花）、龙首龛梁、莲花龛柱。

南向面圆券龛内塑一倚坐佛、二弟子。

龛壁画火焰佛光，两侧存供养天人、飞天各一身。

浮塑龛楣（画忍冬化生）、莲花龛柱。两侧影塑仅存一莲花。

西向面圆券龛内塑一倚坐佛、二弟子。

龛壁画火焰佛光、一供养菩萨。

浮塑龛楣画忍冬。

龛下画玄武。

北向面圆券龛内塑一倚坐佛、一弟子（清修）。

龛壁画火焰佛光，两侧画飞天、供养人各一身。

浮塑龛楣（画忍冬、莲花、化生）、莲花龛柱。

龛下画药叉（模糊）。

窟顶后部平棋存斗四图案六方半。

西壁上画天宫伎乐十六身（四身模糊），中画千佛（模糊），下画男女供养人一排（模糊），下药叉。

南壁上画天宫伎乐存六身，中画千佛（东部模糊），下画供养人，下药叉（模糊）。

北壁上画天宫伎乐十六身，中画千佛（模糊）。

## 第 443 窟

修建时代：宋

洞窟形制：穹窿顶

内容：窟顶画圆形莲花盖，环绕四凤。

北壁画菩提树，树上挂水瓶、背囊、挎包、锡杖等僧人用品；题榜一方，文字模糊。

西壁画三界寺沙门戒昌等僧俗供养像十五身。

东壁画僧俗供养像存十四身。

南壁门沿画菱形边饰。

注：此窟开于第 444 窟前室北壁，为禅僧住窟，坐北朝南，不知原何时所凿，现存壁画为宋初作品。

## 第 444 窟

修建时代：盛唐（宋、清重修）

洞窟形制：覆斗形顶（毁），西壁开一龛

内容：前室木构窟檐（宋修）三间四柱，柱作八楞形，斗拱六铺作三抄单拱造。

窟檐外南壁宋画十一面观音一铺、门南窗枋间画优波离、大功德天女、富楼那。门上拱眼壁画飞天、迦陵频伽、供养天人。

窟檐内拱眼壁画说法图，梁枋画飞天，窗枋间画供养菩萨。

顶东披椽柱间画千佛。

西壁门上画地藏、药师，下端毁；门南画十方赴会佛，残存两组菩萨；门北画十方赴会佛三组。

北壁内为第 443 窟，窟门上画十方赴会佛二组，下画九横死；门东画十一面观音一铺；门西画二趺坐佛、二天王，门下残存宋画女供养人一身（模糊）。

甬道盝形顶中央毁，南、北披等各画九坐佛。

南壁宋画男供养人二身（模糊，疑为曹延恭、曹延禄供养像）。

北壁宋画女供养人二身（模糊，疑为慕容氏供养像）。

主室西壁斜顶敞口龛（宋加撑柱）内存盛唐塑二弟子、二菩萨、一天王，龛外两侧台上塑二供养菩萨、禅僧像一身（从第 443 窟移来）。

龛顶画团花。

龛内西壁画佛光。南、北壁各画三项光、三弟子。

龛沿画卷草、一整二半团花边饰。

龛外南、北侧各画宝盖、项光、供养童子。

龛下宋画供养人存二十四身（模糊）。

南、北壁各画千佛，中央说法图各一铺。

东壁门沿两侧宋画菩萨，门上盛唐画多宝塔，门南、北盛唐各画观音普门品。

## 第 445 窟

修建时代：盛唐（五代、西夏重修）

洞窟形制：覆斗形顶，西壁开一龛

内容：甬道盝形顶中央存五代画观音（残），南、北披五代各画七佛趺坐像（剥落）。

主室窟顶藻井于东、南、北披存部分珠网、璎珞。四披各存西夏画千佛一部。

西壁敞口龛内塑一趺坐佛、二弟子、二菩萨、二天王（其一残毁），龛外两侧台上各塑一菩萨。

龛顶存西夏画一部。

龛内西壁存残画婆罗门。南、北壁各存三弟子、三项光（残）。

龛沿画卷草、一整二半团花边饰。

龛下存五代画供养器、女供养人残痕。

南壁画阿弥陀经变一铺（烟熏，中部被盗走一方。东角被凿一穿洞），下西夏画男供养人（模糊）。

北壁画弥勒经变一铺（上部五代重描），下西夏画女供养人（残）。

东壁门上画地藏菩萨一身，门南画千佛，门沿五代画菩萨、飞天、供宝（均残）。

## 第 446 窟

修建时代：盛唐（五代重修）

洞窟形制：覆斗形顶，西壁开一龛

内容：甬道盝形顶中央存五代画说法图一部，南披存五代画一角。

主室窟顶西披北侧存藻井垂幔一角，盛唐、五代画千佛各一部。南披存盛唐画千佛一角。北披盛唐、五代画千佛各一角。

西壁敞口龛内塑一趺坐佛、二弟子。二菩萨、二天王。

龛内西壁浮塑佛光，画卷草化佛，两侧画二弟子（一残）；南壁画一菩萨、二弟子、二项光；北壁画一菩萨、二弟子、三项光。

龛沿画圭形、方格边饰。

龛外南侧画卢舍那佛一身。

龛外北侧画药师佛一身。

南壁画观无量寿经变一铺，西侧未生怨（东端毁去一部）。

北壁画弥勒经变一铺（东端毁去一部）。

东壁上五代画药师经变一铺（残），门上五代画马头观音一铺；门南五代画文殊变一铺（残）；门北五代画普贤变一铺（残）。

### 第447窟

修建时代：中唐（五代重修）

洞窟形制：覆斗形顶，西壁开一龛

内容：窟顶西披存千佛一身，北披存千佛一角。

西壁盝顶帐形龛内塑二菩萨、二天王（残毁）。马蹄形佛床。

龛顶中央存团花痕迹，西披存二坐佛二菩萨，南披存二坐佛。

龛内西壁上存垂幔，下屏风三扇，内画菩萨；南壁上存垂幔，下屏风一扇，内画菩萨；北壁存屏风，画菩萨。

帐门北侧存文殊一角。

龛下存五代画供养人。

北壁存五代残画一角。

### 第448窟

修建时代：初唐（五代重修）

洞窟形制：前部人字披顶（毁），后部平顶，有中心龛柱，柱东向面开一龛

内容：中心龛柱东向面平顶敞口龛内西壁存浮塑佛光残痕。

南、北向面各存千佛一部。

西向面画灵鹫山说法图一铺（模糊）。

窟顶后部存千佛九身（残）。

西壁中画说法图一铺，两侧画千佛（大部模糊）。

南壁五代画经变二铺（存西端一部，均模糊），下五代画男供养人（均模糊）。

北壁五代画经变二铺（均模糊）。

### 第449窟

修建时代：中唐（宋重修）

洞窟形制：覆斗形顶，西壁开一龛

内容：甬道盝形顶中央存残画菩萨一部，南、北披各存跌坐佛四身。

南壁画曹延禄供养像（模糊）。

北壁画于阗公主等女供养人二身（模糊）。

主室窟顶藻井画团龙卷瓣莲花井心，卷草、垂幔铺于四披。东披存卷草垂幔、飞天一部。南、西、北披画千佛，中央各一塔，塔内一佛、二菩萨，两侧供养飞天各一身。

西壁盝顶帐形龛顶中央画棋格千佛，四披画瑞像图共二十五身、供养菩萨四身。

龛内西壁残存佛座部分，两侧各画五弟子、五菩萨；南、北壁画天龙八部。马蹄形佛床，壶门内画狮

子、供器。

南侧帐扉顶画金刚杵观音菩萨，西壁画如意轮观音，南壁画地藏菩萨。

北侧帐扉顶画杨柳枝观音菩萨，西壁画不空绢索观音，北壁画宝□香炉菩萨。

龛沿画十坐佛。

龛上画山花蕉叶、十二坐佛帐顶图案。

龛下画供养器，两侧供养菩萨二身、女供养人四身、男供养人一身、比丘尼五身。

龛外南侧上画赴会佛三铺，下卢舍那佛一身。

龛外北侧上画赴会佛三铺，下药师佛一身。

南壁西起画法华经变一铺，下屏风二扇画涅槃、起塔；观无量寿经变一铺，下屏风二扇画未生怨，天请问经变一铺，下屏风二扇画十六观。

北壁西起画华严经变一铺，下屏风三扇画华严诸品；药师经变一铺，下屏风三扇画十二大愿；弥勒经变一铺，下屏风二扇画九横死。

东壁门南画报恩经变一铺（上残），下男供养人四身；门北画报父母恩重经变一铺（上残），下供养比丘六身。

### 第450窟

修建时代：盛唐（西夏重修）

洞窟形制：覆斗形顶，西、南、北壁各开一龛

内容：甬道盝形顶中央存团花图案一部，南、北披各存垂幔一部。

北壁存菩萨立像一身（模糊）。

主室窟顶藻井画二龙戏珠井心，卷草、回纹、幔帷存于西、南披一部。四披各存棋格团花垂幔一部。

西壁龛壁盛唐浮塑佛光，西夏画菩提宝盖、八飞天、四项光、花卉。

龛上画飞天六身。龛下画供养菩萨四身（底层露出部分唐画）。

龛外南、北侧各画说法图一铺、供养菩萨八身。

南、北壁龛壁各存盛唐浮塑佛光，西夏画菩提宝盖、八飞天、四项光。

龛上各画飞天六身，龛下各画花卉。

龛外东、西侧各画说法图一铺、供养菩萨八身。

东壁门上画说法图；门南、门北各画说法图、菩萨，下花卉。

### 第451窟

修建时代：隋（宋重修）

洞窟形制：塌毁，仅存西壁一龛

内容：西壁龛壁存宋画佛光、云气（残）。

龛外北侧存隋画千佛数身。

### 第452窟

修建时代：宋

洞窟形制：覆斗形顶，西壁开一龛

内容：西壁盝顶帐形龛内西壁画背屏，两侧存八弟子。余全毁。

帐门南、北侧各画天王二身（熏毁）。

南壁残存阿弥陀经变一铺（熏毁）。

北壁存药师经变一铺，十二大愿存一部（熏毁）。

## 第453窟

修建时代：隋

洞窟形制：顶毁，存西壁一龛

内容：西壁开内外层圆券龛，内层龛壁存火焰佛光。

北壁存部分千佛。

## 第454窟

修建时代：宋（清重修）

洞窟形制：覆斗形顶，设中心佛坛

内容：前室顶西披存残画文殊等。

西壁门上有一龛，龛内画三观音，两侧画文殊、普贤；门南、北上各画十方赴会佛，下画毗沙门天王赴那吒会（模糊）。

南壁上画十方赴会佛，下模糊。

甬道盝形顶中央画佛教史迹画一铺，南、北披各画瑞像图十六身。

南壁画曹氏家族男供养人一排七身，后侍从三身。

北壁画男供养人一排八身（疑为瓜州贵族慕容氏供养像，模糊），后侍从。

主室中心佛坛上清塑送子娘娘一铺十二身（已清除），西面清塑假山，南、北面清画花鸟屏风各六扇。

窟顶藻井浮塑团龙井心（毁一部）。

东披画弥勒经变，南披画法华经变，西披画法华经变见宝塔品，北披画华严经变。顶东北角画提头赖吒天王，东南角画毗琉璃天王，西南角画毗楼博叉天王，西北角画毗沙门天王各一铺。

南壁东起画楞伽经变一铺，下女供养人五身；观无量寿经变一铺，东侧十六观、西侧未生怨，下女供养人七身；报恩经变一铺，下屏风画须达拏太子本生；天请问经变一铺，两侧梵天诸问，下屏风画须达拏太子本生。

西壁画劳度叉斗圣变一铺。下屏风画须达拏太子本生与佛传。

北壁西起画佛顶尊胜陀罗尼经变一铺，两侧画诸品，下屏风画佛传；思益梵天问经变一铺，下屏风画佛传；药师经变一铺，两侧九横死、十二大愿，下女供养人存七身；金光明经变一铺，下供养人六身。

东壁门上画维摩诘经变佛国品；门南画维摩诘经变（文殊），下于阗国王等供养像六身；门北画维摩诘经变（维摩诘），下回鹘公主等供养像六身、比丘尼二身。

## 第455窟

修建时代：隋

洞窟形制：顶毁，存西壁一龛

内容：西壁开内外层圆券龛，内层龛壁存佛光。

外层龛西壁两侧存龛楣、龛柱残画，南、北壁各画四弟子。

## 第456窟

修建时代：隋（宋重修）

洞窟形制：人字披顶，西壁开一龛

内容：甬道盝形顶中央宋画孔雀明王，南、北披各存坐佛三身。

主室窟顶东披画十方赴会佛五铺。西披画十方赴会佛六铺。

西壁盝顶帐形龛顶中央画棋格四瓣花图案，东披画飞天二身，南、西、北披画坐佛共十二身。

龛内西壁画千手眼观音一铺，南壁画不空绢索观音一铺，北壁画如意轮观音一铺。佛床马蹄形。

龛沿画七佛与二菩萨。

龛上画饕餮纹帐顶图案。

龛下画男女供养人，存供养菩萨六身，底层隋画供养菩萨。

帐门南侧画文殊变一铺。

帐门北侧画普贤变一铺。

南壁画楞伽经变一铺。

北壁宋画金光明经变一铺，底层隋画千佛。

东壁门上画执花观音一铺；门南画八臂观音一铺；门北画地藏王一铺、六道轮回与十王。

## 第457窟

修建时代：隋（宋重修）

洞窟形制：顶毁，存西壁一龛

内容：西壁盝顶帐形龛顶中央画团花，南、西、北披画垂幔。

龛内西壁存花卉一部，南壁存菩萨残画。

帐门南侧存文殊一部（残）。

龛下存壸门内火珠。

南壁底层有隋画，表层存宋画（残）。

## 第458窟

修建时代：盛唐（西夏重修）

洞窟时代：顶毁，西壁开一龛

内容：西壁斜顶敞口龛内盛唐塑一趺坐佛、二弟子、二菩萨、二天王、二供养菩萨，龛外北侧台上塑一天兽。

龛内南壁存盛唐残画部分。

龛外北侧西夏画药师佛（残）。

龛下西夏愿文题榜，两侧画西夏供养人（残）。

北壁存西夏画说法图。

## 第459窟

修建时代：晚唐（宋重修）

洞窟形制：顶毁，西壁开一龛

内容：西壁盝顶帐形龛内晚唐塑一佛（残）、二弟子、一菩萨、一天王，宋塑二身（残）。

　　龛顶西披画菩提宝盖存一角，坐佛二身、菩萨一身、鹦鹉二只；东披存二立佛、一菩萨；南披存一菩萨；北披画药师佛三身、菩萨二身。

　　龛内西壁上存卷草幔帷，下弟子四身，佛光两侧下白描力士各一身；南壁上画卷草幔帷，下弟子三身；北壁上画卷草幔帷，下存弟子一身。

　　龛沿画一整二半团花边饰。

　　帐门南侧画文殊（模糊）。

　　帐门北侧画普贤（模糊）。

　　龛下宋画菩萨（模糊），底层晚唐画男女供养人。

　　南壁晚唐画楞伽经变一铺（残）。

　　北壁画法华经变，存信解品一角。

### 第 460 窟

修建时代：盛唐（西夏重修）

洞窟形制：覆斗形顶，西壁设佛坛

内容：前室顶西披椽间西夏画交枝火焰莲花图案。

　　西壁门上西夏画七佛存五身；门南西夏画文殊（存一部），供养菩萨存一身；门北西夏画普贤（模糊）。

　　南壁存西夏飞天一身。

　　甬道盝形顶中央西夏画云头团花，南、北披画垂幔。

　　主室窟顶东披存棋格团花一角，南披存棋格团花、垂幔、飞天六身，西披存垂幔、飞天二身，北披存棋格团花、垂幔、飞天各一部。

　　西壁坛上盛唐塑一倚坐佛、二弟子、二菩萨（北侧菩萨残损）、二天王。坛下西面画莲花、凤鸟。

　　壁上画菩提宝盖、飞天、项光、花卉。

　　南、北壁西侧上西夏画说法图各一铺，下供养菩萨各一身；东侧上西夏画净土变各一铺，下壶门内火珠。

　　东壁门南西夏画说法图、千手眼观音各一铺，下壶门内火珠；门北西夏画说法图、千手钵文珠各一铺，下壶门内火珠。

### 第 461 窟

修建时代：西魏

洞窟形制：覆斗形顶

内容：窟顶藻井画斗四莲花井心，垂角幔帷铺于四披。西披中画摩尼宝珠，两侧各二伎乐天，下天宫栏墙一条；南披画伎乐飞天存四身，下天宫栏墙存一部；北披画伎乐天五身，下天宫栏墙一条；东披毁去大半。

　　西壁上画垂幔，中画释迦多宝佛龛。龛楣画睒子故事。下画龛座，男供养人一身，女供养人三身。南、北侧各画束帛龛柱、佛弟子五身、菩萨二身。

　　南、北壁画千佛，下边饰。

### 第 462 窟

修建时代：元

洞窟形制：前部人字披顶，后部平顶

内容：西壁上部存影塑残痕，下部存残塑佛座，画菱形莲花图案。

　　北壁东下部画供养人四身（模糊）。

### 第 463 窟

修建时代：元

洞窟形制：平顶

内容：窟顶平棋中画莲花，四角白描花卉。

　　西壁上画五佛、菩萨三身（中毁于门）。

　　南壁画文殊一身，上弟子三身，中一僧、二供养人、一狮奴。

　　北壁画普贤一身，女供养人三身。

　　东壁门上存密宗图像画稿一部，门南画四臂金刚一身，门北画四臂金刚一身（口中吃人）。

### 第 464 窟

修建时代：西夏（元重修）

洞窟形制：覆斗形顶，南、西、北壁设佛坛。

内容：前室顶南披存元画千佛一角。

　　南、北壁元画故事画，西端曾被元代封闭。

　　甬道顶元画千佛，底层有西夏画。

　　南、北壁元画四菩萨（残）。

　　主室窟顶藻井井心画跌坐说法佛。四披各画跌坐佛一身。

　　西壁屏风八扇，画佛、弟子、天王、帝释天为居士说法（观音普门品）。

　　南壁屏风六扇，画帝释天、金刚、天王、弟子为居士说法（观音普门品）。

　　北壁屏风六扇，画佛、诸天，天王、帝释天为居士说法（观音普门品）。

　　东壁门上书六字真言；门南、北有蒙古文题记，门南底层有西夏画图案。

### 第 465 窟

修建时代：元

洞窟形制：覆斗形顶，设中心圆坛

内容：前室西壁门上画菩萨一身（模糊）。

　　门南、北各画塔一幅。

　　南、北壁各画塔一幅。

　　甬道顶画云气。

　　南、北壁画牡丹花。

　　主室窟顶藻井画大日如来一铺。东披画阿閦佛一铺（象座）。南披画宝生佛一铺（迦楼罗座）。西披画无量寿佛一铺（孔雀座），北披画不空成就佛一铺（马座）。

　　西壁画曼荼罗三铺。南起单身（交手金刚杵），四

周小图象十九幅；双身（执金刚杵、铃），四周小图
象十九幅；单身（执钵、刀），四周小图象存十八幅
（其中二幅残）。

南壁画曼荼罗三铺。东起双身（执弓箭），四周小
图象二十一幅；双身（牛座），四周小图象二十幅；
双身（人皮），四周小图象二十幅。

北壁画曼荼罗三铺。东起单身（七头十四臂）四周
小图象二十幅；双身（十六臂执钵），四周小图象二
十幅；中间主象毁，周围小图象存二十幅。

东壁门上画五金刚（中为大威德）、四供养比丘
（南北两侧各二身）；门南画曼荼罗一铺：骡子天王
等三组，四火焰童子，下屏风六扇；门北画曼荼罗一
铺，毗那夜迦等二十四身。

## 第 466 窟

修建时代：唐

洞窟形制：覆斗形顶（塌毁），西壁开一龛

注：此窟在第 47 窟下，于 1984 年出土，塑像、壁画全
毁。

## 第 467 窟

修建时代：中唐（五代、宋重修）

洞窟形制：覆斗形顶，西壁开一龛

内容：甬道顶中央残存团花图案，底层有五代残画；南披
存垂幔一部；北披存垂幔一部，底层五代画跌坐佛。

主室窟顶藻井浮塑团龙井心，回纹、卷草铺于四披
（各存一部）。四披画棋格团花（残，东披底层有五
代画）。

西壁盝顶帐形龛顶中央画团团花，底层有五代画棋格
团花。四披画垂幔。

龛内西壁画背光、项光、花卉，底层有五代画佛、
弟子；南、北壁各画项光、花卉，底层五代画天王。
塑像毁，仅存部分像座。

龛上画帐顶图案。

帐门南、北侧各画垂幔（存一部）、千佛，下毁。

南壁上画垂幔，中画千佛（存大部），下毁，底层
有五代残画。

北壁上存垂幔，中画千佛（存一部），下毁。

东壁门上画垂幔，下画千佛（存一部），底层露出
五代说法图；门南、北画千佛（各存一部），下毁。

注：此窟于 1946 年被发掘出土。

## 第 468 窟

修建时代：中唐、五代

洞窟形制：覆斗形顶，西壁开一龛

内容：前室顶画千佛（模糊）。

西壁门上五代愿文题榜，门南、北五代各画金刚力
士。

南壁上存五代残画，下五代画男供养人三身。

北壁上存五代残画，下五代画女供养人三身。

甬道顶五代画跌坐菩萨一身。

南、北壁五代各画二菩萨。下壶门各三个。

主室窟顶藻井画三兔莲花井心，璎珞垂幔铺于四
披。西披画法华经变序品，两角画观音普门品；南、
北披各画法华经变观音普门品之三十三现身，东披画
法华经变见宝塔品，两角画普门品。

西壁盝顶帐形龛内存中唐塑一菩萨、二弟子(残)。

龛顶中央画棋格团花，西披画跌坐佛四身、菩萨二
身，南披画跌坐佛三身、化生二身，北披画跌坐佛三
身、化生二身，东披画跌坐佛四身、化生二身。

龛内西、南、北壁上画垂幔，下屏风，各画十二大
愿之四愿。

龛沿画卷草边饰。

佛床马蹄形，壶门内画供宝。

龛上画帐顶图案。

龛下画男女供养人十一身，中有五代回鹘文愿文题
榜一方。

帐门南侧画普贤变一铺。

帐门北侧画文殊变一铺。

南壁五代画观无量寿经变，东侧十六观、西侧未生
怨，下床坐。

北壁画药师经变，东侧九横死、西侧十二大愿，下
床坐。

东壁门上五代画男女供养人四身；门南五代画说法
图，下画不空绢索观音一铺，下床坐；门北五代画说
法图，下画如意轮观音一铺，下床坐。

注：此窟于唐大中年前后始建窟顶与佛龛，后梁开平元
年绘东、南、北壁及甬道、前室。1948 年 7 月发现
此窟。

## 第 469 窟

修建时代：中唐（五代重修）

洞窟形制：覆斗形顶，东、西、北壁各开一龛

内容：甬道东壁画大势至菩萨一身（残）。

西壁画观世音菩萨一身（残）。

主室北、东、西壁各开一盝顶帐形龛。龛内各置阁
架一层。

南壁无画。

注：此窟发现于 1952 年，坐北朝南。

## 第 470 窟

修建时代：晚唐（宋重修）

洞窟形制：覆斗形顶，西壁开一龛

内容：窟顶西披画千佛，中央跌坐佛一身；南披存千佛一
部；北披存千佛、卷草垂幔各一部。

西壁盝顶帐形龛顶中央画二团花图案，四披画立佛
共十一身、菩萨二身，均有宋画残痕。

龛内西壁画卷草垂幔，下屏风三扇（模糊），上有
宋画佛光、莲座；南、北壁画卷草垂幔，下屏风各二
扇（均模糊），有宋画残痕。

龛沿画卷草边饰。

龛上帐顶图案。帐额画千佛。

帐门南、北侧画天王各一铺（残）。

南壁画经变二铺（残），现存西角一部画千手眼观音，下存宋画男女供养人一部（残）。

北壁画经变二铺（毁），仅存西角一部。

东壁门南残存宋画女供养人。

### 第471窟

修建时代：中唐

洞窟形制：覆斗形顶，西壁开一龛

内容：前室西壁门南、北各存残壁画三层（模糊）。

南壁存残壁画三层（模糊）。

主室窟顶藻井脱落。四披各存千佛一部。

西壁盝顶帐形龛顶中央画棋格团花。四披画药师佛共十三身、菩萨四身。

龛内西壁残存浮塑佛光一部，屏风画模糊；南壁上画卷草、幔帷，下屏风二扇，一扇画九横死、一扇画斋僧燃灯；北壁上画卷草、幔帷，下屏风二扇，画九横死。

龛沿画卷草边饰。

龛上画帐顶图案。

帐门南侧存趺坐佛四身、供养神将四身。

帐门北侧存趺坐佛四身。

南壁西起画阿弥陀经变（存一角）等二铺经变。

北壁西起残存药师经变一部、华严经变一部。

东壁门上残存男供养人一部；门北画如意轮观音，残存一部。

注：此窟发现于1953年。

### 第472窟

修建时代：中唐

洞窟形制：覆斗形顶，西壁开一龛

内容：窟顶藻井团花井心存一部。西、北披各存千佛一部。

西壁盝顶帐形龛顶西披存立佛一部、化生一身，东、南、北三披各存残画一部。

龛内西壁存残画部分。

龛沿存卷草、菱形边饰各一段。

龛下存壸门部分。

帐门南侧残存普贤变一角。

帐门北侧残存坐佛一身。

南壁存法华经变一部，下存壸门一部。

北壁上存卷草边饰一段；中存华严经变一部，两侧画华严比喻各一条（模糊）；下壸门内供宝。

东壁门南存观音变，下趺坐菩萨一身；门北存观音变，下残画一部。

### 第473窟

修建时代：晚唐

洞窟形制：顶毁，西壁开一龛

内容：西壁平顶方口龛内西壁上画卷草、幔帷，下屏风二扇（模糊），中间画佛光；南、北壁上画卷草幔帷，下屏风各二扇（模糊）。

龛沿画卷草边饰（存一部）。

龛外南侧画普贤（模糊）。

南壁画观无量寿经变一铺（存部分），西侧存十六观部分。

北壁画药师经变一铺（存一部），西侧存十二大愿一部。

### 第474窟

修建时代：中唐（五代重修）

洞窟形制：覆斗形顶，西壁开一龛

内容：窟顶南、西、北披各存中唐画千佛一部、中央各画说法图一铺。

西壁盝顶帐形龛顶中央中唐画棋格团花，东披中唐画倚坐佛六身、菩萨一身（模糊）、化生一身，南、北披中唐各画倚坐佛三身、菩萨一身、化生一身，西披中唐画倚坐佛六身、菩萨二身。

龛内南、西壁各存中唐画垂幔一部，下屏风画剥落。北壁存中唐画垂幔一部，下屏风三扇，画弥勒经变：翅头末城、嫁娶、送老人入墓。

龛上画帐顶图案。

帐门南侧上中唐画趺坐佛三身，下存残宝盖一部。

帐门北侧上中唐画趺坐佛三身，下存文殊变一部。

南壁存五代画经变一部。

北壁存五代画药师经变一部。

东壁门北存残画少许（时代不明）。

注：此窟于1953年出土，原为中唐窟，五代末宋初重画南、北壁。

### 第475窟

修建时代：中唐（五代重修）

洞珞形制：覆斗形顶，西壁开一龛

内容：窟顶井心存一角，西、北披各存垂幔、千佛一部。

西壁盝顶帐形龛顶中央及四披画棋格团花各残存一部。

龛内西壁上画垂幔，下存屏风一扇，画九横死；南壁存残画一部；北壁上画垂幔，下屏风二扇画九横死。

佛床马蹄形。

龛上存团花帐顶图案一部。

龛下存供养器等（残）。

南壁存残画一部，下存五代画供养人一部（残）。

北壁存说法图一部（残），下五代画供养人（残）。

### 第476窟

修建时代：五代

洞窟形制：人字披顶

内容：西壁北侧存比丘四身。

## 第 477 窟

修建时代：元重修

洞窟形制：平顶，设中心佛坛

内容：马蹄形中心佛坛，壸门内画火焰珠。

窟顶画团花(一半毁)。

西壁上残存团花，中影塑(全毁)，下浮塑壸门十四个。

南壁上存团花图案一部，中影塑(全毁)，下浮塑壸门一排十九个。

北壁上存团花一部，中影塑(全毁)，下浮塑壸门十个。中凿有一窟门。

东壁门南残存浮塑壸门部分。

注：此窟底层壁画全被熏黑，表层为元代重修。北壁内有窟，系重修时被隔出。

## 第 478 窟

修建时代：中唐(宋重修)

洞窟形制：覆斗形顶，西壁开一龛

内容：西壁盝顶帐形龛顶中央宋画团花图案。

北壁残存中唐画经变。

注：此窟于 1957 年被发掘出土。

## 第 479 窟

修建时代：中唐

洞窟形制：覆斗形顶，西壁开一龛

内容：前室西壁门南底层有残画痕，表层烧毁。

南壁底层有残画痕，表层烧毁。

主室西壁盝顶帐形龛顶西、南角存垂幔一部。

龛内西壁残存佛光一部，两侧存残画；北壁存菩萨二身(残)。

帐门北侧残存执幡菩萨。

南壁存残画一部。

北壁存说法图一部(模糊)。

东壁门北存残画一角。

## 第 480 窟

修建时代：不明

洞窟形制：覆斗形顶，西壁开一龛

内容：西壁盝顶帐形龛西壁存佛光一部。帐门南侧存残画一部。

注：此窟于 1957 年被发掘出土。

## 第 481 窟

修建时代：不明

洞窟形制：覆斗形顶，西壁开一龛

内容：前室西壁残存壁画两层，均被烧毁。

主室西壁盝顶帐形龛内西壁存佛光痕迹。

帐门两侧各存残画一部。

## 第 482 窟

修建时代：盛唐

洞窟形制：覆斗形顶，西壁开一龛

内容：西壁盝顶帐形龛内塑佛一铺五身。龛外两侧台上塑二力士(全毁，仅存像座)。

龛顶西披存菩提宝盖、云气各一部，南披存飞天一身、云气一部。

龛上存团花、半团花边饰各一部。

帐门两侧存部分残画。

南壁存残画一部(模糊)。

北壁存残画一部(模糊)。

## 第 483 窟

修建时代：盛唐(五代重修)

洞窟形制：覆斗形顶，西壁开一龛

内容：西壁斜顶敞口龛内残存佛塑像。

龛内西壁残存盛唐画佛光一部。

龛外南侧存壁画两层，表层五代画项光、垂幔。

南壁存垂幔一部。

注：此窟于 1957 年被发掘出土。

## 第 484 窟

修建时代：盛唐

洞窟形制：覆斗形顶

内容：窟顶藻井画团花井心，南、西披画千佛(残)。

南、西壁有盛唐画残痕。

注：此窟于五代曹元忠修第 61 窟时被毁。

## 第 485 窟

修建时代：不明

洞窟形制：顶毁，西壁开三龛

内容：西壁开三龛。

注：此窟位于第 83、84 窟下。

## 第 486 窟

注：此窟即第 485 窟，窟号编重。

## 第 487 窟

修建时代：不明

洞窟形制：前部人字披顶，后部平顶(全毁)，南、北壁各开四龛

内容：南壁存三龛，西端一龛为后代将原来的二龛合并而成的一个龛。

北壁存四龛，东端一龛被后代凿成通往第 488 窟之通道。

注：此窟位于第 467 窟下，其修建时代大约在北魏。

## 第 488 窟

修建时代：不明

洞窟形制：人字披顶，北壁开一龛

内容：北壁上部近窟顶东披处开一长方形小龛。

注：此窟位于第487窟北侧，其修建时代似应早于唐。

### 第489窟

修建时代：不明

洞窟形制：顶毁，北壁开一龛

内容：北壁近窟顶处开一小龛。

注：此窟位于第481窟下，其修建时代当不晚于唐。

### 第490窟

修建时代：盛唐

洞窟形制：覆斗形顶

内容：窟顶藻井井心毁，半团花垂幔铺于南、西、北披。

西披画千佛，南、北披各存千佛一部。

西壁残存佛、弟子、菩萨头部。

南壁西端存壁画残痕。

北壁残存弟子一身、菩萨头部。

注：此窟位于第29窟前室西壁门南。

### 第491窟

修建时代：西夏

洞窟形制：覆斗形顶

内容：窟顶西、北披残存壁画痕迹。

注：此窟位于第321窟前走廊下，于1965年被发现。窟内原残存一半跏坐佛、二天女（一说女供养人）塑像，现保存在敦煌文物研究所。

### 第492窟

修建时代：盛唐

洞窟形制：圆券龛

内容：龛壁存影塑残痕。

注：此窟位于第54窟外南侧。

THE GROTTO ART OF CHINA

# THE MOGAO GROTTOS
# OF
# DUNHUANG

## VOLUMES 1-5

COMPILED AND EDITED BY

THE DUNHUANG INSTITUTE FOR CULTURAL RELICS

CULTURAL RELICS PUBLISHING HOUSE

This Chinese edition has been publishde by Cultural Relics Publishing House in cooperation with Heibousha Limitde.

# TABLE OF CONTENTS

# LIST OF PLATES

## Volume One, Plates 1-197.

1. Exterior view of the *Dunhuang* Grottos.

2. General view of the *Dunhuang* Grottos.

3. Early morning view of Mount *Sanwei*.

### Northern Liang Dynasty 421-439

4. Interior of Cave 268.

5. Ceiling of Cave 268.

6. Buddha seated with crossed ankles. Coloured stucco. West wall. Cave 268.

7. The main image of Buddha. Coloured stucco. Cave 272.

8. *Apsaras* and the Thousand Buddhas. Wall-painting. North side of ceiling. Cave 272.

9. Attendant Bodhisattva. Wall-painting. Inner south side of niche west wall. Cave 272.

10. Attendant Bodhisattva. Wall-painting. Inner north side of niche west wall. Cave 272.

11. Bodhisattva seated with crossed ankles. Coloured stucco. West wall. Cave 275.

12. North wall of Cave 275.

13. Illustration of the *Byilingirali Jātaka*. Wall-painting. West corner middle register north wall. Cave 275.

14. Illustration of the *Candraprabha* (Moon-light King) *Jātaka*. Wall-painting. East corner middle register north wall. Cave 275.

15. South wall of Cave 275.

16. Detail from the illustration of the Four Excursions. Wall-painting. West corner middle register south wall. Cave 275.

17. Bodhisattva. Wall-painting. Upper register south wall. Cave 275.

18. Bodhisattva seated with crossed ankles. Coloured stucco. Roof-shaped niche upper register north wall. Cave 275.

19. Bodhisattva in *lalitāsana* pose. Coloured stucco. Tree-shaped niche upper register north wall. Cave 275.

### Northern Wei Dynasty 439-534

20. Two Buddhas (*Prabhūtaratna* and *Śākyamuni*) seated together. Coloured stucco. Front niche west wall. Cave 259.

21. Standing Bodhisattva. Coloured stucco. West side front niche. Cave 259.

22. Detail of standing Bodhisattva. Coloured stucco. North side of stūpa column. Cave 259.

23. North wall of Cave 259.

24. Bodhisattva in *lalitāsana* pose. Coloured stucco. Tree-shaped niche of upper register north wall. Cave 259.

25. Seated Buddha. Coloured stucco. Lower register of east corner north wall. Cave 259.

26. Interior of Cave 254.

27. The ascetic *Vasu*. Wall-painting. Lower portion of inner south side east niche on square column. Cave 254.

28. *Mṛgaśīrsa*. Wall-painting. Lower portion of inner north side east niche on square column. Cave 254.

29. *Yakṣa* demon. Wall-painting. East side of base of square column. Cave 254.

30. White-robed Buddha. Wall-painting. Central area west wall. Cave 254.

31. Story of the Conversion of *Nanda*. Wall-painting. North wall of ante-chamber. Cave 254.

32. The *Śibi Jātaka*. Wall-painting. Central area north wall. Cave 254.

33. South wall of ante-chamber in Cave 254.

34. Bodhisattva seated in crossed ankles. Coloured stucco. Upper register south wall of ante-chamber. Cave 254.

35. Detail from the Subjugation of *Māra*. Wall-painting. South wall of ante-chamber. Cave 254.

36. Illustration to the *Mahāsattva Jātaka*. Wall-painting. Central area south wall. Cave 254.

37. Detail from the *Mahāsattva Jātaka*. Wall-painting. Central area south wall. Cave 254.

83. Worshipping Bodhisattvas. Coloured applique. Upper portion of east niche in square column. Cave 248.

84. Buddha preaching the Law. Wall-painting on portion of north wall in ante-chamber. Cave 248.

85. Wall-painting on portion of ceiling in ante-chamber. Cave 248.

86. Heavenly musicians and the Thousand Buddhas. Wall-painting. Upper corner of west side of south wall. Cave 248.

87. Worshipping Bodhisattvas. Wall-painting. Ceiling portion of ante-chamber. Cave 248.

### Western Wei Dynasty 535-556

88. Seated Buddha. Coloured stucco. West wall, Cave 355.

89. West wall of Cave 249.

90. Donor Bodhisattvas. Wall-painting. Inner south side of central niche in west wall. Cave 249.

91. Worshipping Bodhisattvas and *Mṛgaśīrsa*. Wall-painting. Lower portion of inner north side of front niche west wall. Cave 249.

92. *Apsaras*. Wall-painting. Upper portion of inner north side of central niche in west wall. Cave 249.

93. Heavenly musicians and the Thousand Buddhas. Wall-painting on upper portion of east corner of south wall. Cave 249.

94. Worshippers and *Yakṣa* demons. Wall-painting. Lower portion north wall. Cave 249.

95. Buddha preaching the Law. Wall-painting in middle register north wall. Cave 249.

96. Buddha preaching the Law. Wall-painting in middle register south wall. Cave 249.

97. Wall-painting on west side of ceiling in Cave 249.

98. Wall-painting on north side of ceiling in Cave 249.

99. Wall-painting on east side of ceiling in Cave 249.

100. Wall-painting on south side of ceiling in Cave 249.

101. General view of wall-painting on ceiling in Cave 249.

102. Detail of wild boar. Wall-painting on portion of north side of ceiling. Cave 249.

103. Detail of wild ox. Wall-painting on portion of north side of ceiling. Cave 249.

104. Detail of Thunder God. Wall-painting on portion of west side of ceiling. Cave 249.

105. Detail of *Wuhuo* in the guise of the Wind God. Wall-painting on portion of west side of ceiling. Cave 249.

106. Queen Mother of the West. Wall-painting on portion of south side of ceiling, Cave 249.

107. Hunters on horseback. Wall-painting on portion of the north wall of ceiling. Cave 249.

108. Interior of Cave 288.

109. Southeast portion of ante-chamber in Cave 288.

110. Upper portion of east niche in square column. Cave 288.

111. *Yakṣa* demon. Wall-painting. West side of base of square column, Cave 288.

112. Wall-painting on portion of ceiling in Cave 288.

113. Worshippers. Wall-painting. Lower register south side east wall. Cave 288.

114. Interior of Cave 285.

115. Worshipping Bodhisattvas. Wall-painting. Inner south side of front nich west wall, Cave 285.

116. Wall-painting on upper portion of south niche in west wall, Cave 288.

117. Wall-painting on upper portion of north niche on west wall. Cave 285.

118. Detail of wall-painting on south side of central niche in west wall. Cave 285.

119. Detail of wall-painting on north side of central niche in west wall. Cave 285.

120. The ascetic *Vasu*. Wall-painting on south side of south niche in west wall, Cave 285.

121. Worshipping *bhikṣu*. Wall-painting. Inner south side of south niche west wall. Cave 285.

122. North wall of Cave 285.

123. Two Buddhas (*Prabhūtaratna* and *Śākyamuni*) seated together (section 7). Wall-painting. North wall. Cave 285.

124. Two groups of Buddhas accompanied by two Bodhisattvas (section 4·3). Wall-painting. North wall. Cave 285.

125. Two groups of Buddhas accompanied by two Bodhisattvas (section 6·5). Wall-painting. North wall. Cave 285.

126. Two groups of Buddhas accompanied by two Bodhisattvas (section 2·1). Wall-painting. North wall. Cave 285.

127. Lintel ornamentation. Wall-painting over opening to second cubicle east side of north wall, Cave 285.

128. Worshippers with inscription dated to Western Wei *Datong* 4 (538). Wall-painting. North wall. Cave 285.

129. Details of wall-painting between first and second side cubicles of east side north wall. Cave 285.

130. South wall of Cave 285.

131. The story of the conversion of the 500 robbers (1). Wall-painting. Upper register east side south wall. Cave 285.

132. The story of the conversion of the 500 robbers (2). Wall-painting. Central upper register of south wall. Cave 285.

133. Story of the suicide of a monk who observed the commandments (Detail 1). Wall-painting. Middle register south wall. Cave 285.

134. Story of the suicide of a monk who observed the commandments (Detail 2). Wall-painting. Middle register south wall. Cave 285.

135. Story of the suicide of a monk who observed the commandments (Detail 3). Wall-painting. Middle register south wall. Cave 285.

136. Story of the suicide of a monk who observed the commandments (Detail 4). Wall-painting. Middle register south wall. Cave 285.

137. The *Brāhmaṇa Jātaka* illustrating "The giving of his body" and "Hearing the *gāthā*". Wall-painting. West corner of the middle register south wall. Cave 285.

138. *Apsaras*. Wall-painting in upper register west corner. South wall. Cave 285.

139. East wall of Cave 285.

140. Wall-painting on west side of ceiling in Cave 285.

141. Wall-painting on north side of ceiling in Cave 285.

142. Wall-painting on south side of ceiling in Cave 285.

143. Wall-painting on east side of ceiling in Cave 285.

144. Detail of ornamental wall-painting on ceiling in Cave 285.

145. Detail of wall-painting on north side of ceiling in Cave 265.

146. *Bhikṣu* in meditation. Wall-painting. Lower portion of west area on north side of ceiling in Cave 285.

147. Heavenly geese in outline manner. Wall-painting. Portion of north corner on east side of ceiling, Cave 285.

148. Wild ox and hunter. Wall-painting. Lower portion east side ceiling. Cave 285.

149. East side of square column in Cave 432.

150. Worshipping Bodhisattvas. Coloured applique. Upper portion west side of north niche in square column. Cave 432.

151. Standing Bodhisattva. Coloured stucco. South side of east niche on square column. Cave 432.

152. Standing Bodhisattva. Coloured stucco. East side of north niche on square column. Cave 432.

### Northern Zhou Dynasty 557-581

153. Wall-painting on south half of west wall. Cave 461.

154. Wall-painting of the southwest portion of ceiling. Cave 461.

155. Two Buddhas (*Prabhūtaratna* and *Śākyamuni*) seated together. Wall-painting upper portion of west wall. Cave 461.

156. West wall of Cave 438.

157. Detail of standing Bodhisattva. Coloured stucco. South side of west wall. Cave 438.

158. West wall of Cave 439.

159. Detail of *bhikṣu*. Coloured stucco. Inner north side of niche in west wall. Cave 439.

160. Interior of Cave 428.

161. Wall-painting on north wall of ante-chamber in Cave 428.

162. *Vairocana-buddha*. Wall-painting. Central east side south wall. Cave 428.

163. The Subjugation of *Māra*. Wall-painting. Central east side north wall. Cave 428.

164. *Parinirvāṇa* (The Entry of *Śākyamuni* into *Nirvaṇa*). Wall-painting. Central area of west wall. Cave 428.

165. The *Vajrāsana* (Diamond Seat) *Stūpa*. Wall-painting. Central south side west wall. Cave 428.

## Volume Two, Plates 1–192.

139. Interior of Cave 401.

140. Top of niche in north wall. Cave 401.

141. Bodhisattva. Inner north side of niche in west wall. Cave 401.

142. Bodhisattva and worshipping youths. Wall-painting. Inner east side of niche in north wall. Cave 401.

143. Ornamental ceiling decoration. Wall-painting. Cave 401.

144. Top of niche in west wall. Cave 398.

145. Metamorphic born youth. Wall-painting. Inner south side of niche west wall. Cave 398.

146. Metamorphic born youth. Wall-painting. Inner north side of niche west wall. Cave 398.

147. Ornamental ceiling decoration. Wall-painting. Cave 398.

148. Ornamental ceiling decoration. Wall-painting. Cave 396.

149. The Great Departure. Wall-painting. South side of top of niche in west wall. Cave 397.

150. Top of niche in west wall. Cave 397.

151. *Bodhisattva* descent on elephant from *Tuṣita* Heaven on way to enter the womb of his mother *Mahāmāyā*. Wall-painting. North side at top of niche in west wall. Cave 397.

152. Worshipping Bodhisattva. Wall-painting. Lower register south wall. Cave 397.

153. Ornamental ceiling decoration. Wall-painting. Cave 397.

154. Bodhisattva. Wall-painting. South side west wall. Cave 394.

155. Bodhisattva. Wall-painting. North side west wall. Cave 394.

156. Buddha preaching the Law. Wall-painting. West side south wall. Cave 394.

157. Detail from the Paradise of the Buddha *Bhaiṣajyaguru*. Wall-painting. Upper portion of south side east wall. Cave 394.

158. Detail from Buddha preaching the Law. Wall-painting. West side north wall. Cave 394.

159. Ornamental ceiling decoration. Wall-painting. Cave 394.

160. Ornamental ceiling decoration. Wall-painting. Cave 393.

161. Ornamental ceiling decoration. Wall-painting. Cave 392.

### Late Sui Dynasty—Early Tang Dynasty

162. Interior of Cave 390.

163. North wall of Cave 390.

164. Illustration of Bodhisattva preaching the Law. Wall-painting. Central area north wall. Cave 390.

165. Illustration of the Buddha preaching the Law. Wall-painting. East side north wall. Cave 390.

166. *Apsaras*. Wall-painting. Upper east portion of south wall. Cave 390.

167. Worshipping musicians. Wall-painting. Dado of South wall. Cave 390.

168. *Apsaras*. Wall-painting. Upper central portion of south wall. Cave 390.

169. Female worshippers. Wall-painting. Dado of south wall. Cave 390.

170. The ascetic *Vasu*. Wall-painting. Lower portion of inner north wall of niche in west wall. Cave 390.

171. Upper level of east wall and ceiling of Cave 390.

172. West wall of Cave 244.

173. *Bhikṣu*. Wall-painting. Lower portion of south side west wall. Cave 244.

174. Metamorphic born youth. Wall-painting. South side west wall. Cave 244.

175. Worshipping Bodhisattva. Wall-painting. South side west wall. Cave 244.

176. Detail of *bhikṣu*. Coloured stucco. South side of Sumeru altar at west wall. Cave 244.

177. North wall of Cave 244.

178. Wall-painting on upper register east side north wall. Cave 244.

179. Buddha preaching the Law. Wall-painting. Middle register east side north wall. Cave 244.

180. Standing Bodhisattva. Coloured stucco. East side of Sumeru altar at north wall.

181. South wall of Cave 244.

182. Buddha preaching the Law. Wall-painting. North side middle register, east wall. Cave 244.

183. Lintel area of niche. Wall-painting. West wall. Cave 389.

184. Female worshippers. Wall-painting. Dado of south wall. Cave 389.

185. Bodhisattva. Wall-painting. South side west wall. Cave 389.

186. Bodhisattva. Wall-painting. North side west wall. Cave 389.

187. Full view of ceiling. Wall-painting. Cave 388.

188. The Bodhisattva *Mañjuśrī*. Wall-painting. South side west wall. Cave 380.

189. The householder *Vimalakīrti*. Wall-painting. North side west wall. Cave 380.

190. *Lokapāla*. Wall-painting. North side east wall. Cave 380.

191. *Lokapāla*. Wall-painting. South side east wall. Cave 380.

192. Ornamental ceiling decoration. Wall-painting. Cave 380.

## Volume Three, Plates 1–179.

### *Early Tang 618-712*

1. Detail of standing Bodhisattva. Coloured Stucco. Inner north side of niche in west wall. Cave 204.

2. The Great Departure. Wall-painting. South side west wall. Cave 375.

3. *Bodhisattva* descent on elephant from *Tuṣita* Heaven on way to enter the womb of his mother *Mahāmāyā*. Wall-painting. North side west wall. Cave 375.

4. Female worshippers. Wall-painting. Dado of south wall. Cave 375.

5. Detail of the Paradise of *Maitreya*. Wall-painting. Upper portion north wall. Cave 341.

6. Detail of the Paradise of *Maitreya*. Wall-painting. East side north wall. Cave 341.

7. Worshipping Bodhisattva. Wall-painting. East side north wall. Cave 401.

8. Interior of Cave 57.

9. Bodhisattvas. Wall-painting. North side west wall. Cave 57.

10. Bodhisattva seated in pensive attitude. Wall-painting. Inner south side of niche in west wall. Cave 57.

11. Detail of Bodhisattva. Wall-painting. Inner south side of niche in west wall. Cave 57.

12. Buddha preaching the Law. Wall-painting. Central area south wall. Cave 57.

13. Detail of attendant Bodhisattva in illustration of the Buddha preaching the Law. Wall-painting. Central area south wall. Cave 57.

14. Attendant Bodhisattva on right in the illustration of the Buddha preaching the Law. Wall-painting. Central area north wall. Cave 57.

15. Detail of attendant Bodhisattva on left in the illustration of the Buddha preaching the Law. Wall-painting. Central area north wall. Cave 57.

16. Interior of Cave 322.

17. *Lokapāla*. Coloured stucco. Inner north side of niche in west wall. Cave 322.

18. Buddha preaching the Law. Wall-painting. Central area south wall. Cave 322.

19. Buddha preaching the Law. Area above gateway in east wall. Cave 322.

20. Ceiling. Wall-painting. Cave 322.

21. Detail of *Mahā-kāśyapa*. Coloured Stucco. Inner north side of niche in west wall. Cave 220.

22. Worshipping Bodhisattvas. Wall-painting. Inner south side of niche west wall. Cave 220.

23. Detail from illustration to the Buddha preaching the Law. Wall-painting. North side top of niche in west wall. Cave 320.

24. The Western Paradise of *Amitābha*. Wall-painting. South wall. Cave 220.

25. Detail from the Western Paradise of *Amitābha*. Wall-painting. South wall. Cave 220.

26. Detail of *Amitābha* and two attendant Bodhisattvas from the Western Paradise of *Amitābha*. Wall-painting. South wall. Cave 220.

27. Paradise of the Buddha *Bhaiṣajyaguru*. North wall. Cave 220.

28. Detail of musicians from the Paradise of the Buddha *Bhaiṣajyaguru*. Wall-painting. North wall. Cave 220.

29. Detail of musicians from the Paradise of the Buddha *Bhaiṣajyaguru*. Wall-painting. North wall. Cave 220.

30. East wall of Cave 220.

31. Detail of the householder *Vimalakīrti* from the illustration to the *Vimalakīrtinirdeśa-sūtra*. Wall-painting. South side of east wall. Cave 220.

70. Illustrations to the *Jinglüyixiang*. Wall-painting. South side east wall. Cave 323.

71. Ornamental ceiling decoration. Wall-painting. Cave 123.

72. Ornamental ceiling decoration. Wall-painting. Cave 117.

73. Interior of Cave 331.

74. Ornamental ceiling decoration. Wall-painting. Cave 331.

75. Illustrations of the *Saddharmapuṇḍarīka-sūtra*. Wall-painting. Upper portion of east wall. Cave 331.

76. Illustration of the Buddha preaching the Law. Wall-painting. Top of ceiling. Cave 334.

77. Detail from head halo of central image. Niche in west wall. Cave 334.

78. Heavenly maiden. Wall-painting. Inner north side of niche in west wall. Cave 334.

79. Transformed Bodhisattva. Wall-painting. Inner north side of niche in west wall. Cave 334.

80. Worshipping Bodhisattva. Wall-painting. Lower portion of inner south side of niche in west wall. Cave 334.

81. Detail from the illustration of the Western Paradise of *Amitābha*. Wall-painting. South wall. Cave 244.

82. The Eleven Headed *Ekādaśamukha-avalokitesvara-bodhisattva* and two attendant Bodhisattvas. Wall-painting. Area above opening in east wall. Cave 334.

83. Ornamental ceiling decoration. Wall-painting. Cave 334.

84. Detail from illustration of the Western Paradise of *Amitābha*. Wall-painting. Cave 71.

85. Detail of *Avalokiteśvara* and attendant Bodhisattvas from illustration of the Western Paradise of *Amitābha*. Wall-painting. West side north wall. Cave 71.

86. Detail from illustration of the Western Paradise of *Amitābha*. Wall-painting. North wall. Cave 71.

87. Bodhisattva who has passed beyond the Three Worlds. Wall-painting. Area below niche in west wall. Cave 332.

88. Illustration of *Śākyamuni* preaching the Law on *Gṛdhrakūta* (Vulture Peak). Wall-painting. North side of square column. Cave 332.

89. Detail from the illustration of the Entry of *Śākyamuni* into *Nirvāṇa*. Wall-painting. Upper portion of south wall. Cave 332.

90. Detail of the Resurrection of the Buddha from the illustration of the Entry of *Sākyamuni* into *Parinirvāna*. Wall-painting. West side south wall. Cave 332.

91. Detail from the illustration of the Entry of *Śākyamuni* into *Parinirvāṇa*. Wall-painting. Upper portion south wall. Cave 332.

92. Illustration of the Paradise of *Avalokiteśvara* on Mount *Potalaka*. Wall-painting. Area above opening in east wall. Cave 332.

93. Illustration of *Śākyamuni* preaching the Law on *Gṛdhrakūta* (Vulture Peak). Wall-painting. North side of east wall. Cave 332.

94. Illustration of *Amitābha-buddha* and two attendant Bodhisattva with fifty accompanying Bodhisattvas. Wall-painting. South side east wall. Cave 332.

95. The Bodhisattva *Mahāsthāmaprāpta*. Wall-painting. South side west wall. Cave 217.

96. Detail of *bhikṣu*. Wall-painting. Inner north side of niche in west wall. Cave 217.

97. Detail from illustration of the Buddha preaching the Law. Wall-painting. Top of niche in west wall. Cave 217.

98. Bodhisattvas. Wall-painting. Inner north side of niche in west wall. Cave 217.

99. Detail from the illustration of the Buddha preaching the Law. Wall-painting. Inner north side of niche in west wall. Cave 217.

100. Illustration of the *Saddharmapuṇḍarīka-sūtra*. Wall-painting. South wall. Cave 217.

101. Detail from the illustration of the *Saddharmapuṇḍarīka-sūtra*. Wall-painting. East side of south wall. Cave 217.

102. Detail from the illustration of the *Saddharmapuṇḍarīka-sūtra*. Wall-painting. South wall. Cave 217.

103. Illustration of the *Amitāyur-dhyāna-sūtra*. Wall-painting. North wall. Cave 217.

104. Detail of *Amitābha-buddha* and attendant Bodhisattvas from illustration of the *Amitāyur-dhyāna-sūtra*. Wall-painting. North wall. Cave 217.

105. Detail from the "Sixteen Meditations on the Western Paradise of *Amitābha*" in the illustration of the *Amitāyur-dhyāna-sūtra*. Wall-painting. East side north wall. Cave 217.

106. Detail from the illustration to the *Amitāyur-dhyāna-sūtra*. Wall-painting. North wall. Cave 217.

107. Detail of dancers from the illustration of the *Amitāyur-dhyāna-sūtra*. Wall-painting. North wall. Cave 217.

108. East wall of Cave 217.

109. Illustration of *Śākyamuni* preaching the Law on *Gṛdhrakūṭa* (Vulture Peak). Wall-painting. Area above passageway east wall. Cave 217.

110. Detail from the "*Samantamukha*" chapter on miracles performed by *Avalokiteśvara* in the *Saddharmapuṇḍarīka-sūtra*. Wall-painting. North side east wall. Cave 217.

### High Tang 712-781

111. West wall of Cave 328.

112. Illustration of the Buddha preaching the Law. Wall-painting. Top of niche in west wall. Cave 328.

113. Detail to the illustration of *Maitreya-buddha* preaching the Law. Wall-painting. Top of niche in west wall. Cave 328.

114. Seated Buddha (center image). Coloured stucco. Niche in west wall. Cave 328.

115. Bodhisattva seated in *lalitāsana* pose. Coloured stucco. Inner north side of niche in west wall. Cave 328.

116. Detail of *Ānanda*. Coloured stucco. Inner south side of niche in west wall. Cave 328.

117. *Mahā-kāśyapa*. Coloured stucco. Inner north side of niche in west wall. Cave 328.

118. Worshipping Bodhisattva. Coloured stucco. South side west wall. Cave 328.

119. Worshipping Bodhisattva. Coloured stucco. Inner north side of niche in west wall. Cave 328.

120. Detail of head of the colossal seated image of *Maitreya* (South Great Image). Coloured stucco. Cave 130.

121. *Avalokiteśvara* and worshipper. Wall-painting. North side west wall. Cave 205.

122. Bodhisattva in *lalitāsana* pose. Coloured stucco. South side of *Sumeru* altar. Cave 205.

123. Detail of standing Bodhisattva. Coloured stucco. North side of *Sumeru* altar. Cave 205.

124. West wall of Cave 45.

125. Detail from the "Apparition of the jeweled *stūpa*" chapter in the illustration of the *Saddharmapuṇḍarīka-sūtra*. Wall-painting. Top of niche in west wall. Cave 45.

126. Seated Buddha (center image). Coloured stucco. Niche in west wall. Cave 45.

127. Inner south side of niche in west wall. Cave 45.

128. Inner north side of niche in west wall. Cave 45.

129. Detail of standing Bodhisattva. Coloured stucco. Inner south side of niche in west wall. Cave 45.

130. Detail of *Ānanda*. Coloured stucco. Inner south side of niche in west wall. Cave 45.

131. Illustration of the "*Samantamukha*" chapter on miracles performed by *Avalokiteśvara* in the *Saddharmapuṇḍarīka-sūtra*. Wall-painting. South wall. Cave 45.

132. Detail of the "Thirty-three Manifestations of *Avalokiteśvara*" from the "*Samantamukha*" chapter on miracles performed by *Avalokiteśvara* in the *Saddharmapuṇḍarīka-sūtra*. Wall-painting. East side south wall. Cave 45.

133. Detail of the "Rescue from the Eight hardships" from the illustration to the "*Samantamukha*" chapter on miracles performed by *Avalokiteśvara* in the *Saddharmapuṇḍarīka-sūtra*. Wall-painting. West side south wall. Cave 45.

134. Detail of the "Rescue from the Eight hardships" from the illustration to the "*Samantamukha*" chapter on miracles performed by *Avalokiteśvara* in the *Saddharmapuṇḍarīka-sūtra*. Wall-painting. West side south wall. Cave 45.

135. *Avalokiteśvara-bodhisattva*. Wall-painting. Center area south wall. Cave 45.

136. Illustration of the *Amitāyur-dhyāna-sūtra*, Wall-painting. North wall. Cave 45.

137. Detail of musicians from the illustration of the *Amitāyur-dhyāna-sūtra*. Wall-painting. North wall. Cave 45.

138. Detail of the "Sixteen Meditations on the Western Paradise of *Amitābha*" from the illustration of the *Amitāyur-dhyāna-sūtra*. Wall-painting. West side north wall. Cave 45.

139. Detail of the "Introductory Portion" from the illustration of the *Amitāyur-dhyāna-sūtra*. Wall-painting. East side north wall.

140. Detail of a Bodhisattva. Wall-painting. Inner south side of niche west wall. Cave 33.

141. Detail of head of Bodhisattva. Wall-painting. Inner north side of niche west wall. Cave 33.

178. *Bhikṣu*. Wall-painting. Inner south side of niche in west wall. Cave 444.

179. Illustration of the Buddha preaching the Law. Wall-painting. Central area of south wall. Cave 444.

## Volume Four, Plates 1–194.

### *High Tang 712-781*

1. Standing Bodhisattva. Coloured stucco. Inner north side of niche west wall. Cave 320.

2. Bodhisattva. Wall-painting. South side west wall. Cave 320.

3. Illustration of the Buddha preaching the Law. Wall-painting. Top of niche west wall. Cave 320.

4. Illustration of the *Amitāyur-dhyāna-sūtra*. Wall-painting. North wall. Cave 320.

5. Detail of the "Introductory Portion" (1) of the illustration to the *Amitāyur-dhyāna-sūtra*. Wall-painting. North wall. Cave 320.

6. Detail of the "Introductory Portion" (2) of the illustration to the *Amitāyur-dhyāna-sūtra*. Wall-painting. North wall. Cave 320.

7. Detail of *Apsaras* from the illustration to the Western Paradise of *Amitābha*. Wall-painting. South wall. Cave 320.

8. Ornamental ceiling decoration. Wall-painting. Cave 320.

9. Illustration of the *Amitāyur-dhyāna-sūtra*. Wall-painting. South wall. Cave 172.

10. Illustration of the *Amitāyur-dhyāna-sūtra*. Wall-painting. North wall. Cave 172.

11. Detail of the "Introductory Portion" of the *Amitāyur-dhyāna-sūtra*. Wall-painting. South wall. Cave 172.

12. Detail of worshipping Bodhisattvas from the illustration of the *Amitāyur-dhyāna-sūtra*. Wall-painting. North wall. Cave 172.

13. Detail from the illustration of the *Amitāyur-dhyāna-sūtra*. Wall-painting. North wall. Cave 172.

14. Detail from the illustration of the *Amitāyur-dhyāna-sūtra*. North wall. Cave 172.

15. Detail from the illustration of the Bodhisattva *Mañjuśrī*. Wall-painting. North side east wall. Cave 172.

16. *Apsaras*. Wall-painting. Top of niche west wall. Cave 172.

17. Detail of the "Sixteen Meditation on the Western Paradise of *Amitābha*" from the illustration to the *Amitāyur-dhyāna-sūtra*. Wall-painting. West side north wall. Cave 171.

18. Detail of the "Introductory Portion" of the illustration to the *Amitāyur-dhyāna-sūtra*. Wall-painting. East side north wall. Cave 171.

19. Worshipping Bodhisattvas. Coloured stucco. West side of niche on ceiling. Cave 27.

20. Trampled demon. Coloured stucco. North side west wall. Cave 384.

21. Interior south side of niche west wall. Cave 384.

22. Worshipping Bodhisattva. Coloured stucco. Inner north side of niche west wall. Cave 384.

23. Detail of Bodhisattva. Wall-painting. Inner north side of niche west wall. Cave 79.

24. Ornamental ceiling decoration. Wall-painting. Cave 79.

25. Thousand Buddhas and worshipping youths. Wall-painting. Detail from ceiling. Cave 79.

26. Detail from the illustration of the Buddha preaching the Law. Wall-painting. Top of niche west wall. Cave 166.

27. Detail from the "Chapter on Evil Friends" of the illustration to the Bao'enjing. Wall-painting. South side portion of passageway ceiling. Cave 148.

28. Illustration of the Paradise of *Maitreya*. Wall-painting. Upper portion south wall. Cave 148.

29. The Bodhisattva *Bhaiṣajya-rāja*. Wall-painting. East side top of niche north wall. Cave 148.

30. *Agni* the God of Fire. Wall-painting. West side of top of niche south wall. Cave 148.

31. Bodhisattva. Wall-painting. West side of top of niche north wall. Cave 148.

32. Bodhisattva. Wall-painting. North side of top of niche north wall. Cave 148.

33. *Candraprabha* (The Moon-Brilliant Bodhisattva). Relief. Inner west side of niche north wall. Cave 148.

34. The Bodhisattva *Mañjuśrī*. Wall-painting. East side south wall. Cave 148.

35. The Bodhisattva *Samantabhadra*. Wall-painting. East side north wall. Cave 148.

36. Illustration to the Paradise of *Bhaiṣajyaguru*. Wall-painting. North side east wall. Cave 148.

37. Detail from the illustration of the Paradise of *Bhaiṣajyaguru*. Wall-painting. North side east wall. Cave 148.

38. Detail from the illustration of the Paradise of *Bhaiṣajyaguru*. Wall-painting. North side east wall. Cave 148.

39. Illustration of the *Amitāyur-dhyāna-sūtra*. Wall-painting. South side east wall. Cave 148.

40. Detail from the illustration to the *Amitāyur-dhyāna-sūtra*. Wall-painting. South side east wall. Cave 148.

41. Strong man. Coloured stucco. South side west wall. Cave 194.

42. View of the inner south side of niche west wall. Cave 194.

43. Detail of a Guardian of one of the Four celestial quarters. Coloured stucco. Inner south side of niche west wall. Cave 194.

44. Detail of Bodhisattva. Coloured stucco. Inner south side of niche west wall. Cave 194.

45. *Ānanda*. Coloured stucco. Inside niche west wall. Cave 194.

46. Standing Bodhisattva. Coloured stucco. Inner north side of niche west wall. Cave 194.

47. One of the guardians of the four celestial quarters. Coloured stucco. Inner north side of niche west wall. Cave 148.


### Middle Tang 781-848

48. Detail of dancers from the illustration of the *Amitāyur-dhyāna-sūtra*. Wall-painting. North wall. Cave 201.

49. Bodhisattva. Wall-painting. North side west wall. Cave 199.

50. Detail from the illustration of the Paradise of *Maitreya*. Wall-painting. Central area west wall. Cave 205.

51. Detail from top of niche west wall. Cave 197.

52. Detail of standing Bodhisattva. Coloured stucco. Inner south side of niche west wall. Cave 197.

53. Illustration of the *Amitāyur-dhyāna-sūtra*. Wall-painting. East side south wall. Cave 112.

54. Detail of dancers from the illustration of the *Amitāyur-dhyāna-sūtra*. Wall-painting. East side south wall. Cave 112.

55. Detail from the illustration of the *Vajra-cchedikā-sūtra*. Wall-painting. West side south wall. Cave 112.

56. Detail of *Bhikṣu* from the illustration of the *Vajra-cchedikā-sūtra*. Wall-painting. West side south wall. Cave 112.

57. Detail from the illustration of the *Vajra-cchedikā-sūtra*. Wall-painting. West side south wall. Cave 112.

58. Illustration of the *Bao'enjing*. Wall-painting. West side north wall. Cave 112.

59. Illustration of the Paradise of *Bhaiṣajyaguru*. Wall-painting. East side north wall. Cave 112.

60. Detail of a protective diety carrying *vajra* from the illustration of the *Bao'enjing*. Wall-painting. West side north wall. Cave 112.

61. Detail of musicians from the illustration of the *Bao'enjing*. Wall-painting. West side north wall. Cave 112.

62. Detail of dancers from the illustration of the *Vajra-cchedikā-sūtra*. Wall-painting. West side south wall. Cave 112.

63. Detail of head portion of the Buddha's *Parinirvāṇa*. Coloured stucco. West wall. Cave 158.

64. Detail from the illustration of the Entry of the Buddha into *Parinirvāṇa*. Wall-painting. West side south wall. Cave 158.

65. Detail from the illustration of the Entry of the *Śākyamuni* into *Parinirvāṇa*. Wall-painting. West side north wall. Cave 158.

66. Detail of *Devas*, *Nagas* and others of the eight classes of supernatural beings who protect Buddhism in the illustration of the Entry of the *Śākyamuni* into *Parinirvāṇa*. Wall-painting. West wall. Cave 158.

67. Detail of *Devas*, *Nagas* and others of the eight classes of supernatural beings who protest Buddhism in the illustration of the Entry of the *Śākyamuni* into *Parinirvāṇa*. Wall-painting. West wall Cave 158.

68. Detail from the illustration of the Entry of the Buddha into *Parinirvāṇa*. Wall-painting. West wall. Cave 158.

69. Worshipping *Apsaras*. Wall-painting. Upper portion west wall. Cave 158.

148. Detail of the chapter of the "Evil Friends" from the illustration of the *Bao'enjing*. Wall-painting. East side south wall. Cave 85.

149. Detail of the "Introduction" chapter from the illustration of the *Bao'enjing*. Wall-painting. East side south wall. Cave 85.

150. Illustration of the Paradise of *Bhaiṣajyaguru*. Wall-painting. Central area north wall. Cave 85.

151. The *Mahāsattva Jātaka*. Wall-painting. Area above opening in east wall. Cave 85.

152. Illustration of the *Viśeṣacintabrahmaparipṛcchā*. Wall-painting. East side north wall. Cave 85.

153. Detail of dancers and musicians from the illustration of the *Viśeṣacintabrahmaparipṛcchā*. Wall-painting. East side north wall. Cave 85.

154. Illustration of the *Saddharmapuṇḍarīka-sūtra*. Wall-painting. South side of ceiling. Cave 85.

155. Detail from the *Śibi Jātaka* in the illustration of the *Laṅkāvatāra-sūtra*. Wall-painting. East side of ceiling. Cave 85.

156. Illustration of the *Laṅkāvatāra-sūtra*. Wall-painting. East side of ceiling. Cave 85.

157. Detail from the illustration of the *Laṅkāvatāra-sūtra*. Wall-painting. East side of ceiling. Cave 85.

158. Illustration of the *Amitāyur-dhyāna-sūtra*. Wall-painting. Central area south wall. Cave 12.

159. Illustration of the Paradise of *Bhaiṣajyaguru*. Wall-painting. Central area north wall. Cave 12.

160. Donors. Wall-painting. Area above opening in east wall. Cave 12.

161. Detail from the illustration of the Paradise of *Maitreya*. Wall-painting. East side south wall. Cave 12.

162. *Vaiśravana*, one of the guardians of the four celestial quarters. Wall-painting. North side wall of ante-chamber.

163. One of the guardians of the four celestial quarters. Coloured stucco. Inner south side of niche west wall. Cave 18.

164. Detail of dancers and musicians from the illustration of the *Amitāyur-dhyāna-sūtra*. West side south wall. Cave 18.

165. Detail from the illustration of the *Vimalīkīrtinirdeśa-sūtra*. Wall-painting. South side east wall. Cave 18.

166. Donors. Wall-painting. Area above east wall. Cave 20.

167. East side north wall of Cave 14.

168. *Cintāmaṇicakra*. Wall-painting. East side north wall. Cave 14.

169. *Avalokiteśvara-bodhisattva*. Wall-painting. West side south wall. Cave 14.

170. Ornamental ceiling decoration. Wall-painting. Cave 14.

171. Women donors. Wall-painting. North side dado of east wall. Cave 107.

172. Disciples of the Buddha. Wall-painting. Inner north side of niche west wall. Cave 107.

173. Portion of ceiling. Wall-painting. Passageway. Cave 9.

174. Strong man. Wall-painting. Inner south side of east niche in square column. Cave 9.

175. Strong man. Wall-painting. Inner north side of east niche in square column. Cave 9.

176. Detail from the illustration of the story of the conversion of the heretic *Raudrākṣa*. Wall-painting. South wall. Cave 9.

177. Detail from the illustration of the story of the conversion of the heretic *Raudrākṣa*. Wall-painting. South wall. Cave 9.

178. Figures in outline manner. Wall-painting. West side of square column. Cave 9.

179. Illustration of the Bodhisattva *Mañjuśrī*. Wall-painting. North side east wall. Cave 9.

180. Ceiling of Cave 9. Wall-painting.

181. Female donors. Wall-painting. South side dado of east wall. Cave 9.

182. Bodhisattva in *lalitāsana* pose. Coloured stucco. North side of *Sumeru* altar. Cave 196.

183. Detail of halo for main image. Wall-painting. Cave 196.

184. Detail showing *Śāriputra* from the illustration of the story of the conversion of the heretic *Raudrākṣa*. Wall-painting. South side west wall. Cave 196.

185. Detail showing *Raudrākṣa* from the illustration of the story of the conversion of the heretic *Raudrākṣa*. Wall-painting. North side west wall. Cave 196.

186. Detail from the illustration of the story of the conversion of the heretic *Raudrākṣa*. Wall-painting. South side west wall. Cave 196.

187. Detail from the illustration of the story of the conversion of the heretic *Raudrākṣa*. Wall-painting. North side west wall. Cave 196.

188. Illustration of the *Suvarṇaprabhāsa-sūtra*. Wall-painting. East side south wall. Cave 196.

189. The Bodhisattva *Mahāsthāmaprāpta*. Wall-painting. East side dado of west wall. Cave 196.

190. Detail from the Thousand Buddhas. Wall-painting. North side of ceiling. Cave 196.

191. The Bodhisattva *Samantabhadra*. Wall-painting. North side east wall. Cave 196.

192. Illustration of the *Bao'enjing*. Wall-painting. North side east wall. Cave 138.

193. Illustration of the *Vimalakīrtinirdeśa-sūtra*. Wall-painting. South side east wall. Cave 138.

194. Donor monks. Wall-painting. South passageway wall. Cave 345.

## Volume Five, Plates 1–176.

### *Five Dynasties 907-960*

1. *Dhṛtarāṣṭra*, one of the guardians of the four celestial quarters. Wall-painting. Southeast corner of ceiling. Cave 98.

2. Detail from the illustration of the *Bao'enjing*. Wall-painting. East side south wall. Cave 98.

3. Detail from the illustration of the *Saddharma-puṇḍarīka-sūtra*. Wall-painting. Central area of south wall. Cave 98.

4. Detail from the illustration of the *Saddharma-puṇḍarīka-sūtra*. Wall-painting. Central area south wall. Cave 98.

5. Detail from the illustration of the *Saddharma-puṇḍarīka-sūtra*. Wall-painting. Central area of south wall. Cave 98.

6. Detail from the illustration of the *Saddharma-puṇḍarīka-sūtra*. Wall-painting. Central area of south wall. Cave 98.

7. Ornamental ceiling decoration. Wall-painting. Cave 98.

8. Illustration to the *Viśeṣacintabrahma-paripṛcchā*. Wall-painting. East side north wall. Cave 98.

9. Detail from the illustration of the *Vimalakīrtinirdeśa-sūtra*. Wall-painting. South side east wall. Cave 98.

10. Detail from the illustration of the *Vimalakīrtinirdeśa-sūtra*. Wall-painting. North side east wall. Cave 98.

11. Detail showing wineshop from illustration of the *Vimalakīrtinirdeśa-sūtra*. Wall-painting. North side east wall. Cave 98.

12. Uyghur princesses as donors. Wall-painting. North side dado of east wall. Cave 98.

13. *Li Shengtian*, king of Khotan. Wall-painting. South side dado of east wall. Cave 98.

14. Detail of the chapter of "*Gangika*" from the illustration of the *Xianyujing*. Wall-painting. West side dado south wall. Cave 98.

15. Detail of the "Story of the ugly daughter of *Prasenajit*, king of *Srāvastī*" from the illustration of the *Xianyujing*. Wall-painting. Cave Dado south wall. Cave 98.

16. Detail from the illustration of the *Xianyujing*. Wall-painting. West side dado north wall. Cave 98.

17. Detail of the chapter of "*Xianghu*" from the *Xianyujing*. Wall-painting. Central area of dado north wall. Cave 98.

18. Detail from Buddhist narrative stories. Wall-painting. West side of back partition wall. Cave 98.

19. Detail from Buddhist narrative stories. Wall-painting. West side of back partition wall. Cave 98.

20. North passageway wall of Cave 220.

21. Detail from the illustration of the Dragon kings worshipping the Buddha. Wall-painting. South side west wall. Cave 36.

22. Detail from the illustration of the Dragon kings worshipping the Buddha. Wall-painting. North side west wall.

23. Detail from illustration of the Bodhisattva *Samantabhadra*. Wall-painting. West side north wall. Cave 36.

24. Detail from illustration of the Bodhisattva *Mañjuśrī*. Wall-painting. West side south wall. Cave 36.

25. Detail from illustration of the Bodhisattva *Mañjuśrī*. Wall-painting. West side south wall. Cave 36.

26. *Dhṛtarāṣṭra*, one of the guardians of the four celestial quarters. Wall-painting. Northeast corner of ceiling. Cave 100.

27. *Vaiśravaṇa*, one of the guardians of the four celestial quarters. Wall-painting. Northwest corner of ceiling. Cave 100.

28. *Virūḍhaka*, one of the guardians of the four celestial quarters. Wall-painting. Southeast corner of ceiling. Cave 100.

29. *Virūpākṣa*, one of the guardians of the four celestial quarters. Wall-painting. Southwest corner of ceiling. Cave 100.

30. Detail from the illustration of the (donor) *Cao Yijin* and his retinue. Wall-painting. Dado of south wall. Cave 100.

31. Detail from the illustration of the (donor) *Cao Yijin* and his retinue. Wall-painting. Dado of south wall. Cave 100.

32. Detail from the illustration of a princess from Uyghur and her retinue. Wall-painting. Dado of north wall. Cave 100.

33. Detail from the illustration of a princess from Uyghur and her retinue. Wall-painting. Dado of north wall. Cave 100.

34. The Thousand Arm, Thousand Alms-bowl *Mañjuśrī-bodhisattva*. Wall-painting. South wall. Cave 99.

35. Detail of *bhikṣu*. Wall-painting. Inner rear wall of niche west wall. Cave 99.

36. Detail from inner north wall of niche west wall. Wall-painting. Cave 99.

37. Inner south side of niche west wall. Wall-painting. Cave 6.

38. Inner north side of niche west wall. Wall-painting. Cave 6.

39. Donors. Wall-painting. North passageway wall. Cave 108.

40. Female donor. Wall-painting. South side dado of east wall. Cave 108.

41. Detail from the illustration of the *Vimalakīrtinirdeśa-sūtra*. Wall-painting. South side east wall. Cave 108.

42. The illustration of the story of the conversion of the heretic *Raudrākśa*. Wall-painting. South side west wall. Cave 146.

43. Detail of "*Anāthapiṇḍada* visiting the *Jetavana* garden" from the illustration of the story of the conversion of the heretic *Raudrākśa*. Wall-painting. South side west wall. Cave 146.

44. Portion of the illustration of the story of the conversion of the heretic *Raudrākśa*. Wall-painting. North side west wall. Cave 146.

45. Detail showing the six heretic teachers from the illustration to the story of the conversion of the heretic *Raudrākśa*. Wall-painting. North side west wall. Cave 146.

46. Detail showing women believers of the heretical religions from the illustration to the story of the conversion of the heretic *Raudrākśa*. Wall-painting. North side of the west wall. Cave 146.

47. Detail showing the six heretic teachers from the illustration of the story to the conversion of the heretic *Raudrākśa*. Wall-painting. North side west wall. Cave 146.

48. Detail showing the conversion to the heretical religions from the illustration of the story to the conversion of the heretic *Raudrākśa*. Wall-painting. South side west wall. Cave 146.

49. Illustration of the Paradise of *Bhaiṣajyaguru*. Wall-painting. North wall. Cave 146.

50. Ornamental ceiling decoration. Wall-painting. Cave 146.

51. *Dhṛtarāṣṭra*, one of the guardians of the four celestial quarters. Wall-painting. Northwest corner of ceiling. Cave 146.

52. Interior of Cave 61.

53. Ornamental ceiling decoration. Wall-painting. Cave 61.

54. *Apsaras*. Upper south side surface of rear partition wall. Wall-painting. Cave 61.

55. Portion of illustration of Mount *Wutai*. Wall-painting. South side west wall. Cave 61.

56. Detail showing *Dajian'an* temple from illustration of Mount *Wutai*. Wall-painting. Central area of west wall. Cave 61.

57. Portion of illustration of Mount *Wutai*. Wall-painting. North side west wall. Cave 61.

58. Detail from illustration of Mount *Wutai*. Wall-painting. Central area of west wall. Cave 61.

59. Detail showing *Daqingliang* temple from the illustration of Mount *Wutai*. Wall-painting. South side west wall. Cave 61.

60. Detail showing the "Tower of 10,000 Bodhisattvas" from the illustration of the Mount *Wutai*. Wall-painting. Central area west wall. Cave 61.

61. Detail showing *Dafoguang* temple from the illustration of the Mount *Wutai* Wall-painting. North side west wall. Cave 61.

62. Detail of illustration of Mount *Wutai*. Wall-painting. North side west wall. Cave 61.

63. Detail from the illustration of Mount *Wutai*. Wall-painting. South side west wall. Cave 61.

64. Detail from the illustration of Mount *Wutai*. Wall-painting. North side west wall. Cave 61.

65. Detail of "Learning literary and martial skills" from the illustration of the life of the Buddha. Wall-painting. South side dado west wall. Cave 61.

66. Detail showing "Pleasures of the palace" and "The Four Excursions" from the illustration of the life of the Buddha. Wall-painting. North side dado of west wall. Cave 61.

67. Detail of the "Crown prince *Śākyamuni* viewing plowing" from the illustration of the life of the Buddha. Wall-painting. Central area of dado of west wall. Cave 61.

68. Illustration of the *Saddhramapuṇḍarīka-sūtra*. Wall-painting. East side south wall. Cave 61.

69. Detail from the Paradise of *Maitreya*. Wall-painting. West side south wall. Cave 61.

70. Detail from the life of the Buddha. Wall-painting. West side dado south wall. Cave 61.

71. Detail from the illustration of the *Lankāvatāra-sūtra*. Wall-painting. West side south wall. Cave 61.

72. Illustration of the Paradise of *Bhaisajyaguru*. Wall-painting. Central area of north wall. Cave 61.

73. Illustration of the *Viśeṣacintabrahma-paripṛcchā*. Wall-painting. East side north wall. Cave 61.

74. Portion of the illustration of the *Vimalakīrtin-nirdeśa-sūtra*. Wall-painting. North side east wall. Cave 61.

75. Detail from the illustration of the *Vimalakīrti-nirdeśa-sūtra*. Wall-painting. North side east wall. Cave 61.

76. Detail of the chapter on "Seeing *Akṣobhya* the Immovable Buddha" from the illustration of the *Vimalakīrtinirdeśa-sūtra*. Wall-painting. North side east wall. Cave 61.

77. Female donors. Wall-painting. North side dado of east wall. Cave 61.

78. Detail from the illustration of the *Vimalakīr-tinirdeśa-sūtra*. Wall-painting. South side east wall. Cave 61.

79. Female donors. Wall-painting. South side dado of east wall. Cave 61.

80. Donor monk. Wall-painting. North side east wall. Cave 217.

81. Bodhisattva in *lalitāsana* pose. Coloured stucco. South side of *Sumeru* altar. West wall. Cave 261.

82. Detail from one of the guardians of the four celestial quarters. North side of *Sumeru* altar west wall. Cave 261.

83. Illustration of an historical account of the Chinese monk *Liusahe*. Wall-painting. South wall. Cave 72.

84. Detail from the illustration of an historical account of the Chinese monk *Liusahe*. Wall-painting. Upper west side south wall. Cave 72.

85. Portion of the illustration of the Paradise of *Maitreya*. Wall-painting. North wall. Cave 72.

86. Archer. Wall-painting. Lower portion of south wall. Cave 346.

### Song 960-1127

87. Interior of Cave 55.

88. Rear portion of Cave 55.

89. One of the guardians of the four celestial quarters. South side of Buddhist altar. Cave 55.

90. Detail of the illustration of the "*Saman-tamukha*" chapter on miracles by *Avalokiteśvara* from the *Saddharmapuṇḍarīka-sūtra*. Wall-painting. West side south wall. Cave 55.

91. Detail of the illustration of the chapter of "Sacrificing the body" from the *Suvarṇaprabhāsa-sūtra*. Wall-painting. South side east wall. Cave 55.

92. Detail of the chapter of "*Jalavāhana*" from the illustration of the *Suvarṇaprabhāsa-sūtra*. Wall-painting. South side east wall. Cave 55.

93. Detail from the illustration of the Paradise of *Maitreya*. Wall-painting. East side south wall.

94. Illustration of the *Milexiashengjing*. Wall-painting. West side of ceiling. Cave 15.

95. Illustration of the *Amitāyur-dhrāna-sūtra*. Wall-painting. West side south wall. Cave 15.

96. Portion from the illustration of the "The Appearance of auspicious phenomenon." Wall-painting. Passageway ceiling. Cave 454.

97. Exterior of grotto entrance. Cave 427.

98. Exterior of grotto entrance. Cave 437.

99. Exterior of grotto entrance. Cave 444.

100. Exterior of grotto entrance. Cave 431.

101. Heavenly musician. Wall-painting. Small wall over entrance door lintel. Cave 431.

102. Interior bracketing of Cave 431.

103. Ornamental ceiling decoration. Wall-painting. Cave 449.

104. West wall of Cave 449.

105. Detail from the illustration of the Eleven Headed Bodhisattva *Ekādaśamukha-avaloliteśvara*. Wall-painting. Central area north wall. Cave 76.

106. Detail from the illustration of the story of the Eight *stūpas*. Wall-painting. North side east wall. Cave 76.

107. Detail from the illustration of the story of the Eight *stūpas*. Wall-painting. South side east wall. Cave 76.

108. Detail from the illustration of the story of the Eight *stūpas*. Wall-painting. North side east wall. Cave 76.

109. Detail from the illustration of the story of the Eight *stūpas*. Wall-painting. South side east wall. Cave 76.

### Western Xia 1036-1227

110. Detail from ceiling. Wall-painting. Cave 408.

111. Detail of monk. Wall-painting. Inner south side of niche west wall. Cave 65.

112. *Apsaras*. Wall-painting. Detail from east side of ceiling. Cave 327.

113. Musician. Wall-painting. Detail from the lower north side of niche west wall. Cave 327.

114. Inner south side of east niche in square column. Cave 265.

115. Ornamental ceiling decoration. Wall-painting. Cave 87.

116. Ornamental ceiling decoration. Wall-painting. Cave 16.

117. Illustration of the Buddha preaching the Law. Wall-painting. Upper portion of passageway south wall. Cave 16.

118. Donor Bodhisattva. Wall-painting. Passageway north wall. Cave 16.

119. Donor Bodhisattva. Wall-painting. Passageway south wall. Cave 16.

120. Inner south side of east niche square column. Cave 263.

121. Ornamental ceiling decoration. Wall-painting. Cave 234.

122. Ceiling of Cave 130.

123. Ceiling of Cave 326.

124. Northeast interior corner of Cave 328.

125. Donor Bodhisattva. Wall-painting. North side of east wall. Cave 328.

126. Northeast interior corner of Cave 432.

127. Worshipping Bodhisattva. Wall-painting. Portion of south side west wall. Cave 400.

128. Portion of illustration of the Paradise of *Bhaiṣajyaguru*. Wall-painting. West side north wall. Cave 400.

129. Ornamental ceiling decoration. Wall-painting. Cave 400.

130. The Water-moon *Avalokiteśvara*. Wall-painting. Area above opening in west wall of antechamber. Cave 237.

131. Detail from the illustration of the sermon on the Law. Wall-painting. West side south wall. Cave 306.

132. The Buddha *Bhaiṣajyaguru*. Wall-painting. West side south wall. Cave 418.

133. East side of gabled ceiling. Cave 409.

134. Donor Western Xia princesses. Wall-painting. North side east wall. Cave 409.

135. Donor king of Western Xia. Wall-painting. South side east wall. Cave 409.

136. Lintel of niche westwall. Wall-painting. Cave 207.

137. Detail from the illustration of the Sermon on the Law. Wall-painting. Upper portion of west side north wall. Cave 207.

138. Illustration of the Buddha preaching the Law. Wall-painting. South wall. Cave 310.

139. The *Bhaiṣajyaguru* Buddha. Wall-painting. North side west wall. Cave 310.

140. Upper portion of interior northeast corner of Cave 309.

141. Illustration of the Buddha preaching the Law. Wall-painting. Cave 245.

142. Male donors. Wall-painting. South side dado of west wall. Cave 245.

143. Ornamental ceiling decoration. Wall-painting. Cave 145.

144. *Apsaras*. Wall-painting. Upper portion of inner rear wall of niche in west wall. Cave 97.

145. *Arhat*. Wall-painting. Upper central area north wall. Cave 97.

146. *Arhat*. Wall-painting. Upper west side north wall. Cave 97.

147. *Arhat*. Wall-painting. Upper central area south wall. Cave 97.

148. Detail of female attendant from illustration of an *Arhat*. Wall-painting. Upper east side north wall. Cave 97.

149. *Arhat*. Wall-painting. Upper west side south wall. Cave 97.

150. Donor monk. Wall-painting. West side south wall. Cave 97.

151. The Bodhisattva *Avalokiteśvara*. Wall-painting. South side west wall. Cave 97.

152. Illustration of the Buddha preaching the Law. Wall-painting. Central area south wall. Cave 206.

## Yuan Dynasty 1227-1368

153. *Akṣobhya* the Immovable Buddha and entourage of Bodhisattvas. Wall-painting. East side of ceiling. Cave 465.

154. Detail showing joyous celestial beings. Wall-painting. Central area of west wall. Cave 465.

155. Detail showing joyous celestial being holding the *vajra*. Wall-painting. Central area of south wall. Cave 465.

156. Joyous *Vajra* embracing female *Śakti*. Wall-painting. Central area of north wall. Cave 465.

157. Worshipping Bodhisattva. Detail from the south side of ceiling. Wall-painting. Cave 465.

158. *Arhat*. Wall-painting. West side south wall. Cave 95.

159. The Buddha *Vikīrṇiṣnīṣa*. Wall-painting. South passageway wall. Cave 61.

160. Buddhist nun. Wall-painting. West side south passageway wall. Cave 61.

161. Female worshippers. Wall-painting. West side north passageway wall. Cave 332.

162. Worshippers. Wall-painting. West side south passageway wall. Cave 332.

163. The Bodhisattva *Pāṇḍuravāsinī*. Wall-painting. Upper south side west wall. Cave 3.

164. Bodhisattva. Wall-painting. Upper portion north side west wall. Cave 3.

165. Detail of Bodhisattva. Wall-painting. Inner south side of niche west wall. Cave 3.

166. Inner north side of niche west wall. Wall-painting. Cave 3.

167. The Thousand Arm, Thousand Eye *Sahasrabhuja Avalokiteśvara*. Wall-painting. South wall. Cave 3.

168. *Apsaras*. Wall-painting. Upper portion west side south wall. Cave 3.

169. *Apsaras*. Wall-painting. Upper portion west side north wall. Cave 3.

170. The Thousand Arm, Thousand Eye *Sahasrabhuja Avalokiteśvara*. Wall-painting. North wall. Cave 3.

171. Detail from the Thousand Arm, Thousand Eye *Sahasrabhuja Avalokiteśvara*. Wall-painting. North wall. Cave 3.

172. The goddess *Mahāśrī*. Wall-painting. West side north wall. Cave 3.

173. The ascetic *Vasu*. Wall-painting. East side north wall. Cave 3.

174. The Bodhisattva *Avalokiteśvara*. Wall-painting. North side east wall. Cave 3.

175. The Bodhisattva *Avalokiteśvara*. Wall-painting. South side east wall. Cave 3.

176. *Vajra* holding diety who protects the Law. Wall-painting. West side north wall. Cave 3.